동아시아의
가부장제

젠더의 비교사회학

지은이

세치야마 가쿠 瀬地山角, Sechiyama Kaku

도쿄대학 총합문화연구과 교수, 도쿄대학에서 상관사회과학을 전공했다. 일본의 사회학자로서 사회학, 국제관계, 젠더론과 관련한 논문과 책을 써왔다. 저서로는 『炎上CMでよみとくジェンダー論』(光文社新書, 2020), *Patriarchy in East Asia : A Comparative Sociology of Gender*(Brill, 2013 · Paperback version in 2015), 『お笑いジェンダー論』(勁草書房, 2001), 『東アジアの家父長制－ジェンダーの比較社会学』(勁草書房, 1996), 『ジェンダーとセクシュアリティで見る東アジア』(勁草書房, 2017) 등이 있다.

옮긴이

김경옥 金慶玉, Kim Kyung-ok

도쿄대학 총합문화연구과에서 일본근현대사를 전공하고 한림대 일본학연구소 HK연구교수를 거쳐 현재는 한국교원대 인문사회과학교육연구소에 재직 중이다. 일본여성사, 여성노동, 젠더, 가족역사학, 역사사회학과 관련된 논문과 책을 써 왔다. 저서로는 『제국과 포스트제국을 넘어서』(소화, 2020), 『한일화해를 위해 애쓴 일본인들』(동국문화, 2020), 『알면 다르게 보이는 일본문화』(지식의 날개, 2022) 등이 있다.

감 수

서정완 徐禎完, Suh Johng-wan

한림대학교 일본학과 교수, 쓰쿠바대학(筑波大学)에서 일본중세문학 박사학위를, 도호쿠대학(東北大学)에서 일본근대사 박사학위를 취득했다. 2007년부터 현재까지 한림대 일본학연구소 소장을 역임하고 있다.

동아시아의 가부장제
젠더의 비교사회학

초판발행 2024년 10월 30일

지은이 세치야마 가쿠
옮긴이 김경옥
감수 서정완
펴낸이 박성모
펴낸곳 소명출판
출판등록 제1998-000017호
주소 서울시 서초구 사임당로14길 15 서광빌딩 2층
전화 02-585-7840
팩스 02-585-7848
이메일 somyungbooks@daum.net
홈페이지 www.somyong.co.kr

ISBN 979-11-5905-984-1 93330
정가 28,000원

이 도서는 2017년도 정부(교육부)의 재원으로 한국연구재단의 지원을 받아 한림대학교 일본학연구소가 수행하는 인문한국플러스지원사업의 일환으로 이루어진 연구임(2017S1A6A3A01079517)

동아시아의
가부장제

젠더의 비교사회학

한림대학교 일본학연구소 기획

서정완 감수

세치야마 가쿠 지음
김경옥 옮김

일러두기

1. 일본어나 중국어 발음으로 표기하는 명사는 되도록 한자어를 표기했다.

2. 일본어나 중국어 단어가 한국어에서 우리말 한자음으로 사용되는 경우에는 한자음으로 표기했다.

3. 저자명[출판년도 : 해당 페이지]로 표기된 것은 출처이며, 권말의 참고문헌에서 확인할 수 있다.

　이 책은 일본에서 1996년에 출판한 『동아시아의 가부장제』에 2020년
대의 데이터를 추가해서 번역한 것이다.

　이 책은 젠더를 테마로 하여 비교사회학이라는 방법을 취하고 있다. 이
2개의 어프로치에 대해 다시 한번 설명하고자 한다. 이 책에서는 주로 기
혼여성의 취업 패턴에 주목하면서 동아시아의 사회 비교를 시도했다. 거
기서 주목한 것은 종래의 마르크스주의가 전제로 했던 '가정 밖에서 노
동에 종사하는 것이 여성을 해방한다'는 도식에서는 파악할 수 없는 것
이 있다는 점이었다.

　경제적 사정이 어려워 취업한 여성들에게 있어서 전업주부가 된다는
것은 계층 상승을 의미한다. 또 주부가 되는 것을 계층이 높아지는 것으
로 생각하는 사회에서는 주부가 소멸하기 어려운 경향이 있을 것이다. 그
런 것에 관해서 일본, 한국, 대만에서 비교한 것이 이 연구의 시작이었는
데, 그로부터 세월이 흘러 이번에 한국어판 작업을 하면서 의외로 그 패
턴은 변하지 않았다는 것을 새삼 알게 되었다.

　이후 박사학위 논문을 작성하는 과정에서 중국과 북한을 대상으로 추
가함으로써 젠더 규범이 사회체제의 차이를 넘어 중국과 대만, 한국과 북
한에서 비슷한 면을 갖는다는 것을 알게 되었다. 하지만, 이 경향에 대해
서도 역시 큰 변화는 없었던 것은 아닐까 하고 생각한다.

　한편, 1990년대에는 상상도 하지 못했던 것이, 비정상이라고도 말할
수 있을 정도의 출생률 저하이다. 일본에서는 종종 여성이 일을 계속할
수 있는 환경이 갖추어져 있지 않기 때문에, 저출산이 진행된다고 하는
지적이 있다. 나는 이 지적이 옳다고 보며 그 방향으로 시정되어야 한다

고 생각한다. 다만 일본 이상으로 높은 비율로 맞벌이가 진행되고 있고, 또한 어머니 역할 규범이 일본과 한국만큼은 강하지 않은 대만 사회에서도 극단적인 저출산에 제동이 걸리지 않는다는 것을 생각하면, 단순히 여성이 일하는 환경만의 문제가 아닌 것도 사실임을 말하지 않을 수 없다. 중국의 연해부에서도 급격한 저출산이 진행되고 있어서 이 동아시아 일대는 세계에서도 예외적일 정도의 저출산 사회가 되었다. 동북아에서 가장 출생률이 높은 곳이 북한이라는 것은 참으로 아이러니하다.

이러한 저출산의 진전을 근거로 해서 새로운 데이터를 추가해 보론을 추가했다. 인구의 급속한 고령화는 이제 불가피하며 노동력으로서 이를 보완할 수 있는 선택지는 여성, 고령자, 외국인밖에 없다. 이에 대해서도 동아시아 사회는 대조적인 움직임을 보이고 있어 매우 흥미롭다.

다음으로 동아시아 사회를 비교하는 것에 대해서 설명하자면, 일본에서는 일본과 구미의 젠더를 비교하는 연구가 많이 있다. 요즘은 한국과 비교하는 것도 적지 않다. 일본과 중국을 비교하는 것도 자주 볼 수 있지만, 일본과 중국을 비교해 차이를 발견했다고 해도 그것이 경제 발전 단계의 차이에 의한 것인지, 사회 제도 차이의 영향인지, 혹은 사회 규범에 의한 것인지, 해석이 불가능하다. 그래서 나는 대만을 비교 속으로 끌어들이기로 했다. 연구를 시작한 1980년대 후반에는 아직 경제수준에 약간의 차이가 있었지만, 현시점에서 일본, 한국, 대만 사이에 경제수준의 큰 차이는 없다고 해도 좋고, 또한 같은 민주주의에 기초한 자본주의 사회이기 때문에 거기서의 차이는 사회 규범에 기인하는 것을 발견할 가능성이 높아진다. 또한 마찬가지로 중국이나 북한을 추가했을 때 앞서 설명한 대로 중국과 대만, 한국과 북한 사이에 공통점이 발견된다. 젠더라는 것은 사회의 기층에 있는 것과 같은 규범으로 사회체제는 그 위에 접목되어 있는 것처럼 나에게는 비쳐졌다.

반면 다국간 비교는 양국간 비교에 비해 훨씬 난이도가 높아진다. 2국이 3국이 된 것만으로, 비교의 축은 1에서 3으로 증가해 버린다. 그 때문에 대부분의 경우는 유엔기관 등의 통계를 이용하는 형태를 취하게 된다. 이 책에서는 불충분하다고는 해도 최소한, 각각의 사회 문헌을 통해 지역 연구자와 대화할 수 있는 수준이 되도록 유의했다.

동아시아의 여러 사회는 본문에 나와 있듯이 자본주의와 사회주의, 중국문화권·한반도·일본이라는 세계적으로도 보기 드문 비교연구가 가능한 지역이다. 한자어를 공유하고 있는 점도 있어 한국어, 중국어, 일본어를 할 줄 아는 연구자가 많이 나타날 줄 알았는데 아무래도 그렇게 보이지 않는다. 차세대 연구의 디딤돌이 되기를 바란다.

내가 한국에서 산 것은 1990년대 초로 서울대 사회학과에서 여러 사람의 신세를 졌다. 그리고 도쿄대에서 근무하는 동안 한반도에 뿌리를 둔 다양한 대학원생들과 연구를 함께 할 수 있었다. 한 사람 한 사람 이름을 거론할 수는 없지만, 비록 서툰 연구라고는 해도 그분들에 대한 깊은 감사와 한국 사회에 대한 애정이 그 배경에 있다는 것은 믿어 주었으면 한다.

마지막으로 이 번역을 통해 김경옥 선생에게 많은 수고를 끼치게 되었다. 자신의 연구를 희생하면서 이 작업에 임해 준 것에 대해서는 어떻게 감사해야 할지 모르겠다. 깊은 감사와 함께 남아 있을 오류에 대해서는 나의 책임임을 덧붙이고 싶다.

녹음 짙은 도쿄대 고마바캠퍼스에서
세치야마 가쿠

우리는 성별에 따라 역할과 삶의 방식이 상당히 제약을 받는 사회에 살고 있다. 당장은 그러한 성별에 의한 제약으로부터 완전히 자유로운 사회는 존재하지 않을 것이다. 하지만 우리가 사는 사회에 특유의 제약이라는 것이 있다면 거기서 조금은 벗어날 수 있을지도 모른다. 우리 사회는 다른 사회에 비해 무엇이 특수한 것일까. 우리의 '상식'은 어느 정도 '보편적으로' 다른 사회에서도 통용되는 것일까?

비교사회학의 재미는 우리가 당연하다고 생각하는 것이 사실 다른 시대나 다른 사회에서는 결코 당연하지 않거나 우리가 터무니없다고 생각하는 것을 다른 사회에서는 아무렇지 않게 행하고 있는 것을 발견할 수 있다는 점에 있다. 그리고 그러한 발견을 통해 우리는 우리 사회가 당연하게 여기는 제약으로부터 조금은 자유로워질 수 있다. 그런 '자유'로의 시찰 여행으로서 이 책을 읽어 준다면 이 책의 목적은 충분히 달성된다.

이 책은 성차별이나 성역할 분업 등으로 불리는 문제를 동아시아 여러 사회 속에서 비교하고 그 위에서 일본 사회의 특징을 부각시키려는 시도이다. 동아시아의 가부장제라는 제목은 가부장제라는 말에 익숙하지 않은 독자들에게는 다소 생소한 인상을 줄 수 있지만, 우리가 사는 사회가 성별에 따라 어떻게 편성된 사회인지를 가부장제라는 개념을 이용해 밝혀 나갈 것이다.

제1부에서는 전체 비교를 의미 있는 것으로 하기 위하여 기본적인 개념이나 비교의 축을 만드는 이론적인 작업과 구미의 사례를 다루고 있다. 제2부에서는 일본의 근대·현대에 대해 각각 논하고, 제3부에서 동아시아의 여러 사회를 다룬다. 각 사회의 지역 연구로서 읽어도 통용될 수 있

도록 완성했다고 생각하기는 하지만, 이 책의 또 하나의 재미는 그러한 개별 사회의 연구에 그치지 않고 그것들을 일관된 축 아래 비교했다는 점에 있다. 통독한다면 동아시아 여러 사회의 젠더 방식에 대해 개괄적인 이미지를 가질 수 있을 것이다.

나 같은 게으른 사람의 작업이기 때문에 올림픽 선수의 '온 힘을 쏟은 성과'와 같은 말을 할 자격은 없지만, 그래도 대학원에 들어간 지 꼭 10년간 긴 열정을 가지고 끊임없이 해 온 구상을 드디어 여러분 앞에 선보일 수 있게 됐다. '자유로의 여행' 잠시 함께할 수 있기를 기대해 본다.

세치아마 가쿠

젠더의 비교사회학을 향해서

1. 젠더의 사회학

이 책은 성젠더이라는 변수를 이용하여 몇 개의 사회를 비교하고, 그 비교의 연장선에서 일본 사회의 특징을 밝혀내고자 하는 젠더의 비교사회학이다. 젠더란 생물학적 성차섹스에 대한 의미에서 사회적 성차를 말하며, 이 개념을 통해 우리는 우리가 자명하다고 생각하는 성에 근거한 역할이나 권력의 배분 방식이 생물학적으로 결정된 것이 아니라 단순한 사회적 약속에 불과하다는 것을 알 수 있다. 가부장제란 무엇인가 하는 점에 관해서 여기서 상세하게 설명하지는 않겠지만 한 사회의 성에 근거한 권력이나 역할의 배분을 이 책에서는 가부장제라고 부르고, 그 본연의 자세를 사회별로 비교해 가고자 한다. 그렇다고 해도 권력이나 역할의 본연의 자세를 그대로 관찰한다는 것은 사실상 불가능하며 별도로 관찰 가능한 지표를 마련할 필요가 있다. 그와 같은 이른바 관측 포인트로서 설정한 것이 기혼 여성의 노동력화 유무라는 현상이다. 즉 주부의 동향을 통해 한 사회의 젠더 본연의 자세를 그려내고자 하는 것이 이 책의 가장 큰 의도이다. 젠더란 양성의 관계를 필연적으로 내포하는 것으로 여성 쪽에 주된 관찰 포인트를 두는 것이 한쪽으로만 특화되는 듯한 인상을 줄 수 있지만, 이는 거기에 시점을 설정함으로써 사회의 변화를 보다 잘 기술할 수 있다는 전략상의 이유에 따른 것이다. 남성의 사회적 역할의 변화는 여성에 비해 크지 않아 변천을 기술하기에는 그다지 적합하지 않다.

2. 비교가 갖는 의미

다음으로 이 책은 비교사회학이라는 방법을 채택하여 이 문제에 접근한다. 일본 사회가 전제로 하고 있는 젠더에 기초한 규범들이 얼마나 '특수한' 것인지를 다른 사회를 거울로 삼아 부각시켜 가는 것이다. 나는 '특수'를 생각할 때 미국이나 서구의 상황을 일종의 보편으로 보고, 거기에서 벗어나는 것을 특수로 보는 서양중심주의적인 관점은 취하지 않는다. 문화상대주의적으로 모든 것이 '특수'하다는 입장에서 비교를 진행해 나간다. 그러나 모든 것을 '특수'하다고만 한다면 'A 사회에서는 이렇고, B 사회에서는 이러했습니다'와 같은 단순한 지역 소개의 나열이 되어 버린다. 그것은 이 책이 추구하는 의미의 '비교'는 아니다. 이 책의 비교가 다소라도 의미 있는 것이 되기 위해서는 비교의 축이 설정되어야 한다. 그 축으로서 이용한 것이 제2장에서 전개하는 주부의 탄생과 변천이라는 단계도식이다. 이를 기초로 하여 구미나 동아시아의 사회가 어느 단계에 있고 어떤 방향성을 가지고 있는지를 일관된 도식하에 비교할 수 있게 된다. 그리고 그러한 비교를 통해서 일본이라는 사회를 부각시켜 나가는 것이 최종적인 목표이다. 한 사회의 특수성은 다른 사회와 비교함으로써 비로소 부각되는 것이다.

또한 젠더론을 풍부하게 한다고 하는 관점에서도 비교라는 이 책이 취한 전략은 큰 의미를 가질 것이다. 단순히 성차별이나 성차를 고발하는 것이라면 그것은 어느 사회에서나 발견할 수 있을 것이다. 그러한 '발견'이 '분노'나 '공감'을 불러일으키는 한 정치적으로 유효하다는 것은 인정하자. 그러나 나는 그러한 단조로운 분석이 머지않아 학문으로서의 젠더 연구를 질식시키는 것은 아닐까 우려하고 있다. 앞에서도 말했듯이 이 책이 목표로 하고 있는 것은 'A 사회에도 성차별이 있고 B 사회에도 성차별이 있다'라며 단순히 찾아내어 고발하는 것이 아니다. 다양한 사회의 성차가 어떻게 형성되고 그것이 다른 사회와 어떻게 다른지 비교의 축을 바탕으로 밝혀 가고자 한다. 이를 통해 단순히 '성차별을 고발한다'는 것 이상의 문제제기와 고발에 도달할 수 있을 것으로 생각된다.

3. 동아시아를 채택한 의미

이 책에서는 그 비교의 대상으로서 구미 외에도 동아시아의 한국, 대만, 북한, 중국[1]이라는 지역을 중심으로 다루고 있다. 여기에는 단순히 비교 대상을 늘린다는 것 이상의 적극적인 의미가 있다. 일본의 젠더문제를 생각할 때 종종 미국이나 유럽의 사례를 가져와 심지어는 그것이 일본의 장래의 모습인 것처럼 말하여지곤 한다. 그리고 그렇게 해 왔다. 구미가 중요한 준거의 대상이라는 것은 의심할 바 없으며 이 책에서도 제2장의 도식을 만들어 가는 데 있어서 크게 참고했고 제3장에서도 다루고 있다. 그러나 그것만으로는 일본의 특징이 어디에 있는지 특정할 수 없다. 일반적으로 서로 크게 다른 두 사회를 비교하면 '다른' 점만 보이고 과연 어떠한 요인으로부터 그러한 차이가 생기는 것인가에 대해 접근하는 것이 어려워진다. 가능한 한 가깝다고 생각되는 사회와 비교함으로써 오히려 어느 한 사회의 특징은 도드라진다. 일본에서는 특히 '일본 성차별의 기원은 유교에 있다'는 담론이 학문적 검토도 거치지 않은 채 유통되고 있다. 이러한 담론의 진위를 검증해 나가기 위해서는 같은 유교 문화권으로 여겨지는 동아시아 안에서 비교하는 작업이 필요하다. 또한 그 중에서 일본과의 비교라는 문맥을 떠나 동아시아 자체의 비교를 시도하는 작업도 실시하고자 한다. 유교 문화권으로 여겨지는 사회들이 젠더에 대해 과연 어떠한 특징을 갖고 있는지를 밝혀냄으로써 유교와 젠더라는 문제에도 보다 나은 답변을 내놓을 수 있을 것이다.

이런 작업을 통해 우리는 일본의 젠더와 관련된 보편적 측면과 일본의 특수적인 측면을 그려낼 수 있다. 주부의 변천을 추적하는 일은 바꿔 말하면 그것이 결코 자명한 존재가 아닌 사회적으로 요구된 역할로 소멸할 가능성을 가지고 있음을 보여 준다. 그리고 그러한 자명성을 벗기는 비교사회학을 통해 일본의 가부장제를 극복해 나갈 길이 나타나게 된다.

이하에서는 우선 제1부에서 이 책의 분석 기반이 되는 개념이나 도식에 대해 정리한다. 구체적으로 제1장에서 가부장제 개념의 정리와 정의를 제시하고 제2장에서는 주부의 탄생과 변천에 관한 도식을 구축한다. 이후 제3장에서 구미의 사례를 다루고 이후 각 장에서 동아시아의 사례를 다룬다. 제1장은 학문적 배경이 되는 이론적 작업이 중심이 되므로 그다지 흥미가 없는 독자는 마지막 제4, 5장만 읽고 넘어가도 무방하다. 제2부는 일본의 사례로서 제4장이 일본의 근대주부, 제5장이 일본의 현대주부를 논하고 있다. 또한 제3부에서는 일본 외 여러 사회에 관한 논의를 다룬다. 제6, 7장에서 한국, 대만을, 제8, 9장에서 북한, 중국을 각각 비교하고 있다. 제10장에서는 이 책의 의미를 두 가지 방향으로 전개하고 있다. 그것은 제3부의 동아시아 여러 사회의 비교를 통해 동아시아와 젠더에 대해 고찰한 부분과, 제2부의 일본과 제3장구미, 제6장한국, 제7장대만과의 대비를 통해 일본 사회의 특수성을 밝혀 나가는 부분을 다룬다.

차례

제1부

가부장제와 주부를 둘러싼 구조

제1장 가부장제란 무엇인가

1. 가부장제의 교통정리

우먼 리브woman lib 이후의 페미니즘 이론을 구축함에 있어 가부장제는 키텀key term으로서 존재해 왔다. 그리고 그것은 그 이전에 사회학을 비롯한 사회과학에서 용법이 축적되어온 만큼, 기존의 학문 내에서 혼란을 초래함에 따라 페미니즘을 '아는 사람만 아는' 것으로 만들어 버린 측면이 있다. 일본에서는 전쟁 전의 '이에家' 제도를 가리키는 용어로 상당히 정착되어 있었기 때문에 그만큼 더 큰 혼란을 일으키는 결과가 되었던 것 같다. 지금까지의 축적을 무시한 페미니즘 용법의 독주는 기존의 학문의 입장에서 보면 예의를 모르는 도장깨기나 마찬가지였을 것이다. 그리고 또한 페미니즘의 측면에서 보면 지금까지의 축적을 기반해서 논하려는 학자들의 입장은 그녀들·그들이 전하고 싶은 분노를 공유하고 있지 않다는 의미에서 지극히 성에 차지 않는 것이었음에 틀림없다. 그렇다. 페미니즘에게 가부장제란 단순히 분석상의 핵심이라는 것에서 그치지 않고 바로 페미니스트들의 분노를 전달하려는 주요 매개체였던 것이다. '이것은 가부장제다'라는 담론을 발한 순간에 (듣는 사람에게) 전해지는 그 공유된 생각……. 이것은 일종의 분노를 공유하고 있는 사람에게는 새삼 설명할 필요도 없는 자명한 분노였다. 그러나, 혹은 그렇기 때문에, 그것은 그러한 분노를 반드시 공유하고 있지 않은 사람에게는 '아는 사람만 아는' 암호로 계속 존재해 왔다. 그리고 그들의 그러한 페미니즘의 가부장제 개념에 대한 불신감은 고스란히 페미니즘 자체에 대한 불신감이기도 했다. 말하자면 가부장제 개념은 페미니즘을 고립시켜 온 원흉이라 할 수 있다. 그래서 페미니즘은 기존의 학문 안에서는 그 전통을 무시하고 제멋대로 구는 방탕한 딸로서 그다지 정당한 대접을 받지 못한 것 같다.

우에노 지즈코上野千鶴子[1990]는 그런 의미에서 일본에서의 가부장제 개념의 침투에 큰 역할을 했다고 볼 수 있다. 한편 가부장제 개념이 소개되고 이미 세월이 흘렀음에도 불구하고 그것을 흡수해 현실 분석에 활용하려는 작업은 유감스럽게도 별로 보이지 않는다. 그러한 사실도 염두에 두면서 이 장에서는 우선 다양한 가부장제 개념을 정리하고 페미니즘의 가부장제 개념을 비교사회학의 분석 도구로 활용할 수 있는 것으로 다듬어 가고자 한다. 제2장 이후에 구체적인 논의를 전개해 나가기 위한 이론적인 준비 작업이다.

2. 종래의 문화인류학·사회학 등에서의 용법

가부장제라는 개념은 페미니즘이 독자적인 의미를 부여해 사용하기 훨씬 이전부터 다양한 사회과학의 분야 내에서 사용되어 왔다. 가부장제의 근원이 되는 가부장Patriarch이란 일반적으로는 족장을 가리켜 사용되었으며, 특히 기독교에서는 『구약성서』에서 이스라엘 민족의 조상인 아버지와 할아버지를 지칭하며, 혹은 주교나 교황을 지칭하게 된다. 근대에서 가부장제론을 최초로 체계화한 것은 필머R. Filmer, 1589~1653라고 알려져 있으며, 청교도 혁명 전야에 썼다는 『가부장제론Patriarcha』에서 그는 군주의 권력은 인류의 조상인 아담이 가진 가장권의 연장이며 신이 내린 것으로서 절대적이라고 설파했다. 이에 대해 이러한 관념적인 가부장제 국가론과는 별도로 경험과학에 적용 가능한 개념으로서 가부장제 개념을 발달시켜 온 것은 주로 사회학이나 문화인류학이다. 우선 그 시초로서 1988년에 출간된 『사회학사전弘文堂』의 가부장제 항을 살펴보자.

> 가장권을 가진 남자가 가족원을 통제·지배하는 가족 형태. 가부장제 가족에서는 일반적으로 장남이 가산家産과 가족원에 대한 통솔권을 세습적으로 계승하여 조상 제기祭記의 주재자가 된다. 그 통솔권은 절대적 권위로 나타나고 가족원은 인격적으로 공순恭順·복종한다. 그것은 전통에 의해 신성화된 규범이고, 가부장은 전통이나 다른 권력의 제약을 받지 않는 한 그 권력을 자유롭게 행사할 수 있었다. 가부장제는 고대나 중세의 유럽·일본에서 볼 수 있는 (…중략…) 일본의 메이지 민법에서 보이는 가부장적 이에 제도는 봉건 사회에서의 가족질서를 규정한 것이다. 그것은 가업과 가산의 유지와 가계의 존속을 위해 남계 장자상속제를 취했고, 가장권은 호주권으로서 법적으로 보장되었다. 하지만 제2차 세계대전 이후의 근대적 가족의 전개와 이에 제도의 해체와 함께 **가부장제는 자취를 감추고 있다.** 강조─인용자

페미니스트라면 이를 사회학에 대한 몰이해라고 분노할 게 분명하다. 말할 것도 없이 성차별을 고발하려는 사람들에게 가부장제란 '사라지고 있는' 것이 아니라 '지금 현재 있는 것'이기 때문이다. 실제 1960년대라면 어떨지 모르지만 페미니즘의 이론이 구축된 1980년대 후반의 사전에 이러한 정의 밖에 실려 있지 않은 것[1]은 조금 놀랄 만하다. 다만 여기서는 몰이해라고 분노하기 전에 이러한 개념이 어떻게 형성되어 왔는지를 되돌아보기로 한다.

의외로 의식되지 않는 사실이지만 일본어의 가부장제는 사실 두 가지 다른 원어에 대응하고 있다. 'patriarchy'와 'patriarchalism'이다. 전자는 문화인류학에서, 후자는 사회학에서 주로 사용된다. 이것을 함께 가부장제라는 말로 번역해 버린 데에 일본의 가부장제 개념을 혼란케한 요인이 있는데 그 사실에 들어가기 전에 각각의 용법에 대해 간단히 서술해 두자.

1) 문화인류학에서의 용법

문화인류학에서 가부장제가 용어로서 정착해간 것은 19세기 후반의 일이다. 거꾸로 말하면 이는 문화인류학의 탄생과 함께 등장했다고도 할 수 있다. 초기의 문화인류학자들 중에서 가부장적 가족patriarchal family에 대해 처음으로 계통적으로 논한 것은 헨리 메인 경Sir Henry Maine, 1828~1888으로 알려져 있다. 그는 그의 저서 『고대법』1861에서 로마의 가부장제 가족을 전형적인 예로 들어 고대의 가족을 기술하고 있다. 여기서 말하는 가부장적 가족이란 "많은 경우 노예 등 비혈연자까지 포함한 가족 구성원에 대해 가부장대부분의 경우 아버지이 절대적 권한을 가지며 가족의 재산은 모두 가부장에 의해 소유되고 아버지로부터 아들에게 상속된다"와 같은 특징을 가지고 있다. 더욱 중요한 점은 이러한 가부장제적 가족을 가장 원시적인 사회 단위로 규정했다. 이에 대해 빅토리아시대의 번영을 배경으로 비서구 사회에 관한 대담한 유형화와 도식화가 진행된 이 시기에는 영국을 중심으로 비교적 단순한 문화진화론의 입장에 선 문화인류학의 담론이 등장한다. 그러한 입장에서 가부장제 이전에 모권제혹은 모계제의 시기가 존재한다는 논의를 전개한 것이 바흐오펜J.J. Bachofen, 1815~1887의 『모권론Das Mutterrecht』과 맥리넌J.F. McLennan, 1827~1881의 『부권제 이론The Patriarchal Theory』 등이다. 그들은 모권제로부터 부권제로의 변천을 규정함으로써 유럽을 정점으로 하는 진화 도식을 만들고자 했다.[2] 게다가 이러한 문화인류학의 업적에 의거하여 논의를 전개한 것이 사회주의 여성해방론의 원점으로 유명한 엥겔스의 『가족, 사유재산, 국가의 기원』1891이다. 저서 안에서 그는 위에서 언급한 바흐오펜 외에 모건L.H. Morgan, 1818~1881의 『고대가족』1877 등의 논의에 의거하면서 가부장제 가족에 대해 논하고 있다. 즉 그가 말하는 가부장제 가족이란 '여성의 세계사적 패배'로 유명한 모권제의 전복이 일어난 이후 단혼가족이 성립하기 이전의 과도기적인 가족 형태로서 나타나는 것으로 부부와 자녀뿐만 아니라 노예까지 포함해 가축 등을 관리하면서 가정을 경영하는 것이었다.

그 구체적인 내용에 관해서는 여기서 다루지 않지만 우선 주의해야 할 것은 이처럼 문화인류학의 용어법에서 'patriarchy'는 'matriarchy'와 짝을 이루며 그에 따라 '(어머니가 아닌) 아버지가 권력을 가진다'라는 함의가 포함되기 쉬웠다는 사실이다. 문화인류학에서의 'patriarchy'가 종종 부권제로 번역되는 것도 이와 대응하고 있다. 후술하는 바와 같이 권력의 소재를 단순히 문제삼기보다는 특정한 가족 자체를 문제삼았다는 점에 유의해야 할 것이다.

더욱이 그 후 문화인류학의 전개에 따라 한 가지 주의해야 할 것은 그 후 문화인류학의 분석에 이용되는 개념으로서 '부권제patriarchy'는 별로 사용되지 않게 되었다는 점이다. 점차 다종다양한 사회를 다루게 된 문화인류학에서 그것은 '부계제patriliny'나 '부방거주父方居住, patrilocality'와 같은 개념이 그러하듯 너무 많은 요소를 내포하고 있어 개념의 경계영역이 애매하고 엄밀한 분석·분류를 감당할 만한 개념은 아니라고 간주되었던 것이다. 그렇다고 해도 '부권제'는 확실히 별로 사용되지 않지만 '부계제'나 '부방거주'는 개념으로서 충분히 살아남아 있다. 이것은 무슨 의미일까.

생각하건대 '부계제'나 '부방거주'는 그 안에 다양한 요소를 내포한다 해도, 보다 큰 대비로서 '모계제', '모방거주母方居住'가 존재하기 때문에 '부계제'라는 개념으로 애매하지만 하나의 구분을 짓는 것이 어느 정도 분석적 유효성을 가질 수 있었다. 이에 반해 '부권제'의 경우, 그 짝이 되어야 할 '모권제'라는 사태事態가 실증적으로는 검증되지 않았기 때문에 개념에 의한 구분으로서의 분석적 유효성이 그다지 존재하지 않았다고 생각된다. '모권제'라 부를 수 있는 사회가 존재하지 않을 때, 어떤 한 사회를 '부권제'로 묶는다고 해도 아무것도 설명할 수 없는 것은 당연한 일이다. 19세기 이후의 '모권제' 개념의 쇠퇴는 그 자체로 '부권제' 개념의 쇠퇴이기도 했다. 이러한 사정으로 인해 후술하듯이 페미니즘이 가부장제를 빈번히 사용하게 되었을 때에는 문화인류학에서의 '부권제'는 더 이상 실제 분석에서는 그다지 활용되지 않는 역사상의 개념이었던 것이다.

2) 사회학에서의 용법

일본 사전에서 문화인류학 사전을 빼면 가부장제에 대응하는 영어는 'patriarchy'로 되어 있는데 반해 사회학 사전에서는 'patriarchalism'으로 되어 있다. 이 절의 서두에서 살펴본 사전의 정의도 'patriarchalism'에 관한 것이다. 이는 과연 어떤 의미일까.

이 'patriarchalism'으로서의 가부장제 개념은 뭐라고 해도 베버를 중심으로 한다. 베버의 가부장제Patriarchalismus란 전통적 지배의 전형적인 예로 '가장인 남자가 전통 이외에 구속되는 일 없이 구성원을 통솔·지배하고, 구성원의, 전통에 의해 신성화된 규범에 대한 복종과 전통에 의해 정당하다고 여겨지는 지배자에 대한 인격적 공순Pietät 관계가 그 지배의 기초를 만들어 확고하게 한다'고 요약할 수 있다. 예컨대 지금까지의 문화인류학과 동일하게 고대 로마 등이 거론되고 있다. 그런 의미에서 문화인류학의 그것과 공통되는 요소도 크지만 여기서 주목하고 있는 포인트는 문화인류학과 미묘하게 다르다. 즉 초기의 문화인류학이 어디까지나 가족의 형태로서 가부장제를 문제로 삼으려 했던 것에 반해 여기서는 보다 추상화된 수준의 지배 유형학의 일환으로서 가부장제가 문제로 여겨지고 있는 것이다.

베버의 가부장제 개념은 1차적으로는 이에 공동체를 출발점으로 삼고 있지만, 가부장제 가족은 많은 비혈연 구성원을 거느리고 경영체적인 성격을 가지고 있었다. 따라서 그 연장선상에 군주와 행정간부·신민 사이에 가부장과 자녀라는 관계를 설정함으로써 모종의 정치적 지배 유형을 논할 수 있게 된다. 군주가 전통 이외에는 구속받는 일이 없는 절대적인 권력을 가지고, 행정 간부나 신민이 인격적인 공순에 근거해 그에게 복종하는 정치적 지배이다. 이에의 경영 규모가 커지며 행정간부가 성립한 것을 특히 가산제家産制라고 하고 또한 이러한 행정간부가 독립화의 경향을 강화하면 신분제로 이행하게 된다. 가산제의 짝으로서 행정간부가 성립하지 않는 것에 대해 베버가 '제1차적 가부장제'^{강조는 원문}라고 부르고 있는 것을 생각하면 가산제는 광의의 가부장제의 하위 유형이라고 할 수 있을 것이다.[3] 이와 같이 베버의 가부장제는 전통적 지배의 전형적인 예로서 '가장에 의한, 전통에만 구속되는 자의적인 권력'과 '구성원의 공순'이 지표가 되는 지배의 형태 일반을 가리키는 개념으로, 그 자체로서는 가족 외부까지 확장할 수 있다.

이러한 사회학의 용법에서 문제가 되고 있는 것은 모권제에 대한 부권제라고 하는 권력을 소유하는 주체의 성별이 아니다.[4] 거기서는 일종의 가족 내지는 가족에 견줄 수 있는 집단에서의 권력의 행사 방식, 그 제약 조건, 그것을 정당화하는 지배의 형태가 분석되고 있다. 문제를 보다 분명하게 제시하기 위해 가부장제의 분석 대상을 세 가지 레벨로 나누어 보자. ① 권력을 가진 주체의 성별, ② 어떤 특정한 가족 형태, ③ 어떤 특정한 지배 유형, 등 세 가지이다. 이 가운데 문화인류학은 주로 ①을 문제로 다루고 있으며 초기의 문화인류학이 'patriarchal family'라 할 때에는 ②를 의식하고 있다. 그런 의미에서 문화인류학에서의 가부장제는 ①부터 ②에 걸쳐 그 대상이 되었다고 할 수 있다. 그에 반해 사회학에서의 용법은 베버의 가부장제가 가족을 논하는 한편, 지배 사회학의 일환인 것에서도 알 수 있듯이 주로 ②와 ③을 문제로 다루고 있었던 것이다.

3) 일본의 이에家와 가부장제

가부장제라 하면 일본에서는 보통 메이지민법하에서의 이에 제도를 상기하는 사람이 많을 것이다. 페미니즘이 가부장제라는 말을 'patriar-chy'의 번역어로 도입했을 때 '가부장제는 이미 일본에서 소멸해 가고 있는데' 라고 의아해한 사람이 적지 않았을 것이다. 일본에서의 이 개념의 정착 과정을 고려하면 이 또한 당연한 것으로 생각된다. 일본에서의 가부장제 개념의 도입은 사회학이나 법제사의 영역에서 베버를 중심으로 한 유럽에서의 가부장제 개념을 일본에 적용하는 형태로 나타난다. 단순히 지배 유형으로서 라기보다는 앞의 분류로 말하자면 ②의 특정 가족형태를 가리키는 용어로서 도입된 것이다. 이하에서는 하세가와 젠케이長谷川 善計[1987]의 정리 등에 의거하면서 우선 사회학에서의 가부장제 개념의 역사를 간단히 따라가 보자.

사회학 영역에서 근세 이후의 일본의 이에나 전통가족을 가부장제로서 파악한 것은 도다 데이조戸田貞三로 그를 효시로 일컫는다. 도다는 그의 대표작 『가족구성』1937에서 '가장적 가족'을 근대적 가족에 대비시켜 당시 일본의 가족이 기본적으로 가장적 가족의 성격을 가지고 있으며 대도시를 중심으로 근대적 가족으로 이행했음을 간파하고 있다. 그가 말하는 '가장적 가족'은 메인 이래의 '가부장적 가족'을 염두에 둔 것으로 알려져 있고 그런 의미에서 이는 서양의 가부장제 개념의 최초 적용 사례라 할 수 있다.

도다의 논의가 가부장제 자체를 중심적인 주제로 한 것은 아니었던 반면, 일본의 이에나 동족집단을 가부장제 개념하에서 분석하고자 한 것은 기타노 세이치喜多野清一였다. 그는 베버의 가부장제 개념을 일본의 전통가족에 적용하고자 했다. "전통에 의해 권위를 부여받고, 전통에 기초하여 정해진 이에의 여러 규범을 행사하는 권력을 가진 가부장과, 그것에 인격적으로 공순하게 복속해 가는 가족 성원과의 결합·공동"喜多野[1976]을 일본의 전통가족으로 인정하고, 근세 이후의 일본의 전통가족을 가부장제라고 하는 개념으로 통괄했다. 일본의 이에가 가지는 비친족적 이에 구성원까지 포괄하면서 혈연을 넘어 확대되는 집단으로서의 성격을 고려할 때, 그것이 가부장제라는 이름으로 불린 것은 그다지 이상하지 않다. 유럽에서의 가부장제 개념도 이러한 비친족을 포함하는 집단을 전제로 하고 있었다. 다만 그러한 공통점과는 별개로 나카노 다카시中野卓[1978] 등은 유럽의 가부장제에서의 권력과 그에 대한 공순이 가부장 개인의 권력과 가부장 개인에 대한 인격적 공순이라는 측면을 강하게 지니고 있는데 반해, 일본의 전통적 이에에서는 '이에'라는 제도체制度体 자체가 성원 개개인가부장을 포함에 대해 우월하고 그러한 제도체에 대해 공순한 관계에 있다고 지적하고 있다. 베버의 개념을 이 양면을 아우르는 것으로 생각한다면 일본에 가부장제 개념을 적용하는 것은 가능해지며, 유럽과의 차이를 강조하려는 입장에서는 유럽과 동일한 의미에서 가부장제라는 개념을 사용하는 것은 신중해야 하는 것이 된다. 이것이 사회학에서의 가부장제 개념의 적용 여부에 관한 논쟁의 초점이다.

또한 법제사 영역에서도 베버의 개념을 일본에 적용한다는 의미에서는 다소 유사한 논의가 전개된다. 비교가족사학회의 『이에와 가부장제』는 이러한 접근법의 전형을 이루는 책이라 할 수 있다永原·住谷·鎌田[1992]. 「가부장제의 이론」이라는 제목의 서두의 가마타鎌田 논문은 "'가부장제'라는 단어는 'patriarchalism영국', 'Patriarchalismus독일'의 번역어이며……"라는 문장으로 시작되어 그것이 일본에서 적용되는 경위를 논의하고 있다. 일본사·법제사 등의 분야에서 고대 이후의 가족에 관해 가부장제적이라는 개념을 적용할 수 있는지 여부에 관하여 논의되어 온 것이다. 이 책에는 일본에 대한 적용만이 아니라 로마와 고대 중국 등 다양한 사회와 관련해 가부장제 개념을 사용해서 분석한 논고가 수록되어 있다.[5]

특히 근세 일본의 가족에 관해서는 그 가부장제의 적용에 관한 논쟁이 있다. 그 포인트에 대해서는 가마다 히로시鎌田浩[1987] 등에도 소개되어 있으므로 여기서는 깊이 들어가지는 않겠다. 다만 주요한 대립점은 이시이石井[1971]의 주장이 베버의 가부장제 이론의 이해로서 자연 발생적인 아버지의 권위를 중시해 "에도시대의 가족처럼 영주에 의해 타율적으로 육성된 당주권當主權에 의한 지배는 가부장제라고 부를 수 없다"고 한 것이다. 이에 대해 가마다[1972]의 주장은, 확실히 "막번권력은 인위적으로 당주 = 가장의 육성을 도모해 왔지만 집안의 내부질서는 가부장제적 '권위와 공순'의 관계를 유지하고자 했다"며 가부장제 개념의 적용을 긍정한다는 점에 있다.[6]

이와 같이 각각의 사회학과 법제사학에서 베버를 중심으로 하는 가부장제 개념의 일본에의 적용이 논의되어 왔으며, 그것에 관해서는 다양한 논의가 있음을 알 수 있다. 또 한편으로는 그러한 학문적인 의미에서의 적용 가능성과는 조금 다른 차원에서 현실에서 메이지민법하의 이에 제도를 가리키는 것으로서 가부장제가 상당히 정착되어 있는 것도 확실하다. 그러나 우리의 관심은 베버 이론의 적용 여부에 있는 것이 아니다. 각각의 학문 분야에서의 논쟁에 관해서 극히 간단하게만 언급한 것도 그것이 이 장의 관심에서 약간 벗어나기 때문이다. 여기서 확인해 두어야 할 것은 페미니즘에 의한 가부장제 개념의 도입 이전의 일본 가부장제의 개념이란 주로 'patriarchalism'에 대응하는 것이고, 따라서 거기서 문제가 된 것은 권력을 가진 자가 누구였는지가 아니라 (말할 것도 없이 그 성별이 아니라), 가족에 있어서 권력의 원천, 그 행사 방식이라는 가족 권력의 형태였다는 것이다. 그리고 그것을 엄밀하게 적용하고자 한 경우에는 각각의 학문 영역에서 논쟁의 대상이 되었고, 한편 상당히 일상적인 용어법으로서 '친부가 권력을 가진다'는 정도의 의미로 구舊민법하의 이에 제도를 가리키는 말로서 사용되어 온 것이다. 그 어느 쪽이든 어떤 특수한 가족의 권력형태를 가부장제라고 부르는 입장에서 본다면 "근대적 가족의 전개와 이에 제도의 해체와 함께 가부장제는 자취를 감추고 있다"라고 처음에 인용한 사전의 해설은 매우 타당하다. 그리고 말할 필요도 없지만 바로 뒤에 기술할 페미니즘의 용법처럼 남성 지배에 가까운 의미로 가부장제를 사용하는 것이 아닌 이상 '가부장제는 자취를 감추고 있다'고 한들 그것은 남성 지배의 종언을 의미하는 것은 아니다. 어떤 특정한 가족 형태의 '가부장제'가 소멸한다고 해서 성차별 전반이 없어지는 것은 아니다. 그리고 거기서야말로 페미니즘의 가부장제 개념이 생겨날 여지가 있다고 할 수 있을 것이다.

3. 구미의 페미니즘에서의 용법

페미니즘에서 가부장제란 성차별을 기술 내지는 설명하는 핵심 개념이었다. 이하에서는 페미니즘의 가부장제 개념에 관한 정리·검토를 통해서 가부장제 개념의 조탁彫琢을 목표로 해 보자.

페미니즘의 가부장제란 물론 'patriarchalism'이 아닌 'patriarchy'이다. 1970년대 이후 페미니즘 이론을 구축하는 가운데, 가장 먼저 가부장제를 사용한 것은 밀레트Kate Millet의 『성의 정치학』1970이다. 그런데 여기서 'patriarchy'라는 말이 사용되었을 때 작용한 연상은 바로 '아버지patri-의 지배archy'와 같은 이미지였을 것이다. 그것은 사회학의 'patriarchalism'이 가지고 있는 지배 형태론과는 달리 문화인류학이 가지고 있던 개념을 권력을 소유하는 주체의 성별이라는 점에 관해서 이해하여 만들어진 것이라고 생각할 수 있다. 문화인류학의 용어는 'matriarchy'와 짝을 이루고 있다는 의미에서도 이러한 이해를 성립시키기 쉬웠던 것이다. 밀레트는 산업·정치·과학·군사 등 사회 곳곳에서 실권을 쥐고 있는 것이 남성이라는 사실에서 이 사회가 가부장제적 구조를 갖고 있다고 했다. 그녀의 가부장제 개념에는 남성 연장자에 의한 연소 남성의 지배도 포함되지만, 문제의 중심은 뭐라고 해도 사회의 남성 총체의 여성 총체에 대한 우월이다. '가부장제 = 남성지배'로 요약할 수 있는 페미니즘의 가부장제 개념의 기조는 이때에 형성된다. 그러나 한편으로 밀레트의 이러한 선구적 업적은 말하자면 사실의 고발 이상의 분석에 성공하고 있다고는 말하기 어렵다. 『성의 정치학』의 최대 의의가 여성의 개인적인 사상事象이 실제로는 성에 근거한 정치적 의미를 가지고 있다는 것The personal is political을 지적한 점에 있는 것은 분명하다. 그러나 그러한 고발을 넘어 문제의 인과관계를 이론적으로 설명하려는 자세는 이 책에는 없다.

다만 페미니즘이 가부장제라는 말을 사용했을 때, 적어도 그 의도가 실제 존재하는 성차별을 어떤 시스템으로서 파악하려고 한 것이라는 건 이해해야 할 것이다. 물론 밀레트 단계에서는 그 결과가 아직 단순한 동의 반복 내지 말바꾸기의 영역을 벗어나지 못하고 있다. 하지만 사회에 넘쳐나는 다양한 성차별과 관련된 문제를 어찌됐든 통일적으로 하나의 체계로서 파악하고자 한 데서 페미니즘의 가부장제 개념은 시작된다.

이처럼 페미니즘 최초의 가부장제 용법은 현상황을 기술하는 것이 중심이 되었고, 그 기원에 대한 분석은 불충분한 것이 많았다. 그러나 그 후의 페미니즘의 이론 구축은 현재의 성차별을 나타내는 말로 가부장제를 이용하고, 그 실태로서 가부장제의 기원을 묻는 방향성을 취한다. 페미니즘에서의 가부장제 개념의 역사는 그 기원을 문제로 삼는 역사로서 기술할 수 있다. 그리고 페미니즘에서 성차별의 기원이 해방에의 전략을 구축하는 데 가장 중요한 포인트인 이상, 가부장제 개념의 문제구제構制[7]를 뒤좇는 것은 어느 한 페미니즘 입장의 문제구제 그 자체를 뒤좇는 것이 된다. 즉 가부장제 개념을 따라감으로써 페미니즘을 그 문제구제에 따라 정리할 수 있다.

단순한 '남성 지배'에서 출발한 페미니즘의 가부장제 개념도 이윽고 논자에 따라 미묘하게 다른 정의를 내리며 가부장제 개념의 혼란은 더욱 심화되어 간다. 가부장제 개념은 페미니즘 내부에서조차 다양하게 사용되고 있는 것이다. 이하에서는 우선 가부장제의 심리적 기원을 묻는 흐름과 역사적 기원을 묻는 흐름이라는 두 가지 분류를 사용해 그 안에서 얽힌 실타래를 풀어나가도록 하자. 페미니즘이 가부장제에 담고자 한 내용을 더 잘 이해하기 위해서 앞 절까지의 가부장제 개념의 내용을 소개하는 것에 머무르지 않고, 다양한 입장의 페미니즘이 가부장제를 사용할 때의 문제구제도 포함해 비판의 대상으로 삼는 것이다. 덧붙여서 여기서 말하는 심리적 기원이란 비유하자면 개체발생과 계통발생으로 나누었을 때의 개체발생에 해당하는 것으로, 말하자면 한 개인에 의한 성차별적인 규범의 내재화 과정이다. 그것은 경험적으로 검증·반증이 불가능하다는 의미로 좁은 의미에서의 경험과학의, 말하자면 외부에 위치하는 논의라고 할 수 있다. 이에 대해 역사적 기원을 묻는 흐름은 성차별이 언제부터 어떤 사태에 의해 생겨났는지를 해명하려는 것을 가리킨다.

1) 심리적 기원을 따라가는 흐름

초기의 래디컬 페미니스트들은 '여성다움'을 강요하고 있다는 이유로 프로이트 이론이나 그에 근거한 정신분석을 자주 공격했다. 그런데 이에 대해 프로이트의 이론을 역이용하는 형태로 문제의 기원을 개체발생으로 거슬러 올라가 치밀하게 분석하려고 했던 것이 미첼의 『정신분석과 여자의 해방』1974이다. 미첼은 프로이트 이론을 여성이 여성으로 형성되어 온 과정을 밝히기 위한 분석 도구로 규정한다. 그로 인해 비로소 래디컬 페미니즘이 문제시했던 가부장제의 기원을 탐구할 수 있게 된 것이다.[8] 그 논의를 간단히 요약하면 남자아이의 경우 거세 불안을 통해서 오이디푸스 콤플렉스가 억압되고 그로 인해 강력한 초자아가 형성된다. 반면에 여자아이의 경우는 페니스 선망 때문에 오이디푸스 콤플렉스가 불완전하게 밖에 억압되지 않아 초자아 형성이 애매해져 여성의 사회성이나 도덕성이 남성과 달라진다. 또한 페니스 선망은 한편으로는 여성 특유의 질투를 형성하고 다른 한편으로는 아버지의 자녀를 갖고 싶은 욕망으로 대체되어 남성으로부터 무언가를 얻고 싶은, 받고 싶은 '여성다운'

수동적인 감정을 발달시켰다고 한다. 이러한 이론을 배경으로 한 미첼의 분석에서 가부장제란 밀레트와 같은 남성에 의한 여성의 지배가 아니라 위에서 설명한 것과 같이 프로이트가 분석한 아버지의 지배였다Mitchell [1974 = 1977 : 256].

'어떻게 해서 여자는 여자로 만들어지는가'를 정신분석적인 입장에서 천착하는 흐름은 이후 카워드 등의 라캉파의 정신분석론자나 초더로의 『모성의 재현』Chodorow [1978 = 1981] 등의 논의로 이어져 간다. 그러나 이러한 형태로 가부장제의 심리적 기원을 묻는 것은 너무 보편적이어서 구조적·무역사無歷史적인 가부장제의 기원을 제기하게 된다. 프로이트 이론을 개체발생이 계통발생을 반복한다는 의미에서 인류에게 보편적이고 타당한 이론이라고 전제한다면, 미첼과 같은 논의는 성차별의 보편성만을 증명하는 것이 되어 버린다. 또한 '여성해방은 불가능하다'는 역설적인 결론을 도출해 버리는 것이고 무엇보다도 그 역사적 변천을 문제시할 수 없다. 오히려 이러한 논의는 프로이트가 분석의 대상으로 삼고 있던 서구 근대의 부르주아 단혼가족에서 여자가 여자로 만들어져 가는 메커니즘을 해명한 것이라고 생각해야 할 것이다. 즉 어떤 시대적·지역적으로 제한을 둔 뒤에 어떤 규범 전달의 구조인 것처럼 역사적으로 읽혀져야 한다. 역사적 기원에 대한 설명이 아니라 어떤 형태의 역사적 해명이 요구되는 것이다.

2) 역사적 기원을 따라가는 흐름

이에 대응해 문화인류학 등을 중심으로 가부장제의 역사적 원천에 천착하는 흐름이 존재한다. 역사적 기원을 추구한다고 하면 바로 떠오르는 것이 앞서 든 엥겔스의 『가족, 사유재산, 국가의 기원』이다. 거기서는 가축이나 노예와 같은 노동수단이 가족의 사유가 됨에 따라 그 소유자인 아버지 또는 남편이 권력을 잡고 모권제에서 부권제로 이행한다는 도식이 전개되고 있다. 유명한 '여성의 세계사적 패배'를 논한 부분이지만 엥겔스는 이 도식에 근거해 사유재산의 철폐야말로 여성의 해방을 가져온다고 주장했다. 엥겔스의 논의는 현대의 문화인류학에서는 더 이상 통용되지 않는 낡은 논의에 의거하고 있고 무엇보다도 사유재산 철폐라는 그의 해방 전략 자체가 사회주의 사회의 여성을 보면 알 수 있듯이 반드시 여성의 전면적인 해방을 가져오는 것은 아니었다. 그러한 점에서 더 이상 현실적인 유효성은 별로 없다고 할 수밖에 없다. 다만 도식으로서 생각하면, 역사의 어느 한 시점에서의 소유 형태의 변용이 남녀의 권력관계에 변화를 미쳤다고 해서 그 근원인 곳의 소유 형태의 변혁이야말로 해방 전략이라고 주장하는 이론적인 일관성·정합성은 높게 평가될 수 있을 것이다. 즉 역사 속에서 성차별의 원인을 찾고 그 원인의 해소를 여성해방의 전략으로 삼는 매우 명확한 도식인 것이다. 현대에 있어 페미니스트 인류학이 추구하고자 한 것은 이른바 엥겔스 수준의 도식적 일관성을 지닌 가부장제에 얽힌 역사적 기원의 논의이다.

페미니스트 인류학의 궤적에 대해서는 우에노 지즈코[1986a]가 간결하게 정리하고 있어 이에 의거해 간단히 서술하고자 한다. 그것은 대략적인 흐름으로서 ① 전前식민지 사회 = 평등설 → ② 전前계급 사회 = 평등설 → ③ 모계제 사회 = 평등설 → ④ 밴드 사회 = 평등설로 정리할 수 있다. 식민지화가 남성 우위를 가져왔다고 말하는 ①은 카스트제 등의 존재 앞에 기각되어 ②로 향하지만, 사유재산을 부정하더라도 씨족이나 출자 집단 안에서 성과 연령에 근거해 권위가 불평등하게 배분되는 사태는 남는다. 나아가 모계제 사회에서도 실제로는 외가의 삼촌이 권력을 가지고 있다는 주장이 나오기에 이르러 ③도 부정된다. 그리고 모든 성원이 환경자원에 평등하게 접근할 수 있는 공동 사회인 밴드 사회를 성에 근거한 권위 배분이 존재하지 않는 사회로서 상정하려고 한다. 그러나 밴드 사회에서도 남 = 수렵자, 여 = 채집자라는 성에 따른 분업과 자원에 따른 접근의 차이가 문화적으로 정해져 있는 경우도 있어 반드시 남녀가 평등한 사회라고 할 수 없는 경우가 있다.

결론부터 말하자면 이 탐구는 결국 결정적인 단서가 될 '가부장제 이전의 사회'를 발견하지 못했다. 오르트너Ortner[1974 = 1983]는 '어떠한 곳에서든, 이미 알려진 어떠한 문화에서든 여성은 남성보다 어느 정도 열등하다고 간주되고 있다'고 언명하기에 이르렀다. 다시 말해 예를 들면, 육체적·생물학적 차이인 비역사적·비사회적 요인을 전제하지 않고는 성차별의 기원을 특정화하는 것은 불가능하고, 그러한 의미에서 역사적 기원을 특정할 수 없다는 것이다. 따라서 많은 페미니스트들은 우선 그 역사적 기원의 문제를 뒤로하고 그 역사적 변천을 따른다는 전략을 취했다. 엥겔스처럼 역사적 기원의 특정이 과도한 도식화에 의한 것 외에는 당장은 불가능하다고 한다면, 현대 가부장제의 원천을 고찰하는 데 있어서 다음에 실행되어야 할 것은 엄밀한 기원의 추구는 차치하더라도 그 원인을 역사적 변천 속에서 파악하는 작업이어야 할 것이다.

3) 마르크스주의 페미니즘에서의 용법

1970년대 후반 이후의 이른바 (네오)마르크스주의 페미니즘[9]에서는 위와 같은 이유로 역사적 기원에 대해서는 잠시 보류한 채, 근대 사회에서의 역사적 변천 또는 그 메커니즘을 찾아내려고 한다. 근대 이후 성에 관련된 차별이나 역할 배분의 문제가 설명의 대상이 되고 자본제와 가부장제의 상호작용에 분석의 중심이 놓이게 된 것이다. 마르크스주의 페미니즘이 사용하는 가부장제 개념은 "남성이 여성을 지배하는 것을 가능케 하는 사회적 권력관계의 총체set"sokoloff[1980 = 1987 : 199]라고 하는 것처럼 래디컬 페미니즘과 비슷하지만 가부장제 개념을 사용한 설명의 스타일에서 지금까지의 페미니즘과의 차이나 진보를 볼 수 있다.

여기서 말하는 마르크스주의 페미니즘은 주지하다시피 이른바 사회주의 여성해방론과는 큰 차이가 있다. 마르크스주의 페미니즘의 문제 관심의 특징은 우선 무엇보다 과거의 성지배 일원론이나 계급지배 일원론을 배제하고 가부장제를 자본제와 우선 별개의 독립변수로 규정하여 현상황을 분석하고자 하는 데 있다. 소콜로프가 정식화한 것처럼 그때의 가정과 직장은 오로지 가부장제와 자본제만이 각각 지배하는 장이 아니고 쌍방의 장에 쌍방의 시스템의 힘이 작용함으로써 젠더에 기반한 사회관계가 형성되었다고 생각하는 것이다. 마르크스주의 페미니즘이 '가부장제의 물질적 기반'이라고 할 때에는 단순히 거기서 경제 환원론적 교조주의의 냄새[10]를 맡은 것이 아니고 이러한 자본제와의 결합의 역동성을 간취하고 있다는 점을 잊지 말아야 할 것이다. 더욱이 이러한 가부장제가 가정의 외부로 작용하는 것과도 관련되어 '사적 가부장제에서 공적 가부장제로'Brown[1981]라는 말에서 단적으로 나타나듯이 가부장제 개념은 가족 내에서의 권위 배분 문제에 국한해서 파악되는 것이 아니고 사회 전체 안에서의 권위 배분이 문제시되고 있다. 즉 일본의 가족형태를 문제로 삼았을 때의 가부장제 개념처럼 가족 내부에 머무르는 것이 아니고 사회 전체의 젠더에 관련된 문제를 다루는 개념으로서 가부장제는 이용되고 있는 것이다. 이 사실 자체는 마르크스주의 페미니즘에서 비롯되는 것이 아니라 래디컬 페미니즘에서 이미 찾아볼 수 있지만 래디컬 페미니즘의 성지배 일원론을 벗어나 자본제와의 연관을 보고자 하는 만큼 개념의 사용이 예리하다. 사실 초기의 래디컬 페미니즘처럼 사회 전반에 있는 성차별을 가부장제라고 부른다 한들 그것은 거의 동의반복일 뿐이다. 하지만 마르크스주의 페미니즘의 경우 예를 들면 가족임금을 노동력의 안정적 공급이라는 자본제의 요청과 가족 내 권위·역할 관계의 유지라는 가부장제 요청의 상호작용이라고 보는 것처럼 보다 분석적으로 개념이 사용되고 있는 것이다.

이상 페미니즘 가부장제라는 말의 사용법을 그 문제구제까지 포함하여 살펴보았는데, 이를 통해 알 수 있듯이 페미니즘이 가부장제라고 할 때 최소한 공유되고 있는 것은 'patriarchy'를 권력을 쥔 주체의 성별을 나타내는 것으로 생각하고 그것을 문제 삼으려는 자세이다. 그것은 특정한 가족형태를 전제로 하는 것이 아니며 또한 '전통에 의한 구속'이나 '성원의 공순'과 같은 권력행사의 특정 양태를 문제삼는 것도 아니다. 바로 '남자가 권력을 가진다'라는 레벨을 문제로 삼는 이상, 사회학 등의 개념보다도 훨씬 그 외연이 넓은 것이다. 그렇기 때문에 '가부장제는 자취를 감추고 있다'는 담론은 용납할 수 없는 것이 된다. 무엇보다 단순히 '남성우위'라는 권력의 성별에만 머무르지 않고 그 권력의 본연의 자세, 행사의 방식을 페미니즘은 항상 문제로 삼아 왔다. 페미니즘의 방대한 문헌은 바로 그러한 권력의 형태론을 지향하는 것이었다고 볼 수 있다. 다만 그러한 이론 구축의 도구로서 가부장제 개념이 유용하게 사용되는 일은 마르크스주의 페미니즘의 일부를 제외하면 반드시 많지만은 않았던 것으로 보인다. 성차별의 단순한 동의반복에 빠지지 않기 위해서라도 사회학이 갖고 있던 것과 같은 일종의 권력형태론으로의 확장을 갖는 것도 필요할 것이다. 이 과제에는 우에노 지즈코의 용법의 검토를 거쳐 저자 나름의 가부장제 개념을 제기하는 단계에서 답하고자 한다.

4. 범통성汎通性 있는 가부장제의 개념 구축을 위해

1) 『가부장제와 자본제』에서의 우에노 지즈코의 가부장제 개념

그런데 이상과 같은 페미니즘의 여러 이론, 특히 마르크스주의 페미니즘의 정리를 통해 일본에서 가부장제 개념에 관해 어떤 명확한 정리 내지는 견해를 보이고 있는 논자로서 현재로는 우에노 지즈코[1986~8, 1990]를 필두로 들 수밖에 없다.[11] 그러나 그녀의 가부장제 개념의 용법은 뒤에서 설명하듯이 사실은 여러 가지 요소를 내포하고 있어 반드시 일관된다고 보기는 어렵다. 『사상의 과학』의 연재上野[1986~8]에서는 "비대칭적인 성과 세대의 변수 속에서 남성·연장자에게 권위가 배분되는 시스템을 넓은 의미에서 가부장제라고 한다"[1986~8 : chap5.103]라고 정의를 내리고 있는데 이는 다양한 용법 속에 포함되어 있던 요소를 분석적으로 추출한 간결한 정의라는 점에서 평가할 수 있다. 그러나 그 후 이것을 가필·수정한『가부장제와 자본제』[1990]에서는 명확하게 중요한 단서가 될 만한 정의는 제기되지 않았다. 졸고[1990a]에서 전개한 우에노의 가부장제 개념에 대한 비판을 향한 반비판을 포함하면서 미묘하게 그 입장을 바꿔가며 개념을 전개하고 있다. 이하에서는 이러한 사정도 감안하여 논의를 전개하고자 한다.

어쨌든 우에노의 가부장제 개념은 가부장제 개념이 당장의 기술記述 개념이 아니라 분석 개념으로서 재구성되고 있다는 의미에서 범통성이 높다. 적어도 일본에서는 앞서 언급한 바와 같이 더 이상의 일반적인 가부장제 개념은 나오지 않았다. 그래서 이하에서는 우에노의 용법을 현재의 페미니즘 이론에서의 가부장제 개념의 하나의 도달점이라고 생각하고 그 문제점을 비판적으로 검토함으로써 우리가 취해야 할 가부장제 개념을 확정하고자 한다. 우리의 분석에 쓸 수 있는 가부장제 개념까지 한 걸음 남았다.

무엇보다 지금까지 살펴본 바와 같이 가부장제라는 글자를 다른 학문 영역과 공유함으로써 발생한 여러 가지 혼란을 생각하면 가부장제 대신에 다른 말을 만들어 사용하는 것도 검토해 볼 만하다. '가부장제는 자취를 감추고 있다'고 생각하는 사회학 등으로부터의 오해를 일일이 풀어가는 수고를 생각하면 어쩌면 새로운 단어를 정착시키는 것이 편할지도 모른다. 하지만 여기서 저자는 굳이 가부장제라는 말을 고집해 보려고 한다. 그 이유는 순전히 학문적인 판단이라기보다는 페미니스트들이 가부장제라는 말에 담아 온 일종의 깊은 의미를 소중히 여기고 싶은 스스로의 가치 판단 때문이다. 조금 더 공리적인 표현이 허용된다면 젠더에 기반한 사회관계를 논할 때 가부장제라는 말을 쓰는 즉시 남녀 불평등이라는 내용을 전달할 수 있다는 가부장제 개념의 매직을 이용하고 싶기 때문이라고 해도 좋을 것이다. 가부장제 개념은 그것이 담고 있는 깊은 의미 때문에 오히려 아는 사람만 알 수 있는 것이 되어 왔다. 또한 가부장제가 가지는 매직 때문에 오히려 그것이 매직 워드화되어 개념으로서 애매한 것이 되어 왔다. 위험은 이미 말한 대로이다. 이 장의 작업은 바로 그러한 가부장제 개념에 붙어 있는 위험을 하나씩 하나씩 제거하는 것이다. 그리고 다른 개념과의 구별이 명확해져 페미니즘 내부의 가부장제 개념이 갖는 난점이 극복되었을 때, 우리는 '충분히 쓸모 있는' 가부장제 개념을 손에 넣을 수 있을 것이다.

2) '가부장제를 둘러싸고'에서의 우에노 비판

저자는 우에노[1990]의 간행 이전에 '가부장제를 둘러싸고'瀨地山[1990a]라는 제목의 논문에서 우에노[1990]의 시작이 되었던 우에노[1986~8]에 관해서 규모 있게 다루며 그 가부장제 개념에 대해 논했다. 우에노[1990]에서는 그에 대응하여 나에 대한 반비판을 포함해서 논의가 전개되고 있지만, 그것을 논하기 전에 먼저 이전에 다룬 문제점에 관해서 다시 한번 간단하게 열거해 두기로 한다.

①'권위'와 '권력'이 혼동되어 있다

②권위·권력과 역할이 혼재되어 있다

③성과 세대라는 형태로, 성 이외에 세대라는 요소가 포함되어 있다

④분석 개념과 기술 개념이 혼재되어 있다

이 가운데 ①은 본질적인 문제라기보다는 사소한 용어법의 문제이다. 우에노[1986~8]의 가부장제 개념에서는 오로지 권위라는 용어가 사용되고, 한편 다른 곳에서는 권력도 사용되고 있기 때문에 그 용법을 문제삼은 것이다. 저자는 권위를 권력의 하위 개념으로 하여 물리적 강제력을 갖추지 못한 경우라면 가부장제 개념에는 오로지 권력이라는 단어를 사용해야 한다고 비판했다. 이에 대해 우에노[1990]에서도 "가부장제란 가족 중에서 연장의 남성이 권위를 쥐고 있는 제도를 말한다"[1990 : 65]라는 표현이 있어 역시 의문이 든다. 어쩌면 권위를 특별한 의미에서 사용하고 있는지도 모르지만 그렇다면 권위에 관한 정의가 필요할 것이다.

②에 대해서는 다음과 같은 용법이 있으며, 역할과 권력관계가 동등하게 연결되는 관계가 되어 있는 것을 의문시했다.

이 (재생산을 둘러싼 권리·의무관계라는) **역할**은 규범과 권위를 성과 세대에 따라 불평등하게 배분한 **권력관계**이고, 페미니스트들은 이를 '가부장제'라고 부른다.강조 및 괄호 안 인용자, [1986~8 : chap.2.149].

여기서는 적어도 분석적으로는 별개의 것으로 해야 하는 '역할의 배분'이라는 요소가 '권력의 배분'과 혼재되어 '권력'에 의해 설명되고 있다. 일반적으로 페미니즘의 가부장제 개념에서는 '권력의 불평등한 배분'만이 강하게 문제가 되어 '역할의 배분'은 암묵적으로 '권력'으로 규정되는 것으로 논의가 구성되는 경우가 많았다. 남녀 사이에는 권력의 불평등한 배분이 존재하고 그것이야말로 문제라고 생각하는 페미니즘이 담고 있는 깊은 생각은 잘 이해할 수 있다. 그러나 문제는 그리 간단하지 않다. '남자는 밖, 여자는 안'과 같은 역할의 배분은 그 자체가 우선 권력의 배분을 나타내는 것은 아니다. 거기에 '특별히 남자와 여자 어느 쪽이 훌륭하다는 것은 없다'라는 이질평등론이 파고들 여지가 있다. 물론 세상이 그런 역할 분담형으로 괜찮다고 하는 사람뿐이라면 그것으로 상관없지만 실제로 그것을 불편하게 느끼는 사람은 많이 있다. 그렇다고 서로 자족하며 각자의 역할을 하는 관계에서 늘 권력의 우열을 따지기란 여간 어려운 게 아니다. 그렇기 때문에 남자와 여자가 각각 다른 역할을 맡으면서 서로 존중받는 공동체가 있었다고 하는 일리치와 같은 논의는 매력적으로 느껴진다. 그러나 양성의 관계에는 '평등' 외에 또 하나 '자유'라는 원칙이 살아 있어야 한다. 생물학적 성을 기준으로 특정한 역할이 할당된다면 만약 그것이 권력의 우열을 포함하지 않는다는 의미에서 평등하다고 해도 생물학적 성에서 자유롭다고 할 수는 없다. 성 역할의 문제성이란 권력과 분리된 곳에도 존재하는 것이다. 그리고 이것이 무시되고 있는 것이 일리치의 논의를 현대에 적용했을 때의 위험함이다. 많은 페미니스트들은 아마도 이런 문제를 본능적으로 깨달았을 것이다. 그렇기 때문에 역할 안에서 권력의 배분을 알아차리고 가부장제로서 문제를 삼았던 것이다. 그러나 성에 근거한 역할의 배분은 거기에 권력이 개입하고 있기 때문에

(평등하지 않기 때문에) 문제인 것이 아니라 생물학적인 성에 근거해 역할이 배분되어 버리는 것 자체가 자유롭지 않기 때문에 문제인 것이다. 이질평등론 측으로부터 '이것은 가부장제라고 부를 수 없다'는 반론을 불러일으키지 않기 위해서라도 가부장제 개념에는 자각적으로 역할이라는 요소를 포함할 필요가 있을 것이다.

이러한 의미에서 이 책에서는 이하에서는 주로 역할에 관한 논의를 다수 전개하고자 한다. 그 이유로는 남성의 여성에 대한 권력이라는 것을 데이터적으로 특정화하는 것이 매우 어려운 점도 들 수 있다. 그러나 이러한 소극적 이유 이상으로 여기서 말하는 권력이란 결코 어느 특정한 개인에게 귀속되는 '인칭적 권력'^{富台[1989]}이 아니라, 또 이후의 전개에서 논하는 것처럼 남성이 여성을 지배한다고 할 정도로 사태가 단순하지 않다는 것에 주의할 필요가 있다. 정말로 세상의 절반의 성이 나머지 절반의 성에 의해 권력적으로 지배되고 있다면 사태의 변혁은 훨씬 더 간단할 것이다. 오히려 남녀를 막론하고 많은 사람이 따르는 규범과 같은 형태로 이 권력은 작용하고 있다. 미야다이^{宮台}의 용어에 따르면 그런 '범인칭적' 권력으로서 가부장제는 존재한다. 남녀 간에 고정된 역할이라는 것은 그런 의미에서 규범으로서의 가부장제의 작용의 볼만한 관찰점인 것이다. 그것은 권력이라는 개념을 휘두르며 사태를 단순화하고 남성 지배로부터의 해방을 설파하는 듯한 안이한 논의에 비해 가부장제가 변함없이 여성의 적어도 일부에게 지지받는다는 사태를 직시하고 있다는 점에서 보다 깊은 분석이 가능해진다.

③에 대해서는 우에노의 논의 속에 성과 세대라는 요소가 포함되는 것을 문제로 삼았는데, 저자 자신의 입장이 졸고^[1990a]에서 전개한 것과 다소 차이가 난다. 과거 저자는 가부장제 개념의 근간은 어디까지나 성의

문제이지 세대를 거기에 포함시키는 것은 분석적인 개념의 정치화精緻化에는 기여하지 않는다고 생각했다. 그러나 한국 사회의 사례를 연구하면서 가부장제와 세대의 문제는 역시 불가분하다고 생각하게 되었다. 특히 세대의 문제에 대해서는 세대인가, 연령인가라는 점도 포함해 상당히 중요한 문제이다. 그래서 이에 대해서는 나중에 자세히 기술하기로 한다.

④는 다음과 같은 용례를 바탕으로 한 것이다.

> 이 가족성분업형의 '근대가족'-인용자은 성인 = 남성만이 화폐 자원에 대한 접근을 독점한다는 점에서 '가부장적 가족'이지만 (…중략…) 근대적인 '가부장제'를 전통적인 그것과 혼동해서는 안 된다. 부르주아 단혼 소가족의 '가부장제'는 '봉건적'인 가부장제의 잔양殘洋 등이 아니라 시장에 의해서, 게다가 시장에 걸맞게 편성된 근대적인 제도이다.[1986~8 : chap.6.100].

이 예에서도 ②에서 말한 '역할 배분'의 혼재를 파악하는 것은 용이하지만 여기서는 그것과는 별도로 '봉건적 가부장제', '근대적 가부장제'라고 하는 사용법에 주의하고 싶다. 이는 '성과 세대에 근거하는 권위의 불평등 배분'이라는 역사·공간을 관통적으로 이용할 수 있는 분석 개념으로서의 가부장제와는 별도로, 가부장제를 역사·공간에 특정된 실체를 나타내는 기술記述 개념으로서 이용하고 있다고 할 수 있다. 우에노 자신이 이 구별을 의식하고 있을 것이고 이것을 '구별하고 있지 않다'고 비판해 버리는 것은 어쩌면 부당할지도 모른다. 다만 이것은 ②와 관련해서 개념을 혼란시키는 원인이 되고 있는 것처럼 여겨진다. 즉 분석 개념으로서의 일반적인 용법과는 별도로 기술 개념으로서 이용할 때에는 아무래도 '권위' 이외의 요소도 포함하지 않는 한 기술할 수 없고, 거기서 ②에서 본 것과 같은 요소가 슬쩍 들어가 버리는 결과가 되는 것이다.

어떤 분석 개념에 '근대적'이라는 수식어를 붙인 다음에 기술 개념으로 사용하는 그 자체는 명확하게 구분하여 사용하기만 하다면 특별히 문제가 되는 것은 아니다. 따라서 필요한 것은 수식어가 붙은 복수의 기술 개념에 최소한 공통으로 필요한 요소를 끄집어 내어 분석 개념으로 삼은 다음, 기술 개념과의 구별을 분명히 하여 사용하는 것이다. 하세가와 고이치長谷川公一[1988, 1989]는 가부장제 개념이 내포하는 문제의 하나로서 애매·다의多義적인 매직 워드화하고 있다는 것과 함께 역사적 변화를 기술할 수 없는 비역사적 개념이 되어 버렸다고 지적하고 있다. 전자의 매직 워드화에 관해서는 저자도 일찍이 지적한 대로이며 전적으로 찬성이다. 다만 후자에 관해서는 약간의 의문을 제기하지 않을 수 없다. 분명 '성에 근거하는 권력의 불평등한 배분'이라는 분석 개념만으로는 그 역사적 변용을 파악하는 것은 불가능하며 그것은 전적으로 옳다. 그러나 그런 평탄함을 피하고자 역사적 기원을 뒤로 미루고 자본주의 사회에서의 가부장제 양상을 문제삼으려 한 것이 마르크스주의 페미니즘이 아니었을까. 현실에 그것을 의식적으로 도입한 업적은 거의 보이지 않으며 그런 의미에서 역사적·공간적으로 한정된 기술 개념으로서의 가부장제가 현실에는 거의 기능하고 있지 않다는 것은 말할 수 있을 것이다. 그러나 적어도 기술 개념으로서 이용할 수 있는 가능성을 가지고 있는 것은 인정할 수 있지 않을까. 저자는 '○○적 가부장제'라는 형용사가 붙은 가부장제 개념을 사용해 나감으로써 젠더에 관련되는 사회관계의 역사적·공간적 편차와 변용을 파악할 수 있지 않을까 생각한다. 거기에 필요한 것은 우에노의 개념이 애드 호크ad hoc에 포함하고 있던 것을, 확실하게 정의 속에 포함시켜 가는 기술 개념을 만들어 가는 작업이다.

3) 물질적 기반

위의 내용이 이전에 전개한 우에노[1986~8]의 가부장제 개념에 대한 비판이지만, 그 위에 지금까지의 정리를 바탕으로 저자는 '성에 근거해 권력이 남성 우위로 배분되고 또한 역할이 고정적으로 배분되는 관계와 규범의 총체'瀬地山[1990a]라는 정의를 제시했다. 이에 대해 우에노[1990]에서는 저자가 제기한 개념에 대한 비판이 전개되고 있다.

우에노[1990]에서 전개되고 있는 가부장제 개념의 가장 중요한 점은 '물질적 기초'라는 사고이다. 우에노는 상술한 저자의 가부장제 개념을 인용한 후 다음과 같이 말한다.

> 하지만 이것으로도 아직 충분하지 않다. 마르크스주의 페미니즘의 '가부장제' 개념의 핵심에는 이 '성지배'에는 '물질적 기초material basis'가 있다는 인식이 있다. 이것이야말로 래디컬 페미니즘의 심리주의적·이데올로기적인 '가부장제'관을 넘어서는 것이며 마르크스주의 페미니즘이 유물론적 분석인 이유다.
> 가부장제의 물질적 기반이란 남성에 의한 여성의 노동력 지배이다上野[1990:57].

또 다른 부분에서는 다른 졸고[1990b]를 언급하며

> 그는 '산업주의'와 '가부장제' 사이의 관계를 '경제와 규범'이라는 가장 정통적인통속적이라고 해도 좋다 사회학적 이원론으로 환원했다. 내가 이 책을 통해 일관되게 주장하고 있는 것은 '가부장제'는 미셸 팔레트의 말처럼 단순한 '규범' = '상부구조'가 아닌 물질적 근거를 가진 '하부구조'라고 하는 것이다上野[1990:143].

라고 말한다. 이 비판에는 우에노의 가부장제 개념의 특징이 잘 나타나 있다. 『가부장제와 자본제』는 일본에서는 몇 안 되는 마르크스주의 페미니즘 서적이기 때문에 페미니즘 일반 서적으로서 읽혀지고 있어서, 페미니즘 내지는 마르크스주의 페미니즘 속에서 그것이 어떤 특징을 갖는 것인지는 별로 주목하지 않는다. 그러나 이 가부장제의 물질적 기반에서 시작해 재생산양식으로서 가부장제를 정식화한다는 논의의 전개는 다른 마르크스주의 페미니즘의 업적과 비교했을 때 우에노의 독자성을 보여 주는 부분이다.

요컨대 우에노의 가부장제 개념의 특징은 가부장제를 하나의 생산양식엄밀하게는 재생산양식으로 파악하고, 그것이 한 사회 속에 자본제적 생산양식과 함께 존재하고 있다고 생각한다는 점에 있다. 물질적 기반이 강조되는 것은 그것이 하나의 (재)생산양식을 형성하고 있다고 파악하기 때문이다. 그 기초가 된 것은 메이야수Maillassoux[1975 = 1977]로 대표되는 생산양식 접합articulation의 이론이다. 자본주의 사회란 결코 자본제가 사회 전체를 아우르고 있는 것이 아니라 비자본제적인 생산양식이 외연에 병존하고, 바로 그 병존에 의해 자본제가 유지되고 있다는 발상이 내포되어 있다. 이 경우는 가족이라는 공간적 실재가 자본제 외부에 존재하고 그에 기반을 두는 시스템으로서 가부장제를 생각하는 것이다.

그런데 생산양식이 아니라 재생산양식으로서 가부장제를 파악하고자 하는 점에 우에노의 독자성이 있다. 페미니즘에서 재생산이라는 말이 사용될 때에는 ① 시스템 그 자체의 재생산, ② 노동력의 재생산, ③ 인간의 생물학적인 재생산 등 세 종류의 의미가 포함될 수 있는데 여기서 말하는 재생산은 ②와 ③을 가리킨다고 생각할 수 있을 것이다.[12] 재생산양식의 논의에서도 우에노는 메이야수에 의거하면서 주장을 전개하고 있지만 크리스틴 델피의 '가내제 생산양식'의 논의Delphy[1984]를 생산지상주의라고 비판하는 우에노는 가부장제를 재생산양식이라고 파악함으로써, 섹슈얼리티의 영역으로 가부장제 개념을 확장하는 것에 성공했다. "가부장제를 '여성 노동의 남성에 의한 영유'라고 정의하기보다는 오히려 '여성 섹슈얼리티의 남성에 의한 영유'라고 정의하는 편이 페미니즘의 문제의식에 합당하다"[1990 : 90]라고 하는 한 문장은 물질적 기반을 강조하는 유물론적인 우에노의 가부장제 개념의 비경제주의적인 측면[13]을 잘 나타내고 있다고 할 수 있을 것이다. 이 점이 그녀의 업적을 마르크스주의 페미니즘 내에서 평가했을 때 가장 큰 특징이다.

다만 한편으로 저자는 우에노의 물질적 기반의 강조에 대해서는 약간의 의문을 가지고 있다. 단적으로 말하면 고전적인 하부구조 결정론도 아니고 도대체 왜 그렇게까지 물질적 기반을 가진다는 점에 연연해야 하는지 이해할 수 없다. 섹슈얼리티 영역이나 여러 사회관계에서 나타나는 남녀의 불균등한 관계를 생각할 때 '물질적 기반을 가진 가부장제'를 강조하는 것이 반드시 최선책은 아니다. 애초에 에바라江原[1995]도 지적하듯 물질적 기반이 도대체 무엇을 가리키는지도 명확하다고 할 수 없다. 또한 가부장제를 규범으로 환원한다고 해서 그것은 특별히 유심론唯心論적으로 의식이나 규범이 현실의 제반 관계이 안에는 물론 경제적인 이해관계, 즉 우에노가 논하는 물질적 기반도 포함된다로부터 완전히 독립적으로 존재하고 그것에 규정되지 않는다는 것을 의미하는 것은 아니다. 우에노의 개념이 하나의 유효한 대답이라는 것을 부정하고자 하는 것은 아니지만 그것이 유일한 답이라고는 생각하지 않는다.

4) 세대와 연령이라는 요소

　가부장제는 어원적으로는 '아버지의 지배ʳᵘˡᵉ ᵒᶠ ᶠᵃᵗʰᵉʳˢ'라는 의미를 가지고 있다. (…중략…) 이 '아버지의 지배'에는 '성에 의한 지배'와 '세대에 의한 지배'라는 두 가지가 포함된다上野[1990 : 94].

　우에노는 이렇게 말하고 가부장제에 성과 세대라는 두 가지 요소를 포함시키고 있다. 이에 관해 저자는 이전 세대의 요소를 혼재시키는 것에 대해 의문을 제기했으나 지금은 조금 입장을 바꾸었다. 결론부터 말하자면 세대는 성과 함께 가부장제를 구성하는 중요한 요소로 보는 것이 이론적 의미가 크다고 생각한다. 일반적으로 사람과 사람의 관계가 가족관계 안에 있는 관계모델의 연장으로서 구축되는 현상은 상당히 보편적인 현상이다. 그런 의미에서 가족 안에는 성과 세대라는 두 가지 요소가 포함되어 있었고 이것은 분석적으로는 다른 것일 수 있더라도 역시 공통의 개념으로 묶어야 할 것이다. 즉 가족 안에 존재했던 성과 세대에 기초한 다양한 관계 규범이 외부 사회로 확장된 지점에 가부장제의 원점이 존재하는 것이다.

　다만 우에노는 가부장제 안에 세대를 포함시키지만, 현실의 가부장제 개념의 분석에는 그것이 활용되고 있다고는 생각되지 않는다. 그런 의미에서 세대 요소가 분석에 가장 잘 나타나고 있는 것은 아마도 엠마누엘 토드의 작업일 것이다Todd[1990 = 1992]. 그는 유럽 사회에 관해서 부모 자녀간·형제간의 권위관계의 양상을 바탕으로 가족을 네 가지 유형으로 나누고, 각각의 가족형태가 주류를 이루는 사회에 관해 다양한 사회조직의 양상이 그에 대응해 다르다는 것을 논증하고 있다. 그는 자녀가 결혼 후

에도 부모와 동거하는지 여부로 부모와 자녀 사이를 권위주의적인지, 자유주의적인지 나누고 나아가 상속이 형제간에 균분적으로 이뤄지는지 여부로 평등주의적인지, 비평등주의적인지를 구분한다. 이 두 가지를 결합함으로써 유럽의 가족에 관해 네 가지 유형을 그려 낸 것이다. 이를 그림으로 나타내면 〈그림 1-1〉과 같다.

그의 유형은 가부장제 세대 개념의 하나의 유형분류에 해당할 것이다. 이 도식을 응용하면 일본이나 한반도는 직계가족에, 중국은 공동체가족에 각각 속한다고 할 수 있다. 이 도식을 이용한 동아시아 가족의 비교에 대해서는 나중에 자세히 전개하기로 하자. 여기서는 가부장제 일반의 문제로서 세대와 연령의 관계에 주목하고 싶다. 부모와 자녀의 질서가 세대의 문제인 반면 형제의 서열에서는 연령이 포인트가 된다. 일본이나 한반도처럼 상속에 있어서도 전통적으로 형제간에 불균형이 존재하고 그것이 사회적 서열 가운데 선배·후배라는 형태로 남아 있는 사회에서는 세대란 곧 연령의 문제라는 것을 알 수 있다. 예를 들어 한국 사회처럼 초면에 반드시 연령을 묻고, 한 살이라도 차이가 나면 거기서 상하관계가 결정되는 경우는 세대와는 별개로 연령이 질서로서 매우 강하게 작용하고 있다는 것이 된다. 하지만 그 한편으로 연령에 근거한 질서라는 정보를 거의 가지지 않고 연령세대의 상하가 인간관계의 상하로 연결되지 않는 사회도 있다. 영미처럼 상속이 전혀 연령출생순위에 기초하지 않고 유언이 법률 규정을 뛰어넘는 효력을 갖는 사회에서는 장유유서와 같은 연령질서는 구축되기 어렵다. 이력서에 연령을 기재하지 않는 것으로 상징되듯 직장 조직 또한 연령이라는 질서에 거의 관심을 갖지 않는다. 이러한 사회에서 연령은 질서 형성의 요인으로 거의 작용하지 않게 된다. 즉 세대가 30세 정도의 연령 차를 전제로 하는 질서정보인 반면, 연령은 1세라도 기능할 수 있는 질서정보인 것이다. 가부장제라고 할 때, 혹은 아버지의 권력세대이라고 할 때, 실은 거기에 형의 권력연령이 포함되어 있는 경우도 있는 것이다.

이러한 차이는 후술하는 가부장제 형태의 차이로서 기술되어야 할 중요한 차이이다. 그러나 연령질서가 모든 사회에 강하게 존재하는 것은 아닌 이상 이를 가부장제의 불가결한 요소로 보기는 어려울 수 있다. 이하에서는 세대의 문제 안에 필요에 따라 연령에 의한 서열의 문제를 포함시키면서 분석해 가고자 한다.

5) 우리가 취해야 할 가부장제 개념

(1) 최대공약수로서의 '분석개념'

이상과 같은 기존의 다양한 가부장제 용법의 비판적 검토를 통해 드러난 문제점을 바탕으로 이 장의 분석 개념으로서의 가부장제 개념은 다음과 같이 정의된다. 즉 '성과 세대에 근거하여 권력이 불균등하게, 그리고 역할이 고정적으로 배분되는 규범과 관계의 총체'이다. 'patriarchy'라는 말의 성립을 생각하면 권력에 있어 성의 불균형이란 실질적으로는 남성의 여성에 대한 우위라고 생각해야 할 것이다. 다만 여기서 우위라고 하는 것은 이질평등론 등의 논의에 대처하기 위해 (남 〉여보다 완만하게) 남≧여와 같이 생각하는 편이 좋다. 또한 여기에는 성에 근거한 권력의 불평등한 배분과 함께 성에 근거한 역할종종 우리가 성역할이라 부르는 것의 배분 두 가지 요소가 포함되어 있다. 일단 기술한 바와 같이 이것이 여러 시대·지역에 따라 다른 양상을 보이는 실체로서의 가부장제를 분석적으로 추상해 나갔을 때의 최대공약수라고 생각할 수 있다.

이러한 가부장제 개념은 사회학과 같이 어떤 특수한 지배의 형태가 아니라 우선 권력을 쥐고 있는 주체의 성별을 나타내며, 나아가 역할이 성에 근거하여 배분되는 하나의 시스템을 가리키는 것이다. 성에 근거한 관계를 한결같이 문제로 삼고 있다는 의미에서는 베버의 가부장제가 가지는 일반적인 지배의 유형학으로서의 측면은 그 범위에서 조금 벗어나게 된다. 그러나 가족형태에 적용하고자 한 부분에서는 '전통에 의한 구속과 성원의 공순'이라는 조건을 필요로 하지 않는 만큼 개념의 폭은 넓고 사회학의 그것을 포섭하는 듯한 확대를 가지는 것이라고 생각한다.

(2) 가부장제의 형태

한편 이러한 뼈대만 있는 분석 개념만으로 실체를 기술·설명하는 것은 당연히 불가능하다. 역사적·지역적으로 한정된, 말하자면 기술 개념으로서의 가부장제 개념이 각각 필요할 것이다. 예를 들면 종래 일본의 용법에서 '가부장제'라 불리던 이른바 일본의 구 민법하의 이에 제도 안에서의 성에 근거한 권력·역할의 배분이란, 후술하는 바와 같이 '남자는 밖·여자는 안'이라는 근대의 역할분담을 반영하고 있는 점에서 근대라는 시대를 각인하고 있다. 또한 부부간의 결합보다 부모와 자식, 특히 모자母子의 결합이 중시된다는 점에서 서구에 비해 특수한 일본적인 색채를 띠고 있다. 그런 의미에서 당분간은 일본형 근대적 가부장제라고도 부를 수 있을 것이다. 그리고 그러한 일본형 근대적 가부장제가 사라진 후에는 '가부장제의 소멸'이 있는 것이 아니라 남녀 간 권력 차이는 다소 완화되면서도 여전히 모자母子의 결합이 강조된다. 또 한편으로 가사에 영향을 미치지 않는 범위에서의 취업이 용인되는 특징을 가진 현대 일본형 가부장제가 존재하고 그러한 규범에 의해 M자형 취업이 주류를 이루고 있다. 이러한 현상은 결코 보편적인 과정은 아니며 오히려 특수 일본적인 각인을 띠고 있다는 것은 외국과의 비교를 통해 분명해질 것이다.

이처럼 최대공약수로서 분석 개념으로서의 가부장제와 역사적·공간적 한정을 둔 '○○형 가부장제'를 조합함으로써 문제의 보편적인 성격과 특수한 역사적·지역적인 성격을 부각시킬 수 있다. 그리고 이러한 기술 개념을 만들어 가는 방향이야말로 단순한 성차별의 동의반복을 피하고 사회학 등의 개념이 가지고 있는 풍부한 내용을 가부장제 개념에 부여해 가는 방도가 아닐까 생각된다. 이처럼 가부장제에서 '형태'을 찾아내어 비교사회학의 문맥에 맞추어 사용해 나가는 것이 이 책의 큰 과제이며 또한 기존의 논의를 크게 진전시키는 점이다. 이 책은 그런 의미에서 '가부장제의 비교사회학'인 것이다.

물론 이러한 기술 개념의 유효성에 관해서는 일반적으로 논할 수는 없다. 어느 정도 이러한 개념을 사용할 수 있는지는 그것을 이용한 실증 분석의 성과에 의존하기 때문이다. 지금까지 도구를 다듬기 위해서 다소 돌아왔지만 다음 장 이후는 드디어 칼의 날카로움을 시험해 볼 것이다.

제2장

주부의 탄생과 변천
기혼여성의 노동력화와 주부화

1. 접근법 정리

1) 주부, 여성의 사회 진출 그리고 남성

가부장제를 비교한다고 해도 규범 자체를 비교 검증하기는 어렵다. 어떤 관찰 가능한 대상을 가져와 그것을 비교하는 형태를 취하지 않을 수 없다. 그런 의미에서 아래에서는 기혼여성의 위치에 주목하여 이를 비교해 나가고자 한다. 주부의 탄생과 변천을 따라감으로써 성에 근거한 권력이나 역할의 배분을 밝혀 보려는 것이다.

그 의미를 전개하기 전에 먼저 우리가 사용하는 주부의 개념을 확정할 필요가 있을 것이다. 일본어의 주부라는 단어에는 언뜻 비슷한 것 같지만 실은 뉘앙스를 달리하는 두 가지 용법이 있다. 하나는 민속학 등에서 사용되는 것으로 주부란 한 집안의 가사를 도맡아 하는 '주걱 권한'을 가진 여성을 의미한다. 다른 하나는 현재 자주 사용되는 의미로 '가정의 주부'라는 용법이다. 후자도 분명 전자와 마찬가지로 해당 가정의 가사 전반의 책임자인 것에는 차이가 없지만, 전자와 같은 대가족에서의 '여주인' 이미지는 희박하다. 같은 가사의 책임자라고 해도 전자에서의 주부란 며느리나 사용인을 지휘·감독하는 책임자인 것에 반해, 후자에서는 가정 내에서 거의 유일한 가사담당자인 것이다. 이 책에서는 주부라는 말이 커버하는 내용 중 후자에서 거론한 현대적인 용법에 의해 표현되는 여성의 존재 형태의 탄생 과정과 그 변천을 문제로 한다. 따라서 이 책에서 사용되는 주부란 현재 존재하는 것과 같은 의미로 '남편의 벌이에 경제적으로 의존하여 생산에서 분리된 가사를 담당하는 유배우 여성'으로 정의된다.

주부를 이렇게 정의함으로써 우리는 '여성 문제' 나아가 성에 근거한 권력이나 역할의 배분을 분석하고 고발하는 전략적인 거점을 획득한다. 그 이유는 우선 첫째, 주부는 현재 일정의 산업화를 달성한 사회에서 대부분의 경우 여성의 가장 보편적인 존재 형태이다. 게다가 둘째, 여성은 많은 사회에서 주부 예비군으로서 주부로서 교육되고 사회화되어 간다. 즉 주부는 우리 사회 안에서 양적으로나 질적으로도 여성의 지배적인 존재 형태이며, 주부를 살펴봄으로써 미래의 주부인 그 예비군이나 주부의 이면인 기혼 여성노동자도 살펴볼 수 있다. 요컨대 주부를 보는 것은 '여성 문제'의 가장 전형적인 부분을 보는 것이다.

따라서 위에서 언급한 것과 관련하여 더 중요한 것은 주부가 지배적인 존재 형태라고 한다면 그 양태를 기술하고 설명하려는 것은 해당 사회에서 성에 근거한 권력이나 역할 배분 방식의 핵심을 설명하려는 것과 같다는 사실이다. 우리는 주부를 제재로 선택함으로써 한 사회의 성별에 관련되는 규범의 모습, 그 전모에 다가갈 수 있게 되는 것이다.

그렇다고 우리의 관심이 주부 그 자체에 있는 것은 아니다. 주부를 대상으로 한다는 것은 하나의 기술의 기준으로서 주부를 제재로 사용한다는 것에 불과하며, 오히려 그와 관련된 기혼 여성노동자의 양태나 혹은 남성의 모습을 조명해 나가는 방법을 취하고자 한다. 이른바 여성의 사회 진출이라 불리는 현상을 파악하는 데 있어서 우선 주부라는 것이 하나의 비교 축을 형성한다고 생각할 수 있다.

여성의 사회 진출이라는 표현에 대해서도 약간의 주석이 필요하다. 이말은 일반적으로는 여성이 가정 밖에서 금전적인 대가를 얻는 일에 종사하는 현상에 대해 사용된다. 이에 관해서는 예를 들어 주민운동이나 지역 커뮤니티를 통해 여성이 '사회'에 참가하는 것도 훌륭한 '사회 진출'이라는 반론이 항상 존재한다. 애초에 일을 하고 있지 않다면 '사회'에 참가한 것이 되지 않는다고 하는 사고방식 자체에도 의문이 없다고는 할 수 없지만, 그것은 여기서는 묻지 않는다. 다만 이 책에서는 '사회 진출'의 의미를 일반적으로 유통되고 있는 것과 마찬가지로 금전적 대가를 수반하는 일을 한다는 의미로 사용하고자 한다. 이는 밖의 일이 중요하다고 여기는 가치판단에 의한 것이라기보다는 우리의 관점에서 보았을 때 거기에 주목하는 것이 사태를 파악하는 데에 있어서 편리하다고 생각되기 때문이다.

1970년대 전반, 공해 문제 등이 발생하며 산업주의 사회의 재검토 기운이 높아지고 있을 무렵, '주부야말로 해방된 인간상'이라는 논의가 전개된 적이 있다武田[1972]. 남녀 역할의 불균등한 배분을 바로잡기 위해서는 남성이 여성의 영역에 들어가는 것과 여성이 남성의 영역에 들어가는 것 두 종류가 있으며 모두 의미가 있다고 생각되지만 현실에서는 주부ㅊ가 되는 남성은 적고 후자가 압도적으로 많다. 주부의 역할을 긍정적으로 평가하더라도 현실적으로 주부ㅊ가 되려는 남성이 적다면 현상황은 아마 크게 변화하지 않을 것이다. 그런 의미에서, 여성이 직장에 나간다는 의미에서의 '사회 진출'이 현실 남녀의 역할을 바꾸어 가는 데 있어서 영향이 크다고 생각할 수 있다. '여성의 사회 진출'을 직장 진출의 의미로 사용하는 것의 의미는 그 점에서 착안하기 때문이지 그 이상의 가치평가를 포함하는 것은 아니다.

또 남녀 관계성의 문제인 가부장제를 분석하고자 할 때, 주부다, 기혼 여성이다, 와 같이 여성에 대한 논의만 나오는 것에 대해서도 약간의 해명을 해야 한다. 남성론을 발전시켜 나간다는 입장에서 생각하면 젠더론

중에서 여성론만 활개치는 상황은 분명 그다지 바람직하지 않다고 볼 수 있다. 그럼에도 불구하고 이 책에서 여성에 관한 기술이 많아지는 것은 다음과 같은 이유에 의해서다. 먼저 우리의 관점에서 생각하는 한 남성 측을 중심으로 기술을 하는 것보다 여성 측에 주목하여 기술하는 편이 훨씬 변화가 잘 보인다는 점이 가장 중요하다. 남성 측은 어떤 의미에서는 거의 일관되게 주된 수입원으로서의 역할을 담당해 온 것에 반해, 여성의 경우는 가정 책임에서는 늘 벗어날 수 없었다고 할지라도 그 양태나 다른 역할이 추가되는 방식이라는 면에서 큰 변화를 경험해 왔다. 근대 이후 사회의 비교사회학을 실시한다는 입장에서 생각할 때, 그 변화가 여러 가지로 기술될 수 있다는 점에서 전략적으로 유리한 관찰점인 것이다. 나아가 가부장제의 모순이라는 것도 남성 측보다는 여성 측에서 더 잘 나타난다. 성에 근거한 규범을 차별적이거나 갑갑하게 느끼는 사람은 남성보다 여성에게 압도적으로 많아 모순점이 드러나기 쉽다.

이러한 이유에서 우리는 주로 기혼여성의 노동력화 또는 주부화라는 현상에 주목하면서 최종적으로는 해당 사회의 가부장제를 부각시켜 나가는 방식으로 분석을 진행해 가고자 한다.

2) 접근방법의 정리 마르크스주의 페미니즘에 대한 평가

성에 근거한 권력이나 역할의 배분에 관한 문제는 페미니즘이 일관되게 천착해 온 주제로 사회학 등의 기존의 학문 분야에는 없는 독자적인 축적을 가지고 있다. 따라서 이 책의 접근 방법이 페미니즘 이론 안에서 어떠한 위치에 있는가를 명확히 해 두고자 한다. 우에노 지즈코[1985]는 단순 명쾌하게 정리하며 종래 여성에 관한 사회이론에는 두 가지 흐름밖에 없었다고 주장한다.[1] 하나는 마르크스주의에 기초한 사회주의 여성해방론, 다른 하나는 1970년대 이후에 우먼 리브의 뒤를 이어 미국을 중심으로 발달한 래디컬 페미니즘의 흐름이다. 우에노는 소콜로프Sokol-off[1980 = 1987]에 따라서 이 양자를, 시장을 문제시하는 이론과 가정을 문제시하는 이론의 형태로 정리했다. 이 책의 도식은 이러한 논의를 바탕으로 진행되는데 이 양자는 모두 성차별이라는 문제를 다루면서 그 규정적인 요인이 무엇인지에 대해서는 대조적인 견해를 보이고 있다. 즉 경제적인 요인을 규정적으로 볼 것인가 아니면 어떠한 규범적 요인에 일정한 독립성을 부여할 것인가이다.

전자의 기초가 되는 마르크스주의는 그 분석대상을 자본주의하의 시장에서의 여러 관계로 한정함으로써 자본주의 사회에서의 여성차별의 근원을 사유재산 소유에 근거한 계급관계에서 찾고자 했다. 우에노가 지적하듯이 『자본론』의 분석에서는 "노동자 계급의 부단한 유지와 재생산은 여전히 자본의 재생산을 위한 항상적 조건이다. 자본가는 이 조건의 충족에 안심하고 노동자의 자기보존 본능과 생식 본능에 맡겨 둘 수 있다"[岩波文庫版 3券 : 112]고 생각되었다. 그래서 한 사람의 노동자^{아마도 남성}의 노동력 재생산을 지지하는^{아마도 여성에 의한} 노동은 노동자의 '본능'에 맡겨지는 것으로서 주어진 것으로 여겨져 분석대상으로는 거론되지 않았다.[2] 엥겔스로 상징되는 사회주의 여성해방론은 성보다 계급을 규정적인 요인으로 생각하고 여성의 프롤레타리아화와 그에 따른 노동전선으로의 참가를 여성해방을 위한 처방전으로 생각했다. 따라서 또한 성에 근거한 규범이 경제적 조건의 함수라고 생각되고 있었음은 말할 필요도 없다.

후자의 래디컬 페미니즘은 지금까지의 사회주의 여성해방론이 사적인 영역으로서 경시해 온, 혹은 계급관계로 규정된다고 여겨져 온 가정 내의 문제를 처음으로 본격적으로 조명한다. 계급 여하를 막론하고 모든 가정 안에 남녀 간 권위의 불평등한 관계가 존재하는 것을 폭로한 것에 래디컬 페미니즘의 한 가지 의의가 있다. 그러한 문제구제[3]를 취하기 때문에 한편으로 래디컬 페미니즘은 사회 전체에서의 성차별적 규범이나 성역할에 분석의 초점을 맞춘다. 케이트 밀레트의『성의 정치학』에서 전형적으로 볼 수 있듯이 이 흐름에서는 정도의 차이는 있지만 성차별적 규범 자체를 하나의 독립 변수로 간주하고 상황을 분석하려는 자세를 취한다. 거기서 성차별을 지지하는 규범을 기술하는 핵심 개념으로서 '가부장제'가 이용된다. 페미니즘 이후의 흐름은 이 가부장제의 근원에까지 그 물음을 심화시켜 간다. 예를 들어 슐라미스 파이어스톤Firestone[1970]은 그것을 여성이 가지는 생식 기능에서 찾고 출산으로부터 해방되는 것을 목표로 했다. 또 줄리엣 미첼Mitchell[1974]은 더 나아가 그 생물학결정론을 넘어 프로이트 이론의 오이디푸스 콤플렉스, 페니스 선망이라는 개념을 이용해 여성이 여성답게, 남성이 남성답게 자아 형성되어 가는 구조를 밝혀냈다. 어쨌든 이들 논의는 가부장제의 근원을 어디까지 깊이 있게 묻고 있는가 하는 점에서 차이는 있지만, 가부장제라는 규범적 요인을 하나의 독립적인 변수로서 설명변수의 중심에 둔 것은 공통적이다. 이 규범적 요인에 대한 착안이 사회주의 여성해방론에 대한 래디컬 페미니즘의 또 다른 의의였다고 할 수 있을 것이다.

이 양자의 시장과 가정이라는 문제구제 그리고 경제와 규범이라는 규정요인을 통합하고자 한 것이 (네오)마르크스주의 페미니즘이었다. 이미 설명한 바와 같이 이 논의는 일본에서는 전적으로 우에노에 의해 소개되었고, 그녀에 대한 비판은 물론 있지만 우에노의 논의가 현재 하나의 도달점임은 틀림없다. 따라서 그것을 토대로 하여 논의를 진행하지만, 이 책의 관점에서 보았을 때의 마르크스주의 페미니즘의 본질이란 한마디로 말하면 여성 혹은 남성의 지위, 본연의 자세를 파악함에 있어서, 사회주의 여성해방론, 래디컬 페미니즘으로부터 각각 물려받은 자본제시장－가부장제가정, patriarchy라는 두 가지를 독립변수로서 취급하여, 이 두 가지의 상호작용소콜로프가 변증법이라고 부른 것[4]으로서 해석하자는 입장이다. 이는 달리 보면 경제적 요인과 규범적 요인의 쌍방을 함께 설명변수 속에 포함시키려는 것이기도 하다. 이에 관해서는 제1장에서 논한 것처럼, 우에노[1990]에서 비판을 받았지만 이러한 이원론을 채택하는 것이 하나의 생산양식으로서 공간적으로 한정되기 쉬운 개념을 채용하는 것보다 다루기 쉬울 것이다. 규범의 작용점을가정 밖의 직장이나 학교 등다양한 영역에서 찾을 수 있어 분석상 유리하다고 생각한다.

마르크스주의 페미니즘의 이론 자체에는 마르크스의 이론으로부터의 거리에 대응해 현실의 해석을 둘러싸고 종종 그다지 결실이 있다고는 하기 힘든 논쟁이 일어나고 있다. 예를 들면 이와 관련된 여성계급론이라는 논의의 전개도 저자는 기본적으로 그다지 의미를 가지는 것은 아니라고 생각한다瀬地山[1991]. 그런 의미에서는 이 책의 마르크스주의 페미니즘의 이용방식이란, 뼈대만을 취했거나 혹은 환골탈태했다고 말할 수 있을 것이다. 다시 말해 이 책이 소콜로프류의 형태를 평가하는 것은 이 경제와 규범을 독립 변수로 해서 현실을 해석·설명하고자 하는 도식이 실증분석을 할 때에는 상당히 범용성이 높은 것으로 생각되는 점에 있어서다. 애초에 어떤 경제적 요인과 어떤 규범적 요인을 상호 환원이 불가능한 것으로 생각한다는 발상은 사회과학 이론의 역사 속에서는 상당히 일반적인 것이라 할 수 있다. 이 책이 마르크스주의 페미니즘의 이론적 축적을 이용하는 것은 그것이 우리의 '젠더의 사회학'에 있어서 망라적인 설명이 가능한 도식을 만드는 데 편리하기 때문이다.

우에노나 그 소개의 중심이 된 소콜로프가 반드시 자각하고 있던 것은 아니었던 것 같지만 이러한 도식에 의해 비로소 우리는 문화적 배경과 경제적인 발전 단계를 달리하는 사회에 관련된 젠더 사회학의 기반을 획득한다. 지금까지의 애드 호크적인 설명에서 벗어나 어느 정도 일관된 도식에 근거한 비교 연구가 가능해진다. 말하자면 마르크스주의 페미니즘은 성의 사회학에 있어서 현상 및 역사 분석에 응용 가능한 범용성이 높은 틀을 제공하고 있다고 할 수 있다. 종래 마르크스주의 페미니즘이라 하면 그 이론적 측면에 주로 주목했지만 이 책은 그 발상을 이용한 '중범위의 이론'으로서의 실증 연구를 목표로 한다.

그러나 이 책은 마르크스주의 페미니즘의 도식에 완전히 의거하는 것은 아니다. 그 결점에 관해서는 사전에 몇 가지 보충을 하거나 주의를 해둘 필요가 있다. 우선 첫째는 자본제^{자본주의}라는 용어에 대해서다. 마르크스주의 페미니즘의 이론에서는 자본주의 체제 비판의 의미에서 항상 자본주의라는 용어를 이용해 규정적인 요인으로 삼아 왔다. 그러나 다음에 서술하는 바와 같이 문제는 생산수단의 소유 형태라기보다는 오히려 공장제 생산양식 그 자체에 의해 초래된다는 측면이 강하다. 따라서 형태는 다르지만 유사한 일이 사회주의 사회에서도 일어날 수 있으므로 그런 의미에서도 자본주의와 사회주의를 하위 유형으로서 포함하는 산업화^{산업주의, industrialism}라는 말을 이 책에서는 사용하기로 한다.

둘째로 이 도식이 가지는 일관된 객관주의적 경향을 문제로 삼을 필요가 있다. 즉 이 형태 안에서는 개인은 경제적 조건^{산업화}과 사회의 규범^{가부장제}으로 규정되는 존재로서만 나타나는 것이다. 가능한 선택지가 적은 사회에서는 이러한 모델도 상당한 타당성을 가지지만 적어도 현대의 주부를 다룰 때에는 해당 주체^{agent} 측이 조건에 어떻게 대처하는지도 중요한 요소가 된다. 이에 관해서는 현대의 주부를 논하는 데서 다시 논의하기로 한다.

마지막으로 실제 분석에 들어가 보면 잘 알 수 있는데 이 도식에서는 젠더에 관련된 여러가지 현상을 규정하는 추진력으로서의 국가의 역할이 아무것도 언급되어 있지 않다는 것도 미리 문제로 삼아야 한다. 이는 마르크스주의 페미니즘의 결점이라기보다는 오히려 마르크스 이론이 내포하고 있는 결점이며 또한 영국과 미국의 사회이론 속의 국가론 축적이 희박한 것과도 관련된 것일 수 있다. 어쨌든 실제 행위자actor로서는 국가가 자주 등장함에도 불구하고 형태의 레벨에서는 그것은 명시적으로 이야기되고 있지 않다. 다만 이 점에 관해서는 산업주의나 가부장제와 국가와는 분석상의 수준이 전혀 다르므로 동일하게 취급할 수는 없다. 국가는 말하자면 산업주의나 가부장제의 상호 모순되는 요청의 조정기관으로서 나타나는 것이다. 따라서 이 점에 관해서는 실제 분석 시에 국가와 산업주의·가부장제와의 관계를 명시해 가도록 유의하고자 한다.

2. 주부의 탄생과 변천의 도식 자본주의형

주부의 탄생 및 그 변천에 관해서는 역사적 기술 내지 부분적인 설명은 몇 가지 존재하지만, 그것을 어느 정도 추상적인 차원에서 일관된 이론으로 설명한 논의는 존재하지 않는다. 여기에서는 주로 영국과 미국이 밟았던 길을 기초로 하면서 주부의 탄생과 변천에 관해 하나의 설명 도식을 제시한다. 원생적 노동관계로부터 근대주부로의 기술은 주로 영국의 상황을 배경으로 하고 현대주부 이후 주부의 소멸에 대한 기술은 주로 미국의 상황을 배경으로 하고 있다. 따라서 당연히 이것은 모든 사회에 통용되는 일반 이론이라고 부를 만한 성질의 것은 아니다. 각각의 사회에서는 그 산업화 과정, 문화적 배경 등에 따라 다른 과정을 밟는 경우가 많다. 서구를 모델로 한 발전단계 도식을 비서구의 외발적 근대화를 강요받은 사회에 그대로 적용할 수 없다는 것은 1950년대 미국의 낙관적 발전단계론을 거론할 필요도 없이 분명하다. 다만 여기서의 설명 도식은 로스토Rostow의 『경제 성장의 제단계』조차도 하나의 비교 축이 될 수 있었듯이 최소한 개개의 사회를 비교하는데 있어서 기준의 역할을 해낼 수는 있다. 나아가 여러 단계의 인과 관련을 논리적으로 설명해 둠으로써 그들 각각의 사회에서의 사태를 설명하는 데 중요한 축이 될 것이다.

주부의 탄생과 변천의 이론에서 중요한 것은 주부가 하나의 생활 양식을 반영하고 있다는 것이다. 따라서 주부의 탄생과 변천의 역사는 생활 양식의 변용의 역사이기도 하다. 이렇게 생각할 때 우리는 두 종류의 주부를 구별할 수 있다. 조금 더 강조하자면 주부는 두 번 탄생했다고 할 수도 있을 것이다. 이 두 종류의 하위 유형을 내부에 포함해 주부가 탄생하고 변천하는 과정은 어떤 것일까?

1) 원생적 노동관계

오코우치 가즈오大河內一男는 산업혁명 초기 단계, 공장법 이전의 노동관계를 이론적으로 파악하기 위해 원생적 노동관계라는 개념을 사용했다.

원생적 노동관계는 자본제 경제 발전에 있어 특징이 있는 일시적 지표, 즉 산업혁명의 진전과 함께 다수의 임금노동이─여자, 유소년을 중심으로─공장공업 안으로 파고들면서, 심지어 거기에는 이들에 대한 법적 보호나 노동자의 측에서 자주적 반항이 존재하지 않는 일시적 노동관계, 저임금과 과도한 노동과 대체로 권력적 = 신분적 노동관계가 지배하는 시기를 의미한다大河内 [1948 : 235].

이러한 노동관계는 산업화 초기단계에 대부분의 사회에서 공통적으로 볼 수 있는 것으로, 그 특징은 저임금, 과도한 노동, 권력적 = 신분적 노동관계, 그리고 쓰부라粒良[1979]가 적확하게 지적한 것처럼 여자 및 연소자의 광범위한 사용에서 찾을 수 있다. 초기의 산업화가 경공업을 중심으로 하기 때문에 여자의 옥외노동에 대한 기피감이 매우 강한 일부 사례를 제외하면, 대부분의 경우 여자는 값싼 일회용 노동력으로서 대량으로 노동시장에 참여해 '여공애사'가 탄생한다. 영국에서도 보조노동자로 대량의 여성이 고용됐고 일본에서도 주지하다시피 초기 산업화를 뒷받침한 것은 제사업·방적업의 여공들이다. 여기서의 노동력 배치 방식은 주부 탄생의 이전 단계를 이루고 있다. 다시 말해 빈곤 압력으로부터 오는 부부 쌍방의 열악한 노동조건·저임금하에서의 취업이다. 이용 가능한 양적 데이터는 거의 없기 때문에 어디까지나 추측이지만 이러한 상태를 반영해 현재의 통계 수집 방법에 따라 논한다면, 여성의 노동력률은 연령을 불문하고 매우 높을 것이다. 또한 임금은 가족들이 추렴하여 생활을 유지하는 것이 고작이고 성인 남자의 임금도 낮은 경우에는 임금 격차가 별로 없는 경우도 있다.

이 원생적 노동관계는 노동력의 자연적·육체적 한계를 무시한 채 성립한다. 개별 자본에 의한 노동력 남용이며 오코우치의 용어에 따르면 '"노동력"인 상품의 사용가치 충당'을 위한 제한을 넘어선 것이다. 이는 노동력의 안정적 공급 확보를 요구하는 자본제 총체의 측면에서도 환영

받을 일이 아니다. 여기에 사회정책으로서의 노동력 보전책, 공장법이 필요해진다. 오코우치가 강조했듯이 공장법은 약자에 대한 자혜적 보호책이 아니라 자본제 전체에 있어 불가결한 입법조치인 것이다.

원생적 노동관계라는 것은 농업 중심의 사회에서 산업 사회로의 전환기에 발생하는 과도기 상태이므로, 원점으로 삼는 것은 이상하다는 생각도 어쩌면 있을 수 있다. 하지만 농업 중심의 안정이 무너지고 새로운 질서가 형성되기까지의 혼란기이기 때문에 근대 사회의 젠더문제를 구조적으로 파악하고자 하는 우리 입장에서는 원점으로 삼아야 할 문제가 된다. 말하자면 이 원생적 노동관계의 해결이야말로 젠더의 근대의 시작인 것이다.

2) 근대주부

원생적 노동관계 극복으로 등장한 공장법은 연소자·여성의 노동에 대한 제한을 하나의 축으로, 남성노동자의 노동조건 개선을 또 하나의 축으로 한다. 즉 연소자·여성의 노동시장으로부터의 철수와 그들의 임금 없이도 생활할 수 있을 만한 가족급을 버는 남성 기간노동자가 탄생한다. 초기 산업화를 뒷받침한 경공업을 대신해 중공업이 중심이 되는 것도 여성을 노동시장에서 철수시키는 하나의 요인이 된다. 산업화에 따른 직주 분리에 의해 생긴 한쪽의 극^{생산점}에 위치하는 것이 근대적인 노동관계에 기초한 고용노동자라면 다른 쪽 극에 새롭게 배치된 것이 근대주부인 것이다. 만약 노동 통계가 갖추어져 있었다면 도시 지역에서의 여성의 연령별 노동력률 그래프는, 원시적 노동관계 때의 각 연령에서 높은 '고원형高原型'으로부터 젊은층만 높은 '초기 연령 피크형'으로 이행하는 것이 확인될 것이다.

① 근대주부 탄생의 메커니즘

그러한 근대주부 탄생의 논리를 재구성하면 다음과 같다. 원생적 노동 관계에서 보았듯이 개별 자본은 기본적으로 노동력을 철저히 이용하는 것을 생각한다. 그런데 이것은 자본 총체에 있어서는 유해하다. 이처럼 자본 자체는 모순된 경향을 내포하고 있다. 이에 대해 가부장제 측은 여성에게 가정을 그 활동의 중심으로 하는 역할을 담당하게 하여 남자 가부장의 통솔하에 두려고 한다. 이러한 착종된 역학의 조정자가 근대국가이며 그 결론이 사회정책, 특히 공장법인 것이다. 산업화와 가부장제의 상호작용은 말하자면 국가가 그 매개 역할을 함으로써 타협점을 찾아낸다. 국력 증강을 목표로 하는 근대국가에 있어 산업화의 빠른 속도로의 진전과 가부장제의 보전에 의한 노동력의 안정적인 재생산은 모두 지상명제이기 때문이다.

즉 자본제 총체는 개별자본의 남용으로부터 노동력 총체를 지키기 위해 저임금 부부 2명의 취업 대신 생산노동과 재생산노동의 질 높은 정규직을 만들어 낸 노동력의 안정적인 재생산차세대의 노동력, 낡은 노동력의 케어도 포함을 꾀하고자 한다. 생산노동자에게는 그 가족의 생활에 충분할 정도의 가족급이 지급되는 것이다. 그런데 이것만으로는 남녀의 어느 쪽이 어느 쪽의 극에 배분될지는 논리적으로 결정되지 않는다. 따라서 여기에 각 사회에서 그 이전에 존재했던 역할 배분에 관한 규범이 대체된 '남 = 생산노동 / 여 = 재생산노동'이라는 근대 특유의 성역할 규범이 작용한다. 이렇게 생산-재생산의 축에, 성에 근거해 인간이 배분되고 근대적인 남자 기간노동자와 근대주부가 탄생한다. 산업화에 의해 생산과 소비 또는 노동력의 재생산 등이 명확하게 분리되고, 거기에 이미 존재했던 성분업 규범에 근거해 남자와 여자가 밖과 안으로 배분되는 구조가 성립되었을 때 근대주부는 탄생하는 것이다. 그런 의미에서 바로 근대주부는 산업화와 근대적 가부장제의 산물이다. 주체 측에서 보면 이렇게 탄생한 근대주부는 정작 기혼여성들에게는 많은 경우 고역으로부터의 해방, 계층 상승을 의미했기 때문에 이 새로 생긴 역할은 적극적으로 받아들여지게 된 것이다.

더불어 근대주부의 탄생에는 수적으로는 위에서 살펴본 것보다 꽤 적지만 또 하나의 루트가 있다. 과거 중류계급이라 하면 동서양을 막론하고 적지 않은 사용인을 세대 안에 거느리고 있었고 거기서의 안주인이란 그러한 사용인의 통솔자로 스스로 여러 가지 노동을 직접 하는 일이 반드시 많은 것은 아니었다. 다시 말해 요즘 말하는 가사는 가사사용인의 담당이었던 것이다. 그러한 가사사용인은 대부분의 경우 공장 노동자보다 바람직한 직업으로 여겨져 젊은 여성의 주요한 일자리 중 하나였다. 그런데 타이피스트, 비서, 전화교환수와 같은 화이트칼라 직종이 여성에게도 열려 가사사용인은 그들에 비해 폐쇄적이고 구속도 많으며 근무 시간도 일정하지 않다는 등의 이유로 선호받지 못해 급격한 공급부족 상태에 빠진다. 이로 인해 가사사용인을 구하는 것이 어려워졌기 때문에 중류계급 여성이라도 스스로 집안일을 해야만 했다. 앞에서 든 예를 이른바 아래로부터의, 즉 노동자계급 측으로부터의 주부의 탄생이라고 한다면, 이것은 위로부터의 즉 중류계급 쪽에서의 주부의 탄생이 될 것이다. 다만 이 경우에도 가사사용인의 부족이라는 경제적 요인만으로 그 탄생을 설명할 수 있는 것은 아니고 그 담당해야 할 일의 내실에 관해 혹은 그 심성에 관해서는 나중에 서술하듯이 새로운 규범이 작용하고 있었다는 것은 주의할 필요가 있을 것이다.

이상은 영국을 그 전형적인 예로 하는 근대주부 탄생의 과정이었다. 그러나 동아시아의 여러 사회와 같이 후발 산업화로 산업 예비군을 축적하는 광대한 농촌 섹터를 남겨둘 경우에는 기본적인 메커니즘은 같지만 다소 그 과정은 다르다. 기혼여성의 근대산업에서의 취업은 반드시 일반적인 것은 아니고, 공장법을 계기로 하는 큰 변화가 있다기보다는 남자의 임금상승에 의해 서서히 '남 = 생산노동 / 여 = 재생산노동'이라는 분업이 가능해지는 것이다. 다만 여기서도 자본제에 의한 산업화의 노동력 남용 속에서 국가가 가부장제와의 조화를 도모해 노동력의 재생산을 안정화시켜 간다는 구조는 같다.

② 근대주부라는 생활 양식

그렇다면 그렇게 탄생한 근대주부는 어떠한 내실을 갖추고 있었던 것일까. 필립 아리에스Aries[1960 = 1980]와 에드워드 쇼터Shorter[1975 = 1987] 등 가족사학자들은 근대의 가족을 그 외적 형태가 아니라 가족 구성원 간의 심성mentalite에 착안해 특징지었다. 오치아이 에미코落合惠美子[1985]는 그것을 근대가족으로서 정리하고 그 특징을 다음과 같이 다섯 항목으로 설명하고 있다. ① 가족영역과 공적영역의 분리, ② 가족성원 상호의 강한 정서적 관계, ③ '남자는 밖, 여자는 안'이라는 성별 분업, ④ 어린이 중심주의, ⑤ 가족의 집단성 강화 등 5항목이다.

하버마스가 『공공성의 구조 전환』Habermass[1962 = 1973]에서 설명한 것처럼 공공영역의 탄생은 뒤집어 보면 사적 영역이 독립적으로 성립했다는 것이기도 하다①. 유명한 퇴니스의 '게마인 샤프트로부터 게젤 샤프트로'라는 도식은 정확하지 않으며 오히려 순수한 게젤 샤프트가 확립했을 때 비로소 순수한 게마인 샤프트로서의 가족이 탄생한다. "가족이 사교socia-bilité의 네트워크를 끊어 버리고 공공영역으로부터 고립되는 것은 가족의 입장에서 보면 그 집단성의 강화를 의미한다"落合[1985 : 79]는 것이다⑤. 그

공과 사의 영역에는 각각 남성과 여성이 배분되며③ 그리고 그 가족 구성원 간에는 '부부애', '모성애'라는 특정의 강한 정서적 힘이 작용한다②,⑤. 이렇게 보면 '근대가족'에는 공과 사의 분리, 역할 분담, 가족의 정서화라는 세 가지 요소가 포함되어 있음을 알 수 있다. 후술하듯이 동아시아 사회에서는 결혼에 대한 부모의 의향이 강하게 반영되기 때문에 초기 산업화 단계에서는 정서적 부부애가 영국·미국·프랑스와 같이 성인이 된 이후에는 부모와 동거하지 않는 사회에 비해 형성되기 어렵다. 그 때문에 예를 들면 일본의 근대가족에서는 모성애와 역할 분담이 강조되는 일이 일어나게 된다.

이 책에서 말하는 근대주부는 이러한 근대가족의 구성요소이다. 부부애와 모성애라는 두 가지 힘에 힘입어 가정이라는 영역을 자신의 활동 영역으로 여기고 재생산노동이라는 새로 생긴 작업에 전념하는 것이다. 서민에게 근대가족 탄생 이전에는 가사는 수많은 다른 일들예를 들어 농작업 중에 하나로 반드시 특별히 중시되었던 것이 아니었다. 요리 또한 따뜻한 음식을 먹을 기회는 매우 적었고 청소라고 해도 장식해야 할 거실 등이 있을 리 없었고 대부분은 방 하나뿐으로 침실과 작업장이 나누어져 있는 것이 고작이었다. 또한 아이에 대해서도 낳은 어머니가 시종 그 아이를 돌보는 일은 우선 없고, 양자로 보내지거나 농사일을 하는 동안 내내 천으로 둘둘 말아 내버려 둔다거나 그런 일은 동서양을 막론하고 볼 수 있었던 현상이다. 그야말로 아리에스가 설명한 대로 중류계급에서조차 아이는 '태어난' 것이지 태고적부터 존재해 온 것이 아닌 것이다. 하물며 그보다 하층인 일반 서민층에서 이 주부 탄생의 시기까지 '아이'는 '작은 어른'에 불과했음은 말할 것도 없다.

그런데 오클리Oakley[1974 = 1986]도 지적했듯이 주부라는 전업자가 탄생

함과 동시에 가사에 대한 요구 수준이 상승한다. 매일 따뜻한 국을 끓여야 하고 방을 깨끗이 하고 때로는 꽃도 장식해야 한다. 취학 전 아이를 돌보는 일은 공동체나 집안의 책임이 아니라 어머니가 배타적으로 맡아야 하는 것으로 여겨지게 된다. 우리가 현재 당연하게 느끼고 있는 가사의 대부분은 사실 이 근대주부 탄생 무렵의 발명품이다.

근대주부를 현대주부와 비교해 볼 때 한 가지 큰 특징은 이러한 새롭게 생겨난 재생산노동을 부담함으로써 그녀들의 하루가 거의 포화되었다는 점이다. 기존에는 많은 가사사용인들이 하던 일을 기본적으로 혼자서 담당하게 된 근대주부들은 현대주부들과 달리 주부업만으로도 벅차 다른 일을 돌볼 여유가 별로 없었다. 더불어 이 시기 앞서 본 것처럼 주부로 있을 수 있는 것이 계층 상승을 의미한 경우도 많아서 이 두 가지 요인으로 인해 주부라는 존재 형태에 의문을 품는다는 것은 주부 내부에서는 거의 일어나지 않았다. 이 또한 현대주부와 비교할 때 큰 차이라고 할 수 있다.

3) 현대주부

현대주부란 '재생산노동만으로 하루가 포화되지 않을 만큼의 시간적 여유를 갖게 된 주부'라고 할 수 있을 것이다. 대부분의 경우 그것은 재생산 영역뿐만 아니라 생산 영역에까지 진출한 '겸업주부'이지만 여기서는 취업에 한정하지 않고 재생산노동만으로 포화되지 않게 된 주부를 광의의 현대주부라고 부르기로 하자. 이렇게 개념의 폭을 확대함으로써 같은 요인으로 규정되어 존재하는 주부의 일군―群을 하나의 개념으로 묶을 수 있는 것이다. 현대주부는 바로 주부라는 점에서는 근대주부와 동일한 메커니즘을 바탕으로 성립한다. 즉 '남 = 생산노동 / 여 = 재생산노동'이라는 분업관계가 산업화와 가부장제의 상호작용에 의해 성립한다는 기본적인 구조 자체는 근대주부와 같다. 그런 의미에서 현대주부는 근대주부의 변종에 불과하다고 할 수도 있을 것이다. 그러나 한편으로 현대주부는 그 성립 메커니즘에 있어서도 그 내실에 있어서도 근대주부와는 다른 '현대'의 각인을 새기고 있다.

① 산업화의 요인

성립 과정에서의 현대성이란 현대주부를 성립시키는 가부장제와 산업화 측면의 각각의 요인이 근대의 그것과 미묘하게 다른 것이다. 우선 산업화 측면을 보자면 현대 생활 양식에 필수적인 가전제품으로 대표되는 가사의 시장화 경향은 산업화의 진전에 따라 급속히 진행되어 주부가 특정 가사를 위해 소요되는 시간을 대폭 감소시킨다. 가사의 수준이 같다면 이는 가사노동 시간의 단축으로 이어질 것이고, 결국 현대주부 탄생의 잠재적인 조건을 제공하게 된다. 더욱이 다니엘 벨이 탈공업화 사회의 기본적 양상 중 하나로 지적한 경제의 서비스화는 사무직을 비약적으로 증가시키고 노동력으로서의 여성에 대한 수요를 높인다. 이는 주부를 취업이라는 형태로 가정 밖으로 끌어 내는 힘을 갖는다. 즉 전자가 현대주부 탄생의 푸시 요인이라면, 이는 현대주부를 만들어 내는 풀 요인이라고 할 수 있다.

주부가 시간적 여유를 갖게 되는 것, 혹은 주부가 취업하는 것은 언뜻 보면 이러한 가사의 시장화와 주부노동력에 대한 수요의 증가라는 요인만으로 설명할 수 있을 것 같지만 사실은 그렇지 않다. 가사가 시장화되어 특정 가사시간의 단축이 가능해지더라도 그것이 현실적으로 가사노동 시간 단축으로 이어지기 위해서는 그것을 인정하는 규범적 요소와 그것을 선택하는 주체의 대응이 필요하다. 즉 특정 재생산노동의 시간이 단축된 만큼 재생산 역할 이외의 활동에 시간을 소비해도 된다는 규범, 혹은 그와 밀접하게 관련되지만 가사노동 시간을 줄이고 싶다는 당사자 주부의 생각이 없는 한 현실적으로 주부에게 시간적 여유가 생기거나 취업하는 일은 일어나지 않는다. 실제로 가사의 시장화 등이 진행되어도 가사가 한층 수준이 높아지게 되어 결과적으로 가사노동 시간이 전혀 감소하지 않고 오히려 증가하는 일은 있을 수 있는 일이며 또한 현실에서도 볼 수 있는 현상이다.

② 현대적 가부장제

그런 의미에서의 규범적 요소야말로 현대적 가부장제이다. 현대적 가부장제는 주부가 재생산 역할을 완수하는 한 그 외의 활동으로 시간을 사용하는 것에 허용적이다. '남 = 생산노동 / 여 = 재생산노동'이라는 근대 가부장제의 배분에 대하여 그 역할을 달성한 후에 재생산노동 이외의 일에 종사하는 것이 규범적으로 허용되는 것이다. 그리고 많은 경우 재생산노동에 영향을 미치지 않는 범위에서의 취업에 대해서는 허용적이기 때문에 여기서 '겸업주부'인혹은 적어도 잠재적으로는 '겸업주부'일 수도 있는 현대주부가 탄생한다. 다만 이 경우 대부분은 가정과 일을 비교하면 가정이 우선인 '제1종 겸업주부'이다. 따라서 주부의 일은 파트타임 등의 취업 형태가 많으며, 여자노동력률 그래프는 대부분의 경우 초기 연령 피크형에서 이른바 출산 육아기에 낮고 청년·중장년층에서 높은 M자형으로 이행한다.

이와 같이 기술하면 현대적 가부장제는 근대에 비해 산업화 진전의 함수가 되어 독자적인 규정력을 별로 가지지 않는 것 같다. 분명 가부장제가 주부에게 요구하는 것이 재생산노동을 부담하는 역할의 일정 수준의 달성인 경우에는 가전제품 등의 보급에 의해 가사가 점점 합리화되는 경향이 있기 때문에 일정한 역할 수행에 소요되는 시간은 대폭 감소하고,

그 역할에 저촉되지 않는 한 취업은 허용되기 쉽다. 이 경우는 어느 사회 내부에서는 규범은 변화하지 않았다, 그렇지 않으면 기껏해야 산업화 진전에 규정되어 변용되었을 뿐이라고 할 수도 있을 것이다.

그러나 어떤 역할이 특히 강조되고 요구되는지는 각 사회의 문화적 규범의 함수이다. 추후의 논의에 앞서 말하자면, 여성이 재생산노동을 담당한다는 역할 배분 속에서 일본처럼 어머니 역할에 특권적인 위치가 있는지 그렇지 않은지는 전적으로 해당 사회의 문화 규범—이 책에서 말하는 그 사회의 가부장제의 형태—에 의존하고 있다. 그런 의미에서 가부장제는 어디까지나 독립 변수이다.

또한 해당 사회의 가부장제가 여성에게 요구하는 역할 배분이 단순히 재생산노동이라는 역할 달성에 그치지 않는 경우에는 가부장제는 보다 독자적인 규정력을 갖게 된다. 남녀가 수행하는 역할 및 차지하는 장소가 공간적으로도 격리되는 것이 강하게 요구되는 경우, 사태는 단순히 재생산노동의 달성이 요구되는 경우와는 크게 다르다. 이러한 남녀의 작업분담 영역에 대한 강한 규범이 성립되어 있는 경우에는 비록 잠재적으로는 취업이 가능하더라도 그것을 허용하는 규범은 나타나기 어렵다. 이러한 사회에서 가부장제는 산업화의 진행에도 불구하고 주부의 취업에 대해 계속 부정적이게 된다. 이러한 예를 고려하면 현대주부를 뒷받침하는 가부장제의 성립에서 그것이 현대 산업화에 대응하는지 여부는 일반적으로 결정할 수 있는 것이 아니며, 그 자체 가부장제가 산업화에서는 독립 변수임을 잘 말해 준다고 할 수 있을 것이다.

③ 주체 측의 대응

근대주부의 경우 소득 상승이라는 경제적 조건에 대해 대부분의 주체가 '남 = 생산노동 / 여 = 재생산노동'이라는 규범을 계층 상승으로 받아들이고 수용하기 때문에 주체 측의 대응이라는 것은 주목되지 않았다. 이에 반해 현대주부의 경우 앞서 언급한 것처럼 가사의 시장화로 인해 가사노동 시간 단축의 가능성이 주어진다고 해도, 그것으로 인해 자동적으로 가사노동 시간이 단축되어 현대주부가 탄생하는 것은 아니다. 가사를 '노동labor'[5]으로 여기고 '주부업'을 어쩔 수 없이 담당하는 것이라고 인식하는 주체의 작용이 없으면 가사노동 시간의 단축은 일어나지 않으며, 나아가 주부가 취업하는 사태도 발생하지 않는 것이다. 여기서는 현대주부의 심성으로서 가사가 '노동이다'라고 사념思念되기에 이르는 메커니즘을 설명해 두자.

우선 가사의 시장화는 재생산 역할과 관련된 작업은 자신만 할 수 있는 신성한 것이 아닌, 다른 사람이나 금전에 의해서 대체 가능한(가능하다면 하지 않고 끝내고 싶은) '노동'이라는 것을 깨닫게 한다. 가사가 갖고 있던 정서적 의미 부여가 박탈되는 것이다. 이때 자신의 주변에 가사 이상으로 자신이 삶의 보람을 느낄 수 있는 활동이 있다면 가사노동 시간은 단축될 수 있다.

전후 많은 사회에서 진행되는 여성의 교육 수준 상승과 그에 따른 고학력 여성의 취업 기회 증가는 여기서 중요한 역할을 한다. 이른바 커리어우먼이 환영받는 것으로 나타난 것처럼 대졸을 중심으로 하는 고학력 여성의 취업은 전업주부로서 가정 안에 있는 것보다 더 다양한 가능성을 열게 된다. 숫자는 적지만 전업주부로 있는 것보다 보람 있는 활동이 존재한다는 것을 지적하는 것은 전업주부가 자신의 작업을 '노동이다'고 느끼기 시작할 때 큰 요인이 된다. 고학력 여성의 동향이 현대주부의 탄생에 크게 작용하는 것은 단순히 그들 자신이 취업하기 때문만이 아니라, 오히려 그녀들의 취업이 여는 가능성이 전업주부 스스로의 작업에 대한 의미부여에 큰 변화를 가져온 것에 따른 것이다.

그런 의미에서는 여성의 학력이 높아지면 노동력률이 증가하는지, 반대로 학력이 높아지면 노동력률이 감소하는지는 여성 노동에 대한 이미지를 좌우하는 상당히 큰 요인이라고 볼 수 있다. 전자와 같은 사회에서는 여성의 취업이 인기가 있고 주부의 소멸에 대한 움직임이 가속화하는데 반해, 후자와 같은 사회에서는 주부라는 지위가 상대적으로 높아 주부 소멸에 대한 움직임은 나타나기 어렵다고 할 수 있다. 단지 밖에서 일하면 여성의 지위가 바뀌는 단순한 것이 아니라는 점에서 이는 중요한 지표라고 생각한다.

④ 현대주부라는 생활 양식

위에서 지적한 세 가지 요인이 작용하는 형태로 현대주부는 탄생한다. 현대주부는 근대주부와 비교해서 그 내실에 있어 어떤 특징을 가지고 있을까. 가장 먼저 지적해야 할 것은 생활 시간의 큰 변화일 것이다. 산업화 진전에 따른 대량의 가정 전기제품의 가정으로의 보급, 외식산업으로 상징되는 다양한 서비스산업의 발전에 따른 가사의 시장화 경향은 주부의 특정 가사에 소요되는 시간을 대폭 감소시킨다. 동아시아의 경우, 가족 규모의 축소·라이프사이클의 변용이 많은 경우 이와 병행해 일어나며 이러한 경향을 한층 강화하게 된다. 여기에 가사는 '노동이다'라는 의미가 더해지고 나아가 재생산노동 이외의 활동에 종사하는 것이 허용됨에 따라 현대주부는 근대주부와 달리 가사로 하루가 포화되는 일이 없어져 근대주부에 비해 압도적으로 시간적 여유를 갖게 된다. 이것이 현대주부라는 하나의 생활 양식의 다양한 특징을 만들어 내는 규정적인 요인 중 하나가 된다.

이처럼 시간적 여유로 규정된 현대주부의 첫 번째 특징은 현대주부들이 시간적 여유를 가짐으로써 그녀들은 잠재적으로 취업의 가능성을 갖게 된다는 것이다. 현대주부가 근대주부와 가장 크게 다른 것은 앞서 말했듯이 현대주부가 (적어도 잠재적으로) 겸업주부라는 데 있다. 이는 주부의 주부 본연으로서의 생산 영역으로의 참가이다. 비로소 단순한 기혼 여성노동자가 아닌 주부 노동자가 탄생하는 것이다. 주부가 취업을 통해 어느 정도의 수입을 얻게 되는 것은 남편과의 권력 배분에서도 어느 정도 평등화시키는 역할을 한다. 무엇보다 여기서 말하는 겸업주부란 가정과 일을 비교하면 대부분 가정이 우선이라는 의미에서 '제1종 겸업주부'라고 할 수 있다.

'겸업'이란 가장 넓은 의미로 생각하면 무엇이든 취업에만 한정할 필요는 없을 것이다. 취업은 확실히 권력관계를 평등화시킨다는 점에서 또 그 때문에 규범으로서 허용되기 어렵다는 점에서 다른 활동과는 다른 점을 갖고 있지만, 그것이 생기는 구조적 요인객체레벨＋주체레벨에 있어서는 가정 밖으로 나가고자 하는 다른 활동과 공통된다고 할 수 있다. 자원봉사활동이나 시민운동에의 참가, 결국은 일본에서 말하는 문화센터에서 스포츠 클럽까지 현대주부는 가정 밖으로 그 활동 영역을 넓히게 되는 것이다.

둘째, 근대주부와 비교했을 때 시간적 여유나 정서적 의미부여의 상실과 관련하여 주부라는 존재 자체에 대한 의문이 주부나 주부 예비군 가운데에서 나올 수 있음을 지적해야 할 것이다. 근대주부는 그것이 계층 상승을 의미하는 경우가 많았기 때문에 그 존재에 의문을 가지는 일은 적었다. 여성참정권운동으로 상징되는 제1차 페미니즘의 번영이 마침 근대주부 탄생 무렵에 나타난 것은 주목받아 마땅하지만, 그것은 운동의 확대로서는 근대주부들을 광범위하게 끌어들이지 못한 채 극소수의 지식인층에 한정되어 있었다고 할 수 있다. 그런데 현대주부의 탄생은 우먼 리브로 상징되는 꽤 대중적인 페미니즘운동의 번영과 부합한다. 거기서는 주부라는 존재 자체가 문제되었던 것이다. 주부업이 '사랑의 봉사'가 아니라 단순한 '노동'이 되었을 때, 아니 엄밀히 말하면 그렇게 느껴지게 되었을 때 주부는 가사노동자가 돼 버린다. 그때 주부에 대한 의문이 생긴다.

셋째, 위에서 설명한 예가 어떤 의미에서 가정 밖에서 자기실현을 찾는 경우라면, 가정 안에서 자기실현을 찾으려는 경향도 보인다. 시간적 여유에 따라 가사에 대한 요구 수준은 한층 더 상승한다. 청소·세탁의 빈도, 요리의 질 등 일반적으로 근대주부에 비해 요구 수준이 높아지는 것은 말할 것도 없다. 하지만, 근대주부의 가사가 어떻게 보면 실용적인 의미를 강하게 가지고 있었던 반면, 방의 장식, 정성껏 만든 요리, 편물이나 자수 등 취미적인 요소를 강하게 가진 가사가 대중적인 차원에서 나타나는 것도 현대주부의 특징이다.

4) 주부의 소멸

현대주부의 탄생 이후 유배우 여성의 급속한 노동시장 진입은 선진 자본주의 국가의 공통된 현상이지만 이 유배우 여성의 취업이 한층 더 진행될 때 주부는 소멸할 가능성이 있다. 지금까지 기술한 바와 같이 주부는 어떤 역사적 조건 아래서 생겨난 근대 사회의 산물인 이상, 그것이 어떤 조건 아래서 소멸될 수 있다는 것은 결코 이상한 일이 아니다. 남편에게 의존할 필요가 없을 정도의 수입을 갖게 되고 또한 역할 배분에 있어서도 가사를 일방적으로 분담하는 상태에서 벗어날 때 우리가 말하는 의미에서의 주부는 종언을 고하는 것이다.

이러한 상황이 성립되기 위해서는 산업화 측면에서는 질적으로 우수

한 노동력을 요구하기 위해 여성에게 대등한 취업과 승진의 기회가 주어
질 필요가 있다. 혹은 국가의 이니셔티브로 사회정책에 의해서 그러한 정
책이 고령화 사회로의 소프트 랜딩을 위한 정책의 일환으로 채용될 가능
성도 있을 것이다. 또한 가부장제는 여성의 취업 등에 따른 권력 배분의
평등화가 진행됨에 따라 역할 배분이 대등해져야 한다. 나아가 당사자 주
부 측에서 가정 밖에서(도) 자기 실현을 추구하고자 하는 경향이 강해질
필요가 있다.

　양적으로 검증 가능한 데이터로 말하자면 어느 정도 생활 수준이 높고
따라서 빈곤 압력에 의한 취업이 없는 상태임에도 불구하고, 여자노동력
률의 그래프로 보면 어느 연령층에서나 노동력이 높은 '고원형'을 나타
내는 경우에 해당하며, 또한 남녀의 임금 격차가 적은 상태라고 할 수 있
을 것이다. 이러한 상태가 일반화된 사회는 말할 것도 없이 아직 매우 적
다. 북유럽이나 미국 등에서 그 경향이 보이는 정도에 지나지 않는다. 특
히 유배우 여성의 노동력률이 증가하여 주부가 형태상 소멸 추세에 있더
라도 우리가 가부장제라고 이름 붙인 규범은 좀처럼 변용되지 않는 경우
도 있고 그런 사회에서는 주부의 종언이 요원하다는 말이 된다.

3. 사회주의형

　이상이 자본주의 측에서 보았을 때의 주부의 탄생과 변천, 다시 말하면
노동력 재생산 메커니즘의 재편의 역사이다. 산업화는 직주분리라는 '특
수한' 직장 환경을 일반화시켜 아이를 돌보면서 일하는 것을 현저하게 어
렵게 한다. 그 모순의 발로가 원생적 노동관계이며, 새로운 노동력 재생산

메커니즘이 필요하게 되어 자본주의 사회가 찾아낸 해결책이 재생산노동의 전업자인 주부를 탄생시키는 것이었다. 그렇다면 사회주의는 이에 대해 도대체 어떤 대응을 했을까. 사회주의는 그 공식적인 이론과 달리 결코 자본주의 이후에 오는 사회가 아니다. 적어도 현실의 사회주의 사회는 모두 자본주의 대신 산업화를 추진하게 된 하나의 제도이다. 즉 산업화내지 산업주의의 하위 유형으로서 자본주의와 사회주의가 있다고 볼 수 있다. 그런 의미에서는 산업 사회가 제기한 직주분리에 따른 노동력 재생산 시스템 재편이라는 난제에 사회주의 또한 마찬가지로 직면한 것이다.

소련·동유럽의 붕괴에 의해 현존하는 사회주의 사회는 그 수가 대폭 적어지고 그 중요성이 저하된 것은 사실이다. 그러나 우리가 주된 비교의 대상으로 삼는 동아시아에는 중국·북한과 같이 여전히 사회주의 사회가 존재하고 대만·한국과 대조해서 비교를 한다는 것에 큰 의미가 있다. 우리의 대상 중에 사회주의는 여전히 중요한 팩터이다. 동아시아의 각 사회의 차이가 어디까지가 민족문화 또는 가부장제라고 환언할 수 있다의 차이이며, 어디까지가 체제자본주의 혹은 사회주의의 차이인지를 살펴보는 것은 우리 연구에 매우 중요한 의미를 갖는다. 아래에서는 사회주의에 의한 원생적 노동관계 탈피 전략을 살펴보기로 하자.

1) 사회주의화

사회주의 사회에서는 이슬람 사회주의와 같은 특수한 예를 제외하면 여성의 취업은 항상 장려되었고 자본제하에서처럼 대량 현상으로서 주부가 탄생하는 일은 없었다. 원생적 노동관계에서 이탈할 무렵 여성해방이라는 슬로건 아래 부부 두 사람을 저렴한 임금으로 계속 고용하고 있는 것이다. 사회주의 사회에서는 많은 경우 남녀가 버는 액수 차이는 주부를 탄생시킨 자본주의 사회처럼 크게 벌어지지 않고 비교적 근접해 있기 때문에 현실에서는 여성의 소득 없이는 생활이 어려운 경우가 많다. 즉 말하자면 빈곤 압력이 가해짐으로써 여성은 가정 밖으로 흡수되는 것이다. 여성을 가정 밖으로 꺼내어 노동력화하는 것은 사회주의 초기 단계에서 볼 수 있는 전형적인 정책으로 그렇게 함으로써 사회주의 사회 건설에 필요한 노동력을 마련하고자 했던 것이다.

하지만 단순히 부부 두 사람을 일하게 하는 것만으로는 원생적 노동관계와 다를 바가 없으며 차세대 노동력을 재생산할 수 없다. 그래서 국가가 탁아소 등의 육아 시설을 정비하여 육아 자체를 사회화함으로써 이 문제를 해결하게 된다.

사회주의의 첫 단계는 이러한 여성의 노동력화로 상징되는 사회주의화가 강력하게 추진되는 시기이다. 이 시기에는 이른바 사회주의 여성해방론의 입장에 서서 여성을 가정 밖으로 끌어내려 한다. 그에 따라 전통적인 가부장제 규범과 저촉될 경우 어느 정도 타협하면서도 대결하는 자세가 강하게 보인다. 이 현상이 전형적으로 나타나는 것이 이혼법제나 농업의 집단화이다.

사회주의 사회의 초기 단계에서는 많은 경우 이혼하기 매우 용이한 법제도가 만들어져 여성의 주장에 따라 비교적 쉽게 이혼을 할 수 있게 된다. 이는 종래의 가족 규범을 여성을 속박하는 전근대적인 것으로서 파악하고 그러한 가족의 멍에로부터 여성을 해방시켜 개인으로서 분리시킴으로써 여성의 노동력화를 추진하고자 한 것이다. 특히 동아시아에서는 여성의 옥외노동이 반드시 일반적인 것은 아니었고 여성의 노동력화는 가부장제 측으로부터의 강력한 반대에 부딪히기 쉬웠다. 그러한 가부장제 규범으로부터 여성을 해방시키기 위해 이혼법제는 불가결한 것이다.

농업의 집단화나 기업의 국유화도 같은 의미를 지닌다. 가족·친족은 농업이나 기업경영에 있어서 종종 단위로서 기능하고, 그 안에서는 그에 따라 조직을 만들어 내는 정보가 가부장제 규범을 내포하고 있었다. 농업이나 가족에 의한 기업 경영은 가부장의 지시하에, 그 가족·친족 성원의 역할 분담하에 행해진 것으로, 말하자면 가부장제를 실체적으로 뒷받침하는 것으로서 토지의 경작이나 가족 기업의 경영이 작용한 것이다. 이에 반해 농업을 집단화하고 사적기업 경영을 배제하는 것은 이러한 경영체로서의 가족 기반을 소멸시키는 것이며 이전까지 가부장의 지시를 따르던 가족 구성원들은 집단농장이나 공장 경영자의 지시를 따르게 된다. 이점에서도 집단화·국유화를 수반하는 사회주의화는 가부장제의 우산 밖으로 여성을 끌어낸다는 의미를 지니고 있다.

이처럼 사회주의화는 전통적인 가부장제를 일부분 개편하는 벡터를 가지며 여성의 노동력화가 추진된다. 그러나 한편으로 사회주의화는 노동력화에 불가결한 부분만을 개편하려 한 것으로 당연히 각 사회의 가부장제와 타협도 한다. 즉 가정 내 역할 분담에 관해서는 그다지 강하게 재편이 요구된 것은 아니며 말하자면 각각의 가족의 자치에 맡겨진다. 그 결과 종종 여성은 노동력으로서 밖으로 끌려 나와 거기에 가사 분담도 짊어져야 한다는 의미에서 전형적인 이중 부담에 시달리는 경우가 나오게 된다. 게다가 원래 둘이 일하지 않으면 생활할 수 없는 빈곤 압력이 가해져 여성이 노동시장으로 끌려가는 면도 있기 때문에 기혼여성 중에는 남성의 벌이가 늘어나면 가정에 들어가고 싶어하는 층도 어느 정도 존재한다. 사회주의화에 의한 여성의 노동력화는 반드시 주부의 소멸 이후라고 할 수는 없고 주부의 탄생 이전이라는 요소도 내포한 미묘한 성격을 가지고 있다. 사회주의의 여성해방이란 이처럼 꼭 장밋빛 면만 있는 것이 아니라 가부장제와의 타협 속에서 수많은 모순을 안고 있는 것이다.

자본제와 가부장제가 상호작용을 반복한다는 것이 마르크스주의 페미니즘의 하나의 이론적 축이었지만 가부장제와 상호작용을 일으키는 것은 비단 자본주의만이 아니다. 사회주의 역시 해당 사회의 가부장제와의 관계 속에서 상호작용을 일으키면서 새로운 체제를 만들어 간다. 가부장제적 자본주의와 마찬가지로 가부장제적 사회주의도 존재하는 것이다.[6]

2) 탈사회주의화

사회주의와 가부장제의 관계에서 사회주의가 가부장제에 비해 비교적 우위에 서서 여성해방의 이름으로 여성의 노동력화를 추진한 것이 사회주의화 시기였다면, 다음 단계는 어떤 형태로든 사회주의화가 후퇴했을 때 가부장제의 부활이 보이는 시기이다. 이것을 우선 탈사회주의화의 시기라고 부르기로 하자. 여기에는 복수의 패턴이 있지만 가장 전형적인 것은 사회주의 경제가 교착 상태를 보여 자본주의적 경제 원리가 도입되게 된 이후의 사회주의 사회이며, 페레스트로이카 시기의 소련이나 개혁개방 노선을 취하게 된 중국이 그 예이다.

사회주의하에서의 노동 제도는 노동 밀도를 높이지 않고 노동자의 복리후생과 같은 프린지 베네핏 부분을 비대화했기 때문에 경제 효율의 악화를 초래해 결과적으로 사회주의 경제는 어디든 교착 상태를 보였다. 그 반성으로서 도입된 것이 자본주의적 이윤 원리이다. 농장에서는 노동의 욕을 끌어내기 위해 집단화와는 반대로 가족에 의한 사적 농업경영을 허용하고, 또한 공장에서는 채산성 중시의 경영방침에서 이른바 '오야카타 히노마루親方日の丸, 국가를 등에 업고 방만한 경영을 일삼는 기관이나 단체-역자주'형의 경영을 벗어나 비용 계산을 엄밀하게 하게 된다. 이에 따라 농촌에서는 노동

조직으로서의 가족이 부활하고 도시에서는 고비용 노동자인 여성노동자가 집중적으로 인원 정리의 대상이 되며 고소득층에서는 주부도 탄생한다. 사회주의화 시기와는 반대로 잠재되어 있던 가부장제 규범의 영향력이 상대적으로 강해지는 것이다.

사회주의화 단계에서 추진된 여성의 노동력화는 단지 이중 부담으로 주부의 탄생 이전의 상황을 만들어 내고 있었던 것일까, 아니면 주부의 소멸 이후라고 할 만한 방향성을 가진 것일까. 그 대답을 엿볼 수 있는 것이 이 시기이다. 사회주의 사회의 향후라는 것은 예단하기 어렵다. 그것은 물론 사회주의라는 체제 자체가 어디까지 존속할 것인가 하는 문제와도 관련되어 있지만, 젠더의 영역으로 축소해 보았을 때 가령 체제로서는 존속한다고 해도 어떤 방향으로 변화할지는 판단하기 어려울 수 있다. 그러나 이러한 탈사회주의화의 시기에는 해당 사회가 가지는 가부장제 규범이 드러나게 된다는 의미에서 그 사회가 사회 제도와는 우선 독립적으로 기저에 가지고 있는 방향성을 살펴볼 수 있다. 어느 정도의 예측이 가능하지 않을까 생각한다.

제3장 구미의 가부장제와 주부의 변천

　앞서 살펴보았듯 주부란 일정한 생활 수준을 전제로 해야만 비로소 성립된다. 아내가 취업하지 않아도 생활이 유지될 만큼의 임금을 남편이 획득할 수 있는 상황이 성립되어야 주부는 대량 현상으로 탄생하는 것이다. 따라서 현대 세계에서 어느 정도 양적 규모를 가지고 주부에 대해 이야기할 수 있는 것은 일본을 포함한 선진국과 경제 성장 면에서 곧 그 반열에 오를 정도로 발전한 중진국구체적으로는 한국·대만뿐이다. 따라서 이 장에서는 우선 구미 선진국이 밟아 온 길을 영국과 미국을 중심으로 개관하고 더불어 그것과는 전혀 다른 경로를 밟은 사회주의권의 예를 간단하게 소개한다. 이를 통해 우리는 세계 전체의 주부의 탄생·변천의 패턴을 개관하게 될 것이다. 물론 구미 전체를 영미로 대표시키는 데는 무리가 따르겠지만 쇼타로[1975 = 1987]가 지적한 바와 같이 근대가족의 특징에 관해서 유럽과 미국, 특히 영국, 미국, 프랑스 등이 어느 정도 공통의 요소를 가지고 있다고 할 수 있다.[1] 이러한 비교를 통해 다음 장 이후에 다룰 동아시아 유교문화권의 여러 사회적 특징을 조금 더 부각시킬 수 있을 것이다.

　이하에서는 우선 자본주의 사회를 대상으로 하여 근대주부의 예로서 주로 영국을, 현대주부의 예로서 주로 미국을 들어 설명한다. 이들 사회는 각각 근대주부와 현대주부를 가장 빠르게, 그 결과 자생적인 형태로 전개했다고 할 수 있다. 그런 의미에서 다음과 같은 예는 근대주부와 현대주부의 어떤 의미에서의 전형적인 모습을 보여 준다. 그리고 마지막으로 간단하게 주부의 소멸 양상에 대해 스웨덴의 예를 살펴보기로 하자.

1. 원생적 노동관계에서 근대주부의 탄생

영국을 중심으로

1) 산업화 측면에서의 접근

영국의 원생적 노동관계는 인클로저로 인해 농촌으로부터 가족 전체가 통째로 내몰린 노동력에 의해 형성된다. 다만 산업혁명 초기부터 그런 형태를 취한 것은 아니다. 방적업을 예로 들면 초기[1770~1790년경]의 제니 혹은 뮬 방적기 시절에는 노동이 여전히 농촌 근처의 작은 가옥에서 이루어지는 경우가 많았고, 가족 전체가 한 직장에서 하나의 노동 단위를 이루어 일하고 있었다. 요시다 게이코吉田惠子[1978a]의 지적에 따르면 가정 책임을 지고 있는 여성노동자가 노동력으로서 모순을 내포하게 된 사태의 발생은 가사노동과 생산노동 ─ 혹은 재생산노동과 생산노동 ─ 이 공간적 및 질적으로 분리된 것에 기인하고 있다. 그런 의미에서 이 시기에는 질적인 분리는 있어도 공간적인 분리는 크지 않았던 것이다.

그런데 18세기 말경부터 증기기관의 등장이 노동조직·입지조건·노동조건의 세 가지 점에서 종래의 취업 형태에 변화를 가져온다. 우선 대형 뮬 공장은 기간공으로서 숙련 노동자를 필요로 했고 이들 중 일부는 아내와 자녀가 일하지 않아도 생활이 가능한 층도 생겼다. 더욱이 증기기관의 발달로 수력이 불필요해졌기 때문에 공장은 노동력이 풍부한 도시에 세워지게 된다. 이윽고 기계가 대형화되면서 한 명의 방적공이 필요로 하는 보조노동자 수가 증가함에 따라 일가족 모두를 고용하는 것만으로는 보조노동을 보충할 수 없게 된다. 일자리를 찾아 도시로 유입된 사람들은 일가족 모두가 임금노동자가 되어 열악한 노동 조건하에 취업한다. 그곳에서는 종래의 노동 현장에서 가족이 단위가 되었던 취업이 사라지는 것이다.

이러한 거가이촌형擧家離村型 노동력은 불황 등에도 '돌아갈 곳'이 없어 도시에 슬럼을 형성한다. 공간적으로도 '직'과 '주'가 분리되게 된 것이다.

또한 이 무렵부터 작업 규율도 눈에 띄게 엄격해져 기혼여성이 가사의 틈틈이 취업하는 것도 곤란해지고 있었다. 부모와는 별도로 고용된 아동을 부모가 보호할 수 없게 되며 아동에 대한 공장 내에서의 학대는 당시 큰 사회 문제가 된다. 이러한 상황을 배경으로 공장법이 도입된 것이다. 특히 1833년의 공장법은 18세 이하의 심야근무 금지, 13세 미만의 9시간 노동제 등으로 연소자와 아동을 노동시장에서 추방했다. 이렇게 '아동'이 공장의 생산노동에서 벗어나면서 어른과 아동이 분리되고 나아가 1870년 보통교육법이 제정되고 1880년에는 의무교육이 법제화되면서 '아동'이 '탄생'하게 된다. 이른바 '전업아동'의 탄생이다. 유명한 아리에스의『아동의 탄생』은 앙시앵 레짐기 프랑스의 부르주아지를 대상으로 했지만 프롤레타리아에 있어서의 '아동'의 탄생은 영국에서는 위와 같은 과정을 거친다.

앞의 가부장제 개념의 논의를 적용한다면 이 시점에서 실체로서의 가부장제가 가지고 있던 성과 세대에 관한 동형성은 무너지게 된다. 자녀와 여성이 둘 다 남성인 주인의 지휘하에서 노동에 종사하는 상태에서는 가부장에 대한 관계에서 성과 세대는 동형적인 변수였다. 그러나 여기서 아동은 국가에 의한 학교 교육을 받는 존재가 되어 세대household 안에서 가부장의 명령하에 노동에 종사하는 관계에서 우선 탈피하게 되는 것이다. 스멜서Smelser[1959]가 이 산업혁명기의 일련의 과정을 '구조분화'라고 파악하고, 오이시大石[1971a, 1971b]가 그것을 바탕으로 '가족의 기능분화'라고 정식화한 것은 그런 의미에서 정곡을 찌르고 있다고 할 수 있을 것이다. 자녀의 교육권은 아버지로부터 분화되어 국가로 옮겨 간다.

아동의 노동시장으로부터의 철수는 한편으로 그 대체 노동력으로서 여성의 노동에 대한 수요를 증가시키지만 다른 한편으로 자녀 양육에 대한 책임을 증대시킨다. 기혼여성의 노동이 가정 책임과 모순되는 것으로 나타나는 것이다. 그것은 자본의 측면에서 보면 개별 자본에 의한 값싼 노동력의 철저한 이용 요구와 자본 총체에 있어서의 안정적인 차세대 노동력의 재생산 요구 사이의 모순이었다. 실제 공장법에 의한 여성노동 규제를 둘러싼 논의에서는, 의회 내부에서 다음의 3개 그룹의 대립이 있었다고 한다竹內[1985]. 첫째는 휘그Whig계, 즉 신흥 산업자본가를 중심으로 한 자유방임주의를 주장하는 세력으로 공장 제도를 옹호하고 자유방임의 입장에서 정부의 노동관계에 대한 개입으로서 여성노동 규제에 반대한 그룹이다. 둘째는 애슐리Ashley 등을 중심으로 한 토리Tory계 중에서도 특히 울트라 토리로 불린 대상인, 지주 등을 배경으로 한 세력으로 여성 노동자의 취업 자체가 가정의 붕괴를 초래하고 있다고 주장하며 우선 성인 여성의 노동 시간을 10시간으로 규제하도록 요구한 그룹이다. 셋째, 토리계를 중심으로 여성이나 아동의 취업 자체에는 반대하지 않지만 동시에 여성노동의 규제는 자유방임 원칙에는 저촉되지 않는다며[2] 12시간 노동제를 주장한 그룹이다.

이러한 모순된 요청 속에서 성인 여성의 노동 시간은 1844년 공장법에 의해 12시간으로 제한되고, 나아가 40년대에는 여성노동에 대한 보호 입법이 잇따라 성립된다. 이처럼 자본가에게 있어서도 반드시 요청이 일관된 것은 아니었지만, 44년 공장법 이후의 일련의 시책은 기혼여성을 노동시장에서 철수시켜 근대주부를 탄생시키는 것을 선택한다. 여기서 작동한 규범적 메커니즘, 근대적 가부장제란 어떤 형태로 형성되고 어떻게 작용한 것일까.

2) 가부장제 측면에서의 접근

① 빅토리아 왕조의 여성·가정 규범

빅토리아 여왕의 통치기간재위 1937~1901년은 대영제국의 황금시대로 여겨지고 있는데, 이 시기에는 '빅토리안 우먼Victorian woman'이라 불리는 특정한 여성 규범·가정 규범이 성립한다. 앞의 공장법을 둘러싼 논의도 이러한 규범을 빼고는 생각할 수 없는 것이다. 이는 이른바 영국형 근대 가부장제의 핵심을 이루는 규범이었다. 이 빅토리아기의 여성 규범·가정 규범은 두 개의 다른 원천을 가진다矢木[1981]. 하나는 청교도주의나 복음주의가 바탕이 된 근면과 사랑이 가득한 가정상, 다른 하나는 상류계급을 원천으로 하는 유한계급의 여성상이다.

우선 청교도주의 및 그것을 기초로 하는 복음주의Evangelicalism의 가정관인데 청교도주의는 가족 집단을 신앙 생활의 최소 단위로서 중시하고, 더구나 성 충동을 (남성의) 인간성의 일부로 인정하며 당사자의 사랑과 매력에 근거한 결혼을 장려했다. 거기서 탄생하는 것은 사랑과 신앙으로 가득 찬 가정의 이미지이다.

이것이 당시 사회에 있어 얼마나 특수한 것인지는 쇼타로[1975 = 1987]의 글을 상기하면 충분히 이해할 수 있다. 산업화 이전의 프랑스 농촌을 주된 대상으로 한 그의 연구에 따르면 결혼이란 반드시 당사자끼리의 애정에 근거하는 것은 아니었다. "아내가 죽고 말이 살아 있으면 남자는 부자가 된다"[1975 = 1987 : 60]라는 프랑스 속담은 가정 안의 부부를 이어주는 것이 애정이라는 심성에 의한다기보다 어쩌면 적어도 그것만이 아닌 기능적·경제적 연결고리에 있었음을 말해 준다.

빅토리아 시기 영국의 가정 규범을 형성하는 드라이브가 된 것은 이러한 청교도주의를 기초로 한 복음주의였다. 복음주의자들은 한편으로는 재정적으로는 상층인 상인 자본 등의 원조를 받으면서 다른 한편으로는 노예제 반대나 도덕개혁운동의 형태로 신흥 부르주아지의 지지도 얻으면서 국민적 차원까지 침투해 갔다[Hall[1979]. 이들은 직주분리에 따른 안과 밖의 분리에 대응하여 밖을 적의와 경쟁의 장, 안을 사랑과 신앙의 장으로 여겼다. 그리고 거기에 남자와 여자를 할당하는 것이다. 저명한 복음주의자들의 상당수가 상층 출신임을 생각할 때, 이 할당은 바로 뒤에 서술하는 상류계급의 성에 근거한 영역 구분을 배경으로 하고 있다고 할 수 있다. 성은 남성에게 종속된 존재인 동시에 종교적인 것임을 통해 남성에게 감화를 주고 나아가 국가 도덕의 후퇴를 막는 요체이기도 했다. "가정을 만드는 것—그것도 남편과 자녀를 위해 정서적으로 안정된 환경을 제공하는 가정을 만들어 내는 것이 여성의 근본적인 일이었다"[Banks[1964 = 1980 : 79]. 이러한 생각은 직주분리와 사적 영역의 독립을 경험하고 있던 새로운 가족에게 적합했다.

빅토리아 시기 여성·가정 규범의 또 다른 원천인 상류계급의 이상적인 여성상이란 '노동하지 않는 것'을 하나의 중요한 요소로서 가진다. 노동하지 않는 것이야말로 퍼펙트 레이디의 요건이라 여겨졌던 것이다[河村 [1987]. 19세기 중반부터 산업화의 진전에 따라 남성의 소득에 경제적으로 의존하면서 우아하게 여가를 즐기는 라이프스타일은 중산계급에서도 나아가 일부 노동자 계급에서도 가능해져 이러한 여성상은 사회적 지위의 심벌로서 폭넓은 영향력을 갖게 되었다. 여성이 돈을 벌기 위해 일하는 것은 불행하고 부끄러운 일로 여겨져 가사도 사용인을 둠으로써 자신의 손에 흠이 가지 않게 하는 것이 이상적이었다.

② 영국의 근대 가부장제

복음주의 여성상과 상류계급의 여성상은 근면과 게으름이라는 일견 상반된 규범처럼 받아들여진다. 그러나 이 두 가지는 여성이 밖에서 취업 해서는 안 된다는 것을 강조한 점에서 공통적이다. 이 두 가지 규범이, 말 하자면 융합된 곳에서 영국의 근대 가부장제가 탄생하는 것이다. 상류계 급의 '여자는 노동을 하지 않는 자'라는 규범이 대중화됨에 따라 '남 = 생 산노동 / 여 = 재생산노동'으로 대체되고, 나아가 청교도주의·복음주의 는 재생산노동에 배분된 여성에게 있어야 할 심성이나 세부 역할을 전달 한다. 그리고 이는 비참한 노동 환경에서 허덕이는 여성들에게 계층 상승 으로서 수용되어 침투한다. 이렇게 성에 근거해 여성에게는 재생산노동 이라는 새로운 역할이 할당된다. 앞에서 학교 교육의 보급에 의해 아동이 가부장의 지휘하에서 벗어나게 된 것을 논했지만 여기서 여성도 권력의 배분에 있어서 남성보다 열위에 있는 상황은 변하지 않지만, 역할에 있어 서는 그때까지의 가부장의 지휘하의 보조노동자에서 재생산노동이라는 새로운 역할의 전업자로 바뀌어 간다. 이렇게 해서 성과 세대의 동형성은 사라지게 되는 것이다.

이와 같이 '남 = 생산노동 / 여 = 재생산노동'이라는 것은 근대 가부장 제의 근본적 요소이지만, 영국에서는 보다 일반화해서 말하자면 유럽과 미국에서는 이 역할 배분이 부부애, 모성애라는 심성에 의해 뒷받침되고 있다. 제1장에서 설명한 토드의 4상한四象限 도식을 다시 한번 염두에 두 면 자녀가 성인이 된 후에는 부모와 동거를 하지 않는 절대 핵가족과 평 등주의 핵가족 지역, 그에 따라 직계가족인 게르만계를 제외한 서유럽의 많은 지역에서는 특별히 부부애의 조성을 방해할 요인이 없다. 뒤에 동아 시아에서 언급하듯이 특히 부부애가 차지하는 비중이 다른 사회에 비해 높은 것이 유럽과 미국특히 서구의 가부장제의 특징이라고 할 수 있다.

국가와 근대 가부장제는 늘 밀접한 관계를 갖는 경우가 많다. 자녀가 아버지 손에서 국가의 손으로 넘어가 국민개병國民皆兵을 전제로 하는 근대전쟁에 직면하면, 국가 번영의 기초로서 자녀의 건강이 중시되게 되고, 자녀의 교육, 건강관리의 주체로서 어머니는 특권적 지위를 차지한다고 여겨진다. 영국에서도 19세기 말부터 20세기 초에 걸쳐 과거의 자유방임주의에서 한 걸음 더 나아가 높은 영유아 사망률이나 보어전쟁 지원자에서 많은 불합격자가 나온 것 등에 대해서 어머니의 무지가 아동의 건강 상태의 저하를 초래하고 있다는 사고가 나온다吉田[1985]. '아동의 건강을 지키는 것은 어머니'라는 중산계급을 중심으로 한 생각은 이렇게 국가의 후원을 받게 된다.

3) 근대주부의 탄생

1, 2항에서 설명한 것과 같은 산업화 과정과 특유의 근대 가부장제의 상호작용의 결과로서 영국의 근대주부는 탄생한다. 이것을 소콜로프[1980 = 1987]는 '빅토리아조의 타협Victorian compromise'이라고 이름 붙였다. 노동력을 철저하게 이용하려는 개별 자본의 논리와 가족을 어떤 상태로 배분하려는 가부장제와의 타협의 산물이 공장법이며 근대주부라는 재생산 노동 전업자인 것이다.

이것이 근대주부 탄생의 매우 도식적인 설명인데, 이를 역사적으로 살펴보면 1844년 공장법을 계기로 단번에 근대주부가 탄생했다고 보기는 지나치게 단순한 것 같다. 19세기 후반은 대영제국의 황금시대이며 노동자들의 실질임금도 증가하는 경향을 보인다. 근대주부는 이에 따라 서서히 탄생하는 것이다. 요시다 게이코[1984]에 의하면 이러한 임금 상승은 직접적인 생활 수준의 상승은 물론 기혼여성의 취업을 방해하는 방향으로 작용했다고 한다. 과거에는 복수의 사람이 추렴하여 구성되었던 가계 수입이 한 사람의 손에 맡겨질 수 있게 되면서 남는 아내의 노동력은 한층 더 많은 수입 증가로 향하기보다 새로운 가정 역할의 달성으로 돌아가게 된 것이다. 즉 노동자 가족의 여성들 사이에도 근대 가부장제는 침투하여 취업을 하면 생활 수준이 올라가는 경우에도 취업하지 않는 주부의 길을 선택한 것이다. 이는 어떠한 규범적 요소, 여기서 말하는 가부장제를 들고 나오지 않는 한 설명할 수 없는 일이라고 할 수 있다. 인구조사에서 기혼과 미혼이 구별되는 것은 1901년 이후이기 때문에 엄밀한 비교는 아니지만 연령 등을 고려하면 1851년에는 기혼여성의 약 4분의 1이 취업하고 있던 것과 비교해 1911년에는 그 비율이 불과 10% 정도까지 감소한다. 19세기 후반에서 20세기 초반에 걸쳐 기혼여성의 가정 외 취업이 가장 낮아지는 시기, 즉 근대주부 탄생의 시기이다.

여기서 근대주부와 함께 새로운 집안일이 등장하게 된다. 연료비가 비싸고 수도가 완비되어 있지 않은 것 등의 이유로 예전에는 요리라고 하면 대부분이 차가운 것이었고 이미 만들어진 것을 사는 일도 많았으며, 세탁은 근처의 강이나 연못에서 했다. 설거지할 그릇 수를 줄이기 위해 노동자 가족에서는 보통 같은 접시에 나누어 주었고, 뒷정리도 대충 물로 씻어버리거나 빵으로 닦는 정도였다. 요리 전용 레인지가 보급되기 시작한 것은 19세기 후반 이후로, 그 이전에는 요리에 공을 들일 가능성이 없었던 것을 보여 준다. 이와 같이 종래 가사는 지금과는 비교할 수 없을 정도로 수준이 낮은 것이었다吉田[1984]. 이는 반대로 말하면 가사가 집단화될 수 있는 가능성도 보여 주고 있다. 사실 돌로레스 헤이든 Hayden[1981 = 1985]은 19세기 후반부터 20세기 초에 걸쳐 영국과 미국에서 실제 공동 가사를 목표로 하는 다양한 움직임이 있었음을 실증하고 있다. 그런데 역사의 대세는 가사의 개별화, 내부화로 흘러간다. 가정이 사적 공간으로서 중시됨에 따라 가사는 개개의 집의 사적인 작업으로 여겨지게 되어 따뜻한 요리나 전용 레인지, 집 안에서의 세탁이 점차 당연한 것이 되어 간다.

근대주부에게 가사는 이렇게 온 정력을 쏟아야 하는 일이 되었다. 가족을 연결하는 유대가 기능적·경제적인 것에서 정서적인 것으로 변용된 것은 이미 말했듯이 근대가족의 기본적인 특징이었지만 근대가족의 구성원인 근대주부들은 가사에 대해서도 강한 정서적 의미 부여 내지는 자신의 일이라는 사명감을 갖게 된다. 이는 근대주부의 하나의 특징인 바, 과학적·합리적인 가사 수행에 대한 관심을 향상시켜 각종 가사에 관한 매뉴얼의 종류가 출판되기에 이른다. 예를 들면 영국에서는 비튼 부인이 『가정독본』1861에서 여성이야말로 건강한 가정 만들기에 책임을 지고 있다면서 요리법 등을 해설해 베스트셀러가 되었다. 과학적인 가사 수행을 주창한 미국의 크리스틴 프레드릭이 적절히 지적했듯이 "이제 가정의 문제는 대소를 막론하고 완전히 새로운 관심과 가능성을 부여받기에 이르렀다. 그것은 단지 악착같이 일하는 대상이 아닌—남성이 열의와 나름의 성과를 가지고 임하는 비즈니스나 산업 세계의 일과 완전 동일하게—강한 정신적 관심의 대상이 되었다."Frederick[1914 p.ix]는 것이다.

2. 현대주부의 탄생 미국을 중심으로

미국은 빅토리아 시기의 여성·가정 규범의 영향하에서, 동시에 흑인이나 이민 노동력이 풍부했기 때문에 영국처럼 기혼여성이 일단 취업했다가 공장법에 의해 가정으로 다시 과정을 밟는 일은 없었으며 기혼여성의 노동력률은 애초에 매우 낮았다. 따라서 근대주부의 탄생 과정은 영국과는 다르지만 가부장제는 영국의 그것을 계승하고 있으며 그 점에 관해서는 기본적으로 영국 사회와의 연속성을 인정할 수 있다. 아울러 미국은 급속한 산업화로 인해 영국보다 빠르게 현대주부의 단계에 진입하게 된다. 그러한 의미에서 후술하는 것은 미국에 대한 기술인 동시에 근대주부에서 현대주부에 이르는 유럽과 미국의 기본적인 패턴이라고 할 수 있다.

1) 산업화 전개

19세기의 산업화가 소비재 생산보다는 기간산업에 중점을 두었던 반면 20세기의 미국은 세계적으로 가장 먼저 대중소비 사회를 맞이하게 된다. 그때까지는 상류계급의 사치품이었던 가정용 전기제품이 1930년대 무렵부터 급속하게 각 가정으로 보급된다. 어떤 제품이 그 시대의 풍경의 일부가 되는 것으로서, 보급률이 60~70%를 넘은 시기를 하나의 기준으로 생각하면 〈그림 3-1〉에서 보는 것처럼 1940년대에는 세탁기, 냉장고 등이 이미 그 시대의 풍

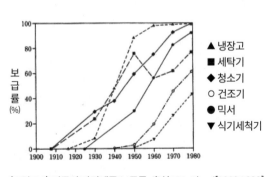

〈그림 3-1〉 미국의 가전제품 보급률, 출처 : Matthaei[1982 : 239]

경이 되었다고 할 수 있다. 중류 이상의 근대주부들을 뒷받침하던 가사사
용인을 대신하여 가전제품이 새로운 주부들의 하인이 된 것이다.

그 배경을 공급 측에서 살펴보면 거기에는 포드자동차의 생산라인으로
상징되는 대량생산에 의한 비용절감을 발판으로 한 기업의 상품 대중화
전략이 있다. 막대한 광고를 들여 잠재적인 수요를 발굴해, 없어도 생활
할 수 있는 신제품을 없어서는 안 되는 것으로 생각하게 해 보급시켜간다.
이를 상징하듯 신문·잡지의 광고비 총액은 1867년의 960만 달러에서
1900년 9,580만 달러, 1925년에는 9억 2,300만 달러로 급속하게 늘고
있다. 이러한 가격 하락과 선전의 홍수에 의해 수요 측에는 경쟁적 소비라
고 불리는 과열된 소비 행동이 나타난다. 1913년 무렵 히트한 모맨드A.R.
Momand의 만화에서 따온 "이웃과 생활상을 겨루다keeping up with the Jones"라
는 말은 당시의 분위기를 잘 보여 준다. 그리고 이 소비행동의 중심이 된
것이 미세스 컨슈머[3]인 현대주부이다. 조금 과장되게 말하면 이때 비로소
경제 전체가 주부의 소비행동에 의존하는 상황이 탄생한 것이다.

더욱이 제2차 세계대전 후, 급속히 진행된 경제의 서비스화 경향 아래
에서 주부는 노동력으로서도 중요한 존재가 되어 플러스 알파의 수입을
원하는 주부들의 바람과 겹쳐져 현대주부의 취업에 큰 영향을 끼친다.

2) 가부장제의 변용

산업화의 새로운 전개와 비교해 가부장제는 어떻게 변용되었을까. 근
대주부를 뒷받침하던 근대의 가부장제와 무엇이 다른 것일까. 미국은
영국의 식민지였던 관계로 청교도들의 가치관을 통해서 빅토리아 시기
의 여성·가정 규범의 대부분을 직수입했고, 미국의 근대주부는 그 성
립 과정이야말로 영국과 다르지만 그것을 뒷받침한 규범은 기본적으로

는 영국과 공통된다. 근대주부를 뒷받침하는 근대 가부장제의 본질은 '남 = 생산노동 / 여 = 재생산노동'이라는 역할 배분이며, 영국과 미국형의 특징은 그 역할 배분이 부부애나 모성애라는 심성으로 뒷받침되고, 특히 전자의 비중이 다른 문화권에 비해 높다는 데 있었다. 앞서 말했듯이 이 기본적인 구조는 현대주부가 되어도 변하지 않는다. 즉 '남 = 생산노동 / 여 = 재생산노동'이라는 배분이 근본적으로 변용되는 것은 아니다. 단지 그 역할은 미묘하게 변화하게 된다.

근대주부를 뒷받침하는 규범을 충실히 지킨다면 주부들은 남편의 수입에 맞춰 생계를 꾸려 나가면 된다는 얘기가 된다. 그런데 보다 풍요로운 가정생활에 대한 욕구는 이 규범을 변용시킨다. 수입에 욕구를 맞추는 대신 욕구에 수입을 맞추는 식으로 주부들은 생산노동 영역에 들어가는 것이 허용된 것이다. 무엇보다 이 취업은 어디까지나 보다 나은 가정생활을 위한 것으로 말하자면 보다 나은 재생산을 위한 취업이다. 그런 의미에서는 주부업의 범위가 확대되었을 뿐이라는 식으로 볼 수도 있을 것이다. 다만 근대주부의 '남 = 생산노동 / 여 = 재생산노동'이라는 역할 배분은 동시에 밖과 안이라는 영역의 구분이기도 했다. 하지만 미국 가부장제의 경우 이 영역의 구분, 즉 남녀의 공간적인 격리·배분이 그리 강하지 않아서 여성의 집 밖으로의 진출은 점차 긍정되게 되었다.

3) 주체 측의 대응

이러한 규범 변용의 배경에 있는 과정은 어떤 것일까. 가정생활의 전화電化는 확실히 주부의 특정 가사에 소요되는 시간을 대폭 단축해 주부의 주부 본연으로의 취업 가능성을 높였다. 그러나 이는 어디까지나 가능성이며 필연성은 아니다. 세탁이라면 세탁이라는 가사시간이 단축되었다고 해서 가사노동 시간의 총체가 단축된다고 할 수는 없다. 그보다 가사 수준이 상승하고 가사노동 시간 전체는 줄어들지 않는다는 것도 생각할 수 있기 때문이다. 또한 주부의 취업을 노동시장의 요구pull와 가계의 보전push으로만 설명하는 것은 지나치게 경제 결정론적이다. 주부들에게 작용하는 규범과 그러한 규범에 대한 의미 부여에 주목함으로써 비로소 필연성을 충분히 설명할 수 있게 되는 것이다.

이러한 변용의 배경으로는 우선 첫째로, 과거에는 여성의 취업이라고 하면 하층계급, 흑인, 이민에 한정되어 있던 것과 비교해, 사무직 증가를 계기로 중산계급 여성의 취업이 증가함으로써 여성의 취업에 대한 이미지가 긍정적인 것으로 바뀐 것을 들 수 있다. 근로시간 단축이나 임금 상승과 맞물려 과거 공장법 논란을 일으켰던 여성의 임금노동에 대한 가혹한 이미지는 불식되기에 이르렀다. 1940년대 무렵부터 증가하기 시작하는 중류, 고학력층의 취업은 일종의 자기실현을 수반하는 것이라고 여겨지게 된 것이다. 두 번의 세계대전으로 인해 여성이 노동전선으로 불려 나간 것도 이 경향에 한층 박차를 가했다고 할 수 있을 것이다. 그러나 이러한 규범의 변화가 전면적으로 전개되는 것은 전후 1950년대의 여파[4]를 거쳐 1960년대 이후이다.

둘째로, 그와 함께 재생산노동에 대한 의미 부여가 변화한 것을 들 수 있다. 근대주부에게 재생산노동은 앞서 프레드릭의 말을 인용한 것처럼 '강한 정신적 관심의 대상'이자 부부애와 모성애에 감싸인 '사랑의 노동'이었다. 그런데 가전제품의 보급은 주부들로 하여금 자신들의 작업의 대체 가능성을 인식하게 하고, 나아가 주부의 임금노동의 증가는 재생산노동이 무보수노동이라는 것을 주부들에게 깨닫게 한다. 주부들은 재생산노동에 대한 정서적 의미부여를 잃고 재생산노동을 부담함으로써 일종의 박탈감마저 느끼게 되는 것이다. 여기에 노동시장으로의 진출을 둘러싼 규범 변용의 또 하나의 드라이브가 존재하는 것이다.

4) 현대주부의 탄생

산업화의 새로운 요청과 가부장제의 변용으로 규정되어 현대주부는 탄생한다. 가전제품의 보급에 의해 현대주부가 맹아적으로 확산되는 것은 1940년대, 가부장제의 변용이 본격화하고 현대주부가 겸업주부로서 전면적으로 전개되는 것은 1960년대이다.

1940년대에는 이미 노동시장에서 배우자가 있는 사람이 차지하는 비율이 미혼자를 상회하는 데 반해, 앞에서 언급한 것처럼 1950년대에는 전전의 여파가 찾아와 다시 전업주부를 이상으로 여기는 규범이 매스미디어를 중심으로 유포된다.[5] 사랑이 넘치고 물질적으로도 풍부하며, 차와 가전제품과 많은 아이들에 둘러싸여 교외의 주택에 사는 주부들이 등장한 것이다. 그러나 우먼 리브의 주동자 역할을 한 베티 프리던 Friedan[1963 = 1986]이 설명한 것처럼 그들은 그 '복받은' 환경 속에서 우울해하고 있었다. 당시 이미 증가하고 있던 고학력 여성의 취업은 현대주부들에게 가정 밖에 자아실현의 장이 있음을 깨닫게 하고, 이들은 남편이나 자녀를 통해서만 자기를 표현할 기회가 있음에 불만을 갖게 되는 것이다. 뿐만 아니라 이들은 자신들이 맡아온 가사가 바로 가사노동임을 느끼게 되고 그것이 무보수노동인 것에 박탈감을 가지기에 이른다. 그리고 이것이 1960년대 후반부터 폭발적으로 확산된 우먼 리브 발생의 원인이 되었다. 이러한 가사에 대한 정서적 의미부여의 상실, 스스로의 재생산 역할에 대한 회의는 겸업주부로서 가정 밖을 볼 기회를 갖게 된 현대주부의 하나의 특징이다.

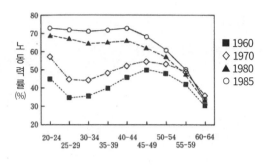

〈그림 3-2〉와 같이 노동력률 그래프도 1940년까지는 젊은 여성의 취업을 나타내는 초기 연령 피크형이었던 것에 비해, 1940년대를 거쳐 1950년에는 M자형으로 전환하여 1970년 무렵까지 완

〈그림 3-2〉 미국의 여자노동력률
출처 : Bureau of Labor Statistics[1988]

전한 M자형을 그리고 있다. 또한 자녀를 둔 어머니의 노동력률을 보아도 6세 이하 자녀를 둔 어머니의 노동력률이 1950년에는 12%였던 데 비해 1960년에는 19%, 1970년에는 30%가 된다. 더불어 1970년대에는 유아를 가진 부모도 일하는 경우가 증가하여 1978년에는 2세 이하의 유아를 가진 어머니의 실제 41%가 일하기에 이르렀다Weiner[198593~97]. 이렇게 점차 M자형의 바닥이 얕아지고 1980년에는 완전한 고원형으로 이행한다. 이러한 M자형으로부터 고원형으로의 이행은 주부 소멸의 하나의 특징이며 1970년대부터 1980년대에 걸쳐 미국뿐만이 아니라 많은 유럽의 여러 나라에서 이러한 경향이 나타났다.

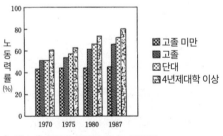

〈그림 3-3〉 미국의 학력별 여자노동력률
출처 : Bureau of Labor Statistics[1988]

또한 학력별 노동력률을 보더라도 〈그림 3-3〉에서 보는 바와 같이 학력상승과 함께 노동력률이 높아지는 구조가 유지되고 있어 앞 장에서 살펴본 것처럼 경력형 취업을 촉진하는 구조가 존재함을 알 수 있다. 특히 대졸의 노동력률은 1987년에 80%에 달하고 있어, 제5장에서 보았듯이 일본의 고학력층의 노동력률이 낮은 것과는 대조적이다.

5) 구미형의 특징

앞에서 말한 바와 같이 영미로 대표되는 구미형 가부장제 내지는 주부의 탄생 변천 과정의 특징은 한마디로 가부장제를 뒷받침하는 심성 가운데 모성애가 차지하는 위치가 특권적이지 않았기 때문에 아이를

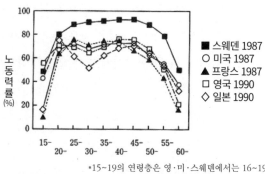

*15~19의 연령층은 영·미·스웨덴에서는 16~19
〈그림 3-4〉 구미의 연령별 여자노동력률
출처 : 落合[1994 : 15]

가진 어머니의 취업이 허용되기 쉬웠고, 따라서 최근에 볼 수 있는 M자형에서 고원형으로의 이행이 나타나기 쉬웠다는 것이다. 즉 '남 = 생산노동 / 여 = 재생산노동'이라는 역할 배분을 뒷받침하는 것 중에서 모성애와 더불어 부부애가 중요한 위치를 차지했기 때문에 현대 사회에서 재생산 역할 중에서 어머니 역할만 강조되는 일이 없이 주부의 소멸로 나가기 쉽다. 이러한 주부 소멸로의 경향은 구미 중에서도 특히 미국이나 북유럽에서 강하게 나타나고 있다. 구미형의 경향을 가장 전형적으로 나타내는 것이 이들 사회라고 할 수 있을 것이다. 이러한 경향을 반영하여 북서유럽 사회에서는 여자노동력률의 M자형이 별로 눈에 띄지 않고 있다 〈그림 3-4〉 참조. 이러한 사회에서 육아는 더 이상 어머니의 취업을 막는 요인이 아니다.

현대 사회에서 가전제품의 보급 등 가사의 시장화는 가사 수준을 유지하면서 주부의 취업을 가능하게 한다. 따라서 취업의 걸림돌이 되는 것은 재생산노동 전체의 수행을 요구하는 규범이라기보다는 출산·육아를 중심으로 하는 어머니 역할에 관한 규범이다. 말할 필요도 없이 M자형이

란 바로 이 규범에 얽매인 취업 형태를 나타낸 것이다. 그런 의미에서 구미의 가부장제가 재생산 역할 중에서 어머니 역할을 특히 강하게 강조하는 경향이 약했다는 것은 중요하다. 이것이 기혼여성의 취업을 촉진하고 여성의 지위를 향상시켜 주부 소멸의 방향으로 이끌고 있는 큰 추진력이 되고 있는 것이다.

3. 주부의 소멸? 북유럽을 중심으로

기혼여성의 일관된 취업이 일반화되면 전업주부는 소멸된다. 위에서 언급한 가부장제 외에 다른 요인을 찾는다면, 미국의 경우는 철저한 개인주의가 성별이라는 속성에 근거한 발상과 대립하고 '개인으로서의 여성'이 강조된 결과라고 생각할 수 있을 것이다. 고학력층의 커리어형 취업은 바로 그런 패턴이다. 북유럽의 경우에는 이 밖에 더 많은 사회정책적 요인이 추가된다. 고령화 사회에서 지나치게 높은 증세를 피해 복지를 충실하게 하고자 한다면 연금의 수급 자격 연령을 인상함으로써 대상자를 줄이고 나아가 전업주부에게도 부과하는 시스템이 필요하다. 물론 '일본형 복지'처럼 부모의 케어는 자녀며느리가 한다는 것도 하나의 '해결책'이지만 그러한 '효孝' 의식이 가부장제에 의해 특별히 강조되고 있지 않은 문화의 경우에는 이러한 선택은 불가능하다. 복지를 위해 노동력과 예산도 필요하지만 자녀가 노부모를 위해 헌신하는 것에만 기대할 수 없다고 한다면 전업주부라는 노동력 재생산 시스템 자체가 위기에 처하게 되는 것이다.

스웨덴이 채택한 것은 따라서 사회정책적으로 주부가 되는 것의 비용을 높여 여성의 노동력화를 촉진하고, 그녀들을 복지관계의 공공 부문에 대량으로 고용함으로써 고령화 사회에 대응하기 위한 재원과 노동력을 확보한다는 선택지이다. 1992년 통계에서 20세부터 64세까지 여성의 무려 84%가 노동력화되었으며 이 비율은 남성의 88%와 거의 차이가 없다. 이를테면 전업주부는 노동력인구 여성의 4.1%에 불과해 사실상 주부는 소멸되고 있다岡沢[1994].

일하는 여성들의 약 55%가 공공부문에서 일하고 있으며 그 대부분은 개호사나 보모와 같은 복지 관련 직종에 종사하고 있다. 이러한 직종의 편중을 문제시하는 것도 물론 가능하지만, 미국과 같은 개인주의가 강한 사회를 제외하면 주부 소멸의 첫걸음은 우선 이 패턴 이외의 가능성은 낮다. 보육소나 개호시설, 남녀평등을 위한 법 제도 등 여성이 일할 수 있도록 환경을 정비하고 이를 위해 필요한 새로운 노동력으로서 기혼여성을 활용해 간다. 노동력 재생산 기능의 일부를 개별 가정에서 공공부문으로 끌어들여 근대 가부장제 이후 여성이 노동력 재생산의 전업자가 되는 시스템에서 벗어나 공공부문을 중심으로 하는 새로운 노동력 재생산 시스템을 만든 것이다. 근대 이래 가부장제를 극복하는 방향성으로서 주목할 만한 것임은 틀림없다.

4. 사회주의형

소련·동유럽의 사회주의가 붕괴함으로써 사회주의 사회가 가지는 중요성은 확실히 낮아지고 있다고 할 수 있다. 그러나 우리가 주요 대상으로 삼는 동아시아에는 아직 사회주의를 기본적인 사회체제로서 채택한 국가가 존재한다. 그러한 사회와의 비교의 의미에서도 소련·동유럽의 과거 상황과 그 후의 변화를 매우 간단하게 개관해 둘 필요가 있을 것이다. 사회주의 사회에서는 자본주의와는 다른 산업화 과정을 거쳤기 때문에 이 책이 대상으로 하는 주부를 둘러싼 상황에 관해서도 자본주의와는 크게 다른 양상을 보인다. 결론부터 말하자면 자본제에 기반한 산업화의 경우처럼 어느 단계에서 주부가 탄생하는 일은 없다. 서로 다른 노동력 재생산 시스템을 채용하고 있는 것이다.

1) 사회주의에서의 산업화와 여성 사회주의화

〈표 3-1〉 노동력에서 차지하는 여성의 비율(1974~1976년)

소련	51.0%	헝가리	43.9%
동독	50.0%	체코슬로바키아	48.0%

출처 : ILO[1980=1981]

〈표 3-1〉에서 볼 수 있듯이 일반적으로 사회주의 사회에서는 노동력에서 여성이 차지하는 비율이 굉장히 높다. 이슬람 사회주의와 같은 특수한 예를 제외하면 대부분의 나라에서 노동력의 거의 절반 가까이 여성이 차지한다. 따라서 여성의 노동력률도 연령에 관계없이 80% 안팎의 높은 수치를 보인다. 이 높은 비율을 고려하면 사회주의권의 경우, 여성 노동력 없이는 경제가 성립할 수 없을 것이다. 특히 제2차 세계대전에서 많은 전사자를 낸 소련 등이 해당된다. 노동력 부족에 시달리는 소련의 전후 경제 성장은 여성의 노동시장 진입 없이는 생각할 수 없는 것으로 여겨진다. 사회주의 사회의 경제는 대부분의 경우 생산성이 낮고 공장의 자동화 등도 뒤처져 있다. 이를 인력으로 보완하기 위해서는 다수의 인력이 필요하며 여성의 노동력화가 요구되는 것이다.

구 동독의 경우에도 어머니의 취업을 확보하기 위해 다양한 제도가 마련되어 있었다. 특히 합계특수출생률이 1965년 2.48에서 1975년 1.54로 떨어짐에 따라 충실한 모성보호정책이 취해지게 된다. 히메오카姬岡[1992]

에 따르면 다음과 같다.

　① 산전 6주, 산후 20주의 유급 출산휴가
　② 1년간 유급 육아휴직, 보육소를 찾을 수 없을 경우 무급이지만 3년까지
　　연장 가능
　③ 가사휴가와 자녀의 간호휴가 모두 유급. 전자는 월 1회, 후자는 미혼모는
　　첫아이, 기혼자는 둘째아이부터 휴가를 낼 수 있으며 기간은 자녀 수에
　　따라 4주에서 13주 간.
　④ 보육소, 유치원, 아동보육의 내실화
　⑤ 43.5시간 주 노동 시간을 16세 이하 자녀 2명 이상 둔 어머니에 대해서는
　　임금 삭감 없이 40시간으로 단축
　⑥ 무이자 결혼 대출금
　⑦ 출산수당, 아동수당

　이처럼 구 동독에서는 여성의 노동력화를 도모한 결과, 반드시 커리어
형은 아니지만 일하는 것이 당연시되었고 사실상 주부라는 생활방식은
존재하지 않는 사회가 되었다. 또한 이는 유럽 사회주의에서 특징적인 것
이지만 구 소련, 구 동독 등에서도 이혼율이 매우 높다. 1987년의 대략적
인 이혼율 인구 1000명당 이혼 건수이 5 전후인 미국을 제외하면, 그 다음은 3을
웃도는 구 소련 3.36, 구 동독 3.01 순으로 되어, 일본 1.29은 물론이고 영국 2.88,
덴마크 2.80, 스웨덴 2.19 등을 웃돌고 있다 Schimittroth[1991 : 580~1]. 이는 여성이
경제력도 있으면서 미혼모의 육아 지원을 비롯한 보호 제도가 비교적 충
실한 것에 기인한다. 같은 사회주의라도 중국의 이혼율은 1992년에 0.72
에 불과하다 张萍[1995 : 142]. 여성이 이혼하기 용이하고 애정에 근거한 관계

만이 유지된다는 점에서는 동아시아의 예와 비교할 때, 확실히 유럽적이라고 할 수 있다. 사회주의 노선에 따른 여성의 노동력화가 로맨틱 러브의 탄생을 뒷받침하고 있는 것이다.

사회주의권에서는 여성을 노동력으로 활용하는 것을 노동정책의 한 축으로 삼는다. 원생적 노동관계를 탈피해 가족임금과 주부의 전업화라는 방안에 따른 것이 자본주의형 노동정책이라면, 사회주의는 여성해방의 기치 아래 노동조건을 개선하고 보육소·탁아소 같은 차세대 노동력의 재생산과 관련된 서비스를 국가가 제공함으로써 거꾸로 남녀 모두를 취업시킨다는 방안을 택했다. 대부분의 나라에서 사회주의화에 따라 여성의 노동력률이 상승하는 것을 보면 이는 분명하다. 거기서는 가족임금을 성립시키지 않고, 그에 따라 저렴한 임금으로 남녀 모두를 고용해 왔다고 할 수 있다. 이 때문에 사회주의권에서는 주부가 탄생하지 않는 것이다.

2) 사회주의에서의 가부장제

물론 사회주의권에서의 남녀평등 주장이 단순히 노동력으로서의 여성을 이용하기 위한 이데올로기에 불과하다고 말할 생각은 없다. 일반적으로 사회주의권에서는 여성의 사회 진출이 단지 직장 진출에 그치지 않고 사회적으로나 정치적으로도 자본주의형 국가들과 비교해 상당히 진전된 것은 말할 필요도 없다. 가부장제의 변용이라고 생각한다면 강력한 정부의 선전에 의해 단순히 역할 배분뿐만 아니라 권력의 배분에 관해서도 자본제하의 여러 사회에 비하면 상당히 평등화가 진행되고 있다고 할 수 있다. 애초에 사회주의권에서도 전통적인 성에 근거한 권력의 불평등한 배분이나 재생산 역할을 여성에게 맡기려는 규범이 완전히 사라진 것은 아니다. 그러나 이들 사회에서 국가는 많은 경우 여성해방 특히 여성의 사회 진출을 추진하는 세력으로서 중요한 역할을 하며 사회주의에 의한 산업화와는 달리 규범적 차원에서 여성해방 캠페인이 진행된다. 이것들이 전통적 규범의 강한 영향하에 있는 경우도 적지 않지만, 많은 경우 자본제하의 사회에 비하면 비교적 평등한 규범이 형성되게 되는 것이다.

사회주의 사회는 분명 가사의 사회화를 추진하려 하지만 가정 내 가사 분담에 관해서는 반드시 극단적으로 바꾸려는 방향성을 갖는 것은 아니다. 엥겔스 이후 사회주의 여성해방론의 기본이 여성의 노동력화이고 그에 따라 거의 자동적으로 여성해방이 달성된다는 것이 공식 이데올로기가 되기 때문에, 자본주의 사회의 페미니즘에서 볼 수 있는 남녀의 역할 배분구조를 철저히 의문시하는 시각은 기본적으로 존재하지 않는다. 독일의 통일 이후에도 그러한 동서의 페미니즘 방향성의 차이는 현저하다고 알려져 있다姫岡[1992].

3) 상호작용의 산물로서의 취업과 탈사회주의

그러나 이것을 하나의 노동정책으로서 생각한다면, 앞의 1항에서 논한 것과 같은 냉정한 견해도 필요할 것이다. 탁아소나 출산휴가 정비로 상징되듯 노동력 재생산 비용의 일부는 국가가 부담하는 대신 임금 수준을 두 사람이 일하지 않으면 만족스러운 생활을 할 수 없는 낮은 수준으로 만들어 여성을 노동시장으로 유인하고 여성의 능력을 노동력으로 충분히 활용한다는 것이 사회주의형이 채택한 여성에 관한 노동정책이다. 그것은 가족임금에 의해 주부를 전업화시킴으로써 노동력의 안정적인 공급과 재생산을 확보한다는 방책이 근대적 가부장제와 자본제에 의한 산업화의 상호작용의 산물인 것과 동일하다. 즉 남녀평등을 명분으로 하는 사회주의 사회의 가부장제와 값싼 노동력을 요구하는 사회주의 사회에서의 산업화의 상호작용의 산물인 것이다. 산업화 총체의 측면에서 보면, 전자는 생산과 재생산의 전업화에 의해 장기적으로는 생산성의 향상이 촉진된다는 점에서 '합리적'이다. 반면, 후자는 저렴한 임금하에서 여성의 재능을 충분히 이용할 수 있다는 점에서 '합리적'인 것이다. 이 산업화에 있어서 양쪽 모두 어떤 의미에서는 '합리적'인 선택을 최종적으로 결정하는 것이 해당 사회의 성에 근거한 규범, 즉 가부장제인 것이다.

다만 이들 국가에서는 위에서 언급한 바와 같이 한 사람의 임금만으로는 생활할 수 없다는 '빈곤 압력'에 기인한 취업도 보이기 때문에 잠재적으로는 가사전업자가 되기를 원하는 '주부 희망'이 없는 것은 아니다. 어떤 의미에서는 주부 탄생 이전의 단계이기도 하다. 더욱이 사회주의 사회는 비대해진 국가 섹터 안에 수많은 비효율 부문과 잉여 인원을 안고 있다. 낮은 생산성을 많은 노동 투입량으로 보충해 왔기 때문에 사회주의의 붕괴는 생산성 중시의 경제 운영의 침투를 의미하며 이러한 잉여인력을 직격하는 것이다.

예를 들어 구 동독에서는 1990년경까지만 해도 실업자의 성비는 딱히 편중되지 않았지만, 독일 통일 후인 1992년 6월 '일을 갖지 않은 자' 중 63.6%는 여성으로 남성의 실업률이 10%인 것에 비해 여성의 실업률은 18.9%나 되었다Nickel[1993]. 특히 중장년 여성은 새로운 환경에 적응하지 못하고 또한 계속 해온 일자리를 잃음으로써 정체성도 상실되는 듯한 상태라고 한다姫岡[1992]. 다만 그럼에도 구 동독과 구 서독을 나눈 여자노동력률 통계를 보면〈그림 3-5〉노동력률에 실업자가 포함되기 때문이기도 하지만 구 동독이 압도적으로 높다. 한편 시오카와 노부아키塩川伸明[1989, 1994]에 의하면 구 소련에서도 페레스트로이카 시기에 '여성이 가정에 돌아갈 수 있는 것이야말로 여성의 진정한 의미에서의 행복을 의미한다'라

는 논의가 급증하고 또한
여성 측에서도 그것에 찬
성을 표하는 것이 많았다
고 한다.

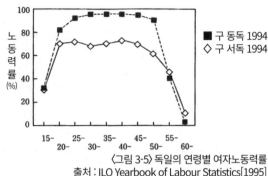

〈그림 3-5〉 독일의 연령별 여자노동력률
출처 : ILO Yearbook of Labour Statistics[1995]

육아를 둘러싼 환경도
변화하여 기업이 가지고
있던 보육소는 기업의 도
산과 함께 소멸하는 일도 발생했다. 구 동독의 경우 서독의 보육소 확충
운동의 영향으로 국영보육소의 대부분은 계승되었지만 앞서 언급했던
충실한 휴가 제도는 사라지고 육아휴직 기간에는 월 600마르크의 육아
수당만 받게 되어 미혼모가 아이를 기르며 사는 것은 상당히 어려워졌다.
　이러한 일련의 현상은 단순히 주부의 탄생을 의미하는 것이 아니며 일
을 계속하려는 여성들도 물론 존재한다. 사회주의화는 그럭저럭 사람들
의 의식을 바꾸고 있으며 완전히 원래대로 돌아가는 것은 아닐 것이다.
단지 각 사회가 기층으로서 가지고 있던 가부장제가 탈사회주의화로 표
면화되는 것은 아마 피할 수 없을 것이고 앞으로 그러한 모습은 서서히
나타날 것이다.

일본의 주부와 가부장제

일본의 근대주부와 가부장제

제4장

  제1장, 제2장에서의 이론적 전개와 제3장에서의 구미의 사례에 이어 이하의 제3부에서는 동아시아 여러 사회의 가부장제에 대해 주부 그리고 그 이면에 있는 여성노동이라는 축을 사용해 논하고자 한다. 제2부에서는 일본을, 그리고 제3부에서는 한국·대만·북한·중국이라는 동아시아의 여러 사회를 다루게 된다. 구미의 사례에 더해 동아시아의 자본주의 사회에 대해 논함으로써 지금 현재 어느 정도의 규모가 되는 곳에서 주부가 탄생할 수 있는 사회를 망라하는 것이 되며, 이들 사회와의 비교를 통해 일본 가부장제 문제의 보편적 측면을 살펴볼 수 있게 될 것이다. 한편 이들 사회는 구미와 달리 근대화·산업화의 시작이 자생적인 것은 아니었다. 또한 규범에 관해서도 서구 가부장제의 사상적 원점이 기독교인 것에 반해 성에 관련된 규범의 원천으로는 유교가 큰 위치를 차지하고 있다. 따라서 말할 것도 없이 동아시아에서의 주부의 탄생과 변천 과정은 구미와 크게 차이가 나게 된다.

  근래 아시아 NIEs의 급격한 경제 성장으로 촉발되어 일본·한국·대만 등을 유교문화권으로 일괄해서 그 경제 발전의 공통성 등을 논하는 논의가 적지 않다. 또한 일본에서는 일반적으로 '유교문화권에서는 모두 여성의 지위가 낮다'는 '상식'이 유통되고 있는 것으로 보인다. 저자는 '유교문화권'이라는 문제설정 자체의 의미를 전적으로 부정하는 것은 아니다. 예를 들어 동아시아의 공통된 강한 학력 지향 등은 유교적 전통으로 설명하는 것이 가능할 것이다. 그러나 '유교문화권'이라고 해도 일본, 한국, 대만만 해도 유교의 침투 과정이나 그 정도는 크게 다르다. 따라서 유교가 그 사회에서 차지하는 위치, 행위를 규제하는 규범으로서의 강도는 다양하다. 구미 학자들이 '동양'을 일괄적으로 논하고자 한다면 몰라도 유교문화권 안에 있는 우리가 논할 때는 조금 더 각 사회의 차이를 배려할 필요가 있을 것이다. 이 장에서는 각 사회의 가부장제 특징을 유교와 관련하여 설명함으로써 잘 알려지지 않았던 젠더에 관한 유교문화권 내부의 차이도 밝히고자 한다. 이러한 작업을 통해 일본 가부장제의 특수성에 관해 기존의 학문적 검토를 거치지 않은 상식을 뒤집을 수 있을 것이다.

따라서 제2부에서 제3부까지의 비교는 두 가지 방향성을 가진다. 하나는 주로 한국·대만과 대비시키면서 일본의 특수성을 부각시키는 관점이다. 젠더와 관련된 문제에 관해서 일본과 중국을 비교하는 연구는 그다지 많은 성과를 보았다고는 할 수 없다. 체제도, 경제의 발전 단계도, 문화도 다른 두 나라를 '비교'해 봐야 '다르다'라는 사실을 확인하는 데 그치고 있어, 도대체 그것이 어떤 요인체제·경제수준·문화에 의한 것인지 전혀 특정할 수 없기 때문이다. 그런 의미에서는 한국·대만과 일본을 비교하는 것은 어떤 의미에서는 구미와 비교하는 것보다 더 의미가 있다. 일본 사회가 가진 특수성을 같은 '유교문화권'의 자본주의 사회와 비교함으로써 보다 분명하게 드러낼 수 있기 때문이다.

또 하나의 방향성은 제3부의 논의를 바탕으로 한 동아시아 내부의 비교이다. 〈그림 4-1〉에서 볼 수 있는 것처럼 한국, 대만, 중국, 북한의 4개 사회는 민족과 사회체제가 분명하게 교차하고 있어 변수를 통제한 다양한 비교가 가능하다. 이들 4개 사회와 일본을 비교함으로써 우리는 동아시아의 가부장제에 관해 상당히 총체적인 이미지를 만들어 낼 수 있다. 이는 동아시아의 지역연구로서도 의미 있는 작업이 될 것이다.

이하에서는 우선 첫번째의 방향성에 따라 일본의 논의를 소개한다. 그 시작으로서 제4장에서는 일본 근대주부의 탄생과 가부장제, 제5장에서 일본 현대주부와 가부장제에 대해 논한다. 이를 바탕으로 제3부의 제6, 7장한국·대만과 대비해 나가는 가운데 현대 일본의 가부장제가 갖는 보편성과 특수성을 밝힐 수 있을 것이다.

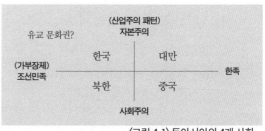

〈그림 4-1〉 동아시아의 4개 사회

1. 원생적 노동관계와 그로부터의 탈각

1) 노동력의 형태

우선 일본의 초기 산업화에서의 노동력에 대해 검토하는 것부터 시작하자. 오코우치大河内의 논의를 바탕으로 노동력의 '형태'에 주목한다면 영국이 인클로저에 의한 거가이촌형擧家離村型의 돌아갈 집이 없는 노동자 무리를 전제로 한 것에 비해, 일본은 이른바 농촌을 기반으로 한 출가형出稼ぎ型이다. 자신이 귀속된 돌아가야 할 장소가 농촌에 있으면서 근대 산업의 노동력이 되는 것이다. 이는 결코 일본만의 현상이 아니다. 후발 근대화로 광대한 농촌이 남겨진 경우에 대규모 플랜테이션 농업 등으로 농촌이 고용 흡수력을 상실하는 경우를 제외하면, 산업화를 지탱하는 노동력은 본가를 농촌에 두고 스스로도 그곳에 정체성을 가지면서 일종의 돈벌이와 같은 형태로 농촌에서 분리되어 나온다.

이 노동력의 형태 차이는 불황의 때에 상황의 차이와 사회정책상의 차이를 낳게 된다. 다시 말해 영국의 경우는 달리 돌아갈 곳이 없는 노동력이기 때문에 실업 등의 경우에는 도시에 슬럼을 형성할 수밖에 없어 여러 가지 사회 문제를 야기한다. 한편 이는 노동 문제를 심각한 사회 문제화함으로써 공장법으로 대표되는 사회 정책을 촉구하게 된다. 원생적 노동관계에서 근대적 노사관계로의 이행이 내발적으로 촉진되는 경향에 있는 것이다. 이에 비해 일본 등의 출가형의 경우, 불황 등의 때에는 노동력이 농촌으로 흡수되어 실업은 표면화되기 어렵다. 원생적 노동 관계로부터의 탈피는 사회 정책이라는 명확한 형태로서 나타나기 어렵다.[1]

이는 나아가 근대주부의 탄생 과정의 차이로도 나타나게 된다. 영국에서는 공장법을 계기로 기혼여성이 노동시장에서 철수하고 남성 기간노동자의 임금 상승과 더불어 근대주부가 탄생하는 데 반해, 일본에서는 인구의 대부분이 농촌에 있어 애초에 기혼여성이 근대 산업에 고용되는 일이 적었다. 또한 공장법의 효과도 그다지 없었기 때문에 근대주부의 탄생은 영국 등의 경우와 비교해 양적으로 훨씬 한정되었고 뿐만 아니라 그 과정도 상당히 달랐다.

2) 여성노동의 형태

영국의 경우 당시 여성노동 형태의 변용이 근대주부의 탄생으로 직결되었던 것에 반해, 일본에서 여성노동의 형태와 근대주부의 탄생의 관계는 영국의 경우처럼 직접적인 것은 아니다. 그런 의미에서 여성노동의 형태를 따르는 것이 곧 근대주부의 탄생을 설명하는 것은 아니지만 여성노동은 일본의 초기 산업화를 뒷받침하는 노동력으로서는 핵심적인 존재이다. 따라서 여기서는 일본의 산업화 초기 단계에서의 여성노동의 형태를 간단히 정리하고 근대주부의 배경 혹은 그 이면을 살펴보고자 한다.

일본의 노동력이 출가형이었음은 이미 설명했는데 그 출가 노동력의 상당 부분은 미혼의 젊은 여성이었다. 농업과 공업에서 얻는 임금을 비교했을 때 공업 쪽이 크게 높은 현대에는 농업을 버리고 임금노동자가 되는 것은 대체로 남성 쪽이다. 하지만 근대 산업 부문이 미발달된 초기 산업화 단계에서는 저임금 노동이라는 점도 작용해 여성이 임노동자가 되었다. '이에家'의 토지와 계승을 적자인 남자의 상속을 기본으로 해서 지키고자 하는 성에 근거한 권력과 역할의 배분가부장제을 보전하는 관점에서 보다 덜 중요한 미혼의 젊은 여성이 노동력으로서 배출된다.

일본의 초기 산업화 단계의 여성노동을 생산형태와 노동자의 공급형태 두 가지로 분류하면 크게 나누어 다음의 6가지가 있었다고 한다中村[1985]. 첫째, 기계제 대공업으로 출가형 노동력에 의한 면 방적업을 중심으로 하는 것이다. 둘째, 공장제 수공업으로 노동력은 출가형으로 제사업 등이다. 셋째, 노동력은 농촌 내부에서 공급되는 재촌형으로 도매제 가내공업에 기반한 직물업, 밀짚·돗자리 제조업이다. 넷째, 기계제 공업으로 도시의 '영세민'층을 노동력 공급원으로 하는 유형인 담배 제조업 등이다. 다섯째, 영세민층보다 가난한 도시 빈민층이 담당자가 되는 공장제 수공업 또는 도매제 가내공업을 기초로 하는 성냥 제조업 등이다. 마지막으로 고된 중노동으로서 거가이촌형 노동력에 의존하는 것으로는 석탄 광업을 예로 들 수 있다.

여기서 설명한 산업은 모두 당시의 공업 중에서 상당한 비율을 차지하고 있던 것으로 〈표 4-1〉에서 계산해 보면 알 수 있듯이 방직과 담배의 여성 노동자수를 합친 것만으로도 종업원 10인 이상의 공장에서 일하는 여공의 총수, 대략 45만 중의 약 40만을 차지한다. 이것으로 자영업이나 가사사용인과 같은 사적 부문을 제외한 여성의 임노동에 관해서는 망라

〈표 4-1〉 직공과 남녀비(1909)

	산업	10인 이상 공장직공수		
방직	제사	184,397	(내 직공)	95%
	방적	102,986		79%
	섬유	127,441		86%
식음	연초	17,418		82%
	그외 합계	65,283		33%
총산업계 (광산·관업 제외)		692,201	(여공)	65%
		약 45만 명		

출처 : 竹中[1983 : 48]에서 작성

하고 있다고 할 수 있을 것이다. 나아가 이 유형화에서 알 수 있듯이 거가 이촌형의 노동력에 의존한 것은 석탄광업뿐이고, 일본의 산업화를 지탱한 제사업 및 방적업은 모두 출가형의 미혼의 젊은 여성노동력에 의해 성립되었다. 영국의 경우는 도시의 하층민인 기혼여성이 대거 취업함으로써 그것이 근대주부의 하나의 원천이 된 것에 반해, 일본에서는 출가형의 젊은 여성이 주체이고, 주부 탄생의 원천은 그것과는 다른 데에 있었다.

3) 노동자의 소득증대^{계층별}

일본에서는 위에서 본 바와 같이 도시에서의 기혼여성의 임노동이 적었기 때문에 근대주부의 탄생은 공장법에 의한 기혼여성의 철수라는 형태를 취하는 대신, 노동자의 생활 수준이 완만하게 상승하면서 가능해진다. 그것을 계층별로 보면 거의 다음과 같은 과정을 거친다.

(1) 도시 하층^{영세민·빈민층}

당시 일본에서 1차산업이 차지하는 비율은 1906년 66.7%, 1910년 64.3%, 1920년 52.9%로 인구의 과반이 1차산업에 종사했음을 알 수 있다. 그러나 한편으로는 도시로의 인구 집중이 시작되고 있는 것도 틀림없다. 몰락한 농민층의 일부거가이촌은 적음 또는 이에에서 내쫓긴 차남, 삼남으로 봉공할 곳이 없는 자는 우선 도시에서 빈민층을 형성한다. 그들, 그녀들은 공장 노동자, 인부, 폐품 회수업 등에 종사하면서 간신히 생활을 유지하지만 여자의 경우는 특히 빈민가 주변의 영세한 성냥공장당시의 중요한 수출품 중 하나이나 대도시에 집중되기 시작한 대방적공장도쿄에서는 가네보(鐘淵)방적 등, 내직内職 등의 일에 종사하는 사람이 많았다. 저임금으로 인해 두 사람의 수입을 합쳐야 겨우 생활이 가능했던 상태였고 자녀가 일하는 것도 드문 일은 아니었다. 그러나 공장에서 일하는 노동자를 중심으로 제1차 세계대전의 호황으로 인해 소득이 증가하는 사람이 늘어난다. 제조업의 실질임금지수는 1910년을 100이라고 할 때 1922년에는 137까지 상승한다. 그에 대응해 영세민층의 아내의 유업율은 1912년의 72%에서 1921년의 44%까지 감소한다中川[1985]. 이는 도시의 영세민층에도 주부가 탄생하고 있음을 말해 준다.

(2) 숙련 노동자층

정확히 같은 시기 1919년부터 1921년에 걸쳐 중공업 대기업에서 일하는 숙련 노동자층을 중심으로 노동시장이 상대적으로 강하게 봉쇄되어 있었고, 그 영향도 있어 그들은 비숙련노동자, 소·영세 경영노동자에 반해 임금 수준에서 상당한 우위를 보이며 도시 하층의 수준을 벗어나기에 이른다. 더구나 경험이나 축적에 따른 임금 결정 기준의 방식은 결혼·출산·육아에 수반된 생활주기에 따른 지출 증대에 대응하고 있으며 그 수준도 소공장주와 비교해도 그다지 손색이 없게 되었다고 한다. 당시의 가계조사를 분석한 나카가와 기요시中川清[1985 : 370~401]에 따르면 공장 노동자 세대의 실질소비는 1921년에는 전쟁 이전의 최고 수준에 이르렀고,

그 이후 쇼와 초기까지 거의 변화하지 않았다. 즉 이 시기 제조업에서 남성 기간노동자가 탄생했고 그것은 밖에서 취업하지 않아도 되는 유배우자 여성의 존재를 가능하게 했다고 할 수 있다.

(3) 신중간층

또 한편으로 도쿄에서는 새로운 계층의 노동자 즉 샐러리맨봉급생활자이 성립한다. 기업 규모의 증대, 공공부문의 확대, 소매·판매업의 신장과 함께 힘쓰는 일이 아닌 사무 작업을 중심으로 한 화이트칼라가 등장한 것이다. 고학력을 가진 이들은 기업의 중견으로서 이른바 '내부 노동시장'을 형성하고 고정된 임금과 비교적 안정된 고용을 누렸다. 연공서열, 종신고용 등의 경영형태가 일반화되기 시작한 것도 이 무렵이다. 이러한 도시 중간층은 1920년의 국세조사에 따르면 전체 취업인구의 5~7%를 차지하고, 도쿄에서만 취업 인구의 21.4%를 차지했다. 곤다 야스노스케権田保之助 등의 1919년 조사에 따르면 노동자 가족 중 아내의 35.0%가 직업을 가진 반면, 봉급생활자의 아내는 18.6%에 불과하다. 물론 이들 모두가 부유했던 것은 아니며 하층의 화이트칼라는 종종 '곤벤腰弁, 도시락을 싸 가지고 다니는 가난한 월급쟁이 - 역자주', '양복 영세민' 등으로 불리며 생활이 어려운 자가 적지 않았다. 그럼에도 일정한 소비 수준을 가진 중간층이 성립한 것은 확실하다. 그들은 교외의 도요타마군豊多摩郡, 대부분 현재의 나카노(中野), 스기나미(杉並), 신주쿠(新宿), 시부야(渋谷)의 각 구, 에바라군荏原郡, 대부분 현재의 메구로(目黒), 세타가야(世田谷), 시나가와(品川), 오타(大田)의 각 구 등에 거주하면서 새로운 생활 양식을 만들어 낸다. 뒤에서 자세히 서술하겠지만 이 생활 양식이야말로 일본 근대주부의 표준적인 스타일이 되는 것이다.

이상에서 설명한 바와 같은 과정을 밟으며 다이쇼 시기에는 대부분의 계층에서 소득이 증대하고 한쪽만의 수입으로 생활이 가능한 층이 증가한다. 여기에 다음에서 논하는 근대적 가부장제가 작용했을 때 근대주부는 성립하는 것이다.

2. 일본형 근대적 가부장제의 배경
유교와 여성, 양처현모주의를 중심으로

일본의 농촌에서는 기혼여성도 농사일에 종사하는 것이 보통이었기 때문에 거기서의 규범이 작용하다면 설령 잠재적으로 한쪽의 임금만으로 생활이 가능하다고 해도 주부는 탄생하지 않는다. 또한 무가武家의 '어리석은 여자'로서의 여성 규범을 전제해 버리면 후술하는 바와 같은 '교육하는 어머니'라는 특정한 심성과 역할을 가진 근대주부는 성립되지 않는다. 즉 자본주의 발전으로 근대주부 성립의 경제적인 조건은 갖추어졌지만, 거기에는 또 하나 그것을 뒷받침하는 규범이 필요한 것이다. 지금은 낡아빠진 여성 규범의 대명사처럼 여겨지는 양처현모주의야말로 그 '새로운' 규범이다. 그리고 그것은 결코 자연적으로 탄생한 듯한 성질의 것이 아니라, 의도적으로 종래의 규범을 바꿔 해석함으로써 국가적으로 장려되어 침투가 도모된 것이다.

양처현모주의의 탄생 과정을 더 잘 이해하기 위해서 조금은 우회하기로 하자. 먼저 중국 유교에서의 여성 규범에 대해 간략하게 설명한 후 양처현모주의의 기원과 그 성격에 대해 중국·한반도에서의 상황을 포함하여 조금 자세히 검토한다.[2] 논의의 흐름을 조금 벗어나는 것을 각오하고 지면을 할애하는 것은 이 검토를 통해 유교와 여성과의 관계, 양처현모주의를 채택한 일본의 유교문화권 내에서의 특징 등을 밝힐 수 있다고 생각하기 때문이다. 이것은 종래의 천박한 '상식'을 뒤집어 유교문화권에서의 여성의 지위에 관한 시사점을 제시하는 동시에 현대 일본의 가부장제 혹은 성차별의 근원에 접근할 수 있을 것이다.

양처현모주의라고 할 때 시대에 뒤떨어진 유교적 여자교육이라는 잘못된 이미지는 여전히 일본에서는 뿌리 깊은 것 같다. 최근에는 유행하지 않게 된 만큼 더욱 그 오해는 풀리지 않은 채 남아있다는 시각이 있다. 특히 후카야 마사시深谷昌志[1981], 고야마 시즈코小山静子[1991], 가타야마 세이치片山淸一[1984] 등의 역작은 일본의 양처현모주의에 관하여 그 성립, 변용과정, 내용에 대해 상세한 분석을 더함으로써 그것이 단순한 유교교육과는 크게 다르다는 것을 밝혀왔다.

논의를 전개함에 있어서 후카야, 고야마 등의 성과를 참고하면서 이 책이 대상으로 하는 양처현모에 관한 최소한의 규정을 먼저 제시해 둘 필요가 있다. 일본에서의 역사적 전개를 전제로 해서 정리하자면, 그것은 예로부터의 유교 규범의 제약을 받으면서 내셔널리즘을 배경으로 서구의 근대적인 여자교육관을 굴절해서 흡수한 것이라고 할 수 있다深谷[1981]. 다시 말해 그 이상으로 삼은 것은 '고래古來로부터 여성으로서의 덕을 겸비한 후, 국가로 시야를 넓혀서 우량한 차세대의 국민을 기를 수 있는 충분한 지식을 가진 여성'으로 요약할 수 있다.

여기서의 일본에 관한 분석은 그 대부분을 이미 제시한 문헌에 의지하고 있기 때문에 그런 의미에서는 딱히 새로운 것은 아니다. 그러나 한편으로 중국어현처양모(賢妻良母), 한국어현모양처(賢母良妻)에도 동일한 용법은 존재하고, 나아가 중국에서나 한국에서도 그것은 유교적 색채가 강한혹은 어느 정도 전통적인 여자교육을 형용할 때 사용된다. 이는 도대체 어떻게 설명할 수 있을까. 양처현모의 기원은 어디에 있을까. 또 그것은 동아시아에서 그 이후 어떻게 전개되었을까.

이하에서는 양처현모 혹은 현처양모, 현모양처라 불렸던 근대의 여자교육 혹은 여자교육관의 변천을 사자성어로서의 정착과 교육내용 쌍방의 면에서 살펴봄으로써 유교와의 관계를 분명히 하고 사회에서의 위치, 역할을 파악하고자 한다.

1) 근대 이전 동아시아의 여자교육관

전근대의 여자교육을 어느 정도 대담하게 일반화하자면 그것이 일본·중국·조선 모든 사회에서 유교를 기조로 하는 것이었음은 더 이상 말할 필요도 없을 것이다. 계층적·시대적·지리적 편차를 사상捨象하며 굳이 대담하게 일반화 하는 것은, 여기서는 일단 근대 이후와의 차이를 분명히 하기 위해 개개의 차이에 주목하기보다 최대공약수를 찾아낼 필요가 있기 때문이다.

우선 중국 유교 속에서 나타난 여성상을 간단히 정리해 두자. 여성에 대한 행위 규범으로서 기능할 수 있는 것을 생각하면 '예'의 사상을 들 수 있을 것이다. 조상숭배와 장유유서를 기반으로 종족집단의 안정화를 꾀하고자 했던 유교 속에서 '예'는 행위 세칙으로서 중요한 의미를 지닌다. 그 중에서도 여성에 대한 규범으로서 핵심적인 의미를 가지는 것은 유명한 '삼종지의三從之義'[3]일 것이다. 여기서 볼 수 있는 것은 철저하게 종속된 존재로서의 여성이다. 이 경향은 후대의 『여사서女四書』[4]와 종종 일괄적으로 여성을 대상으로 쓰여진 여훈서의 경우 더욱 분명하다. 이들 책에서는 종족을 안정적으로 존속시키고자 하는 요청에 따라 여성에게는 시부모에 대한 '곡종曲從'[5]이 천지음양을 남녀로 나누는 역易의 발상에 의거해 떠날 수 없는 하늘같은 남편[6]에게 다하는 '정절' 등이 설파된다. 분명 한대漢代의『열녀전』[7] 등에서 볼 수 있듯이 옛날에는 남편에게 간언하는 존재로서도 평가되고 있었으나, 중국의 대표적인 여성사가 천둥웬陳東原[1927]에 따르면 명나라 말 무렵부터는 이른바 '여자무재편시덕女子無才便是德, 여자는 재주가 없는 것이 곧 덕이다'이라는 생각이 널리 보급되게 된다. 무지하고 남성에게 맹목적으로 종속되는 존재로서의 여성상이 더욱 강해지는 것이다.

이처럼 근대 서구사상과 접촉하기 이전에 중국에서 양성된 유교의 여성상이란 정조와 남편에 대한 맹종을 핵심으로 하는 것이었다고 할 수 있다. 그러한 '무지한 존재'인 여성에게 자녀의 교육을 맡길 수는 없다. 분명『여논어女論語』의「훈남녀訓男女」편,『내훈內訓』의「모의母儀」편에서 볼 수 있듯이 자녀 훈육의 책임을 어머니에게 요구하고 있는 경우도 적지 않다. 그러나 이는 어디까지나 덕육德育 내지는 바람직한 예의범절의 훈련이고 당연히 지육知育에 속하는 것은 아니다. '맹모삼천孟母三遷'으로 유명한『열녀전』의 맹모라 해도 애초에 오랜 구시대의 존재이고, 또한 한 것도 고작 교육환경을 갖추거나 면학에 대한 태도를 전했을 뿐으로, 맹자를 지적 체험으로 교육한 것은 아니라는 점에는 변함이 없다. 물론 유교의 체계 속에서 덕육과 예의범절은 이를테면 그것을 통해 지知가 형성되는 근간을 이루는 것임은 말할 필요도 없다. 그러나 그렇다고 해도 '여자무재편시덕'이라는 말의 존재와 함께 생각해 보면 대부분의 경우 자녀를 지적으로 교육할 수 없더라도 상관없다고 여겨졌던 것은 틀림없을 것이다.

그리고 후카야[1981], 가케이筧[1982]등에 따르면 일본 에도시대의「여학女大学」등의 여훈서에서도 '교육하는 어머니'에 대한 기대는 적었다고 한다. 그것이 중국과 비교해 더 적을지에 관해서는 논란의 여지가 있지만[8], 모의母儀, 어머니로서 갖추어야 할 도리 - 역자주를 딱히 강조하지 않고 오직 인종忍從

을 설파하는 것도 많다. '여자의 배는 빌린 배'이고 '더 잘 자식을 낳는 일은 여자의 책임이라 하더라도 더 잘 키우는 일은 여자의 책임은 아니다'小山[1986]라고 여겨지고 있었던 것 같다.

조선의 경우도 15세기의 한글 제정에 따른 언해 사업을 통해 많은 여훈서들이 언해를 첨부해 도입하면서 양반층의 여성에게 큰 영향을 준다. 또한 조선에서는 중국이나 일본에 비해 유교가 훨씬 광범위하게 사회 전체에 영향력을 가진 것은 재차 강조할 필요도 없지만, 그러한 조선 유교의 측면에서 18세기 실학파의 거장 이익李瀷과 같이 "부인은 근勤과 검儉과 남녀유별의 삼계를 지키면 충분하다. 독서나 강의는 남자가 하는 것으로 부인이 그런 것에 힘을 쏟으면 그 해로움은 끝이 없다"[9]라는 주장이 보여 중국과의 연속성이 보인다. 이런 영향으로 속담 중에는 '여자와 그릇은 내돌리면 깨지기 쉽다'와 같이 역할로서 여성을 공간적으로 집안에 가두고자 하는 것이나 '암탉이 울면 집안이 망한다'처럼 권력 관계에서 여성이 우위에 서는 것을 경계하는 것은 물론 '그릇 열 개 셀 수 없는 편이 복이 많다'와 같이 '여자무재편시덕'이라는 말을 방불케하는 것까지 존재한다정요섭[1980].

요컨대 근대 이전의 동아시아에서의 유교가 요구한 여성상은 간단히 말하면 남성에게 맹종해야 하는 어리석은혹은 적어도 어리석어도 상관없는존재이고 따라서 많은 경우 자녀 교육의 담당자로는 보지 않았던 것이다. 아이를 낳은 어머니가 자녀 교육의 배타적인 담당자가 되는 오늘날의 일본에서 일반화되고 있는 상황과 비교하면 유교가 요구한 여성상과의 차이는 분명하다.

2) 양처현모, 현처양모, 현모양처 중국·한반도와 양처현모의 기원

양처현모의 내실에 대해서는 나중에 자세히 설명하겠지만, 우선 여기서 중요한 것은 이러한 '무지한 여성', '맹종하는 여성'에 비해 양처현모혹은 현처양모, 현모양처란 자녀 교육의 담당자로서 교육을 받고 국가적 시야를 가진 어머니가 필요하다는 생각을 큰 특징으로 한다는 것이다. '무지한 여성'이라면 게다가 자녀교육을 맡기는 것과 같은 일은 생각할 수 없는 일이고 그런 의미에서 유교의 전통적 여성상과 양처현모 사이에는 상당히 명확한 단층 내지는 재해석된 부분이 있다. 여기서 유교와의 관계를 보다 명확히 하기 위해 중국·조선에서의 양처현모의 용법을 거슬러 올라갈 수 있는 만큼 거슬러 올라가 그 기원과 변천을 살펴보자.

(1) 중국

우선 중국의 경우 중국의 고전에 관한 최대 사전인 『대한화사전大漢和辭典』諸橋轍次編, 大修館書店 등을 보면 중국 고전의 용법 중에는 '양처', '현처', '현모', '양모'와 같은 두 글자의 숙어는 존재해도 '양처현모'나 '현처양모'와 같은 사자성어 형태는 존재하지 않는다. 이들 사자성어가 사용된 것은 비교적 최근의 일로 생각된다.

천둥웬은 량치차오梁啓超의 『변법통의変法通議』 가운데 「논여학」의 장을 들어 이것을 중국의 양처현모적 여성관의 시초라고 지적하고 있고[1927 : 323]. 저자의 좁은 견식으로는 이것이 중국의 양처현모의 기원에 대해 언급한 거의 유일한 것이다. 그렇다면 『변법통의』가 저술된 1897년光緒 23년이 중국에서 양처현모의 기원이 되는 해인데, 『변법통의』를 실제로 훑어보면 그렇게 간단히는 말할 수 없다는 것이 분명해진다.

우선 첫째로 우리의 관점에서 중요한 것은 량치차오 자신은 양처현모라는 사자성어를 사용하지 않는다는 점이다. 그는 분명히 '부인무재즉시덕婦人無才即是德'의 관념을 엄하게 비판하고 있지만, 그 가운데 양처현모 내지 현처양모 같은 말은 사용하고 있지 않다. 둘째로 문제가 되는 것은 그가 여자교육을 추진하고자 한 첫번째 이유가 여성이 직업을 갖지 못함으로써 부를 생산生利하지 못하고 남성이 벌어온 부를 낭비하는 쪽으로 돌린다는 것分利이 중국 약체의 원인이라고 생각했기 때문이다. 분명 그는 후단에서 무재無才의 누累를 없애기 위해서 유소幼少아동을 교육하기 위해서 우수한 종의 보존을 위해서라는 이유를 들고 있고 이것들은 앞에서 설명한 것처럼 양처현모의 내용과 깊이 관계되어 있다. 하지만 그가 첫번째 이유로 든 직업교육으로서의 여자교육이라는 측면은 양처현모의 내실과는 상당히 이질적인 것으로 생각된다. 오노 가즈코小野和子[1969]에 따르면, 이 '분리지해分利之害'를 둘러싼 논의는 영국 국적의 선교사가 소개한 영국 고전과 경제학의 학설을 반영한 것이라고 한다.

이에 반해 1900년대 중반부터 양처현모는 주로 현모양처라는 형태로 사자성어로서 쓰이게 된 것 같다. 확인 가능한 범위에서 최초로 등장하는 것은 1905년의 『순천시보順天時報』에 게재된 「논여자교육위흥국지본論女子教育爲興国之本」이라는 논문에서다. "진한秦漢 이후 (…중략…) 때때로 여학女学은 존재했지만 (…중략…) 여전히 사족士族들 사이에 널리 퍼져 있지는 않으며, 그것이 널리 퍼져 국가를 위해 국민을 양성하는 책임을 지고 현모양처의 의무를 다하는 것을 바라지 않을 수 없다"[10]고 한 뒤 국가 건설의 기초로서 양질의 국민을 만들기 위해서는 현모양처가 필요하다고 논하고 있다. 또 이듬해 같은 신문에는 당시 일본의 마키노牧野 문부대신의 연설을 들어 중국의 여학에도 도움이 되고 집필자의 의견과도 일치한다면서 "여학이라고 하면 현모양처를 만드는 것을 그 취지로 한다"[11]라는 형태로 현모양처가 사용되고 있다. 거기서는 단순히 남녀 동일의 교육이 아니라 여성의 특성에 맞는 여자교육의 필요성을 설명한다는 점에서 일본의 여자교육은 매우 취할 점이 많다고 평가하고 있다. 무엇보다 애초에 『순천시보』는 일본인의 손으로 쓰여진 것으로 당시에는 일본 외무당국의 외곽단체와 같은 존재였다고 알려져 있다. 중국에서의 양처현모 용법의 시초가 이러한 일본의 입김이 닿은 신문에서 나타나고 있는 것은 양처현모의 기원을 시사하는 것으로 흥미롭다고 할 수 있을 것이다.

중국 내부에서 양처현모를 논한 것이 나타나게 된 건 그 직후이다. 1907년 『동방잡지東方雜誌』의 「논여학의선정교과종지論女学宜先定教科宗旨」라는 논문[12]에서는 여자교육을 현모양처파와 비현모양처파로 나누어 전자를 여자의 특성교육, 후자를 남녀동일의 교육으로 규정하고 있다. 한 가지 주의해야 할 것은 현모양처가 여기서는 단순히 여성의 존재방식을 가리키는 것이 아니라 여자교육의 방침 그 자체로서 이용되고 있다는 점이다. 앞서 『순천시보』에서는 병행해서 현모현처, 현모현부 등의 표현도 볼 수 있어 숙어로서의 정착도가 낮은 것을 알 수 있었던 반면, 이 무렵에는 이 표현이 상당히 정착되어 있었음을 짐작할 수 있다. 당시의 많은 문장에서 주로 이 사자성어가 현모양처의 형태를 취하고 있는 것을 보면, 이것이 당시에 가장 많이 보급된 표현이었을 것이다. 후술하는 것처럼 일본에서도 1900년대 초까지는 현모양처가 보다 일반적인 용어법이었음을 생각하면 중국의 이러한 표현도 그 당시의 것을 수입한 것이 아닐까 생각된다. 게다가 이 논문은 19세기의 여자교육은 구미에서도 현모양처파였지만 그 후 남녀평등설이 유행해 지금은 미국을 시작으로 비현모양처파의 교육을 하고 있지만, 일본의 경우 비현모양처파는 아직 적으며 현모양처파 교육이 전국에서 이루어지고 있다면서 중국도 우선 현모양처파 교육부터 들어가야 한다고 주장하고 있다. 어떤 의미에서는 일본에만 머무르지 않고 구미와도 연결지어 근대적 여자교육으로서 현모양처가 사용되고 있는 것이 된다.

이상과 같은 이 시기의 현모양처를 둘러싼 용법은 모두 여자교육의 도입으로 '여자무재편시덕'을 대신하는 여자교육 이념으로서 긍정적으로 평가하고자 하는 것이 주류이며 그것이 우선 특징적이다. 이러한 용법은 그 후에도 당분간 지속된다. 1916년 『부녀시보婦女時報』에 게재된 「현모양처주의여구국문제賢母良妻主義與救国問題」라는 논문 등도 그 전형적인 예이다. 근대국가 건설에 있어 양처현모의 필요성을 이 무렵 절실히 실감하게 된 것이다.

또 한 가지 이 문헌들을 통해 알 수 있는 것은 당시의 현모양처와 일본과의 관련성이다. 이 시기의 여자교육에 관한 문헌에는 앞서 살펴본 마키노 문부대신의 연설 외에도 시모다 우타코下田歌子나 나루세 진조成瀬仁蔵의 관여를 보여 주는 것이 적지 않다.[13] 특히 양처현모의 이데올로기로 유명한 시모다 우타코는 짓센여학교実践女学校의 교장도 지냈으며 그곳에는 1901년 이래 1914년 사이에 치우 진秋瑾을 포함해 이백 수십 명의 중국인 여자 유학생이 유학했다고 알려져 있어 중국의 여자교육에 지대한 영향을 준 것으로 알려져 있다. 또한 『동방잡지』에는 종종 당시 여학당의 과목이 일본 여학교의 그것을 모방하고 있다거나, 또 실제로 교원이 파견되기도 한 일이 많이 보도되었다.[14] 스에쓰구末次[1973]가 지적하듯이 이러한 움직임은 모두 일본에 의한 중국에서의 교육 이권 확대를 노린 것으로, 1900년대 초 중국에서의 현모양처 도입이 이러한 움직임과 대응하고 있었던 것은 쉽게 발견할 수 있다. 그 밖에도 곧 뒤에서 소개할 1917년 『신청년新青年』에 게재된 「여자문제지대해결女子問題之大解決」에는 '양처현모의 설은 일본에서 활발히 주창되어 우리나라에서도 최근 그 경향이 있다'는 구절도 보인다. 현모양처는 그 도입에 즈음하여 중국 전통에 부합하는 형태로 설명되기도 하고[15] 혹은 앞서 본 것처럼 당시 선진국 내에 공통되는 것으로서 이야기되기도 하지만, 이러한 과정을 생각하면 그것이 일본을 원천으로 하여 일본의 영향을 강하게 받은 것임은 틀림없다고 할 수 있다.

그렇다면 이렇게 긍정적인 현모양처로부터 대륙의 현대 중국어가 가진 부정적인 뉘앙스로의 이행은 어떻게 이루어졌을까. 이 점에 관한 변화는 1910년대 중반 이후의 여자교육론에서의 용어법 변화에 잘 나타나 있다. 잡지 『신청년』 등을 중심으로 그것들을 간단하게 추적해 보자. 주지하다시피 『신청년』의 창간은 1915년이지만 이 잡지에서는 1917년 무렵부터 '여자문제'라는 주제로 활발하게 논문이 발표된다. 이를 따라가 보면 우선 1917년 3월의 량화난梁華蘭 「여자교육」,3권 1호에서는 '여자교육은 현모양처주의를 가지고 해야 한다'라는 식으로 아직 현모양처가 긍정적인 의미로 사용되고 있다. 이는 앞서 설명한 1900년대 중반부터 계속된 현모양처 용법의 연장선상에 있는 것이다.

반면 5월의 가오수수高素素 「여자문제지대해결」,3권 3호, 6월 우정란吳曾蘭 「여권평의女権平議」,3권 4호, 이듬해 1월 다오뤼공陶履恭 「여자문제」,4권 1호, 8월 류반눙劉半農 「남귀잡감南帰雑感」,5권 2호, 9월 후스胡適 「미국적부인美国的婦人」 5권 3호 등에서는 모두 양처현모라는 용어법 아래 여성의 인격적 발달을 방해하는 것으로서 부정적으로 취급되고 있다. 또 8월의 화린華林 「사회여부녀해방문제社曾與婦女解放問題」,5권 2호에서는 현대 중국어와 동일한 현처양모라는 용어법으로 취급하고 있지만 역시 부정적이다. 이 논단의 흐름에서 보이는 논조와 어법의 큰 변용은 어떻게 설명될 것인가.

이러한 변화가 있었던 1917년은 돤치루이段祺瑞의 국무총리 재임 중에

민국의 보수파들의 손으로 '수정포양조례修正襃揚条例'라는 것이 공포되었고, 그 중 일부에는 '절처節妻', '출가 전에 남편이 죽었음에도 절節을 지킨 여성' '열부열녀烈婦烈女' 등과 함께 '양처현모'가 포함되어 있다. 나열된 다른 예가 모두 중국의 전통적 여성 규범과 밀접한 관련이 있는 것을 고려하면 양처현모가 그런 것들과 결부되어 인식된 것도 당연할 것이다. 아마도 이로 인해 갑자기 양처현모는 진보적 지식인들이 모이는 『신청년』 등에서 비판받아야 할 대상이 되었다고 생각된다. 조례의 공포는 10월로 되어 있지만 이 해를 기점으로 부정적인 논조만이 눈에 띄게 되는 것은 이 조례와 관련된 움직임에 대한 반발이 관계되었기 때문일 것이다. 후술하는 현처양모와 마찬가지로 양처현모는 이 무렵 갑자기 봉건적인 것과 결부되어 부정당하게 된 것이다.[16] 어법의 측면에서도 현모양처에서 양처현모로의 변화는 '포양조례'가 하나의 계기가 되었다고 해도 틀림없을 것이다.

한편 사자성어로서의 양처현모가 현재의 현모양처로 변용하는 과정에 대해서는 특정할 수 없었다. 다만 천둥웬陳東原[1927], 청저판程謫凡[1936]이 모두 '양처현모'를 사용하고 있는 것을 고려하면 적어도 그것이 정착되는 것은 비교적 최근의 일이라고 생각해도 좋을 것 같다.

현처양모의 비판적 용법으로 가장 빠른 『신청년』의 「사회여부녀해방문제」에서는 '여충신효자현처양모지규범, 위신교육소불용如忠臣孝子賢妻良母之規範, 爲新教育所不容'이라 한 것처럼, 봉건적인 '충신효자'와 같은 줄에 열거하여 부정되고 있다. 또한 현재 중국대륙에서 출판되고 있는 여성 문제에 관한 개설서에는 아래와 같은 구절이 보인다. "(봉건 제도하에서의) 여성의 책임이란 복종이고 정조를 지키는 것이며, 남편을 위해 재산을 계승하는 혈통이 올바른 후대를 남기는 것이고, 시부모나 남편을 섬기는 것이었다. 이른바 '남편이 좋아하는 것을 좋아하고 미워하는 것을 미워한다', '부창부수', '현처양모'는 모두 봉건 통치자가 여성을 속박하고 사역하고자 했던 규범이다"罗琼[1986 : 13]. 이처럼 현처양모를 유교와 결부시켜 봉건적인 것으로 일괄하여 부정하려는 용법은 양처현모에 대한 역사적 이해를 바탕으로 한 것이라기보다는 오히려 우월하고 정치적인 평가로 사용된 것이다. 현대 중국어에서의 용법은 후술하는 일본의 경우와 마찬가지로 이러한 정치적 평가가 정착된 것으로 생각된다. 그리고 현처양모라는 용법의 정착은 이러한 부정적 평가와 관련되어 있는 것이 아닌가 생각된다.

　이렇게 현모양처에서 양처현모를 거쳐 현재의 현처양모까지 중국에서의 양처현모에 관한 관념과 용어법의 역사를 대략 개관했는데 여기서 볼 수 있는 것은, 그 기원이 결코 과거 중국 사회가 가지고 있던 전통과 직결되는 것은 아니라는 점이다. 분명 문헌 안에서는 종종 전통적 규범과의 친화성을 설명하며 도입을 촉진하고자 하는 것과 반대로 정치적 의도에서 봉건적 규범과의 연속성을 설명하는 것을 볼 수 있다. 그러나 그것들이 역사적으로 옳지 않다는 것은 량치차오를 비롯한 초기의 논자들이 '여자무재편시덕女子無才便是德'을 집요하게 공격하며 우선 여자를 교육하는 것 그 자체를 보급하고자 노력한 데서도 분명하다. 더불어 당시의 역사상황이나 여러 문헌에서의 시사점을 통해 그 도입이 일본을 기원으로 하고 영향을 받았다는 사실도 밝혀졌다. 양처현모는 중국의 전통 등이 아닌 근대 일본으로부터의 수입품이었던 것이다.

(2) 조선

　양처현모의 중국에서의 변천과정이 밝혀지고 그 기원이 일본임을 어느 정도 확정할 수 있었다. 이하에서는 일본으로 옮겨가기 전에 먼저 한반도의 상황을 간략하게 확인하고자 한다. 한반도에 관해서는 자료적인 제약 때문에 충분하게 논할 수는 없지만 조선의 이러한 문제에 착안한 문헌이 일본에서는 매우 적은 것을 생각하면 일정의 검토 가치는 있을 것이다.

한반도에도 개국과 동시에 여자교육이 도입된다. 그렇다고 해도 가장 먼저 시작된 곳은 기독교의 신교를 중심으로 한 미션계로, 1886년에 현재의 이화여대의 전신인 이화학당이 세워진 것이 시초이다. 그러나 유교 규범을 가장 강하게 수용하고 남녀의 공간적 격리를 엄격하게 요청한 조선 사회에서는 여성이 집밖에서 교육을 받는다는 것은 좀처럼 받아들여지지 않았고, 초기의 여자교육은 극히 작은 규모에 그쳤다. 앞에서 언급한 지식 있는 여성을 무시하는 듯한 전통적인 속담의 존재를 감안하면 자녀를 교육할 수 있는 현명한 어머니를 만들겠다는 양처현모의 근본적인 자세가 조선 전통 사회의 규범에서 볼 때 반드시 쉽게 받아들여질 수 있는 성격의 것이 아님은 분명하다.

이에 대해 근대적인 여자 교육의 필요성을 설명하는 주장은 수구파에 대항하여 근대화를 이루고자 하는 세력을 중심으로 1890년대 무렵부터 나타났으며 『독립신문』 등이 여자 교육론을 전개한다.[17] 관립여학교 설치 운동 또한 1890년대 후반 경부터 열기를 띠어 1899년에는 '여학교관제 13조女學校官制十三条'가 학부로부터 주정奏定된다. 그러나 이는 한동안 시행되지 않았으며, 최초의 관립 고등여학교인 한성고등여학교현재의 경기여고가 설치된 것은 연이은 한일협약으로 일본이 내정에 대한 영향력을 강화한 1908년의 일이었다.

교장이 된 어윤적魚允迪은 '인재 양성은 현모의 손으로'경기중·고등학교[1958:3]라는 신념 아래 종종 본보기로서 신사임당1504~1551을 거론했다고 알려져 있다. 그녀는 경전을 통달하고 여류 화가로도 이름을 알리는 한편, 그의 아들 이율곡을 저명한 유학자로 길러낸 것으로 현재까지도 유명하다. 또한 같은 무렵 『황성신문』에는 "여자를 교육하는 것은 즉 남자를 교육하는 것의 모범이며, 여자는 누구든 남자의 어머니가 되므로, 그 어머니의 행실이 바르지 않으면 그 자녀의 애연藹然한 마음도 상실된다"라며 여자교육의 필요를 설파하는 논설이 게재된다.[18]

내용적으로도 또한 당시의 정치적 배경을 고려해도 이러한 교육방침에서 일본의 영향을 파악하는 것은 매우 용이하다고 할 수 있을 것이다. 다만 이 시기에는 내용적으로는 양처현모에 가까운 것이 나와 있음에도 불구하고, 조사한 바로는 1900년대에는 아직 양처현모 혹은 현모양처와 같은 사자성어는 등장하지 않는다. 사자성어로서 정착한 양처현모의 전개는 조금 더 시대가 내려가게 된다.

중국의 경우는 이미 살펴본 바와 같이 1900년대 중반부터 시작되어 1910년대에는 수많은 용례가 나타나기 때문에 당연히 조선의 경우에도 동일할 것으로 예상된다. 또한 조선어의 현모양처라는 용어법은 후술하듯 일본에서는 1900년대 전반까지 자주 사용되었던 것임을 감안하면 이 무렵에 이미 어떤 형태로든 도입되어 1910년대에 걸쳐 서서히 보급되었을지도 모른다. 그러나 유감스럽게도 한반도에서는 한일병합 이후 『황성신문』, 『대한매일신보』와 같은 민족파 신문은 모두 폐간되었기 때문에 조선 사회 내부에서 어떤 언론이 전개되었는지 알 수 있는 방법은 매우 부족하다. 조선 내부의 언론 상황에 대해 1910년대는 거의 공백 상태가 되어 있었다. 다만 『대한매일신보』가 총독부에 징발되어 『매일신보』라는 이름으로 어용신문으로서 남는다. 조사한 바로는 1918년 7월 14일자 조선인의 투고 기사 중에 '양처현모'라는 표현이 보이는 것이 한반도에서의 사자성어로서의 최초가 아닐까 생각된다. 여기서는 근대적인 여자교육을 추진한다는 입장에서 양처현모가 긍정적인 의미로 사용되고 있다.

한편 민족계 신문의 발간금지 조치는 3·1독립운동 이후 '무단정치'에서 '문화통치'로의 총독부의 통치방침의 전환으로 인해 일단 끝을 맺었고, 1920년에는 『조선일보』, 『동아일보』와 같은 조선인들에 의한 조선어 신문이 잇따라 발간된다. 1920년 4월에 창간된 『동아일보』에서는 창간 초기부터 곳곳에 '현모양처'가 사자성어로 등장해 논의되고 있는 것을 볼 수 있다. 이하에서는 1920년대 초기의 『동아일보』 지면상의 현모양처의 용법을 간단히 살펴보면서 한반도에서의 양처현모 수용에 대해 생각해 보자.

우선 1920년 4월 3일자 『동아일보』에 게재된 이일정李一貞 여사의 담화에서는 현모양처란 "너무 추상적이며 시대에 뒤처진 것이기도 하지만"이라고 전제하면서 그것을 "한 나라의 장래를 좌우하는 제2의 국민인 자녀의 교육에 책임을 지는" 매우 중요한 존재로 규정하고 긍정적으로 논하고 있다. 미래적인 이상으로는 자녀의 교육, 생활비 마련, 가정평화 유지 등 정신적·물질적인 가정생활에 대한 책임은 남녀 모두가 져야 한다면서도 내조, 육아, 제가齊家 등 현실의 여성의 직분이 결코 노예적인 천한 것이 아니라 사회를 지탱하는 중요한 역할이라며 현모양처를 긍정적으로 다루고 있다.

비슷한 무렵 동 신문에는 "종래의 이른바 현처양모주의란 즉 무보수의 여하인주의로서" 이것을 버리고 "완전한 인격주의하에 여성을 해방하는" 것이 필요하다는 의견이 게재되어 있다.[19] 여기서는 이미 양처현모에 대한 혁신적인 측면으로부터의 부정적 견해도 전개되고 있다. 더욱이 그러한 비판에는 "여자가 여자로서 더 자유로워지면, 반도도 반도답게 더 자유로워진다"라고 한 것처럼 민족의 자결과 연결시키려는 의도도 파악할 수 있다.

그 외에 1922년에는 "여자교육이라고 하면 이른바 현모양처주의이다.

이것은 여성이 현량한 모처가 될 수 있게 하려는 교육이며, 일본이나 조선에서 실행되고 주장되고 있는 교육이다"[20]라는 식으로 일본과의 관계를 시사하는 문장도 보인다. 논자는 나아가 당시 중국 등에서도 매우 화제가 되었던 입센의 『인형의 집』의 주인공 노라가 인간으로서의 자각을 획득해 가는 것 등을 언급하면서 양처현모를 어머니나 아내의 역할로 여성을 밀어넣는 교육이라고 현모양처를 비판하고 있다.

이상과 같은 현모양처 용법의 변천에서 알 수 있는 것은 첫째, 1900년대에는 발상으로서는 보급되어 있을지라도 말로서는 반드시 정착되어 있지는 않았던 것에 비해, '시대에 뒤떨어진', '종래의'라는 표현에서 알 수 있듯이 1910년대에 이 사자성어가 상당히 정착했다고 생각되는 것이다. 말의 조합도 현재의 한국어의 어법인 현모양처의 형태로 이용되고 있는 것이 많은 것으로 보아, 말로서 어느 정도 안정적으로 이용되고 있다고 할 수도 있을 것으로 생각된다.

둘째, 그렇게 정착해 간 한반도에서의 현모양처가 "일본이나 조선에서 실시되고 있는"이라는 시사에서도 볼 수 있듯이 일본의 양처현모를 배경으로 하는 것은 일단 틀림없는 것 같다.[21] 1900년대 말의 여자 중등교육의 도입, 그리고 그 후 한일병합에 따른 일본의 여자 교육 제도의 이입을 고려하면 1910년대에는 이미 양처현모가 내실을 갖추고 조선에 도입된 것으로 생각된다. 민족파인 『동아일보』 지면상에 1920년대에 현모양처가 종종 비판의 대상이 된 것도 이를 배경으로 하면 이해하기 어렵지 않다. '반도의 자유'와 '현모양처 비판 = 여성의 자유'가 유사하게 서술될 수 있었던 것도 양처현모 = 일본이라는 도식이 있었기 때문이라고 생각할 수 있다.

이것과 언뜻 모순되는 것 같지만, 또 한가지 중요한 것은 '시대에 뒤처진'이나 '무보수의 여하인주의'와 같은 표현이나 '삼종지의' 등과 나란히 비판받는 것에서 알 수 있듯이 현모양처는 이미 유교로 이해되는 형태로 부정되고 있다. 교육하는 어머니가 강조되고 있는 한, 그것이 유교와 어떤 면에서 단절되어 있는 것은 사실이지만, 중국에서도 보았듯이 유교와의 연속성에서 현모양처는 비판받고 있다. 즉 당시 현모양처에 대해서는 근대가 초래한 것이라는 시각이 있는 한편, 유교적인 낡은 것이라는 이미지도 강하게 존재하는 것이다.

이처럼 조선의 경우는 양처현모의 직접적인 도입과정에 관해서는 딱히 특정화할 수 없지만, 적어도 중국의 경우와 마찬가지로 그것이 종래의 유교와는 어느 정도 단절되어 있고, 게다가 일본으로부터의 영향 아래 형성되어 갔다는 것은 알 수 있을 것으로 생각된다. 그래서 이하에서는 현처양모나 현모양처를 탄생시키는 근원이 된 일본의 양처현모에 대해 살펴보기로 한다.

3) 일본에서의 양처현모주의의 형성

우선 말의 기원을 살펴보면 『메이로쿠잡지明六雜誌』상에서 나카무라 마사나오中村正直가 '현모양처'라는 형태로 문명개화의 심볼로서 사용한 것이 최초로 되어 있다深谷[1981 : 56]. 다음으로 모리 아리노리森有礼도 '현모양처'의 형태로 국가적 견지에서 다음 세대의 국민을 책임지는 어머니의 역할을 강조했다. 양처현모는 고등여학교 교육에서의 중심적 이념이었으나, 고등여학교령의 창시자로 고등여학교령 제정 당시1899년의 문부대신 가바아마 스케노리樺山資紀는 현모양처라는 형태로 사용하고 있다. 요즘은 어느 쪽인가 하면 현모양처가 일반적인 것을 생각하면, 중국·조선에서의 최초의 용법이 현모양처인 것은 이 어법을 수입했기 때문이 아닐까 생각된다. 역대 문부대신으로 양처현모의 형태로 의식적으로 사용한 것은 다음의 기쿠치 다이로쿠菊池大麓가 처음이다. 그 이후 서서히 일본에서는 양처현모처라는 용어법이 주류가 되어 간다.

그렇다면 그러한 일본의 양처현모주의의 특징이란 어떤 것일까. 지식과 교양을 익힌 여성이 국가에 있어 불가결하다고 인식할 때에 일본의 근대 여자교육은 시작된다. 마침 청일전쟁이라는 근대적 총력전을 경험한 일본은 그 '후방'의 안정을 위해서는 여자의 교화가 필수적임을 깨닫기에 이른다. 또한 조약 개정에 따른 1899년메이지 32년부터의 외국인과의 내지잡거內地雜居는 일본인에게 국가 통합의 필요성을 강하게 인식시킨다. 이러한 배경하에 메이지의 여자교육관은 로쿠메이칸鹿鳴館 시기까지의 서구지향적인 것에서 메이지 20년대의 유교적 여자교육의 부활·쇠퇴를 거쳐 국가주의적인 색채가 강한 양처현모주의가 등장하는 것이다.

양처현모주의적 여자교육관에서는 국가의 통합 안에 적극적으로 여성을 포함시키려 한다. 여성도 국가를 위해 공헌하는 시각를 가져야 한다고 생각해 국가적 견지에서 보면 남녀는 똑같이 중요하다는 남녀대등론을 취하게 된다. 지금의 말로 표현하면 역할 분담을 전제로 한 이질평등론이다. 앞의 기쿠치菊池 문부대신 스스로 '남녀동권'이라는 말은 싫다며 서구적인 남녀 평등론과 선을 긋고 '남녀동등'이라는 말에는 찬의를 나타내며 "남자이기 때문에 고귀하고 여자이기 때문에 천하다고 하는 일은 없을 것입니다"라고 논하고 있다.[22] 이러한 국가의 관점에서 본 여성의 중시는 국가의 단위인 가정의 안정, 특히 미래의 국민을 교육하는 존재로서의 어머니의 강조로 이어진다. 여자의 특성을 중시한 근대적인 모성관의 수용이다. 이러한 사고방식은 '재주 없는 것이 덕이다無才是德'라고까지 단언하며 남편에 대한 맹종을 설파한 유교의 여성관과는 큰 차이가 있음은 일목요연할 것이다. 일본 에도시대의 여훈서가 특히 그런 경향이 강했던 것을 생각하면 더욱 그러하다. 양처현모주의도 그런 의미에서는 바로 유교에 힘입은 전근대적 여성 규범의 부정이며 근대적 발상에 근거한 것이다.

　그러나 그것은 동시에 과거 유교 규범의 대체를 통한 근대적 성분업 규범의 제출이기도 하다. 양처현모주의는 유교를 정면으로 비판한 것이 아니라, 어디까지나 그것을 토대로 하여 해석되어진 것이다. 교육칙어로 시작하는 가족국가관의 체계화가 이노우에 데쓰지로井上哲次郎 등의 손으로 개시되는 것과 고등여학교 교육의 개시는 거의 궤를 같이 한다. 국가를 가족에 견준 충효일체화라는 유교의 일본적 수용에 올라타는 형태로 양처현모주의는 전개되는 것이다. 유교적 해석으로 뒷받침된 국가주의는 '이에'를 기초로 성립한다. 그리고 그 '이에'을 측면에서 지탱하는 것으로 기대되는 여성관이란, 여성에게 종속을 요구한 유교의 그것과 유사한 점을 갖지 않을 수 없다. 국가적 관점에서의 남녀 대등은 인정하면서 성에 근거한 역할 배분을 천성의 차이로 간주하고, 여성은 남성을 능가하는 일은 하지 말아야 하며, '이에'을 다스리고 '이에'의 질서를 안정시키는 존재로서 중시된다. '부덕의 함양'이라는 말로 종종 표현되듯이 유교적 덕목도 그 중 중요한 부분으로 포함된다. 거기에는 서구적인 일부일처제와 사랑에 근거한 가정관과는 상당히 다른, 에도시대의 지배층이 가지고 있던 가정관이 짙게 반영되어 있다. 앞서 말한 양처현모주의의 근대적 발상이란, 이러한 유교 규범이 지닌 '종속적이고 무지한' 여성상을 '가정을 책임지는 아내, 교육을 하는 어머니'로 부분적으로 대체한 데서 성립한다. 즉 정절이나 겸손함을 부덕으로 평가하는 것에는 변함이 없지만, 가정을 책임지는 이상 단순한 맹종이어서는 안 되며, 또한 다음 세대의 최초 교육자인 이상 무지해서는 안 된다.

　이처럼 양처현모주의의 교육이란, 결코 단순한 봉건적 교육이 아닌 유교의 덕목을 중시하면서도 그 가운데 다음 세대의 양질의 국민을 재생산하기 위해 교육하는 어머니라는 형태로 서구의 여자교육관을 도입하고, 나아가 국가통합의 필요에서 국가에까지 시야가 확대된 여성을 요구하는 뛰어나고 근대적인 여자교육이다.

그렇다면 반대로 '양처현모주의 = 유교'라는 오해는 왜 생겨난 것일까. 더구나 그러한 '오해'는 일본뿐만 아니라 중국이나 한반도에서도 생겨나고 있다. 이것은 어떻게 설명하면 좋을까. 그것은 첫째 양처현모주의 자체가 가지고 있는 유교와의 연속성에 의한 것이라고 할 수 있다. 특히 양처현모주의는 실제 교육현장에서 종종 유교색을 강화하여 실제 수용에 있어서 유교와 동일시되는 경향이 있었다고 한다深谷[1981]. 또한 중국 등에서도 실제 도입에 있어서는 저항을 완화하기 위해서 종래 규범과의 연속성이 강조되는 것은 이미 살펴본 바와 같다.

그러나 '이에'가 근대적 발명물인 것과 같은 의미에서 양처현모주의도 근대의 산물이다. '양처현모주의 = 유교 = 봉건적'이라는 꼬리표는 오히려 근대가 강화하고자 한 성에 근거한 역할·권위 배분의 구조를 비판하고자 할 때에, 그것을 보다 봉건적인 에도시대의 여성 규범 등과 함께 부정하고자 한 데에 근원이 있는 것으로 보인다. 전후 민주적 가족관계를 확립하고자 할 때 '이에'를 '봉건적'인 것이라는 꼬리표로 부정한 것과 그것은 마찬가지다. 다시 말해 그것은 학문적 검토를 거친 담론이라기보다도 처음에는 고도로 정치적인 낙인이었던 것이다.

4) 양처현모주의의 대상

그렇다면 이런 복잡한 성격을 지닌 양처현모주의는 도대체 어떤 층을 그 중심적인 대상으로 삼고 있었던 것일까. 이미 논했듯이 이는 1899년

의 고등여학교령을 계기로 정비가 진행된 여자 중등교육에서의 지도적
이념이다. 고등여학교령의 창시자인 당시의 문부대신 가바야마 스케노
리는 그 제정의 목적을 "건전한 중등 사회는 한 사람의 남자의 교육으로
양성할 수 있는 것이 아니다. 양처현모와 함께 그 가정을 잘 다스림으로
써 사회의 복리를 증진해야 한다"[23]라고 말하고 있다. 즉 고등여학교 교
육이란 상류도 아니고, 또한 일반 서민층에 비하면 조금 계층이 높은 '건
전한 중등 사회'의 육성이 목적이다. 다이쇼시대의 고등여학교 지원자는
도쿄의 경우, 심상소학교 졸업생의 30%, 합격자는 동일하게 15%로 되어
있고, 또한 중등교육 전체에서는 12세부터 16세의 여자에서 차지하는 재
학자의 비율은 1920년에 17.2%, 1925년에 24.9%로 되어 있다. 이들 수
치는 '중등 사회'의 성격과 규모를 말해 준다고 할 수 있다. 양처현모주의
란 주로 이런 층의 여성이 가정을 꾸릴 때의 규범으로 제공된 것이다.

  실제 문부성이 이 무렵 여자 중등교육을 강력하게 추진하려고 한 한
가지 배경에는 당시 남성에게 있어서 진학이나 취직을 위한 자격으로서
의 중등학교 수료라는 학력의 기능이 확립되고 있었던 사정이 있다. 아마
노天野[1986]에 따르면 도쿄제국대학, 와세다대학 졸업생의 아내의 학력을
보면, 아내의 출생연도가 1881년부터 1885년인 집단에서는 초등교육만
이 70%를 차지하는 데 반해, 1891년부터 1895년인 집단에서는 중·고등
교육 수료자가 절반을 넘고, 1901년부터 1905년인 집단에서는 동일하게
약 80%에 이른다. 그녀들이 결혼 시기에 접어든 다이쇼시대에는 배우자
선택에 있어서 여자의 경우도 학력이라는 것은 하나의 지위 표시 기능을
하고 있는 것이다.

  그리고 보다 폭넓은 계층을 지탱하는 것으로서 심상소학교에서는 수
신修身을 통해 '남자는 밖, 여자는 안'이라는 규범이 제공된다. 이것은 일본

농촌에서 여자의 옥외노동이 많은 것을 생각하면 그것과는 상당히 이질적인 것이라고 할 수 있다. 게다가 여자의 취학률을 올리기 위해서 메이지 20년대 후반부터 여자교육에 재봉교육을 도입해 실생활과 거리가 있다는 일반 민중 측으로부터의 불만에 대답하는 형태를 취했다. 주부를 만들어 내는 규범이 이런 식으로 학교 교육을 통해 전달되어 가는 것이다.

5) 일본형 근대적 가부장제

이렇게 형성되어 온 양처현모주의를 중요한 핵심으로 하여 근대적 가부장제가 일본에서도 형성된다. 그것은 '남 = 생산노동 / 여 = 재생산노동'이라는 기본적인 구조를 가지는 점에 있어서는 구미의 그것과 다를 바 없다. 앞서 지적했듯이 그것을 준비했다는 점에서 양처현모주의는 그야말로 '근대적'인 여성관인 것이다. 그러나 그것은 동시에 몇 가지 중요한 일본적 특징을 가진다. 그것은 양처현모주의 그 자체의 내용으로 규정되면서 수혜자인 아내, 어머니가 처한 상황에서 해당 주부들에게 적극적으로 수용되어 간다. 제2장에서 사용한 용어에 따르면, 주체 측의 대응은 독립의 변수라고 하기는 어렵지만 규범의 수요라는 형태로 나타나는 것이다.

일본의 기혼여성들이 그 존재의 장인 '이에' 안에서 처한 상황은 구미와 비교해 현저한 차이가 있다. 이러한 사정을 야마무라山村[1971]를 참고해 말하자면, 남계의 직계선의 계승이 매우 중시된 일본의 가족형태에서는 '여자의 배는 빌린 배'일뿐, 여성은 자녀를 낳기 위한 존재였다. 노동력으로서 중시된 농민의 경우는 조금 사정이 다르지만, 경영체로서의 '이에'가 굳건히 존재하는 일정한 층 이상에서는 '출가 후 3년 지나도 자식이 없으면 이혼'이라는 하는 말이 보여 주듯이 여성은 아이를 낳음으로써 비로소 시집 안에서 안정된 지위를 얻을 수 있었다. 노후 보장도 자식

없이는 생각할 수 없었다. '이에' 안에서는 남편이나 시부모에 대해 참고 따라야 하고 그 기세는 아이에게 향하게 된다. 덧붙여 일본의 경우, 부부 간의 애정은 가족을 연결시키는 유대로서는 그다지 강조되지 않는다. 이 것은 근대가족이 부부애를 중요한 특징으로 했던 구미의 경우와는 현저 한 차이이다. 배우자 선택에 있어서도 계층이 올라가면 올라갈수록 맞선 이 압도적이었고 결혼 후에도 부부라 할지라도 타인 앞에서 애정을 표현 하는 것은 수치스러운 일로 꺼려졌다. 이러한 억제는 가정 내에도 반입 되어 식사 시에도 말없이 먹는 것이 미덕으로 여겨지는 등 부부간의 정 서적인 커뮤니케이션은 그다지 많지 않았다고 알려져 있다上子·增田[1981]. '밥, 목욕, 잠'이라는 과묵한 아버지의 이미지는 일본에서는 얼마 전까지 만 해도 그리 특이한 것이 아니었다.

일반적으로 근대 사회에서 결혼의 연애화는 가정의 경제상의 필요나 가문, 문벌이라는 요소가 결혼에서 중요하지 않게 될수록, 즉 결혼이 가 계家系와 가계家計의 요구로부터 자유로워질수록 진행되게 된다. 전근대 서구의 기사도처럼 사랑은 원래 결혼 밖에 있었다. '좋아하는 사람과 결 혼한다'라는 '혁명적인' 행위는 결혼이 그러한 요청으로부터 자유로워졌 을 때 비로소 가능한 것이다. 그리고 그런 의미에서 일본 사회는 성인이 된 후 혹은 결혼 후에도 부모와의 동거가 일반적인 직계가족 사회이기 때문에 연애결혼이 보급되기 어려우며 따라서 부부간에도 애정화되기는 어렵다. 이러한 부부간의 희박한 애정은 기혼여성의 감정적인 교감의 대 상으로 점점 자녀만을 의지하게 만들었다. 즉 근대가족을 지탱하는 축으 로서의 부부애의 취약함, 자녀는 부계 혈연 가운데 혼자 떨어진 고독한 존재인 며느리를 유일하게 지켜주는 존재라는 점, 이와 같은 요인으로 인 해 일본에서는 모성애가 생겨나고 또 받아들여지는 것이다.

이런 상황이 '자녀를 보살피는 일은 어머니가 해야 한다'는 규범을 '주부'가 쉽게 받아들일 수 있게 한다. 즉 '여자 = 재생산노동'이라는 역할 배분 속에서 당사자인 여성들에게 어머니 역할은 특권적인 중요성을 갖는다. 단순히 양처현모주의 속에서 '교육하는 어머니'가 강조되었다는 이유에서만이 아니라, 그녀들 스스로의 요청에 의해 어머니 역할은 적극적으로 수용되는 것이다. 그리고 이러한 '모성' 규범은 결코 오래전부터 전통적으로 있었던 것이 아니며 오히려 어떤 시기에 탄생한 것이다.

근대주부의 탄생 이전에는 일본에서 육아노동을 책임지는 사람이 반드시 그 아이를 낳은 어머니였던 것은 아니었다. 어머니는 대부분의 경우에 가업의 중요한 담당자였고, 육아 담당자는 조부모나 양부모였다. 그러한 사실은 『일본경제신문』의 「나의 이력서」에서 그들의 유아기의 양육방식을 추출해 조사한 사와야마 미카코沢山美果子[1984]의 분석이 여실히 말해주고 있다. 메이지 중기부터 말기에 태어난 사람들의 경우 "아이의 탄생, 아이의 생명이라는 것을 매우 불확실한 것으로 받아들이고, 그에 따라 그 불확실한 생명을 안정시키기 위해서는 친부모뿐만 아니라 거둔 부모, 대부모 등 많은 임시 부모를 취해야만 안정된다고 생각했고, 뿐만 아니라 그런 아이를 애지중지 키우는 사람들의 울타리 같은 것이 지역공동체 안에 존재하고 있었다는 사실을 엿볼 수 있다"沢山[1984 : 125]는 것이다. 반면 다이쇼시대가 되면 핵가족 아래 친부모만을 강조하여 '육아일기'가 등장하고, 어머니들은 '우리 아이의 장래'만을 삶의 보람으로 삼게 된다. "여성이 종래 담당하고 있던 육아 이외의 일이 감소한 만큼, 또한 육아라는 것이 지역의 인간관계 안에 포함되지 않게 된 만큼, 육아를 의식하게 된 것이다."沢山[1984 : 129]라고 생각할 수 있다. 때마침 학력에 의한 노동시장의 분단이 분명해지기 시작한 시기였고, 신중간층에게 있어 '우리 아이의 장래'를 위해 해야 할 일은 교육투자였다. 당시 많은 부인잡지들이 검약과 합리적인 가사경영을 주장하고 가계부도 장려하는데, 그 비용 안에는 교육비도 포함되어 있었던 것이다. 이렇게 해서 1920년경 아이들의 출생율과, 사망률이 동시에 하락하고, 아이들은 다산다사에서 소산소사로 이행한다. 노동력으로서의 아이들이 애정의 대상, 교육투자의 대상으로서 탄생한 것이다.

정리하자면, 현재 볼 수 있듯이 어머니만 육아의 책임자가 되고 어머니와 자녀 사이에 지극히 깊은 정서적인 관계가 존재하는 현상은 결코 태고적부터 존재했던 것이 아니다. '모성', '모성애'와 같은 번역어가 이 무렵 등장하는 것으로 상징되듯이 '근대주부' 탄생의 시기가 되어서야 비로소 나타나는 것이다.

또한 당시는 일하는 여성의 열악한 노동조건이 번번히 문제시되는 시기이기도 했기 때문에 밖에서 일하지 않고 가사·육아에 전념하는 것은 일종의 사회적 지위의 상징status symbol으로서의 기능도 했다. 따라서 당시의 일정한 계층에 있던 기혼여성들은 '모성', '모성애'와 같은 새로운 단어로 표현된 새로운 역할을 스스로의 지위를 나타내는 것으로서 자랑스러워하며 받아들였다고 생각된다.

이렇게 해서 일본 특유의 근대 가부장제가 탄생한다. 그 특징은 다시 말해 역할 분담을 뒷받침하는 데 있어서의 부부애의 상대적인 희박함과 압도적으로 강한 모성애이다. 이러한 강한 모성애에 힘입은 어머니 역할의 강조는, 후술하는 바와 같이 나아가 전시하 국가에 의한 칭송을 거쳐 현대에 이르기까지 일관되게 일본 사회에 강한 영향을 미치는 것으로 나타난다.

3. 근대주부의 탄생

이상에서 설명한 바와 같은 소득증대와 새로운 규범의 성립이 겹쳐지며 일본에도 다이쇼시대에 근대주부가 탄생한다. 즉 한 사람의 수입만으로 생활할 수 있는 계층이 탄생하고, 거기에 생산노동과 재생산노동이라는 성에 근거한 역할 분담을 옳다고 여기는 규범이 작동하여 당사자인 여성들도 그것을 적극적으로 수용하려고 함으로써 근대주부라는 전업주부가 탄생한다. 다만 산업혁명으로 대부분의 농촌이 해체된 영국과 달리, 취업인구의 약 절반을 차지하는 광대한 농촌이 남아있다는 점에서 근대주부의 확산은 도시에 한정될 수밖에 없었다. 영국처럼 사회 전체에 주부가 대중화되는 것은 일본의 경우 다음의 현대주부 단계까지 기다려야 한다. 그렇게 지역적으로나 계층적으로 한정된 존재이긴 하나 대도시의 중산계급을 중심으로 집단으로서 논할 수 있을 정도의 규모를 수반하여 하나의 새로운 생활 양식이 탄생하는 것이다. 거기에는 새로운 심성을 가진 가정이 나타나고, 가정 경영에 대한 새로운 태도가 생겨나며 새로운 생활 양식에 대응한 문화가 성립한다. 이하에서는 그 여러 양상들을 개관하고 근대주부가 처한 상황을 파악하고자 한다.

1) 근대주부와 근대가족의 새로운 심성

근대주부란 애초에 특정한 정서적 유대에 의해 연결된 근대가족의 구성요소였으나, 일본에서도 근대주부의 탄생과 함께 새로운 심성이 생겨나게 된다. 근대적인 연애관과 그에 기초한 '가정'의 탄생이다. 이시다 다케시石田雄[1975]에 의하면 '가정'이라는 말이 'home'의 번역어로서 일반인에게 유행하고 잡지의 제목 등으로 빈번히 사용되게 되는 것은 메이지 20

년대 무렵으로 여겨진다. 가령 1892년메이지 25년에 발간된 『가정잡지』는 '화목하고 밝은 가정'을 만들기 위한 잡지로서 등장한다. 그뿐만 아니라 비슷한 시기1885년에 창간된 『여학잡지』에서는 주재자인 기독교주의 교육가 이와모토 요시하루嚴本善治가 일부일처제에 기초한 근대적인 연애론을 전개했다. 이처럼 따뜻한 가정이나 인생의 근간으로서 연애를 인식하는 사고방식은 모두 그 이전의 일본에서는 익숙하지 않은 것이었다. 이에는 하나의 경영체로 구성원 사이는 우선 역할분담을 기초로 하는 기능적인 관계로 연결되어 있었고, 연애가 그 자체로 주목받는 일도 드물었다.

다이쇼시대가 되고 근대주부가 탄생할 무렵이 되자, 상술한 바와 같은 가정관, 연애관은 근대주부들 사이에 널리 보급되었다. 야나기타 구니오柳田国男 등이 말하는 '가정 안은 부부도 부모와 자식도 장유유서를 너무 요란스럽게 따지지 않는 생활방식', '구미식의 부부 관념이 강해져 친밀한 친구처럼 대화를 나눈다'와 같은 가족관계가 보급되고 있었던 것이다.[24] '시어머니도 없고 시누이도 없는 자상한 남편과 둘만의 도시주거'[25]도 반드시 불가능한 것은 아니었다. 이렇게 말하면 전항에서 설명한 부부애의 결여와 모순된다는 비판을 받을지도 모르지만, 그것은 전적으로 비교 대상의 문제이다. 다이쇼시대의 도시 중산계급의 가정에서 부부간의 정서적 결합이 일본의 그 이전의 가족에 비해 강했으며, 구미의 동시대의 가족에 비해 희박했다는 것은 모두 맞는 사실이다.

다만 메이지 중기에 이와모토 요시하루나 기타무라 도코쿠北村透谷가 주장한 연애, 혹은 사회주의자 사카이 도시히코堺利彦가 지향한 가정[26]이라는 것은, 원래 가족을 그 기초단위로서 포섭하고자 하는 근대국가나 자유로운 연애의 발로를 인정하려 하지 않는 사회와 강한 긴장 관계에 있는 듯한 자율적인 세계였다. 그런데 근대주부의 탄생과 함께 대중화된 가정에는 이제 그러한 긴장감이 별로 보이지 않는다. 그것은 '가족국가'를 지향하는 체제로부터 소극적으로 단절된 데에서 생겨난 '가정주의'[27]라 할 수 있는 일종의 마이홈 주의이며, 국가와의 긴장감은 고작 『부인공론婦人公論』과 같은 강경파 잡지 속에서 일부 드러나는 것에 불과하다. 양처현모주의를 받아들이는 입장 쪽에서 지지한 것은, 이러한 국가로부터 소극적으로 단절된 곳에 존재하는 가정의 이미지였다고 생각된다. 그것은 문부성이 의도한 가족국가의 기초로서의 양처현모주의라는 평가와는 상당히 다르며, 그런 의미에서 양처현모주의의 또 하나의 원천이라고도 할 수 있을 것이다. 실제 나루세 진조 같은 민간 여자교육가가 제창한 양처현모주의는 그런 경향이 강한 것이었다.[28] 이러한 가정상은 분명 국가주의와는 다른 새로운 가정의 원천이었으나, 국가에 대한 그것이 소극적인 거부에 그쳤고, 저항의 핵을 갖지 못했던 만큼 전쟁체제하에서 국가에 흡수되기도 쉬웠다. 후술하는 『주부지우主婦之友』, 『부인구락부婦人俱楽部』 같은 폭넓은 독자층을 가진 부인잡지가 1930년대에는 광신적일 만큼 국가주의로 치닫는 것은 이러한 사정에 기인한다.

2) 근대주부의 가사 가사 천직론과 가정의 합리적 운영

농업이나 자영업에서 재생산노동은 어디까지나 일의 일환이었던 것에 반해, 도시주민이면서 동시에 취업하지 않은 근대주부가 생겨날 때, 처음으로 그것만 분리되어 독자적인 영역으로서 나타난다. 재생산노동이 실체적으로 명확하게 파악될 수 있는 것은 이때부터이다.

이에 반해 앞서 살펴본 것처럼 관제 양처현모주의에 있어서는 물론이고 민중 차원의 '가정주의'의 경우도 '남 = 생산노동 / 여 = 재생산노동'이라는 역할 배분 그 자체에 의문을 품지는 않았다. 재생산노동은 여성의 천성에 기초한 역할로서 긍정적으로 받아들여졌던 것이다. 물론 사회주의자나 여성참정권 운동가들 중에 그러한 역할 분담 자체를 거부하려고 했던 인물이 있었던 것은 사실이지만, 그들이 사회 안에서 극히 소수에 그쳤다는 것은 의심할 여지가 없다. 따라서 근대주부가 된 대다수의 사람들 사이에 가사는 여성의 천직이라는 생각이 깊이 침투해 있었다고 할 수 있다. 그뿐 아니라 "가사의 수고를 덜기 위해서 뭔가 궁리를 하는 것은 주부로서 부끄럽다고 생각한다"渡辺他 [1984 : 150]라는 감각조차 이상하지 않았던 것이다.

근대주부에게 재생산노동이란 모든 정력을 쏟아야 하는 장으로 여겨졌고, 그 외에 다른 자기실현을 할 만한 장소도 없었다. 재생산노동은 자아실현의 장이라기보다는 오히려 필요에 쫓겨 생활의 대부분을 소비하는 장이었다고 하는 편이 적절할지도 모른다. 실제로 전쟁 전인 1940년대에 행해진 조사에서는 주부가 가사에 소비하는 시간이 10시간을 넘기고 있다大阪市立生活科学研究所[1994 : 83]. 말하자면 근대주부들은 '당연한 일로서' 재생산 역할을 담당하고 있었던 것이다. 말할 필요도 없는 사실이지만 당시의 가사는 현재의 그것과 크게 달랐다. 취사만 보아도 가마에 불을 지피는 일로 시작해 우물은 밖에 있었고 작업하는 높이도 일정하지 않았으며 보존을 이유로 어둡고 차가운 곳을 부엌으로 하는 등 시간의 경제라는 점에서나 위생상의 관점에서도 만족스럽지 못했다.

근대주부들의 이러한 상황에 반해, 한편에서는 전통에 얽매이지 않는 가사에 대한 새로운 시선이 일본에서도 등장한다. 과거 근대주부의 탄생과 함께 영국이나 미국에서 성행했던 것처럼 가사를 철저히 합리화하자는 생각이 나오게 된 것이다. 메이지 초기메이지 9년 일본에서는 이미 앞서 언급했던 비튼 여사의 『가정독본家政読本』의 번역본이 나왔다. 번역자 호

즈미 세이켄穗積清軒이 역자 서문에서 근대 시민 사회에서의 남녀의 역할 분담과 여성의 내조의 공에 대한 중요성을 설파했음에도 불구하고, 그다지 보급되지는 않았다.[29] 이는 당시에는 아직 독자가 되어야 할 '주부'라는 수용자가 성립되지 않았음을 나타내고 있다. 이와 비교하면 다이쇼시대의 가사 합리화론의 융성은 매우 상징적이다.

일본에서 합리적 가사를 추진한 인물은 하니 모토코羽仁もと子이다斉藤[1978]. 그녀는 처음에는 『가정지우家庭之友』1903, 나중에는 『부인지우婦人之友』1908에서 근대주부가 처한 봉급생활자 주체의 소시민층을 향해 가사와 가계의 합리화를 주장한다. 우선 그녀가 이상으로 삼은 '건전한 평민적 생활'이란 다음과 같은 것이었다. "안심하고 살 수 있는 우리 집을 가지고, 남편이 일시적으로 실직하는 일이 있어도 당황하지 않을 준비가 되어 있으며, 아이에게는 성질에 맞는 교육을 제공하고 다소나마 문화적인 지출을 할 수 있는 것이 평민적 생활이다. 집안 근로를 위한 고용인을 두지 않는다면 더욱 좋다."[30] 이런 '평민적 생활'을 실현하기 위해서 기독교도인 하니는 개신교와 같은 근면과 검소를 설파했다. 가계에 관해서는 우선 가계부 쓰는 것을 장려해 지출의 낭비를 줄이고자 했고, 중류생활의 표준적인 가계안을 작성하면서 갓 탄생한 중류가정에 대한 기준을 제공한다. 또한 가사에 관해서는 엄격한 시간관리를 제창하고 몇 번의 가사 용무시간 조사 등도 실시했다. 주부일기를 제창하는 것도 시간을 합리적으로 사용하려는 의도에서다.

또한 하녀에 관해서는 가능한 한 두지 않는 편이 좋다고 하면서도, 만약 두었을 경우에는 주인의 인격적인 통제하에 있는 주종적인 고용관계가 아니라 직업인으로서의 근대적인 고용관계를 확립해야 한다고 했다. 일반적으로 가사사용인은 근대주부의 탄생, 즉 일정한 소득을 가진 신중간층의 탄생과 함께 일시적으로 급증한다. 국세조사를 기초로 분석한 모리오카 기요미森岡淸美[1981]에 의하면 1920년의 도쿄시에서는 2인 이상의 보통가구에 0.13명전국평균 0.06명, 직업사용인과 합하면 0.96명同평균 0.23명의 사용인이 포함되어 있다. 1930년 가사도우미로 고용된 여성의 수는 근로여성의 거의 10%에 이른다. 또한 1920년대 무렵 도쿄의 고등여학교 졸업생을 대상으로 한 조사에서는, 대상 가정의 84.1%가 하녀를 두고 있었다고 한다大森[1981]. 이 하녀들은 신분적으로는 가족의 아래에 있었으나 방이 주어지고 생활용품을 공유하고 예의범절이나 바느질을 배우는 등 가족적인 대우을 받고 있었다. 이처럼 가사사용인은 당시의 중류가정에서 없어서는 안 될 존재였지만, 이러한 상황에 대해 하니 모토코가 근대적인 고용관계의 확립을 주장한 것은 시대에 앞선 것이었다. 영미에서도 근대주부의 탄생과 함께 가사사용인의 대우를 입주고용인에서 출퇴근 노동자로 하자는 움직임이 일어나는데, 하니의 주장은 바로 그것과 일치한다. 지금까지의 의제적인 혈연관계를 확대시킨 다양한 구성원을 포함한 '이에'에서 부부 중심의 밖에 대한 밀폐도가 매우 높은 공간으로서의 가정을 구축하고자 하는 의도가 거기에서 보인다. 이것이야말로 근대주부의 새로운 심성에 대응하고 있는 것이다.

이밖에 가정학이 탄생하거나, 새로 생겨난 부인잡지가 다양한 실용지식을 전달하거나, 가사를 둘러싸고 매우 많은 정보가 유통되게 된다. 핵가족화, 생활의 서양화와 함께 근대주부들은 전통적인 관습이나 예절을 대신해 새로운 가사기술과 지식을 필요로 하게 되고 그것이 합리적 가사 추진의 사상을 보급시켜 간다.

3) 근대주부를 둘러싼 문화

근대주부의 탄생은 그녀들을 시장으로 해서 문화적 상품을 만들어 내게 된다. 근대주부를 둘러싼 하나의 문화가 생겨나는 것이다. 역사적으로 여성이 상당히 대중적인 규모로 문화의 담당자, 수용자가 되는 첫 사례라고 할 수도 있을 것이다. 다이쇼 데모크라시의 시민문화는 지식 있는 근대주부들을 하나의 날개로 삼은 것이다.

그 중에서 가장 규모와 영향력이 컸던 것은 역시 다이쇼시대에 탄생한 새로운 부인잡지이다. 1890년대 이후, 앞에서 본 『가정잡지』 외에 『일본지가정日本之家庭』1895, 『일본부인』1898 『여학세계女学世界』1901, 『부인계婦人界』1902 등 부인잡지가 속속 창간되었고, 1900년에는 『오사카 마이니치신문』에 가정란이 마련되는 것처럼, 여자 중등교육의 발전과 함께 '주부'들은 다양한 활자문화의 수용자가 되어 가고 있었다. 그러나 이 무렵의 잡지는 발행 부수도 적어 하니 모토코의 『부인지우』와 『부인화보婦人画報』1905를 제외하면 그다지 오래가지 못했다.

그에 반해 다이쇼시대에는 발행 부수가 수십만부터 백만에 이르는 대중적으로 확산된 부인잡지가 등장한다. 1917년의 『주부지우主婦之友』이후 현재의 명칭 『주부의 벗主婦の友』, 1920년의 『부인구락부婦人くらぶ 이후『婦人倶楽部』』가 그것이다. 1916년 발간한 『부인공론』이 강경파, 교양파의 잡지로서 진보적 지식인 사회주의자, 여성참정권 운동가 등을 논객으로 하여 당시의 가부장제 규범에 얽매이지 않는 논의를 전개한 것에 반해, 이 두 잡지는 철저하게 통속적인 실용파 잡지를 목표로 내세우고 광범위한 독자를 획득한다. 『주부지우』의 창간호, 그 신문광고 등에서 몇 개의 기사를 발췌하면 「세 박사의 자당—자녀 셋을 모두 박사로 키운 데라오寺尾 미망인의 고심담」과 같이 어머니 역할을 칭송하는 것이나 「간편한 경제 요리법」, 「돈

을 잘 쓰는 다섯 가지 비결」, 「주부다운 화장법」, 「장작과 숯의 경제적인 사용법」 등 음식, 가사 전반에 관한 살림때 짙은 'how to'물이 눈에 띈다. 특히 「내가 감탄한 독일의 주부 기질」, 「내가 감탄한 미국의 주부 기질」^{창간 2호}과 같이 구미 선진국의 '주부기질'을 찬양하며 일본의 뒤처진 상황에 대한 계몽적 역할을 다하려는 기사, 또한 「65엔으로 6인 가족이 생활하는 법」, 「월 수입 26엔의 소학교 교사의 가계」^{창간 2호}와 같이 가정의 기능이 점점 소비로 제한되어 가는 도시가정의 상황에 입각해 가계의 변통을 설명하는 것들이 눈에 띈다. 더욱이 이 두 잡지는 화려한 신년호 부록 경쟁에서 다른 잡지들을 제치고 여성잡지 가운데 거의 독점적 지위를 차지하게 된다. 참고로 이 부록 경쟁은 전후에도 오랫동안 이어졌다.

이들 서민 '가정주의'에 뿌리내린 실용파 부인잡지들은 앞서 말한 것처럼 권력에 대항하는 일은 적었다. 고작 『주부지우』가 1922년 미국 산아제한운동의 주동자 마거릿 생어 부인의 일본 방문을 계기로 산아제한을 적극 장려하며 '낳아라 늘려라'라는 군사색 짙은 정책을 취하고 있던 정부와 대립하기에 이르렀지만 우익의 압력 등으로 인해 1930년대에는 산아제한 주장을 철회하고 있다. 이러한 경위는 당시 근대주부들 사이에 이미 산아제한에 대한 관심이 높아졌음을 보여 주는 것으로, 자녀를 교육의 대상으로 보는 시각이 성장했음을 보여 주는 예증으로서 흥미롭다.[31] 그러나 어쨌든 시대의 권력에 항거하면서까지 주장을 관철시키려는 자세는 양처현모주의를 뒷받침한 '가정주의'로는 볼 수 없었다.

또한 도시와의 생활 수준 격차가 벌어지기 시작한 농촌에서도 도시의 새로운 문화의 영향을 받아 농촌의 생활개선에 대한 관심이 높아졌다. 잡지 『이에의 빛家の光』은 이러한 배경 아래 1925년에 발간되었으며, 책 한 권으로 온 가족이 즐길 수 있다는 일가일책주의를 취해 광범위한 독자를

얻었다. 그 기사에는 당연히 가정생활 개선의 담당자로서 부인을 대상으로 하는 것도 많았으며, 특히 1930년대 농촌 황폐의 시기에는 가정생활과 농촌의 부흥을 위해서 부인의 자각이 필요하다며 습관에 얽매이지 않고 낭비를 줄인 합리적, 경제적인 가정경영을 제창했다板垣[1978]. 이와 같이 생활의 합리화를 정보로 한 상품이라는 형태의 문화는 도시뿐만이 아니라 농촌으로도 어느 정도 확대되었다.

이 밖에도 도시 문화의 성립과 함께 여가활동도 이루어지게 되어 1904년에는 미쓰코시三越 백화점이 오픈했다. '오늘은 제국극장, 내일은 미쓰코시'라는 유행어는 당시의 분위기를 반영한다. 요시미吉見[1987]가 분석한 것과 같이 아사쿠사浅草 · 긴자銀座라는 번화가가 생겨난 것도 이 무렵이며, 근대주부들은 이러한 도시문화의 중요한 구성요소이기도 한 것이다.

4) 샐러리맨과 직업부인

노동의 형태도 미묘하게 변화하기 시작하여 관공서, 대기업 등에서 일하는 화이트칼라 샐러리맨이 탄생하면서 여성의 직장도 여공에서 새로운 직종으로 확산되기 시작했다. 출퇴근하는 그들을 실어 나르기 위해 철도 건설이 러시[32]를 이루고 러시아워 혼잡도 생겨난다. 이하에 인용하는 문장은 당시 새롭게 출현한 샐러리맨의 생활 양식에 대해 풍부한 이미지를 환기시켜 준다.

샐러리맨은 일정한 데일리 프로그램을 가지는 것이 보통이다. 러시아워의 출근, 집무, 정오의 식사와 짧은 휴식, 집무, 4시 퇴근, 다시 러시아워의 귀가, 이것들이 그들이 가진 프로그램이다. 근대적 대도시에 있어서 군중 인간이 그리는 교향악의 하나가 러시아워이다. (…중략…) 에나미 분조江南文三군은 도쿄

제일중학교의 교사이지만, 일본의 외딴 섬 사도佐渡의 아이카와相川 중학교에서 전임해 와서 가장 큰 고통은 러시아워의 출근이라며 진지하게 필자에게 말한 적이 있다. 전차 안의 사람들의 훈기, 거기에 섞여 들어온 각종 냄새 특히 단무지의 냄새……라고 그는 말했다. 전차를 타고 내릴 때의 혼잡이 제일 견디기힘든데 전차 안의에서 이상한 냄새가 난다. 샐러리맨의 일의 일부로 이미 출퇴근 시의 예사롭지 않은 노력이 필요하다. 집무시간의 약 8시간으로부터 해방되어 그들이 귀가했을 때에는 상당한 피로가 쌓여 있다. 밤의 그들은 전문적인서적을 읽거나, 그렇지 않으면 고급 서적잡지를 읽는 건 대체로 힘들어한다. 프로그램 외의 프로그램을 원하지 않는다. 그래서 그들의 적지 않은 부분이 저급한 오락잡지나 혹은 흔해 빠진 오락업에 종사한다新居[1929].

사상 감정에 있어서는 오히려 근육파프롤레타리아보다 험악하지만, 아직 그들이 일치 단결해서 일을 벌인 것을 듣지 못했다. 샐러리맨의 소연맹이 생긴 것을 들은 것 같기도 하지만, 아직 관리나 은행원 또는 지극히 궁지에 몰린 신문기자조차 결속하여 부르주아의 본진을 찔렀다는 건 듣지 못했다. (…중략…) 샐러리맨도 물가 등귀의 비율로 보자면 급료의 승급은 적고, 불경기를 만나면더욱 승급하기 힘들고 수당은 줄어 하마터면 해고될 수도 있다. 하지만 아무리박봉이라고 해도 육체노동자에 비할 바가 아니다. 샐러리맨들은 월급이며, 육체노동자는 일급이다. 샐러리맨에서도 우편국, 철도성 등에서는 어떤 근육노동자보다도 박봉인 것도 있지만 (…중략…) 샐러리맨의 상급은 쁘띠 부르주아의 바닥까지 쫓아왔다. (…중략…) 예로부터 목공의 수고는 지극히 높은 편인데, 현재 3엔 70전 정도의 것, 정원사는 훨씬 저렴해 2엔 50전 안팎이다. (…중략…) 노동자의 우두머리인 대목수조차도 쉬지 않고 일해도 백 몇 엔에 불과하다. 일이 없을 때도 있고 쉬고 싶은 날도 있으며 아플 때도 있다. 월수입을 알아야만, 그렇게 처자식이 있다면 먹여살려야만 한다. 게다가 기능을 가지지 못한 이른바 노동자처럼 정말 찢어지게 가난한 생활이다. 올 봄 눈 내린 아침, 새벽 세시부터 전차 선로의 눈을 치운 도미카와초^{富川町} 실업노동자의 그 날의 일당이 1엔 20전이라고 신문에 실렸다. 얼마나 비참한 인생인가.

그러나 샐러리맨의 생활은 그런 것이 아니다. 양복을 입은 모습도 세련되었다. 맛있는 음식의 맛도 알고 있다. 여행도 가끔씩 한다. 박봉으로 식구 많은 사람 외에는 생활이 곤란하다고는 할 수 없다. 마음만 먹으면 소소하지만 저금도 할 수 있다. 기대가 작으면 기어다니는 벌레처럼 사는 길이 없는 것도 아니다. 물론 그럼에도 부르주아의 노예는 노예임에 틀림없다^{生方敏郎[1923]}.

근대주부의 전형적인 상대인 샐러리맨은 이러한 새로운 생활 양식을 가진 존재였던 것이다.

그리고 한편, 다이쇼에서 쇼와에 걸쳐 고용직으로 일하는 여성들이 처음으로 도시에서 나타난 시대이기도 하다. 1920년부터 30년에 걸쳐 여성의 노동력률은 국세조사에 의하면 36.6%에서 33.0%로 하락했는데 산업별 비율로 보면 62.4%→60.4%^{638 → 640만} 명가 농림업 종사자, 공업 15.5%→13.5%로 여공·농민과 같은 전형적인 부분은 비율면에서 약간 감소하고 있다. 한편 상업 10.1%→13.8%, 그 외에 가사사용인 5.2%→6.6%^{53.3 → 69.7만 명}, 공무자유업 3.0%→3.3% 등 도시적인 산업이 약간이나마 증가하고 있다. 다만 30년에 시부^{市部}의 노동력률은 21.0%인 데 반해 인구의 77%가 사는 군부^{郡部}는 36%이며, 도시로의 이동이 노동력률을 감소시키는 경향은 분명히 나타나고 있다.

당시 인기를 끌었던 직업은 사무원, 전화교환수, 버스·전차 차장, 백화점 점원, 타이피스트 등으로 모두 젊은 여성이 중심이었다. 게다가 고학력층이 되면 초등학교 교원, 잡지기자, 간호부, 여의사 등이 있었다. 일반적으로 출신계층은 봉급생활자가 많으며 비교적 학력이 높았다. 다만 근속 연수는 극단적으로 짧아, 출가 전의 가계 보전을 겸한 신부수업의 색채가 강했다. 다이쇼부터 쇼와에 걸쳐서는 도쿄, 오사카 등의 자치체가 많은 직업부인에 관한 조사를 실시하고 있어 상당한 관심을 엿볼 수 있다東京市役所[1931], 中央職業紹介事務局[1927].

덧붙여서 이러한 조사에서 그녀들의 불만을 살펴보면 "원치 않은 감정을 강요받아 이를 거절했을 경우 반드시 부당한 벌을 부과받는 것", "남자 사원 이기주의자가 화가 납니다. 기량보다 아름다운 여자가 잘했다고 칭찬받고 다른 사람보다 일을 많이 주어 승진시키는 방식은 직무상 무의미합니다, 일반적으로 사무실에서의 남녀 간의 예의가 상실되고 있습니다, 미추美醜나 감정에 따라 대우를 달리하거나 사람을 좋아하고 싫어하는 남자답지 않은 태도는 정말 싫습니다"中央職業紹介事務局[1927 : 55], "행원이 불쾌한 것을 말하거나 하는 것"東京市役所[1931 : 270]과 같이 근대적인 직장의 탄생이 거의 동시에 성희롱의 탄생이기도 했던 것을 알 수 있다.

4. 전시하의 근대주부 다시 모성의 강조

일본의 근대적 가부장제가 모성을 강조하는 경향이 있었음은 이미 설명했지만 전쟁체제로 향하는 1930년대 이 경향은 국가에 의해 더욱 강화된다. 이하에서는 그것을 가노鹿野[1983]를 바탕으로 개관하고자 한다.

쇼와 공황에 의한 농촌 붕괴 등으로 '이에'의 기반이 무너져 가는 것에 위기감을 느낀 정부는 엄한 아버지를 대신해 인자한 어머니를 칭송함으로써 '이에'의 보전을 도모하고자 한다. 대대적인 모성 캠페인이 시작되

는 것은 1931년 무렵부터이다. 같은 해 3월 6일의 지구절황후탄생일-역자주
을 어머니의 날로 정하고 같은 날에 대일본연합부인회를 발족시킨다. 이
듬해 12월 황태자 탄생 또한 모성 예찬의 절호의 기회였다. 일본에서 처
음 모성을 정면으로 논한 모성보호논쟁 때의 히라쓰카 라이초平塚らいてう
의 사상에는 물건의 생산만이 가치로 여겨지는 사회에 대한 비판, 인류
전체의 확대 속에서 여성 인권의 일환으로서 모성을 파악하려는 자세가
보인다. 이때 정부에 의해 칭양된 '군국의 어머니'의 모성이란 인류 전체
가 아닌 일본 고유의 미풍으로서, 또 인권으로서가 아닌 국가에 대한 헌
신으로서 파악하려는 것이었다. 정부는 노동력 동원의 필요에서 여자정
신대 등의 형태로 많은 여자들을 산업노동에 동원하지만, 이는 미혼의 젊
은 여자 중심이며 어머니의 취업 시에는 특히 모성보호가 중시되었다.[33]
그보다 어머니에게는 어머니 고유의 일이 있었다. 국방부인회로 대표되
는 출정병사를 위한 마음의 헌신, 일꾼으로서 또한 자녀를 늘리는 일을
맡은 사람으로서 후방의 방비. 이것들은 모두 '군국의 어머니'라는 이름
아래 어머니 역할의 연장으로서 요청되었다. 이렇게 해서 어머니상은 이
번에는 명확하게 국가의 손에 의해 강화되고 주입되어 국방부인회의 저
변이 확대되는 것에서 상징되듯이藤井[1985] 근대주부들은 이를 여성 고유
의 역할로 받아들여 간다.

　일본의 근대주부는 이상과 같은 과정을 거쳐 일본형 근대적 가부장제
를 바탕으로 부부애보다 모자 밀착에 의한 어머니 역할을 강하게 수용하
여 탄생했다. 현대사회에서 주부가 짊어진 재생산노동은 이때 처음으로
독립적인 것으로 탄생한다. 그런 의미에서 이 근대주부는 현재의 주부의
원형을 형성했으며 따라서 일본형 가부장제도 이 무렵에 형성되었음을
알 수 있다. 그리고 그것이 유교와 밀접하게 관련되어 있으면서도 오히

려 그것을 근대 안에서 일본이 독자적으로 대체하며 형성되었음을 알 수 있다. 일본형 근대적 가부장제의 특징은, 거듭 말하자면 구미와 비교했을 경우의 상대적으로 희박한 부부애와 특권적인 어머니 역할의 중요성이다. 야마무라山村[1971]는 일본인에게 '어머니'는 거의 종교적인 의미를 가지고 있는 것을 훌륭하게 그려내고 있지만, 이러한 심성은 결코 옛 일본에서부터 유래된 것이라고 볼 수 있는 것이 아니라, 일본형 근대적 가부장제 규범의 형성과 함께 근대주부의 생활 양식을 통해 보급된 것이다. 그리고 그것은 근대주부의 탄생뿐만 아니라 후술하듯이 현대주부의 행동도 강하게 규제하는 것으로 나타나는 것이다.

제5장　　　　　　　일본의 현대주부와 가부장제

　제4장의 근대주부 탄생의 뒤를 이어 이 장에서는 전후 일본 사회에서의 현대주부의 탄생과 변천에 대해 논한다. 고도 성장을 거쳐 크게 변용하는 주부의 양상을 파악하는 동시에 현재 다양한 형태로 문제가 되고 있는 주부를 둘러싼 문제들에 관하여 일관된 설명을 하고자 한다. 그러한 검토는 나아가 다음 제6, 7장에서 살펴볼 다른 동아시아 자본주의 사회의 상황과도 연관지어 일본의 주부가 앞으로 나아갈 것으로 예상되는 방향을 예측하는 것과도 연결될 것이다. 논의의 편의상 제6, 7장의 논점을 먼저 제시하면서 논할 것이다.

　산업화의 진전과 가부장제의 변용, 나아가 당사자주부 측의 가사에 대한 의미부여의 변용이라는 요소에 의해 현대주부가 탄생하고 그것이 나아가 새로운 모순을 안고 있음을 밝힌다. 여기서 당사자 측의 의미 부여라는 요소를 제기한 것은 현대사회의 사회변동에 있어서는 주체 측의 의미 부여 또한 일정한 요소가 되고 있으며, 주어진 규범에 대해 어떠한 반응을 보일지가 독립의 변수로서 의미를 갖는다고 생각하기 때문이다. 종래 기혼여자의 취업에 관해서는 노동시장 상황과 가계 상황이라는 경제적인 변수로만 설명되는 경우가 많았다. 또한 가부장제를 변수에 포함시킨 마르크스주의 페미니즘에서도 그것은 너무나 구조 피결정적인 '주체'상을 전제로 하게 된다. 그러한 도식에 대한 반성도 포함되어 있다.

　또한 최종적으로는 일본형 가부장제, 그리고 근대 이후의 가부장제가 가져온 역할 분담의 시스템이 일종의 전환점을 맞이하고 있음을 시사한다. 노동력 재생산의 한 가지 해결책으로서 '남자 기간노동자 + 주부' 체제가 벽에 부딪힐 가능성이 있다는 것을 일본의 예를 통해 전개하게 될 것이다.

1. 전후의 고도성장 산업화의 새로운 전개

일본의 고도성장 전반에 관해서는 경제학을 중심으로 수많은 업적이 있으며, 그것들을 조사하는 데에 지면을 할애하는 것은 이 책의 범위를 넘어선다. 그래서 이하에서는 현대주부와 직접 관련된 요인만을 다루기로 한다. 현대주부 탄생의 푸시push 요인으로서 가전제품의 보급으로 대표되는 가사의 시장화, 나아가 주부를 취업시킨다는 의미에서 현대주부 탄생의 풀pull 요인이 되는 노동력 정책과 노동력 편성의 변천, 그리고 도시적 생활 양식에 따른 비용의 증대 등을 다루고자 한다.

1) 현대적 생활 양식의 보급

먼저 산업화에 따른 가사의 시장화로 인한 현대주부 탄생의 기초가 되는 조건에 대해 살펴보자. 1963년 당시 '부인노동력의 활용'을 주장했던 정부심의회에 의한 답신은 '교육수준의 향상과 직업의식의 성장이 현저하고, 또한 가정 생활 양식의 근대화와 출산율 저하를 통해 주부의 가사노동과 육아 부담도 줄어들고 있다'고 말하며 이와 같은 새로운 형태의 현대주부 탄생 조건이 이미 조성되고 있음을 지적하고 있다. 그 조건들을 간단하게 검토해 보자.

(1) 가사의 시장화

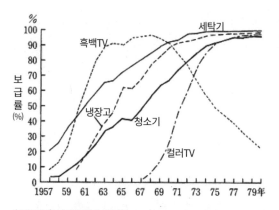

〈그림 5-1〉 가전제품의 보급률
출처 : 高度成長期を考える会[1985a : 67]

우선 현대주부의 중요한 지표가 될 가전제품의 보급부터 살펴보자. 보급률 통계에는 몇 가지가 있는데, 60~70%를 하나의 기준으로 하면, 〈그림 5-1〉에 볼 수 있듯이 세탁기, 냉장고 모두 1960년대 중반 무렵에는 이 수준에 이르고 있다. 1963년 『국민생활백서』에 따르면 특히 1961년 이후에는 '가계조사'에서 본 가구 집기 비용이 계층별로도 평준화되어 가는 것을 볼 수 있다. 이 밖에 우물과 펌프 대신 상수도가, 어두컴컴한 토방 대신 밝은 시스템 주방이, 계절음식 대신 가공·냉동식품이, 가마와 램프 대신 가스와 전기가, 주문복 대신 기성복이, '소비는 미덕'이라는 슬로건 아래 가정 안으로 밀려 온다. 과거의 중산계급 가정의 하녀를 대신해 위와 같은 가전제품, 소비물자가 주부의 'servant'[1]가 되는 것이다. 산업화는 당시 주부들을 판매 대상으로 삼는 형태로 진행된다. 이러한 가전제품이나 소비물자의 보급은 대체로 가사의 시장화 경향으로 정리할 수 있을 것이다.

자본주의에 의한 산업화와 국가에 의한 또 하나의 가사의 시장화는 보육소, 유치원의 설치이다. 1960년대의 보육소 설치운동으로 상징되듯 이 무렵부터 보육소 수는 늘어나기 시작해 유치원과 보육소을 합친 원아 수는 1960년부터 1980년 사이에 약 3배가 된다. 5세 아동의 취원율을 봐도 1960년에는 유치원에서 31%에 불과했던 것에 반해, 1976년에는 유치원생이 64.4%, 보육원생이 25.4%로 합하면, 5세 아동의 90%가 어느 한쪽에 다니고 있는 상태가 된다.

이러한 시장에 의한 가사·육아의 대체화·상품화에 더해, 도시적 생활 양식의 성립에 따른 출산율의 저하[2]와 핵가족화에 의한 세대 구성원수의 감소[3]도 있어, 기혼여성의 가사는 대폭 경감될 가능성이 생기는 것이다.

(2) 도시의 생활과 비용

전항에서 논한 것이 현대주부의 탄생을 가능하게 한 조건이라고 하면, 도시적 생활 양식은 또 하나의 노동시장 참여라는 형태의 재생산노동에만 종사하는 상황에서의 이탈을 필요로 하는 요소가 있다. 산업화에 따라 도시에 노동자 가족이 탄생하는 것은 제4장의 근대주부에서 이미 설명했지만 고도성장은 이러한 도시적 생활 양식을 전체 사회로까지 확대한다. 그때까지 지연, 혈연 등 다양한 상호부조 조직에 둘러싸여 있던 가계는 이때 노동자가 벌어들인 수입만을 그 생계의 밑천으로 삼을 수밖에 없게 된다. 게다가 도시적인 생활 양식에 필수적인 가전제품을 비롯한 다양한 물자의 구입, 나아가 이것도 도시 중산층의 특징인 교육비의 증대는 현금수입의 필요를 더욱 증대시킨다. 남자 기간근로자의 실질임금이 늘었다고는 하지만 이런 상황에 완전히 대응할 수 있을 정도는 아니며, 주부의 노동시장 참여에 따른 가계 보전이 요구되게 되는 것이다.

2) 고도성장기의 노동력 정책과 노동력 편성의 변천

이에 대해 산업화 속에서 현대주부를 취업이라는 형태로 재생산 역할 외의 활동으로 끌어내고자 한 요인은 무엇이었을까. 광공업 생산액이 전쟁 전의 약 2배에 달하고, 『경제백서』가 '더 이상 전후가 아니다'라고 서술한 1955년은 일본 고도성장의 시작이라 할 수 있을 것이다. 1955년부터 1973년까지의 기간 동안 일본은 실질 GNP에서 5.4배, 광공업 생산지수에서 10.3배라는 세계에서도 유례를 찾을 수 없을 정도의 고성장을 실현한다. 이 중 현대주부를 둘러싼 조건에 주목하면 1950년대 후반부터 1960년대 전반까지를 고도성장의 전기, 그 후 오일쇼크까지를 후기로 구분할 수 있을 것이다.

전기에 관해서는 위에서 설명한 가전제품의 보급 등으로 대표되는 현대적 생활 양식은 이 전기부터 서서히 성립되어 가는 것으로, 현대주부 탄생의 기본적인 조건은 전기에 거의 형성된다고 생각해도 되지만 이 시기에는 아직 현대주부의 특징 중 하나인 노동시장에의 참여는 본격화되지 않는다. 여성노동은 농촌에서는 당연히 높은 취업률을 보이지만, 고용자의 비율은 낮고 대부분이 미혼의 젊은 여성으로 구성되어 있었다. 1955년의 국세조사에 의하면 여자의 15세 이상 인구에서 차지하는 고용자 비율은 고작 16.5%[4]로, 그 고용자 중 기혼자의 비율은 1950년에 9%, 1955년에 15%에 불과하다. 이 무렵 시 지역의 노동력률 그래프는 M자형을 그리지 않고, 초기 연령 피크형에 가까운 형태가 되어있다. 경제의 급속한 확대에 따른 막대한 노동수요는 주로 신규 졸업자나 1차산업으로부터의 유입에 의해 조달된다. 당시 중졸자들이 '황금알'로서 산업화로 인해 생기는 대량의 비숙련노동의 담당자로 기대된 것은 이를 상징하고 있다.

노동력 편성을 둘러싼 이 같은 상황은 1960년대 중반을 기점으로 크게 변화한다. 가장 큰 변화는 청년 노동시장의 핍박이다. 1955년 무렵까지의 출산율의 급격한 저하와 대기업이 고졸을 목공으로 채용한 것에도 영향을 받은 진학률 상승에 의해, 비숙련노동을 지탱하는 신규 대졸자가 감소하기 시작한다. 문부성의 '학교기본조사'에 따르면 중졸과 고졸을 합한 신규졸업자의 노동력 공급은 1966년을 정점으로 143만 명, 그 이후에는 절대수에 있어 감소세로 돌아서 1968년에 133만 명, 1970년에는 109만 명으로 크게 감소한다. 이는 전에 없던 사태로 새로운 노동력 정책이 필요해진 것이다.

일련의 소득배증계획에 기초한 정책체계 가운데 경제심의회에 의한 답신 '경제 발전에 있어서의 인적능력 개발의 과제와 대책1963년'은 이러한 사태를 예상하여 중장년층의 노동력 활용, 노동력의 지역간, 산업간 이동과 함께 '여성노동력의 적극적 활용'을 제창한다. 답신은 고등교육을 받은 여성의 활용이나 남녀의 구분 없는 노무관리 등 추후 균등법으로 이어지는 성격도 있지만, 무엇보다 이후 고도성장 과정 속에서 실제로 전개한 것은 젊은 노동력을 대신하는 비숙련노동의 담당자로서 기혼여성을 이용하고자 한 것이었다. 생산공정의 기계화와 서비스 산업의 증대는 여성노동시장을 대폭 확대시킨다. 1960년대 후반 이후의 기혼여성의 노동시장 참여에는 이러한 산업측 요청이 풀pull 요인으로 작용하고 있는 것이다.

2. 일본의 현대 가부장제 새로운 규범의 형성

산업화에 따른 이상과 같은 요청에 대응하여 가부장제도 완만한 변화를 보인다. 근대주부를 지탱한 근대의 가부장제란 '남 = 생산노동 / 여 = 재생산노동'이라는 역할 분담을 기조로 하는 것이었다. 일본의 현대 가부장제도 기본적 구조에 있어서는 근대의 그것과 다르지 않지만 주부의 생산노동 참가가 허용되게 된 점에서 크게 다르다. 이 변화 자체는 1절에서 언급한 것과 같은 산업화 진전에 따른 노동수요 증대, 가정생활 변화 등에 영향을 받고 있는 측면도 강하다. 하지만 재생산노동 중 특히 어떤 역할을 보존한 후에 생산노동 참가를 용인할 것인가에 관해서는 어디까지나 그 사회 가부장제의 독자적인 힘이 작용하고 있다고 할 수 있다. 원생적 노동관계에서 말했듯이 산업화 자체는 원래 노동력을 가능한 한 저렴하게 혹사한다는 지향성을 가진다. 이에 대해 가부장제는 성에 근거한 역할이나 권력의 배분을 유지하려고 하며, 그 발로로서 특정한 가족의 본연의 모습을 지키려고 한다. 현대의 가족이든 노동의 형태든 이러한 모순된 두 가지 요구가 국가에 의한 조정으로 크게 영향을 받고 있다.

1) 현대 일본의 가부장제
① 노동시장 참여의 허용
'남 = 생산노동 / 여 = 재생산노동'이라는 역할 배분은 생산과 노동력 재생산의 장이 직주분리로 명확하게 나뉘어 있는 것에 대응해 남녀의 '영역' 구분 또한 잠재적으로 내포하고 있다. 다음 장에서 설명하듯이 한국의 경우 이 영역 구분에 관한 규범이 매우 강하다. 이에 비해 일본에서는 도시 가정이라도 이 영역의 구분은 그다지 강하게 요구되지 않는다. 한국에서는 도시화에 의해 양반의 규범에 동조하는 행동이 나타난 것과 비교해, 일본의 경우 농가에서의 여성의 옥외노동 참여에 대한 규범이 어느 정도 잔존하는 형태로 작용했다고 볼 수도 있을 것이다. 일본에서는 가사의 시장화의 도움으로 재생산 역할을 보다 단시간에 완수하는 것이 가능해지면 재생산 역할을 침해하지 않는 범위에서의 노동시장 참여가 허용되게 된다. 아내의 취업을 남편이 허락할 때 종종 '가사를 소홀히 하지 않는다면'이라는 조건이 붙는 것이 이를 상징한다. 이것은 분명 규범의 내실은 변용되지 않았다고도 할 수 있으나 주부의 생산노동 영역으로의 진출을 인정한 점에서는 큰 변화이다. 산업화가 진행되면, 항상 자동적으로 여성이 노동력화되는 것은 아니라는 사실은 다음 장의 한국의 예에서도 분명하다. 즉 이는 단순히 산업화에 규정된 변화가 아니라 가부장제가 독립의 변수로서 작용하고 있다고 할 수 있을 것이다.

② 어머니 역할의 강조

제4장에서 일본 근대 가부장제의 한 특징으로서 재생산 역할 중 어머니 역할이 특히 강조된다는 점을 언급했는데, 이러한 경향은 현대 가부장제에서도 계승된다.

고도성장 속에서 '아버지'는 회사에 그 생활의 대부분을 구속당한다. '맹렬 사원', '회사인간' 등으로 불리는 그들은, 가정에 있어서는 그 물질적인 풍요로움의 실현을 위해서 급료 봉투를 가지고 오는 존재에 지나지 않으며, 가정 안에서의 '아버지'의 존재는 희미해지기 십상이었다. 이러한 상황에서 가정, 특히 자녀를 보호하는 존재로서 '어머니'의 존재는 강조되게 된다. 1964년에 부인소년문제심의회의 보고서 「여성노동력의 유효 활용에 대하여」는 "여성노동력의 활용에 있어서는 여성의 특질에 유의해 그 모성과 가정의 기능이 취업에 의해 어긋나는 일이 없도록 충분히 배려되어야 한다"労働省職業安定局[1966 : 166]고 말하며 파트타임 고용이나 중장년이 된 후의 직장 복귀를 검토하고 있다. 이는 국가가 차세대 노동력 및 남자 기간노동력의 안정적인 재생산을 위해서 여성의 재생산 역할, 특히 어머니 역할의 안정적인 수행을 보증하고자 하는 것으로 주목할 만하다.

고도성장 과정에서 일본정부는 어린이와 노인의 돌봄을 포함한 노동력의 재생산에 관련된 비용을 사회적으로 부담하는 것에는 소극적이면서, 최대한 그것을 과거의 가족이 가지고 있던 상호부조 기능에 의해 담당하게 하려고 한다. 그 핵심이 되는 것이 두말할 것도 없이 '어머니'인 여성이다. 이러한 규범은 전쟁 전만큼의 강력한 이데올로기 주입의 형태는 취하지 않지만, 한편으로는 1958년의 '중학교 학습지도 요령' 가정과의 내용이 남녀 다르게 되어 있고, 이후 가정과의 여자교육화가 진행되어 가는 것[5]이나, 앞의 노동정책에서 볼 수 있듯이 국가에 의해 제공되고 또 지방에서는 텔레비전이나 잡지와 같은 매스컴을 통해서 보강되어 '의사擬似환경'으로서 작용하게 된다.[6]

3. 주체 측의 대응

현대의 가부장제에 대해 당사자 주부들은 어떻게 받아들였을까. 현대주부를 둘러싼 상황에 관해서는 근대주부시대에 비해 주위의 상황을 판단하는 힘이 훨씬 커졌기 때문에, 현대주부 자체의 가부장제 규범에 대한 의미부여에 근거한 대응을 빼고 그 행동을 설명할 수는 없다. 이 절에서는 위와 같은 의미에서 주체 측의 대응에 대해 논의하기로 한다. 선택지가 없었던 근대주부의 시대와 달리, 현대주부의 성립과 노동시장에의 참여 방식을 설명하는데 있어서 이 가부장제 규범에 대한 주체의 대응 방법이 하나의 열쇠가 되는 것이다.

1) 가사노동 시간 감소
제2장 현대주부의 항에서 설명했듯이 산업화에 따른 가사의 시장화는 근대주부가 그것에 하루를 소비해 온 가사가, 실은 자신 이외의 사람이나

금전·기계에 의해 대체 가능하다는 것을 일깨워준다. 또 여성의 취업 증가는 그녀들의 외부에서의 작업이 일정한 금전으로 환산 가능하다는 그 자체가 당연한 사실임을 제시한다. 더욱이 이 무렵 진행된 여성의 고학력화는 지금까지의 생산라인에서의 단순작업과는 다른 새로운 직업을 여성에게 열어주게 되고, 주부업 외에 자아실현의 길이 있을 수 있음을 여성에게 깨닫게 한다. 가사가 금전 등으로 대체 가능해지고, 또한 다른 여성이 외부 노동으로 수입을 얻는 일이 많아지면서 주부들은 자신들이 가정 내에서 하는 작업이 '노동labor'이고, 또 보수가 지불되지 않는다고 느끼게 된다. 이렇게 해서 가사는 '가사노동'이 되고 일종의 박탈감을 수반하게 되는 것이다. 주부는 일생을 걸 만한 가치가 없는 '제2의 직업'일 뿐이라는 주장[7]이 나오는 것이나, 나중에 언급할 주부를 둘러싼 다양한 불만은 이런 감각을 바탕으로 한다.

　가사의 시장화가 곧 가사노동 시간의 단축과 동일한 것이 아니라, 그 사이에 가사를 '노동'으로 의미부여하고 단축하고자 하는 주체의 대응이 개재할 필요가 있다는 것을 제2장에서 설명했다. 이렇게 해서 가사의 시장화가 가사노동 시간의 감소로 연결된다. 노동성 부인소년국이 1949년에 실시한 '가정부인의 가사노동 시간 조사'에 따르면 취사 186분, 바느질 146분 등 합계 10시간 16분이 가사에 소비되고 있는 것에 비해, 1959년 조사에서는 9시간 2분이 된다. 더불어 NHK의 '국민 생활시간 조사'에 의하면, 전업주부의 가사노동 시간은 1960년에 이미 7시간 12분이 되었고, 이후 1965년 6시간 59분, 1970년 7시간 57분, 1973년 7시간 47분으로 추이한다. 1970년 이후 증가 경향에 있는 이유에 대해서는 나중에 서술하기로 하고 가사노동 시간의 내역을 살펴보자. 취사는 1970년 이후에도 거의 3시간 미만으로 큰 차이가 없는 데 반해, 세탁해서 다시 바느

질하는 등의 필요로 인해 매우 길었던 재봉, 편물 시간은 기성복의 보급으로 지금은 거의 취미적인 시간이 되어, 1985년에는 재봉이나 편물을 하는 사람의 비율이 18%로 평균을 내자면 불과 19분밖에 소비되지 않았다. 가사의 시장화가 가사노동 시간을 단축한 것의 전형적인 예다. 이렇게 해서 주부들은 근대주부들이 가사·육아에 포화되어 있던 것과 달리 어느 정도 시간적 여유를 갖게 된 것이다. 이 시간적 여유는 저출생과 장수화에 따라 라이프사이클도 변화하고 있기 때문에 하루 중의 '여유'인 동시에 일생 중의 '여유'이기도 하다.

2) 주부역할 견지의 경향

위에서 언급한 것과 같은 불만이 꽤 확대되고 있는 반면 '남 = 생산노동 / 여 = 재생산노동'이라는 규범을 지탱하는 의식은 당사자 주부들 사이에서조차 여전히 뿌리깊다고 해야 할 것이다. '남자는 일, 여자는 가정'이라는 의견에 대한 찬반은 조사에 따라 다르지만, 1987년 총리부의 '여성에 관한 여론조사'에서는 찬성 37 대 반대 32로 나타났다. 특히 1984년 조사에서는 반대 비율이 43.3%[20~24세], 52.1%[25~29세]로 높았던 20대에서 39.8%로 낮아져, 앞으로도 반드시 반대하는 사람의 비율이 늘어난다고는 할 수 없음을 시사하고 있다. 또한 워딩은 약간 다르지만 역시 총리부가 1992년에 20세 이상 남녀를 대상으로 실시한 '남녀평등에 관한 여론조사'에서는 '남편은 밖에서 일하고, 아내는 가정을 지킨다'라는 의견에 대한 찬반에서 실제 전체의 60.1%, 여성의 55.8%가 찬성했으며, 반대는 여성에서도 38.3%에 지나지 않는다. 특히 일하지 않는 주부층은 찬성이 66.0%나 되며, 반대는 피고용자 여성에서 52.8%로 눈에 띄는 정도다.

더욱이 가사가 '가사노동'이 되어도 육아만큼은 '노동'으로서 발견되지 않고 지금도 '사랑의 봉사'로서 계속 존재하고 있다. 물론 육아가 단순한 '노동'이 되어 버리는 것이 반드시 바람직하다고는 할 수 없을 것이다. 그러나 베이비시팅 등이 발달한 미국에서는 육아도 금전에 따라 어느 정도 대체 가능, 시장화 가능한 것으로 여겨지고 있는 데 반해, 일본에서는 자녀의 곁에서 조금이라도 벗어나는 것은 애정의 결여라고 여겨지고 있다. 또한 1994년의 '자녀와 가족에 관한 국제비교조사'에서도 '자녀가 있으면 이혼해서는 안 된다'고 생각하는 사람은 미국에 비해 현저히 많다. 이는 부모와 자녀의 관계가 부부관계에 우선하는 사례라 할 수 있다. 이처럼 자녀로부터 잠시도 벗어날 수 없는 일본의 상황은 어머니 역할이 매우 강하게 수용되고 있다는 것을 상징하고 있다総理部青少年対策本部[1996].

일본 페미니즘이 흔히 갖는 모성주의로의 경사도 이런 경향과 무관치 않다. 제4장에서 언급했듯이 가계家計와 가계家系의 개입으로 부부애가 발달하지 못한 일본에서는 자녀에게 강한 정서화가 일어나기 쉽다. 확실히 근대주부의 시대와 달리 고도성장에 따른 사람의 이동으로 인해 물리적으로 부모로부터 벗어난 신체가 대량으로 도시에서 생겨나, 일본도 연애결혼의 시대로 접어들어 갔다. 그러나 '남편이 건강하고 부재중이 좋다남편이 건강하게 밖에서 일하고 집을 비우는 편이 아내의 입장에서는 좋다-역자주'는 카피 문구에서 상징되는 것처럼 '남자 = 생산노동 / 여자 = 재생산노동'이라는 역할 배분을 지키는 범위에서 서로 깊은 감정의 교류를 하지 않아도 된다는 것이 일본 부부관계의 특징이었음에는 변함이 없다. 그렇기 때문에 자녀는 어머니에게 있어 자기실현과 감정적 교환의 대상이 되는 것이다. 이러한 모자 밀착의 경향은 앞서 말한 가정 내에서의 '아버지'의 부재로 인해 보다 적극적으로 주부에게 받아들여지게 된다. 1979년 '부인에 관한 여론조사'에서 '사는 보람이 있다'고 응답한 여성에게 그 내용을 물어본

바, 56%가 '자녀·손자'라고 답한 것은 이를 상징한다. 자녀는 주부의 가장 큰 감정이입의 대상이 되고, 교육마마_{자녀교육에 열중인 어머니 - 역자주}와 마마곤_{당시 TV에서 유행한 '~곤'에 빗대어 괴수처럼 무서운 어머니 - 역자주}이 나타나고, 마자콘소년_{마마보이 소년}이나 끝으로는 모자상간을 낳는 것처럼 일종의 사회병리까지 되고 있는 것이다.

앞의 2항의 내용에서 알 수 있듯이 일본의 현대주부는 자신이 담당하는 가사노동에 대해 상반된 의미를 부여하고 있다. 1항에서 설명한 것처럼 가사를 '노동'이라고 느끼고 미국의 현대주부들과 마찬가지로 외부에 대한 지향을 가지는 한편, 2항에서 설명한 것처럼 근대주부와 마찬가지로 가사노동을 어디까지나 자신의 일로 받아들이려고 하는 경향도 강하다. 이에 관해서는 현대주부 측의 대응이 거의 절반 정도씩 양쪽으로 갈라져 있다고 할 수 있다. 일본의 현대주부는 이러한 모순된 경향을 내포하고 있으며, 주체인 그녀들의 선택은 이러한 모순된 경향 속에서의 주체의 의미부여, 판단인 것이다.

그런데 육아에 관해서는 그러한 모순·대립은 별로 보이지 않는 것 같다. 가사가 '노동'이라는 것은 주부 사이에 찬반이 갈릴지 모르지만 육아가 '노동'이라고 느끼는 주부는 일본에서는 굉장히 적다. 육아에 대한 정서적 의미 부여가 매우 강한 것이다. 친부모가 배타적으로 육아에 종사하려고 하는가 라는 점에서 제3장의 미국이나 제7장의 대만의 예 등과는 현저한 차이를 보이고 있다. 또한 아이를 낳지 않는 커플이 증가하고 있는 독일 등의 예를 생각하면 '육아는 "노동"이 아니다'라는 생각 자체는 자명한 것도 아무것도 아니다. 2, 3절에서는 현대 일본의 가부장제를 규범의 측면과 그에 대한 '주체'의 측면 쌍방에서 살펴보았는데, 여기에서 알수 있듯이 일본에서는 제4장에서 논한 것과 같은 근대주부의 탄생 무렵에 형성된 어머니 역할의 강조가 규범으로서 여전히 강하게 존재하고, 또 강하게 받아들여지고 있다. 이것이 일본 가부장제의 '형태'를 미국 등과는 다른 것으로 만들며 일본 현대주부의 성격을 크게 규정하게 되는 것이다.

4. 일본의 현대주부

앞의 3절에서 설명한 바와 같이 산업화와 가부장제, 그에 대한 '주체' 측의 요인이라는 힘이 작용한 곳에서 일본의 현대주부는 성립한다. 가사의 시장화에 공간적 격리 경향이 약한 가부장제와 가사의 '노동'화가 더해지면서 재생산노동만으로는 포화되지 않는 주부―현대주부―가 탄생한다. 여기에 노동력으로서 주부를 필요로 하는 산업화 요인과 생산 영역으로의 참여를 허용하는 가부장제, 외부에서의 취업에서 삶의 보람을 찾는 경향이 겹쳐지면서 대부분의 현대주부가 취업하는 것이다. 그것은 대체로 현대적인 생활 양식이 일반화된 1960년대 전반 무렵의 일이라고 생각된다. 주부는 하나의 생활 양식이고, 현대주부의 탄생은 새로운 생활 양식의 탄생인 것이다.

일본의 근대주부는 도시에 성립된 일부 중산층을 중심으로 하는 것이고 그 확대는 한정된 것일 수밖에 없었다. 서구의 경우 근대주부의 탄생이 가장 빨랐던 영국에서는 1881년에 이미 1차산업의 종사자가 13%, 1901년에는 9%가 되며 10% 이하로 떨어져 전사회적으로 주부가 성립되는 조건이 갖춰졌다고 볼 수 있다. 그러나 일본의 경우 1차산업 종사자는 1950년경까지 거의 50% 전후였다. 주부는 아직 대부분의 일본인에게 있어 별로 인연이 없는 존재 형태였던 것이다.

주부란 생산과 재생산의 공간적 분리직주분리를 그 성립의 전제로 한다. 이런 형태가 사회 전체에 퍼졌을 때, 주부는 대중화의 기초를 갖게 된다. 일본에서는 종업상의 지위고용주·자영업주, 가족 종사자, 고용자별 취업자수에서 고용자가 과반수가 되는 것은 1960년경의 일이다. 이는 마침 현대주부의 탄생 시기와 일치한다. 다시 말해 일본의 경우 현대주부는 주부의 일반화, 대중화이기도 했던 것이다.

그러나 대중화뿐이라면 현대주부는 근대주부의 단순한 양적 확대에 불과한 것이 된다. 일본의 현대주부가 근대주부와 가장 다른 점은 말할 필요도 없이 생산의 영역에도 한 발을 내딛게 되었다는 것이다. 현대주부는 주부인 채로 취업하는 것이 가능해졌으며, 그런 의미에서 처음으로 '기혼 여성노동자'가 아닌 '주부노동자'가 탄생한다고 할 수 있을 것이다.

이 절에서는 그렇게 탄생한 일본 현대주부의 특징을 정리하고, 그 생활, 노동시장에의 참여 방법에 대해 논한 후, 우먼 리브로부터 고령화 사회에 대한 전망까지, 지금까지 논한 현대주부 탄생의 배경을 재료로서 설명한다. 이를 통해 현대 일본의 가부장제가 안고 있는 문제를 분명히 하고자 한다.

1) 일본 현대주부의 가정생활
(1) 가족의 기능 변화―가족의 정서화

과거 가족은 재생산의 거점이었을 뿐만 아니라 생산의 단위이자 교육과 오락의 장이었음은 잘 알려져 있다. 산업화 과정에서 그러한 기능이 생산은 공장으로, 교육은 학교로, 오락은 오락시설로 라는 방식으로 점점 외부 기관에 맡겨지면서 가족이 생활의 유지 및 퍼스낼리티에 관련되는 기능만 담당하도록 변화해 가는 것도 가족사회학의 상식이라고 할 수 있을 것이다. 이는 결코 가족의 '붕괴'가 아니다. 달리 말하면 가족은 역사적으로 항상 '계속 붕괴하고 있다'라고 바꾸어 말해도 좋다Mitterauer[1990 = 1994]. 일본의 근대주부는 그러한 상황 속에 놓이게 되는데, 이것이 대량 현상으로서 대중화되는 것은 이 현대주부의 탄생 시기이다.

파슨스는 현대가족의 본질적인 기능으로서 자녀의 기초적 사회화와 성인의 퍼스낼리티의 안정을 들고 있다Parsons et al. [1955]. 이는 이 책의 용어로 표현하면, 재생산 중 차세대 노동력의 재생산, 일상 노동력의 재생산 가운데 특히 정서적인 부분을 각각 추출했다고 할 수 있다. 이에 따라 현대주부가 처한 가족이 가지는 기능을 생각하면, 퍼스낼리티의 형성과 안정, 그리고 그것을 기초부터 지탱하는 생활유지 기능물질적 안정이라고 할 수 있을 것이다袖井 [1987].

일본 가족의 경우, 한국만큼은 아니더라도 유럽과 비교하면 그 성원들 사이에서 생활유지 기능이 강조되는 경향이 있다. 이는 제6장에서 다루는 가정과 자녀교육에 관한 일·한·미·영·독·불의 6개국 비교조사'부부조사'에서 '부부에게 가장 중요한 것이 무엇인가'라는 질문에 대해 '경제적 안정'을 꼽은 것이 구미에서는 10%도 채 안 되는 데 비해 일본에서는 27.9%를 차지하고 있는 것에서 잘 드러난다. 그러나 그럼에도 이전의 일본 가족의 모습과 비교하면 퍼스낼리티에 관계되는 정서적인 부분이, 가족의 기능 중에서 그 비중을 늘려 온 것은 부정할 수 없다. 앞의 질문에 대한 답변에서도 가장 많았던 것은 구미와 동일하게 '같은 인생관'38.1%이다. 이런 경향을 우선 '가족의 정서화'라고 불러 두자.[8] 이는 현대주부와 관련해서 말하자면, 시간적 여유를 갖게 된 것이나 교육 수준의 상승으로 인해 삶의 보람에 대한 요구 수준이 높아지고 그것이 가정으로 향했다고 생각할 수 있을 것이다.

(2) 현대주부와 가사

가족이 정서화하는 한편, 가사가 '가사노동'으로 정서적 의미부여를 박탈당해 가는 경향이 존재한 것은 3절에서 말한 바와 같다. 하지만 일본의 현대주부가 가사에 소비하는 시간은 1949년에 10시간이나 되던 것이 현대주부의 탄생과 함께 1965년의 6시간 59분으로 큰 폭으로 줄어든 이후, 1970년 7시간 57분, 1980년 7시간 36분으로 반드시 줄어들고 있는 것만은 아니다.

이는 전업주부를 중심으로 가사에 정서적 의미를 부여하려고 한 결과, 가사가 취미화되고 그 요구 수준이 상승하면서 가사의 부풀리기화, 농밀화, 다양화가 진행됐기 때문으로 볼 수 있다. 우메사오 다다오梅樟忠夫가 이러한 가사를 '위장노동'이라고 부른 것은 적어도 일면의 진리를 말해준다上野編[1982]. 학력이 낮을수록 가사에 관련된 작업을 '즐거움이 많다'라고 대답하는 비율이 높아진다는 조사 결과는 가정 이외에 삶의 보람이나 즐거움을 발견할 가능성이 낮은 경우에, 가사를 정서화 하고자 하는 기분이 작용하는 것을 나타내고 있다袖井[1987].

일본의 가사노동 시간을 국제적으로 비교하면, 우선 〈표 5-1〉에서 보는 것처럼 동아시아 안에서 비교해도 비정상적으로 긴 것을 알 수 있다. 조사에 따라서는 한국과 비교해도 긴 것은 약간 이상하지만, NHK 방송문화연구소 여론조사부[1995]는 이에 대해 부모와 동거를 하기 때문에 가사노동 시간이 적고, '자녀 돌보기' 시간이 짧은 점 등을 들고 있다. 또한 〈표 5-2〉는 구미와 비교한 것인데 일본의 가사노동 시간의 남녀배분의 큰 차이는 세계적으로 볼 때 상당히 특이하다는 것을 잘 알 수 있다. 또 지역별로 보면, 평일 가사노동 시간이 가장 긴 가나가와현神奈川県, 5시간 33분과 가장 짧은 고치현高知県, 4시간 2분 사이에는 무려 1시간 31분의 차이가 난다.

〈표 5-1〉 평일 가사노동 시간의 국제비교

	한국 1990	한국 1990	대만 1990	일본 1990	사천성 1984	천진등 1987	북경 1991
여성	3:26	5:10*	3:13	4:45			**
유직여성	1:34***	4:31	2:09	3:24	3:08	3:40	2:41
남성	0:22	0:37	0:22	0:33	2:00	2:54	1:37

* 한국은 유배우여성(이 열의 데이터는 여성개발원[1991])
** 북경데이터는 '일 없음'으로 한 여성이 7.7%로 되어 있다.
*** 한국의 이 란은 '여성직장인'

출처 : 한국 한국여성개발원[1991] 및 NHK放送文化研究所世論調査部[1995]
대만 『中華民國七十九年 臺灣地區 時間運用調査報告』行政院主計處篇
일본 NHK放送文化研究所世論調査部[1992]
중국 中华全国妇联联合会[1991], 冯立天[1995]

〈표 5-2〉 주당 가사노동 시간 남녀 비교(시간 : 분)

	일본1990	미국 1985	영국 1987	덴마크 1987	핀란드 1987
여성	32:47	30:06	31:37	22:17	25:19
남성	3:37	14:49	14:49	11:26	13:39

출처 : NHK放送文化研究所世論調査部(編)[1995 : 49]

이는 여성노동력률의 차이가 반영되기도 하지만, 그렇다 치더라도 같은 국내에서도 평균적으로 매일 1시간 반이나 가사노동에 쓰는 시간이 다르다는 것은 주목할 만하다. 가나가와는 일요일의 남성의 가사노동 시간도 전국에서 4위, 한편 고치현은 이것 또한 가장 짧다. 즉 가사노동의 요구 수준이 높은 사회와 낮은 사회가 있는 것이다. 덧붙여서 고치에서는 그만큼 무엇이 특징적으로 많은가를 살펴보면, 전국에서 아키타현秋田県과 나란히 2개밖에 없는, 평균 수면시간이 8시간인 현이라는 사실을 알 수 있다. 평일의 여성 수면시간으로 봐도 7시간 41분긴 쪽에서 전국 3위으로, 가나가와의 여성짧은 쪽에서 전국 2위보다 매일 30분이나 길다NHK世論調査部編[1992].

2) 현대주부의 생산 영역 참여

(1) 전체적 경향과 규정요인

'노동력 조사'에 의하면 일본의 여성노동력률은 전체적으로 보면 전후

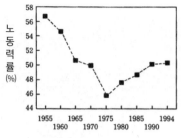

〈그림 5-2〉 전후 일본의 여자노동력률 추이
출처 : 『労働力調査』

거의 일관되게 계속 감소하여 1995
년에는 56.7%였던 것이 1975년에
는 45.7%까지 줄어들고, 거기서 바
닥을 친 후에는 완만한 상승으로 돌
아서 1985년에는 48.7%까지 회복
한다〈그림 5-2〉.

이는 여자노동력률이 높은 농업부문이 산업화 과정에서 해체되었기
때문에 나타난 현상으로, 여성의 15세 이상 인구에서 차지하는 비농림
업 종사자 비율은 거의 일관되게 증가하고 있다. 이 책이 대상으로 하는
것은 거의 일관되게 증가하고 있는 부분이라고 할 수 있을 것이다. 주지
하다시피 이러한 증가는 주로 육아 후 중장년 유배우 여성의 노동력률
이 상승한 것에 기인하고 있다. 여성의 비농림업 고용자에서 차지하는 유
배우자 비율은 1965년에는 38.6%에 불과했던 것에 비해 1985년에는
59.2%까지 증가한다. 1982년에는 유배우 여성의 노동력률이 다시 50%
에 달하게 되어 겸업주부가 전업주부를 웃돌게 된다. 이렇게 해서 일본의
여자노동력률 그래프는 완전한 M자형으로 이행하는 것이다.

이를테면 현대주부가 겸업주부화하는 것이 최근의 여자노동력률 상승
의 주된 요인인데, 이러한 노동력률의 상승은 바로 앞의 3절에서 논한 산
업화와 가부장제 그리고 그에 대한 '주체' 측으로부터의 대응에 의해서
설명된다. 산업화는 처음에는 젊은 노동력의 대체로서, 그리고 1975년
이후는 농업 부문으로부터의 노동력 유입이 멈춘 것에 대응해 여유 있
는 저렴한 노동력을 찾아 여성노동력을 요구한다.[9] 또한 산업화의 진전
에 따른 경제의 서비스화는 여성에게도 취업 가능한 직무의 범위를 대폭
확대시킨다. 이에 비해 가사의 시장화나 라이프사이클의 변용에 의해 (가

사의 수준을 동일하다고 가정하면) 가사노동 시간은 단축되고, 취업의 잠재적 조건이 되며, 교육비를 비롯한 도시적 생활 양식에 따른 지출의 증대는 취업의 필요성을 만들어 낸다.

여기까지가 경제학 등에서 일반적으로 논해지는 취업에 대한 설명이다. 그러나 사실 이것으로는 왜 M자형이 형성되는지가 설명되지 않는다. 25세에서 34세의 연령층을 중심으로 하는 육아기에는 자녀 곁에 있는 어머니의 행동을 당연한 것으로 전제하기 때문에 이러한 설명으로 충분하다고 느껴지는 것이다. 그런데 일본의 그러한 어머니의 행동이 반드시 보편적이라고는 할 수 없다는 것은 제7장 대만의 사례에서 드러난다. 또한 애초에 산업 측의 여성 노동력 활용 요구가 가족의 안정적인 유지재생산 영역의 보전와 모순되는 관계에 있는 것은 정부심의회 답신 속에서 본 그대로다. 즉 M자형을 성립시키기 위해서는 어떤 규범의 작용이 불가결한 것이다. 일본의 현대 가부장제의 특징은 어머니 역할이 매우 강조되고, 한편으로는 재생산 역할을 완수하는 한 취업이 허용되기 쉽다는 점이다. 이러한 규범의 존재와 더불어 현대주부의 측에서도 교육 수준의 상승 등으로 인해 육아를 제외한 가사는 정서적인 의미 부여를 잃고, 육아 후의 현대주부는 가정 밖에서 자아실현을 찾고자 한다.[10] 지금의 현대주부들의 취업 형태는 위에서 언급한 바와 같은 힘의 상호작용의 산물이다.

(1) 현대주부의 취업과 유형

주부는 대부분 일괄적으로 주부로서 거론되지만 사실 지역이나 학력 등에서 그 행동양식이나 의식은 상당히 다른 측면을 지닌다. 그래서 이하에서는 지역이나 학력별 취업상황을 중심으로 일본 현대주부의 유형을 파악하기로 한다.

- 도시형과 지방형

지역별에 관해서. 이는 잘 알려지지 않은 일이지만 지역별 여자노동력률은 의외로 큰 차이를 보이고 있다.[11] 우선 도도부현별로 여자노동력률의 높은 곳과 낮은 곳을 살펴보면 이는 다소 의외의 데이터가 나온다.

1990년의 '국세조사'로 비교하면, 가장 높은 것은 후쿠이福井, 56.3%, 이어서 돗토리鳥取, 56.0%, 나가노長野, 55.5%, 이와테岩手, 54.6%, 이시카와石川, 54.4%, 시즈오카静岡, 54.0%, 도야마富山, 54.0%, 야마가타山形, 53.4%, 시마네島根, 53.1%, 후쿠시마福島, 52.7%가 된다. 이는 기본적으로 대도시가 적은 호쿠리쿠北陸・산인山陰・도호쿠東北 지방에 집중하고 있고, 이 상위 10개 현 중에는 정령지정 도시가 있는 도도부현都道府県은 하나도 포함되지 않았다. 반대로 하위 10개 현을 낮은 쪽부터 차례로 살펴보면, 우선 가장 낮은 것이 나라현奈良県, 38.7%, 그 다음으로 효고兵庫, 45.5%, 와카야마和歌山, 44.2%, 오사카大阪, 44.8%, 가나가와神奈川, 44.9%, 후쿠오카福岡, 45.1%, 나가사키長崎, 45.5%, 홋카이도北海道, 45.7%, 가고시마鹿児島, 46.1%, 지바千葉, 46.5%가 그 뒤를 잇고 있다. 일목요연하지만 나가사키・가고시마를 제외하면 대도시 및 그 스프롤sprawl권의 부현들이 죽 이어져 있다. 교토가 아래로부터 11번째, 사이타마도 13번째로 하위 그룹은 매우 일관된 성격을 가지는 것을 알 수 있다.

또 하나의 데이터를 보자. 여자노동력률은 미혼의 젊은 여성이 많은 곳에서는 높게 나오는 경향이 있기 때문에 그 영향을 배제하기 위해 국세조사를 사용해 '남편 취업, 아내 비취업'의 이른바 전업주부세대 '남편・아내 취업'의 맞벌이세대의 비율을 계산했다. 전업주부세대를 맞벌이세대로 나눈 것이 〈표 5-3〉이다.

이것을 통해 데이터는 보다 순화된다. 전업주부세대가 맞벌이세대보다 많은 것은 전국에서 9개 도도부현 밖에 없지만, 그 면면을 살펴보면

	〈표 5-3〉 도도부현별 전업주부세대의 맞벌이세대			〈표 5-4〉 도도부현별 합계출산율 낮은 순(1992년)			〈표 5-5〉 도도부현별 제3차산업 취업자 비율	
순위	도시	세대수	순위	도시	비율	순위	도시	비율
1	나라	1.42	1	나라	1.14	1	오키나와	70.7
2	오사카	1.26	2	오사카	1.37	2	오사카	69.8
3	가나가와	1.25	3	교토	1.38	3	후쿠오카	66.5
4	효고	1.17	4	가나가와	1.38	4	홋카이도	65.4
5	도쿄	1.09	5	지바	1.39	5	지바	64.0
6	홋카이도	1.07	6	홋카이도	1.40	6	가나가와	63.3
7	오키나와	1.05	7	나라	1.42	7	오사카	62.3
8	지바	1.04	8	효고	1.43	8	교토	61.8
9	사이타마	1.03	9	사이타마	1.44	9	나라	61.8
10	후쿠오카	0.996	10	후쿠오카	1.47	10	나가사키	61.5
전국평균		0.843	전국평균		1.50	11	효고	61.1
						14	사이타마	59.3
						…		
						46	야마가타	48.3
						전국평균		59.1

오키나와를 제외하면 완전히 대도시권이다. 표에서는 다루지 않았지만 맞벌이가 많은 10개 현에는 시즈오카가 빠지고 니가타新潟가 들어가 이 또한 보다 성격이 뚜렷해진다. 요컨대 대도시에서는 전업주부가 탄생하기 쉽고, 지방에서는 겸업주부가 되기 쉽다고 할 수 있는 것이다. 다만 이는 단순히 도시와 시골의 대비가 아니다. 도시적 성격을 나타내는 지표로서 인구밀도 1 평방킬로미터당 약 4천 명 이상으로 인구가 5천 명을 넘는 지역을 선택한 인구집중지구라는 구분이 있지만, 이 인구집중지구와 그 이외의 지구와의 여자노동력률은 47.0%와 50.8%로, 도도부현 사이의 차이보다 훨씬 작다. 즉 도시지역의 여부보다는 대도시권이냐 지방도시냐에 따라 생활 양식에 차이가 있다고 할 수 있는 것이다. 전자를 도시형, 후자를 지방형이라고 부르기로 하자. 도시형과 지방형의 전형으로서 나라와 후쿠이의 1990년 연령계층별 여자노동력률을 그래프로 나타낸

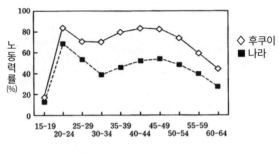

것이 〈그림 5-3〉이다. 마찬가지로 M자형이라고는 해도 한쪽은 초기 연령 피크형에 가깝고, 한쪽은 고원형에 가깝다. 제6, 7장에서 전개되는 한국과 대만의 도

〈그림 5-3〉 나라와 후쿠이의 여자노동력률(1990)
출처 : 『国勢調査』

시부의 노동력률 차이를 방불케 한다.

　더욱 흥미로운 사실은 〈표 5-4〉에서 보는 바와 같이 합계출산율은 도시형의 도도부현에서 낮고, 〈표 5-3〉과 매우 유사한 순서가 된다. 또 한가지 비슷한 분포를 나타내는 것이 3차산업 종사자 비율남녀 포함이다. 즉 전업주부가 많은 곳에서 출산율은 낮아지는 것이다. 오키나와는 출산율이 전국에서 제일 높기 때문에 이를 특이치로서 배제하면, 전업주부 비율과 합계출산율은 실로 0.77이라는 매우 강한 역상관逆相關을 나타낸다. 또 전업주부 비율과 〈표 5-5〉의 3차산업 종사자 비율과도 0.75라는 역시나 강한 순상관順相關이 된다. 3차산업 종사자 비율은 도시화 정도나 공업의 유무와 관련된 데이터이므로 공장과 같은 일할 곳이 없는 곳이나 대도시 근교에서는 도시형 주부가 증가하고, 도시에 살기 때문에 자녀의 수도 줄어드는 것이다. 이는 다시 말해 3차산업 종사자 비율이 대도시권에서 높아지기 때문에 출산율이나 여자노동력률과 강한 상관을 보이고, 그 결과로 출산율과 여자노동력률과의 의사상관疑似相關이 일어나고 있는 것이다.

　지방형과 도시형의 이미지를 이념형적으로 구성해 보자. 우선 지방형 주부인데, 고졸이 주를 이루며 전업주부는 적고, 자녀는 보육소에 맡기거나 함께 사는 어머니가 돌보고 가계 보전을 위해 지역 공장에서 일하

고 있다. 3세대 동거 비율이 높기 때문에 아이는 비교적 돌보기 쉽다. 반면 도시형 주부의 경우 학력은 단대短大, 短期大學의 줄임말 – 역자주나 대졸의 비율이 비교적 높고 남편은 대졸 샐러리맨이다. 자녀는 내 손으로 키우고 싶다는 의식이 강해 전업주부의 비율이 높다. 자녀가 소학교초등학교 – 역자주에 들어가고 나서 근처 슈퍼 등에서 파트타임을 하고 있는 사람도 많다고 할 수 있다. 나라현은 인구가 현 북쪽에 집중되어 있고 오사카나 교토로 통근하는 비교적 부유한 화이트칼라 전용의 신흥 주택지가 되고 있다. 특히 학교 앞 역을 중심으로 하는 긴테쓰나라선近鉄奈良線 연선은 단독주택 중심의 고급 주택가이다. 이러한 신흥 주택지의 주부들이 도시형의 전형인 것이다. 데이터에서도 이는 나타나고 있는 바, 「가계조사연보」에 따르면 근로자세대의 실수입에서 차지하는 아내의 수입 비율은 1992년에 3.2%에 불과해 전국 최저이다. 한편 근로자세대 세대주의 근무처 수입은 전국 6위이지만 국세조사의 다른 현으로의 취업자 비율은 전국에서 가장 높다. 고교 졸업자의 단대·대학 진학률이 전국 1, 2위를 다툴 정도로 높아 고학력 지향이 나타나고 있으며, 또한 피아노 보급률이 전국에서 제일 높다.

지방형 쪽이 '여자는 집에 있어야 한다'는 규범으로부터 자유롭다는 점에서 '발전하고 있는' 측면을 가지는 한편 '생계유지형' 취업이 많아 전문직과 같은 '자기실현형' 취업이 아니라는 측면을 가진다. 즉 주부의 종언에 가까운 면을 지니면서도 한편 주부 탄생 이전이기도 한 것이다. 또한 도시형의 경우도 비교적 남녀평등의 지향이 강하고, 금전적, 시간적으로도 비교적 여유가 있기 때문에 자기실현에 대한 요구는 강하지만, 그 요구가 향하는 방향은 다양하다.

일부에 커리어 지향이 강한 대졸을 중심으로 하는 층이 있기도 하고 주민운동 등 열성적인 담당자이거나 문화센터에 다니는 등 가정 밖으로의 지향이 강한 한편, 가사·육아에 대한 정서적 의미부여가 강하게 나타나는 경우도 있다. 가나가와의 생활협동조합이나 주민운동 등은 이러한 주부의 존재 없이는 생각할 수 없다. 여기서도 주부의 종언을 향하는 벡터와 주부의 기반강화로 향하는 벡터가 혼재해 있다.

되풀이하는 것 같지만, 이러한 차이는 무엇으로부터 생겨나는 것일까. 지방형의 여러 현을 살펴보면 농업이 요인이 되는 것처럼 여겨질지도 모르지만, 후쿠이의 1차산업 종사자 비율은 불과 7.3%. 나라의 4.6%에 비해 특별히 많다고 할 정도도 아니며, 20%나 되는 노동력률의 차이를 설명할 수 있는 것은 아니다. 또한 1차산업 종사자 비율은 가장 높은 현에서도 20% 정도 밖에 되지 않아 별로 설명력이 없다. 고용자 비율도 도시형에서 높고, 지방형에서 낮은 경향은 있지만 그다지 큰 차이는 아니다. 도시가 노동시장이 더 좁다는 것도 생각하기 어렵다. 요컨대 이것은 생활양식의 차이이며 나아가 배경으로 삼고 있는 규범이 미묘하게 다른 것이다. 마침 제6, 7장에서 대만과 한국의 사례를 살펴보겠지만, 지방형에서는 과거 농가에서의 '일하는 며느리'라는 규범이 작용해 현대주부의 취업이 촉진되는 반면, 도시형에서는 도시 신중간층의 생활 양식으로부터 '남 = 생산노동 / 여 = 재생산노동'이라는 역할 분담의 규범이 더 강하게 작용하는 것이다.

- 남편의 수입별

남편의 수입이 높으면 아내의 취업은 늘어날까 줄어들까. 전자라면 자기실현형 취업이 많다고 생각할 수 있으며, 후자의 경우는 생계유지형 취업을 많이 볼 수 있게 된다. 1992년의 '취업구조 기본조사'에서 남편의 소득계급별 아내의 유업률을 살펴본 것이 〈표 5-6〉이다. '남편이 무업자'

로 200만 엔 미만으로 낮은 것
은 고령자의 경우로 볼 수 있으
므로 이를 제외하면, 남편의 벌
이가 늘어나면 아내의 유업률
이 낮아지는 것을 알 수 있다.
일본 기혼여성의 취업에서는
역시 기본적으로는 생계유지형
취업이 많다는 것을 보여 준다.

〈표 5-6〉 남편의 소득계급별 아내유업률(1992)

남편의 소득(취업상태)	아내의 유업률(%)
전체	54.8
남편이 유업자	58.9
100만 미만	58.0
100~199만 엔	62.6
200~299만 엔	65.8
300~399만 엔	63.1
400~499만 엔	59.5
500~699만 엔	57.9
700~999만 엔	53.9
1,000만 엔 이상	47.1
남편이 무업자	21.5

출처 : 『就業構造基本調査』

- 학력별

마찬가지로 '취업구조 기본조사'
에서 학력별 여자노동력률을 살펴보
면 〈표 5-7〉과 같이 일단 학력 상승
에 따라 노동력률은 올라간다. 그러

〈표 5-7〉 일본의 학력별 여자노동력률(1992)

초·중학교	42.9
고교, 구(舊) 중학	59.8
단대(短大), 고전(高專)	64.6
대학 이상	66.0

출처 : 『就業構造基本調査』

나 이것을 연령별 그래프로 하면 〈그림 5-4〉와 같이 된다. 이를 보면 알
수 있듯이 고졸이 가장 전형적인 M자형을 그리는 데 반해 단대는 중장
년층에서 거의 노동력률이 오르지 않는 초기 연령 피크형을 그리고 있다.
그리고 대졸에서는 M자형의 바닥이 가장 낮은 반면 중장년층에서의 노
동력률 상승은 그다지 크지 않다. 즉 고졸이 파트타임 등에 의한 '생계유
지형' 취업이 많은 '겸업주부'인 데 반해, 단대졸은 대졸 남편을 만나 경
제적으로 안정되는 경우가 많기 때문에 전업주부 지향이 강하다. 또 대
졸에서는 일을 계속하는 경우가 비교적 많아 '자기실현형' 취업이 많다
고 할 수 있다. 무엇보다 제7장의 대만의 학력별 노동력률 그래프와 비교
하면 육아기의 대졸 노동력률의 하락 방식은 상당히 특징적이다. 대졸은

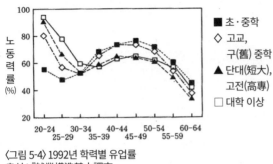

〈그림 5-4〉 1992년 학력별 유업률
출처 : 『就業構造基本調査』

재취업을 거의 하지 않고 출산육아기를 직업을 가진 채 극복해 낸 비율이 가장 높지만 한번 그만두면 더 이상 노동시장에 돌아오지 않는다는 것을 잘 알 수 있다. 이는 지방형과 도시형의 구분과도 부합한다. 지방형이 고졸을 중심으로 구성되는 반면 도시형은 대졸 일부에 커리어 지향의 층이 있는 한편 단대졸·대졸 모두 재취업을 하지 않는 층이 많다고 할 수 있다. 도시형의 가정 밖으로, 가정 안으로, 라는 두가지 대립 경향은 이러한 층의 차이에 기인한다고 생각된다.

이렇게 보면 단대졸은 대졸에 비해 보다 일관된 전형적인 층을 형성하고 있다. 현재 일본에서 단대졸이라는 것은 마치 일찍이 근대주부시대에 고등여학교가 그랬던 것처럼 전업주부의 예비군이라는 것이 된다. 단대는 발족 당초는 남학생이 과반수를 차지했지만, 1960년대에 여학생 주체의 오늘날과 같은 형태를 취하게 되어 현재는 학생의 90%가 여성이다. 졸업생은 대부분의 경우 사무직 등에 종사하여 결혼·출산을 계기로 퇴직한다. 2년제 고등교육기관이 이처럼 여자교육기관으로 변하는 것은 별로 예를 찾아볼 수 없으나, 마침 일본의 고용관행, 여성의 라이프사이클에 적합했기 때문에 1960년대 후반에 급격히 증가하게 된다. 1993년 현재 여학생의 전문대 진학률은 24.4%로 4년제 대학19.0%과 비슷하지만 학력 상승이 단대졸 증가라는 형태를 취하면 여성의 직장 진출이 반드시 진행되는 것은 아닐 수도 있다. 또한 현대의 일본에서 단대졸이 전업주부의 가장 전형적인 예비군이라면, 달리 표현하자면 전업주부라는 것은 대체로 고졸에게는 계층 상승을 의미하고, 대졸에게는 질곡을 의미하는 경우가 많다고 할 수도 있을 것이다. 현재 '생계유지형' 취업을 하고 있는 많은 여성이 종사할 수 있는 직업이 남성에 비해 훨씬 주변적이고 능력을 살릴 기회가 부족한 상황에서 보면, 전업주부인 것은 아직도 보다 풍족한 환경인 경우가 많다는 것이다. 이는 대졸 여성의 약 반수가 출산육아기에 비노동력인구가 되고 있는 것에서도 상징적으로 나타나고 있다. 대졸 여성의 약 반수에게 있어서도 일은 자녀나 가정에 부담을 주면서까지 계속할 정도의 것은 아니다.

제2장에서 설명했듯이 고학력 여성의 동향은 현대주부의 미래를 생각할 때 큰 의미를 갖는다. 미국의 예에서 보았듯이 고학력 여성이 전업주부보다 자기실현이 용이한 직업에 진출함으로써 '주부업'은 '노동'이 되어 주부의 취업, 나아가 주부의 소멸로의 경향이 강해진다. 제6, 7장에서 살펴보듯이 이러한 경향은 한국에서는 일반적이지 않은 반면, 대만에서는 고학력 여성의 직업 지향이 상당히 강하다. 일본에서도 분명 대졸의 사회 진출은 진행되는 추세이고 한국보다는 분명히 고학력 여성의 직업 지향이 강하다고 할 수 있지만, 단대와 대졸의 일부에서는 전업주부 지향이 상당히 강하다. 이처럼 일본에서는 미국과 같은 주부의 소멸 경향은 고학력 여성 중에서도 잘 보이지 않는다. 따라서 주부의 소멸 움직임은 한국보다는 보이지만 대만만큼 두드러지지는 않는 것으로 보인다.

5. 현대 일본의 가부장제와 그 문제점

이상과 같이 현대주부를 통해 본 현대 일본의 가부장제의 특징이란 어머니 역할이 강하게 받아들여지고, 어머니에게 있어서 육아가 '사랑의 봉사'로 여겨져 '노동'이라고 느끼는 것이 허용되지 않는다는 점에 있다. 그런 경향은 고학력층에서도 여전히 강해 일본 여성의 노동공급을 크게 제한하고 있다. 이어서 검토할 한국이나 대만의 예와 비교할 때, 이러한 일본 가부장제의 특징이 유교로서 설명될 수 있는 것은 아님이 분명해진다. 제3장의 구미와의 대비로 보면 근대가족의 형성과정에서 부부애가 희박했기 때문에 자녀에게만 특화된 정서화가 진행된 결과 이러한 '특수한' 어머니 역할을 중시하는 가부장제가 형성된 것이다.

현대 일본의 가부장제는 따라서 고유의 문제를 내포하고 있다. 우선 첫번째는 그것이 여성들에게 불만의 씨앗이 되고 있다는 점이다. 주부를 만들어 낸다는 근대 가부장제 이후의 역할 분담 시스템은 분명 여성 측에서도 강하게 받아들여져 왔다. 그러나 여성의 학력이 상승하고 남성과 대등하게 일하고 싶은 의욕을 가진 여성들이 늘어나면 당연히 이 시스템은 모순을 갖게 된다. 물론 이러한 역할 분담에 찬성하는 여성들이 많겠지만 그렇다고 해도 지금도 여전히 여성을 어머니 역할에 묶어두는 것을 전제로 하는 것은 불가능할 것이다.

두 번째로 고령화 사회를 맞이하여 개호 등의 부담은 여성에게 보다 많이 맡겨질 가능성이 있다. 일본은 제7장에서 보는 대만과 같은 친족 네트워크에 의한 상호부조를 더 이상 기대할 수 없는 사회이기 때문에 이대로는 주부에게 과도한 부담이 될 수 있다. 이를 막으려면 복지를 대폭 가정 밖으로 넓히는 정책이 필요하다. 노동력 재생산의 시스템을 크게 바꾸어 나가게 되는 것이다.

　세 번째, 어머니 역할 고유의 문제로서 모자 밀착의 문제를 들 수 있다. 모원병母原病 등으로 불리는 것처럼 어머니에게 있어서 자녀가 유일한 자기실현의 수단이 되기 때문에 지나친 기대와 애정을 자녀에게 쏟고, 결과적으로 자녀의 인격형성에 지장을 초래하는 예가 일본에서는 매우 많이 보고되고 있다. 어머니 역할을 중시하는 일본의 가부장제는 분명 자녀에 대한 따뜻한 시선을 길러왔다는 면도 있을 것이다. 그러나 그 지나침은 어머니의 행동을 제한하고 또한 아이에게도 부담이 되고 있는 것이다.

　이처럼 '남자 기간노동자 + 주부'라는 근대의 가부장제가 만들어 낸 노동력 재생산 시스템은 일본에서도 일종의 교착 상태를 보이고 있다. 이러한 문제에 대한 잠정적인 해결책, 가부장제를 극복해 나가는 방향에 대해서는 제3부의 동아시아와의 비교를 거친 후 결론에서 다시 한번 언급하기로 한다.

동아시아의 주부와 가부장제

제6장　　　　　　　　　　　　한국의 가부장제

　제3부에서는 한국·대만·북한·중국이라는 동아시아의 여러 사회를
다룬다. 제4장에서 말했듯이 이들은 체제와 민족이 교차하는 세계적으로
도 흔치 않은 지역이며, 그 내부의 비교는 매우 흥미로운 논점을 제시해
준다. 또한 일본의 문제를 반대로 조명한다는 관점에서도 한국이나 대만
의 사례는 불가결하다. 먼저 제6장에서 한국, 제7장에서 대만의 주부의
탄생과 변천을 통해 한국형, 대만형 가부장제가 어떤 것인지 밝히고, 그
다음에 사회주의형 사례를 분석해 나가고자 한다.

　한국은 일본과 동일한 풀세트형 경제 발전을 목표로 '한강의 기적'이라
는 성장을 이뤄왔다. 그러나 그러한 경제 발전의 유사성에 시선을 빼앗긴
나머지 일본 사회와의 '차이'에 대해서는 그다지 연구가 이루어지지 않았
다. 우리가 다루는 젠더문제에 대해서는 특히 그런 경향이 강하다. 가장
가까운 이웃나라로서, 소개 자체는 결코 적지 않지만 단편적인 르포에 머
물거나 개별 여성운동 등의 움직임에 착안한 것이 많아 사회 구조를 파
악하고자 하는 관점은 희박하다. 최근 주목받은 일본군 위안부 문제를 다
루는 방식도 이런 경향을 벗어나지 못하고 있으며, 관심이 고조되는 한편
으로 한 사회의 연구로서는 피상적인 인상을 금할 수 없다. 이러한 경향
은 사실 한국 국내에서의 여성학 연구 동향과도 대응하고 있으며, 우리는
좀 더 다른 접근법을 취할 필요가 있을 것이다.

　한편 일본의 한국연구에서는 문화인류학·역사학을 중심으로 상당히
정리된 사회연구가 이루어져 왔으며 그러한 성과는 경영학이나 정치학

에도 응용되고 있어 결실을 맺고 있다.[1] 이 장에서는 그러한 것들에도 의거하면서 한국 사회의 특질을 부각시켜 나가고자 한다.

1. 한국의 산업화

분단 당시의 한국은 전력과 지하자원이 풍부한 공업지대가 주로 북한 쪽에 분포하고 있었기 때문에 농업 외에 별다른 산업이 없어 경제적으로는 상당히 위기 상황에 있었다. 1950년 한국전쟁 이후 혼란의 시기를 경제적으로는 주로 미국의 원조로 극복하고 1962년부터 수출지향의 제1차 경제개발 5개년 계획이 시작되어 '한강의 기적'이라 불리는 고성장을 달성한다. 노동력의 공급방식으로는 농촌으로부터의 인구유입은 1960년대 후반 이후 활발해지지만, 1970년대 이전에는 가족 전체가 이농하는 거가이촌拳家離村이 많았던 반면, 1970년대 이후에는 단신單身의 유출이 증가하고 있었다고 한다. 다만 이들 도시로 유입된 층 가운데 근대적 부문에 고용되는 수는 반드시 많았다고는 할 수 없고, 남성의 경우에도 학생을 포함해 농촌에서 도시로의 전입자의 5분의 1 정도에 불과하다. 그 외에는 도시 잡업에 종사하고 있는 자가 많다고 생각되며, 또 실업률이 비교적 높은 것도 특징적이다. 한국의 실업률은 1970년 4.5%, 1975년 4.1%, 1978년 3.2%까지 떨어지지만 제2차 석유파동의 영향을 받은 1980년에는 다시 5.2%를 기록하는 등 같은 고도성장기의 일본이나 대만과 비교해 상당히 높아 젊은층의 실업은 종종 사회 문제가 될 정도이다. 이는 한국에서의 주부의 형태와도 밀접하게 관련되어 있다.

물론 한편으로는, 고도성장을 통해 한쪽의 수입만으로 생활이 가능한 근대적 노동자 가족이 도시에서 탄생한다. 한국은 임금이나 근로 조건에 있어 직종 간의 차이가 커서 일부 근로자는 저임금, 장시간노

<표 6-1> 한국·대만·일본의 소득 격차

	1985	1988
한국	6.13	5.72
대만	4.50	4.85
일본	4.55(1975)	4.48(1985)

출처: 한국 통계청 『한국의 사회지표』
일본 『家計調査年報』
대만 Council for Economic Planning and Development
Taiwan Statistical Data Book

동 등 여전히 원생적 노동 관계에서 탈피하지 못한 측면이 최근까지 남아 있었다. 그러나 남성 고학력자는 높은 임금에 접근할 수 있게 되었고 이러한 화이트칼라를 중심으로 1970년대 후반 무렵부터는 신중간층도 형성될 수 있게 되었다. 또 남자기능공을 중심으로 1976~1978년경 인력 공급 부족으로 인한 임금상승이 나타나 남자의 임금 분포는 하방집중형에서 벗어나게 되었다森·水野編[1985 : 197]. 1987년 6월 노태우에 의한 민주화선언 이후 빈발한 노동 쟁의와 그에 따른 급격한 임금상승은 다양하게 임금 격차를 줄이는 방향으로 작용했다는 의미에서는 이러한 변화의 마무리 단계였다고 할 수 있을 것이다.

세대별 소득 5분위의 위에서 20%와 아래에서 20%의 소득격차 비율을 데이터로 나타내면 <표 6-1>과 같다. 한국은 확실히 일본이나 대만에 비해 소득 격차가 큰 사회이며, 이는 도시와 농촌의 격차의 크기, 학력 간의 격차의 크기 등을 반영한 데이터이다. 그러나 한편으로 최근 차이가 줄어들고 있는 것도 볼 수 있다.

서울 시내 한강의 남쪽, 이른바 강남 지역의 고층 아파트군으로 대표되듯이 대도시에는 도시의 핵가족용 아파트가 속속 들어서고 그에 맞춰 가전제품이 보급된다. 1970년대 후반에는 세탁기, 냉장고와 같은 가전제품이 이러한 가정에 보급되었다<그림 6-1>. 산업화에 관해서는 근대주부의 조건과 현대주부의 조건이 거의 동시에 찾아온 것이다.

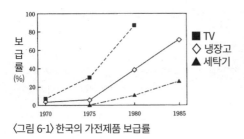

〈그림 6-1〉한국의 가전제품 보급률

한편 농촌에서는 1960년대 산업화로부터 뒤처져 농촌과 도시 간 소득격차가 크게 벌어졌지만 1960년대 말부터 1970년대 초까지 쌀값의 이중가격제 도입에 따른 생산자 쌀값 인상, 다수확 품종 도입, 농한기 생활개선사업을 중심으로 한 새마을운동의 시작으로 1970년대 중반에는 도시근로자와의 소득 격차도 축소되었다. 나아가 농촌의 의식개혁이 이뤄진 것과 맞물려 농가의 소비 의욕을 자극해 농촌에도 가전제품이 보급된다.

또한 여자노동에 주목하면, 취업자 수에서는 농업 부문의 규모와 농업의 '3짱화三ちゃん化, 젊은이들의 도시 진출로 노년남성, 노년여성, 주부가 농업을 경영하는 것, 일본어 발음을 따서 3짱으로 표현─역자주'를 반영하여 1980년에도 여성취업자의 38.9%를 농업 종사자가 차지하고 있다. 반면 제조업 종사자는 1963년부터 1980년 사이에 연평균 11.6%라는 속도로 계속 증가한다. 이를 직업별로 보면 농업에 이어 21.1%를 '생산공정 종사자, 기타 단순작업 종사자'가 차지하고 있다. '인구 및 주택 센서스'[2]를 기초로 분석한 미즈노 준코水野順子, 森·水野[1985]에 의하면 그 대부분은 방적공, 양재공 등 섬유 관계이고 15세부터 24세의 젊은 여자에 집중되고 있으며 학력은 1980년 단계에서 중졸이 과반수로, 독신율은 1980년에 71.8%였다. 반대로 기혼율이 높은 것은 농업이 75.9%, 판매직이 67.1% 등이며 이들은 모두 종업원 지위의 구분으로 말하자면 가족 종사자, 자영업주가 많은 직종이므로 근대적인 고용부문을 뒷받침하는 것은 대부분 미혼의 젊은 여성이라고 할 수 있을 것이다. 1970년대에는 과거 수출의 중심이던 섬유산업 대신 기계·금속, 특히 전자산업의 비중이 높아지고 있다는 지적이 나오고 있지만,

어쨌든 한국의 여성 고용노동력은 마산 등 수출자유지역으로 상징되듯 압도적으로 미혼여성을 중심으로 하고 있다고 할 수 있다. 따라서 한국에서 주부의 탄생 과정은 영국에서 본 것과 같이 기혼여성이 노동시장에서 철수하는 것과는 다른 과정을 거친다.

2. 한국형 가부장제의 배경

앞에서 살펴보았듯이 1970년대 후반에는 한국에서도 주부가 탄생할 만한 소지가 갖춰졌다고 볼 수 있다. 이런 상황을 배경으로 한국의 주부의 모습을 규정하는 것이 한국의 독자적인 성을 둘러싼 규범 — 한국형 가부장제다 — 이다. 한국의 가부장제는 전통적인 유교 규범의 영향이 매우 크다. 다음에서는 그 내실을 보기 전에 우선 그 침투의 과정을 개관하고자 한다.

1) 유교의 수용과 사회 전체로의 확대

한반도의 유교 수용 자체는 오래전 삼국시대[313~676년] 무렵까지 거슬러 올라갈 수 있으나, 고려시대[918~1392년]까지는 불교와 공존 상태에 있었고 오로지 시문詩文의 재능과 관계되어 있었으며 철학은 불교에 일임된 상태였다. 이에 반해 유교가 결정적인 중요성을 갖게 되는 것은 건국의 근본적 지배사상으로서 유교가 채용된 조선시대[1392~1910년] 이후이다. 조선에서의 유교의 특색에 대해 오가와 하루히사小川晴久는 ① 양반층을 담당자로 하는 것, ② 주자학 일존一尊, 그것도 성리학 = 도학道學 중심의 주자학이었던 것, ③ 당쟁의 유교였던 것, ④ 엄격한 신분 제도와 가족 제도를 반영해 그것을 다루는 예제礼制의 실천과 연구를 중시하는 예학유교이었다는 것 등으로 정리하고 있지만,[3] 이 책에서는 조선의 유교사상 자체의 변천을 추적할 여유는 없다. 이 중에서 한국형 가부장제의 형성에 있어서 중요한 것은 주로 ①과 ④의 문제이다.

양반은 국가관료의 문관과 무관을 총칭한 것이지만, 조선 초기에는 혈연적 신분으로서 고정화되는 경향이 강해지면서 지배계급을 형성한다. 중국의 신사층은 세습이 아닌데 반해 양반의 경우는 기본적으로 세습이며 상호 혼인 관계를 맺음으로써 계층적 재생산을 이루었다. 조선에서의 유교는 이들 양반층이 형성하는 가족 및 문중[4]으로 불리는 부계 혈연 집단의 행위 규범을 출발점으로 하여 일상생활의 예절부터 관혼상제, 특히 조상숭배 의식의 거행 방식을 예에 근거하여 규제하는 것이었다. 양반은 원래 관료 및 그 예비군으로 매우 한정된 존재였지만, 국가재정 보전을 위한 매관매직이 활발해지고 사회적 혼란을 틈타서 족보나 호적이 위조되면서 조선 중기 이후 양반의 수가 급격히 증가한다. 한정된 지역에 대한 조사밖에 존재하지 않지만, 조선 말기에는 거의 인구의 절반 안팎이 양반이었다는 조사가 적지 않다四方[1937], 末成[1987], 服部 編[1987 : 133]. 법적 근거보다는 사회적 인지에 의해 성립하는 양반은 그 자리에 오르는 것도 비교적 쉬웠던 것이다宮嶋[1995]. 따라서 일본의 무사와 한반도의 양반과는 동일하게 유교주자학를 그 가족규범에 도입하면서 두 가지 점에서 결정적으로 다르다. 첫째, 그 행위를 규제하는 정도이다. 일본의 경우 유교의 충이 강조되기는 했지만 한반도처럼 관혼상제나 심지어 일상의 행위 규범 수준까지 유교가 침투했다고 보기는 어렵다. 둘째로 그 사회적 확산에 있어서이다. 일본의 경우 유교를 부분적으로나마 체현하고 있는 무사층은 전체 사회에서 극히 제한된 수에 지나지 않는다. 비슷한 양상은 양반과 중국의 신사층의 비교에서도 말할 수 있다[仁井田[1952]].

이처럼 한반도의 유교는 침투의 깊이나 확산에서도 다른 어떤 사회와도 비교할 수 없을 정도로 뿌리가 깊다. 이것이 조선이 무너지고 양반이 형식적으로 사라진 후에도 양반층으로의 상승지향이 매우 강해서 많은 사람들이 자신을 양반의 후손이라고 칭하려 하고 서민들 사이에까지 양반의식이 침투해 양반의 규범이 사회 전반으로까지 확산되는 사태를 초래한 것이다.

반대로 말하면 조선 말기의 양반의 몰락, 식민지 통치와 그 이후의 한국전쟁이라는 혼란으로 인해 과거의 지배층인 양반층을 뒷받침하는 제도적 기반이 무너졌다는 사태는 그러한 규범이 사회에 확산되는 계기가 되었다고 할 수도 있다. 인구의 몇 퍼센트에 불과한 무사와는 달리 양반층의 붕괴는 오히려 양반적 생활 양식에 대한 접근 가능성을 높였다고 할 수 있다. 양반이란 객관적 요건만으로 정의될 수 있는 지위가 아닌 타인에 의해 그렇게 인지되는지 어떤지와 같은 요소를 포함한 존재이며, 거기에서 생활 양식에 대한 동경이 생겨난다. '양반화'라는 형태로 조선시대를 중심으로 한 문중 단위의 계층 상승을 포착한 건 스에나리[末成[1987]]였지만, 그런 의미에서 전후의 한국에서도 이러한 '양반화'가 그 생활 양식에 대한 동조라는 형태로 계속 나타났다고 해도 좋을 것이다. 북한에서는 지금은 사람들이 족보를 가지고 있거나 의식하고 있는 일이 별로 없다고 한다. 한국전쟁을 중심으로 하는 활발한 사람들의 이동과 사회변동이 그러한 족보를 무의미하게 만들어 버렸을 것이다. 그러나 그렇다고 한다면 반대로 한국에 그 정도의 족보가 존재한다는 것은 전후의 한국이 그런 연결을 회복시키고자 노력해왔다는 증거나 다름없다. '양반화'는 결코 먼 옛날 이야기가 아니다.

2) 양반의 유교 규범과 여성

그렇다면, 사회 전체까지 확대되기에 이른 양반층의 유교 규범은 성에 관해 어떤 내실을 갖추고 있었을까. 상민층 농가에서는 여자의 옥외노동도 일반적이었으나 양반층은 기본적으로 지주였고 생산노동에는 종사하지 않았으며 따라서 여자도 집 밖에서 농사일을 하는 일은 없었다. 제4장의 유교의 여성 규범에서 보았듯이 유교에서는 여성에 대해 '삼종三從', '칠거지악七去之惡'으로 상징되는 것처럼 시가에서의 종속을 강하게 설파해왔다. 유교의 핵심은 부계 계승선을 유지함으로써 제기祭記를 지켜 나가는 것이기 때문에 여성의 존재도 그 관계에서 규정된다. 이 유교의 '부도婦道'는 한반도에서도 거의 그대로 이어져 내려오고 있다. 세종대왕의 『훈민정음』1443 즉 한글 제정에 따른 언해사업으로 인해 중국의 유교 교과서가 번역되어 양반층 여성들에게 강한 영향을 끼친다. 1475년의 『내훈內訓』처럼 부녀자에게 필요한 것만 모아 놓고 언해를 붙인 서적이 15세기 이후에 차례로 출간된다. 이렇게 해서 조선에 의한 주자학의 도입과 그 이후 사회 전체로의 유교 규범의 확산으로 인해, 부계 계승선을 유지하기 위한 존재로서만 여성을 평가하게 된다. 여성에게 상속분을 인정하거나 적자와 서자의 구별을 비교적 느슨하게 하는 등의 관행은 조선으로 들어와서도 계속되지만, 주자학의 침투에 의해 17세기 무렵 서서히 적자와 서자의 구별이 보다 엄격해지고, 남자만이 상속한다는 유교적인 시스템으로 이행해 간다宮嶋[1995]. 이 책의 용어로 말하자면 분명한 성에 근거한 권력의 불평등 배분이 사회 전체로 퍼지게 된 것이다. 제4장에서 다룬 '(여자는) 그릇 열 개 세지 못하는 편이 복이 많다'는 식의 한반도의 속담이 '여자무재편시덕女子無才便是德'과 호응하는 것도 이런 사정을 반영한다.

한편 한반도의 가부장제를 특징짓는 것은 이 권력의 불평등 배분만이

아니다. 역할의 배분에 있어서도 유교의 영향에 따라 독특한 규범이 형성되고 있다. '남녀유별'이라는 표현으로 상징되는 남녀의 철저한 역할 분담이다. 이러한 생각은 원래 유교의 예礼의 사상에서 유래한 것이며,[5] 중국에서도 '남녀칠세부동석'과 같은 역할의 분담뿐만 아니라 공간적인 영역의 구분, 격리도 포함하는 것이었다. 그러나 이 영역의 구분, 공간적 격리의 경향은 한반도에서 더욱 충실하게 지켜지고, 집의 방 배정 구조에까지 반영될 정도가 된다.[6] 이를 여실히 보여 주는 것이 한국어의 '내외'라는 말로 이 자체가 '부부'를 나타내는데, 나아가 여기에 일본어 'する하다'에 해당하는 하다를 덧붙인 '내외하다'라는 동사는 남녀의 사회 구분을 분별하여 행동하는 것, 특히 여성이 친척 이외의 남성과 직접 얼굴을 마주하지 않는 것을 의미한다. 이와 같은 '남자는 밖, 여자는 안'이라고 하는 성에 근거한 강한 영역 구분에 의해, 여성은 이를테면 하나의 별개의 세계를 형성한다. 상층 양반에서의 여성이 종종 존경의 대상이 되거나 혹은 '여속女俗'이라고 하는, 일본어에는 대응하는 말이 없는 표현으로 여성의 문화풍속이 나타났으며, 여성은 공식적으로 부정되어야 할 비유교적인 다양한 토착의 습속習俗의 주요한 담당자이기도 했다. 예로부터 그것에 대해 학문적으로도 관심을 불러일으켰던 것은 이러한 사정에 의한 것이다.[7] 즉 한반도에서 여성은 단순히 차별의 대상이었다기보다는 영역적으로도 명확하게 남성과 구분된 존재였던 것이다.

일본에서는 원래 민중 사이에 이러한 구별관이 반드시 강하다고는 할 수 없으며, 근대의 여자 교육은 그것과 상류층이 가지는 성 역할관의 균형 위에서 성립된 것이었다. 한반도에서는 근대의 여자 교육도 이들 전통적인 여성 규범을 지킴으로써 침투한다. 분명 '어리석은 존재'로서의 여성에서 '교육하는 어머니'로서의 여성으로, 라는 여성교육관의 변화는 제

4장에서도 보았듯이 한반도에서도 20세기 초반 무렵 근대화의 요청 속에서 등장한다.[8] 하지만 근대 여자 교육 안에서도 남녀유별의 생각은 강하게 남아있어 기독교 계열의 여학교에서도, 일제 통치하의 고등여학교의 조선판인 여자고등보통학교에서도, 조선 고유의 여성 규범을 본질적으로 바꿨다고 보기는 어렵다. 또한 독립 후 대한민국의 교육 안에서도 표면적으로는 물론 헌법상 남녀평등이 정해지기도 했지만 전통적인 여성의 미풍을 부정하려는 움직임은 소수였다崔[1982].

종래 양반층에서는 유모를 붙이는 등 아이를 돌보는 일이 반드시 전적으로 아이를 낳은 친모에게 귀착된 것은 아니었지만, 도시로의 인구 집중은 대량의 핵가족을 낳았고 남녀의 공간적 영역 구분이 강한 상황에서는 자녀를 돌보는 일은 당연히 낳은 어머니가 하게 된다. 한편, 종래부터 일본과 동일하게 자녀特히 남자를 낳아야 비로소 시가에서 안정된 지위가 보장된 여성들은 밖에 나가는 것이 허용되지 않는, 즉 그 밖에 자기실현의 장을 찾는 것이 거의 불가능한 상황 속에서 역시 일본과 마찬가지로 어머니 역할을 적극적으로 받아들여간다. '내외' 구별의 강조 속에서 '내內'에 특히 어머니 역할이 더해지는 것이다.[9]

또한 이 밖에 유교가 가진 노동관으로서 육체노동의 경시를 지적하지 않을 수 없다. 여기서 말하는 육체노동이란 사무작업과 같은 두뇌노동 이외의 폭넓은 직종을 가리킨다. 반대로 말하면 이는 두뇌노동과 교육에 대한 가치가 굉장히 높다는 사실과 표리일체의 현상이다. 과거라는 형태로 학력시험 합격자를 등용해 온 전통을 가진 한반도에서는 두뇌노동에 종사하는 지식인이 가진 사회적 지위가 매우 높아 '천한 노동에 손대지 않고 책을 읽는' 것이 이상적인 생활 양식이었다. 그리고 이러한 규범이 후술하는 바와 같이 한국 사회의 노동 공급에 영향을 미치는 것이다. 게다가 제8장에서 기술하는 바와 같이 북한의 경우 사회주의화로 육체노동 경시는 결코 없지만, 지식인 중시의 자세는 중국에 비해서도 두드러진다. 한편 이러한 지식인 존중은 장인이나 생산노동자의 낮은 지위로 나타나게 된다. 그 양상에 대해서는 바로 뒤에서 설명하기로 하자.

이와 같이 전통적인 부덕은 고유의 미풍으로서 현대에 이르기까지 결정적으로 변용되는 일은 적고, 나아가 어머니 역할이 핵심이 되어 역할과 권력의 배분도 근대화 이후에도 견고하게 남게 된다. 이렇게 해서 근대 이후 현대의 한국 사회까지도 규정하는 한국형 가부장제가 만들어진다. 거기서는 권력과 권위의 불평등 배분이 뿌리깊은 동시에 '남 = 생산노동 / 여 = 재생산노동'이라는 역할 배분에 관해서도 '내외'라고 하는 영역의 구분까지 포함한 견고한 것이다. 그리고 그것이 받아들이는 측에서도 어머니 역할을 중심으로 강하게 받아들여, 매우 강한 구속력을 가지고 있다. 과거 중국이나 일본과는 비교할 수 없을 정도로 유교를 일상생활의 구석구석에까지, 그리고 사회의 모든 층에까지 도입한 한국에서는 그것이 기초가 되어 독특한 가부장제가 형성된 것이다. 물론 최근 젊은층을 중심으로 유교 이탈이 진행되고 있음은 의심할 여지가 없지만, 나중에 소개할 다양한 조사에서도 볼 수 있듯이 그 침투의 정도는 아직도 뿌리가 깊다고 생각된다.

3. 한국여성의 취업형태

1) 근대주부·현대주부 탄생의 무렵
〈표 6-2〉에서 알 수 있듯이, 언뜻 보면 한국과 대만의 여자노동력률은

<표 6-2> 한국·대만의 여자노동력률 추이

	1970	1975	1980	1982	1984	1986	1988	1990	1992	1993	1994
한국	38.5	39.6	41.6	42.2	39.5	43.1	45.0	47.0	47.3	47.2	47.9
대만	35.5	38.6	39.3	39.3	43.3	45.5	45.6	45.5.	44.8	44.9	45.4

출처 : 대만『人力資源調査統計年報』
cf. 한국『인구주택총조사』 1980 : 38.4%, 1990 : 32.6 %

거의 같다. 신흥공업국으로서 여자노동의 모습도 거의 비슷할 것이라고 착각하게 만드는 수치이지만 사실 한국은 젠더에 관해서 대만과는 상당히 다른 사회이다. 데이터를 보면서 조금씩 그것을 밝혀보고자 한다. 〈표 6-3〉에서 볼 수 있듯이 1985년에도 1차산업 종사자가 약 4분의 1, 1990년에 17.09%, 1994년에도 13.6%로 최근 급격히 감소하고 있지만, 농업 종사자가 대만에 비해서도 매우 많았다.

<표 6-3> 한국·대만의 1차산업 종사자 비율

	1985	1990	1994
한국	24.9	17.9	13.6
대만	17.5	12.8	10.9

출처 : 한국 통계청『한국의 사회지표』
대만 Council for Economic Planning andDevelopment
Taiwan Statistical Data Book

거기서 농가·비농가라는 세대 구분이 계속 이용되어 왔는데, 〈표 6-2·4〉와 같이 본격적인 산업화의 개시 이후, 비농가의 노동력률은 1970년대 중반까지는 큰 변화가 없고 1980년대 후반 이후 급속히 증가한 것을 알 수 있다. 이에 반해 농가에서는 종래에는 노동력률이 꼭 높지만은 않았으나 최근 들어 급속히 여자노동력률이 오르고 있음을 알 수 있다.

즉 한국의 경우는 여성이 노동시장에서 철수함으로써 주부가 탄생했다기보다는 처음부터 여성의 고용노동은 많지 않았고, 소득 증대로 인해 현대적인 생활 양식이 가능해짐에 따라 주부가 탄생했다고 할 수 있을 것이다. 1차산업 종사자가 과반수를 밑도는 것이 1970년대 전반임을 감안하면 근대주부의 탄생은 대만보다 조금 늦은 1970년대 후반 무렵으로 봐도 무방할 것이다. 그리고 가전제품의 보급률을 보면 세탁기의 보급이 매우 늦기 때문에 현대주부의 단계에는 1980년대 후반부터 들어왔다고

볼 수 있을 것 같
다. 그래서 그 취
업상황을 보다 정
확하게 파악하기
위해 학력별, 도

<표 6-4> 한국의 여자노동률

	1965	1970	1975	1980	1985	1990	1994
농가	41.0	48.2	51.8	53.0	52.9	61.8	66.2
비농가	31.0	29.8	31.2	36.1	38.8	44.1	45.4
전체	36.5	38.5	39.6	41.6	41.9	47.0	47.9

출처 : 『경제활동인구연보』

부별都部別 데이터, 임금 격차 등을 검토해 보자.

2) 한국여성의 취업형태

앞서 보았듯이 전체 여자노동력률을 대만과 비교하면 수치로서는 결
코 낮은 것이 아니다. 그러나 우선 연령별 그래프로 보면 그 양상은 전혀
다르다. 〈그림 6-2〉는 센서스조사를 사용해 1980년과 1990년의 연령
별 여자노동력률을 그래프로 만든 것이다. (참고로 경제활동인구연보는 조사
가 있던 주에 1시간이라도 노동을 한 사람을 노동력으로 보고, 인구주택총조사는 연간
30일 이상의 취업을 노동력으로 보기 때문에 경제활동인구연보다 수치가 낮게 나온
다) 한국 전체로서는 출산육아기에 노동력률이 떨어지는 전형적인 M자
형을 형성하고 있어 현대주부의 단계에 접어들고 있음을 잘 알 수 있다.
다만 한국의 노동력률 그래프는 더 이른 시기부터 M자형을 그리고 있다.
그것은 농업 종사자의 일관되게 높은 노동력률과, 결혼과 동시에 퇴직하
는 젊은 여성노동자와의 합성함수였기 때문이다.[10]

한편, 도시와 시골별로 보면 서울시의 데이터에서는 중장년층의 노동
력률이 그다지 높지 않은 전형적인 근대주부형을 보이고 있는 것을 잘
알 수 있다. 즉, 향도向都이동이 노동력률의 상승을 초래하지 않는다는 것
이며, 도시적 생활 양식은 주부가 됨으로써 성립하는 것이다. 서울은 인
구 4,000만으로 한국 4분의 1의 인구를 가진 거대한 중심도시이다. 그리

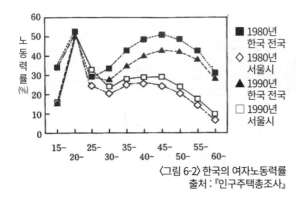

<그림 6-2> 한국의 여자노동력률
출처 : 『인구주택총조사』

그래프 범례:
■ 1980년 한국 전국
◇ 1980년 서울시
▲ 1990년 한국 전국
□ 1990년 서울시

고 그 중에서도 1988년 올림픽을 전후하여 새롭게 개발된 한강 남쪽에 펼쳐진 신중산층을 위한 고층아파트군에 생활하는 사람들이 이러한 데이터의 전형이라고 할 수 있을 것이다. 그곳에서는 고학력 여성이 주부가 되어 그 에너지를 자녀에게 쏟고 자녀의 수험전쟁을 과열시키고 있다. 도시적 생활 양식이 일종의 새로운 '양반화'로서 받아들여지고 있다는 앞서 언급한 가설을 지지하는 듯한 사실이라고 할 수 있을 것이다.

다음은 학력별 노동력률인데 그 전에 진학률을 살펴보아야 한다. 우리에게 친숙한 일본의 진학률이라는 것은 사실 상당히 복잡한 데이터로, 특히 대학의 경우 3년 전의 중학교 졸업자를 분모로, 그 해의 대학교 입학자를 분자로 해서 계산하는데, 여러 나라들 중 이러한 데이터 취급 방식을 취하는 나라는 없다. 따라서 별도의 통계를 사용하면서 일본과 거의 같은 형태로 가공할 필요가 있다.

그렇게 수정한 것이 <표 6-5>의 대학 진학률 데이터이다. 한국의 대학 진학률이 월등히 높다는 것을 알 수 있을 것이다. 단 전문대학이라는 것은 2년제 고등교육기관으로 기술·직업 교육을 중심으로 실시하며, 일본에서 보자면 단기대학보다는 기능적으로는 전문학교에 해당한다. 일본의 전문학교가 이러한 통계에 잘 반영되지 않는다는 의미에서 부당한 대우를 받고 있다고 생각한다면, 그다지 놀라운 수치는 아닐 수도 있다. 이와 관련하여 제5장에서 말했듯이 일본의 단기대학처럼 2년제 고등교육

<표 6-5> 대학진학률(%)

		전체	남성	여성
한국 1992	4년제대학(방송통신대 제외)	32.2	41.1	22.9
	전문대학	27.0	33.1	20.4
대만 1992	4년제대학(야간 포함)	18.3	20.0	16.5
	전과(專科)(2, 3년제 야간 포함)	20.1	17.9	22.5
일본 1993	4년제대학	28.0	36.6	19.0
	단대(短大)	12.8	1.9	24.4

출처 : 한국 문교부 『교육통계연보』를 바탕으로 독자적으로 계산
대만 『中華民國教育統計』를 바탕으로 독자적으로 계산
일본 『学校基本調査』

기관이 기술교육이 아니라 교양교육으로 특화되는 것은 일본 특유의 현상으로 그 자체로 분석할 가치가 있는 주제이다.

진학률을 보면, 대졸의 지위라는 것이 동아시아의 세 가지 자본주의 사회에서 크게 다르지 않다는 것을 알 수 있다. 대졸은 더 이상 특수 엘리트가 아니라 극히 대중화된 존재이다. 따라서 학력이 가지는 상대적인 의미에는 그다지 큰 차이가 없다고 생각하고 비교를 하는 것이 가능해진다. 드디어 학력별 노동력률을 계산할 전제가 갖춰졌다.

「고용구조조사보고서」에서 학력별 여자노동력률을 보면 〈표 6-6〉과 같다. 나아가 파트타임에 가까운 일을 보다 반영시키기 위해 분모에 '인구주택총조사', 분자에 '경제활동인구연보'의 데이터를 이용해 학력별 여자노동력률을 계산한 것이 〈표 6-7〉이다. 이것들을 보면 일목요연하지만 한국은 학력의 상승이 노동력률의 상승을 가져오지 않는다. 또한 〈표 6-8〉은 남성을 100으로 봤을 때 각 학력의 여성노동자수인데, 여기에서도 한국의 여성 노동력이 저학력층 중심임을 분명히 알 수 있다. 이런 상황을 반영해 남녀의 임금 격차도 현저하다. 전체 수치로는 1994년에 58.4로 1993년 일본의 59.4와 큰 차이가 없다. 그러나 전체 임금 격차는 노동력 구성에 좌우되기 때문에 일본처럼 중단재취업형의 중장년층이

〈표 6-6〉 한국의 학력별 여자노동력률 (1)		
	1986	1992
중졸 이상	39.7	41.4
고졸	39.0	43.4
전문대학 졸	24.8	30.6
대학 이상	41.9	43.8

〈표 6-7〉 한국 여성의 학력별 노동력률 (2)[11]		
	1985	1990
국졸 이하	52.1	57.0
중졸	41.7	53.2
고졸	42.5	45.5
전문대졸 이상	40.9	47.7

출처 : 『고용구조조사』

대량으로 취업하기 시작하면 격차가 벌어지는 현상도 발생한다.

한국의 경우는 일본만큼 파트타임이 많지 않기 때문에, 그것을 조절하면 격차는 더욱 벌어진다. 예를 들어 1993년의 대졸 사무직에서 남녀 간의 차이를 보면, 초임급에서 84.4, 대졸 4년근속에서 82.8이 되는데,[12] 이에 대응하는 일본의 데이터를 찾아보면, 대졸 사무직 초임급에서의 남녀간 격차는 1993년에 95.1, 대졸 25~29세 소정내 급여의 남녀 간 격차가 91.0으로,[13] 한국의 남녀 간 격차 크기는 역시 두드러진다. 같은 대졸이라도 남녀의 대우에 처음부터 현격한 차이가 있음을 확실히 알 수 있다. 결혼퇴직도 여전히 일반적인데 한국여성개발원[1991 : 73]에 따르면 20대와 30대 여성의 약 80% 이상이 결혼 시에 일을 그만뒀다고 한다. 한편, 최근 대졸의 노동력률이 상승하는 경향을 보이고 있어 같은 조사라도 대졸의 결혼퇴직자는 50% 정도이다. 그렇다고 해도 자녀가 태어나도 계속 일하는 커리어형 취업은 한국에서는 일본 이상으로 적다. 여성의 사회 진출이 진행되는 그 자체는 어느 정도 지속되는 현상이지만 아직 주부의 위상은 흔들리지 않았다고 봐야 할 것이다. 즉 제2장에서 서술한 것과 같이 주부의 지위가 내려가는 메커니즘이 작동하기 어려운 사회인 것이다.

참고로 한국은 일본이나 대만과 비교하여 분명히 계층 간의 격차가 큰 사회이며, 유교적 전통과도 관련해 그것은 일종의 생활 양식의 차이까지

〈표 6-8〉학력별 취업자에서 차지하는 여성의 비율(남자 = 100)

	한국 1991	한국 1994	대만 1992	일본 1998
국졸 이하	128	133	67	
중졸	71	76	42	73
고졸	52	56	70	74
전문대졸 이상	34	37	58	46

출처 : 한국『경제활동인구』
대만『人力資源調査統計』
일본『就業構造基本調査』

〈표 6-9〉한국·대만의 학력별 임금 격차

학력별임금(고졸 = 100)		한국 1991	한국 1994	대만 1992
한국	중졸	82.1	83.8	87.3
	전문대	121.1	117.4	113.8
	대졸 이상	202.7	185.5	168.8
대만	중졸	85.6	89.5	91.1
	전과(專科)	122.2	123.6	121.5
	대졸 이상	161.0	160.2	154.6

출처 : 한국「임금구조기본통계조사보고서」
대만『人力運用調査報告』

포함한 계급을 형성하고 있다고 해도 좋을 것이다. 고졸을 100으로 했을 때의 남녀 합산 임금 격차는 〈표 6-9〉에서 보듯이 민주화 이후 급속히 축소됐다고는 하지만 여전히 대만보다 크다.

또한 앞서 언급했듯이 유교를 배경으로 하기 때문에 육체노동에 대한 사회적 평가가 낮고, '생산직'과 '사무직' 사이에는 큰 벽이 존재한다. 이는 직종 간 임금 격차의 규모에서도 드러난다. 〈표 6-10〉은 1행에 직업간 임금 격차를, 2행에 노동 시간을 각각 지수로 나타낸 것이고, 3행은 노동 시간의 차이를 반영하기 위해 시급을 계산한 것이다. 3행의 수치로 살펴보면 대만과 비교했을 때 한국의 차이의 크기는 역력하다. 특히 판매직이나 생산직 / 행정직의 차이가 현저하다.[14] 이러한 차이는 한국 사회가 가진 육체노동에 대한 낮은 평가를 반영한다. 〈표 6-11〉에서 알 수 있듯이,

		생산 / 전(全)	생산 / 행정	생산남 / 전남(全男)	생산남 / 사무남	농업 / 전(全)	판매 / 전(全)	생산남 / 전남(全男)	판매녀 / 전녀(全女)
한 국		86.6	37.5	86.9	83.5	72.7	77.1	80.6	97.4
	시간	105.5	115.6	105.4	113.7	102.0	98.6	96.5	100.5
	임금 / 시(時)	82.1	32.4	82.4	73.5		78.2	83.5	96.9
대 만		90.5	43.6	90.3	78.2	79.8	102.2	99.4	106.1
	시간	100.5	101.7	100.7	104.0	91.7	107.2	106.8	107.9
	임금 / 시(時)	90.0	42.9	89.7	75.2		95.3	93.1	98.3

출처 : 한국 『노동통계연감1992』(1991년 데이터)
대만 『人力運用調査報告』(1992 데이터)[15]

고학력층일수록 실업률이 높은데도 불구하고, 일본 이상의 열의를 가지고 사람들이 모두 대학을 목표로 하거나, 여성의 노동력률이 낮은 상태임에도 일손 부족이 일어나는 현상은 이러한 사태와 관련되어 있다. 그리고 그런 의미에서 대학을 나와 주부가 되는 것은 일정한 계급적 지위를 띤 생활 양식이라고 할 수 있다.

다만 최근에는 한국도 일손 부족이 심각하여 여성노동력의 활용은 이 관점에서도 주목되고 있다. 한국 노동부에 따르면 노동력 부족은 약 17만 5000명으로, 여성이 1% 더 취업하면 해결된다고 한다. 1995년 10월 정부가 처음으로 '남녀고용평등월간'으로 각종 행사를 실시한 것도 그러한 계산의 결과일 것이다『조선일보』, 1995.9.29. 또한 1989년에 제정된 '남녀고용평등법'은 일본의 강제력이 없는 '균등법'과는 달리 일정한 효과를 가져오고 있다는 보고도 없지는 않다水野[1995]. 다만 공장노동자로서 중장년 여성이 고용되었다고 해도 주부의 지위를 뒤흔드는 것으로는 직결되지 않는다. 변화가 빠른 한국 사회이기 때문에 언젠가는 그러한 시기가 올지도 모르지만 배경이 되는 가부장제를 생각하는 한, 그리고 그것이 근본적인 도전을 받고 있는 것이 아닌 이상, 주부 소멸의 방향으로는 향하기 어려운 사회라고 생각된다.

이념형적으로 구성하면, 여성은 대학을 나오면 좋은 잘 버는, 대졸의 반려자를 얻을 수 있고 도시에 살며 돈 때문에 일할 걱정

		1985	1991	1992	1993
한국	중졸	4.1	1.7	1.9	2.2
	고졸	5.9	3.2	3.5	3.6
	전문대 이상	6.6	3.6	3.6	4.0
대만	중졸 이하	1.9	1.0	0.9	
	고졸	4.8	2.5	2.1	
	전과 이상	4.2	2.0	2.1	

출처 : 한국『경제활동인구연보』
대만『人力資源調查統計年報』

없고, 그만큼 자녀의 교육이나 친척·이웃과의 관계 등에 에너지를 쏟는, 그러한 한국의 도시 중산층에서 볼 수 있는 전형적인 라이프스타일이 엿보인다. 이러한 사회에서는 주부의 지위가 비교적 높아지기 쉽고, 여성의 직장 진출이 급격하게 진행되는 것은 생각하기 어렵다.

4. 한국형 가부장제

이상에서 살펴본 것과 같이 여성노동의 패턴은 확실히 '한강의 기적'이라 불리면서도 계속 실업률이 높았던 한국 경제의 모습과 대응하고 있다. 그러나 다음 장의 대만의 사례를 보면 한국이 얼마나 '특수한' 노동공급 방식을 갖고 있는지가 드러난다. 애초에 미국처럼 실업률이 한국보다 높더라도 여성의 노동력률이 훨씬 높은 사회도 있다. 또한 여성의 노동력률이 낮은 상태에서, 동시에 심각한 노동력 부족이 발생하는 최근의 상황은 노동 공급을 억제하는 규범 없이는 설명할 수 없을 것이다. 어떤 사람을 노동력화할지는 결코 경제에 의해서만 결정되는 것이 아니라 그 사회가 가진 규범에 의한 부분도 크다. 더구나 제8장에서 자세히 서술하는 한반도 북쪽의 사례는 같은 한국형 가부장제를 공유하는 사회 사이에 유사

한 현상이 나타난다는 것을 증명해 준다. 가부장제 개념을 도입하는 것의 의미는 그런 점에 있다.

1) 성에 근거한 역할과 권력의 배분

한국형 가부장제의 큰 특징은 유교를 배경으로 하여 성별에 근거한 강한 역할 의식을 심어 주고 있다는 점이다. 그것은 일본의 현대주부를 뒷받침하는 현대 일본의 가부장제와 같은 어머니 역할에 특화된 것이라기보다는 여성은 여성으로서 구별되고 있다고 할 수 있을 것이다. 일본에서는 어머니가 아닌 한, 적어도 노동시장에서는 남성과 거의 대등한 처우를 받을 가능성이 꽤 있지만, 결혼퇴직이 일반적인 한국의 경우는 여성이라는 점에서 별도 취급을 받게 된다. 사무직 대졸 안에서의 임금 격차 규모는 그러한 상황을 상징하고 있다고 할 수 있을 것이다.

우선 몇몇 의식조사를 바탕으로 지금 한국 사회에서 받아들여지고 있는 의식을 살펴보고자 한다. 예를 들어 여성의 취업에 관한 통계청의 '사회통계조사'를 보면(표 6-12), 최근에는 중단재취업이나 육아 종료 후의 취업에 대해서 긍정적인 반응이 늘고 있지만, 응답 항목 자체가 출산퇴직이 아닌 결혼퇴직을 전제로 하고 있고, 또한 그렇게 생각하면 결혼 후에도 계속해서 일한다는 것은 '가정에 관계없이'의 항목뿐으로, 간신히 10% 남짓인 것이다.

'남자는 일, 여자는 가정'이라는 근대 가부장제의 전형적인 역할 분배에 대한 찬반을 보면 한국 갤럽Gallup조사연구소[1987]에 따르면 약 80%가 찬성이다. 또 서울시에서 한국여성개발원과 후쿠오카福岡 아시아여성교류·연구포럼이 1991년에 조사이하 '서울조사'에서도 60%가 찬성하고 있다아시아여성·연구교류포럼 한국여성개발원[1992]. 단 청년층의 비교조사인 총무청

<표 6-12> 여성의 취업에 대한 태도

		가족만	결혼 전까지 취업	자녀 성장 후 취업	결혼 전 자녀 성장 후	가족과는 관계없이
1984년	전국	27.8	21.6	8.9	18.2	23.5
	시부(市部)	25.6	19.9	8.9	20.5	25.1
	남성	32.7	23.5	8.2	15.9	19.7
	여성	23.6	20.0	9.4	20.2	26.8
1988년	전국	21.2	26.3	21.0	20.7	10.8
	시부	19.5	25.1	21.7	22.8	11.0
	남성	25.4	28.7	19.3	18.2	8.4
	여성	17.5	24.1	22.5	22.9	13.0
1991년	전국	21.1	20.2	22.4	22.5	13.7
	시부	19.8	18.6	23.7	23.7	14.2
	남성	25.7	22.9	20.9	20.2	10.3
	여성	17.0	17.8	20.2	24.6	16.7

출처 : 통계청, 『사회통계조사』

「제5회 세계청년의식조사 보고서1993」의 데이터에서는 찬성 비율이 일본보다도 약간 낮게 나오고 있어 변화의 조짐이 보인다고 할 수 있을 것이다. 한편 부부간 권력의 불평등 혹은 불균등한 배분도 한국의 경우 매우 강하게 남아 있다. 1982년한국은 1985년 기혼여성을 대상으로 하는 주부의 생활과 의식에 관한 6개국한·일·미·영·독·스웨덴 비교 조사이하 '주부조사'를 보자. 이는 일본에서는 총리부의 '부인문제에 관한 국제비교'로서 1984년에 정리되어 있으며, 그 한국판에 해당한다. 이 가운데 토지·가옥의 구입에 관한 결정권은 어느 쪽이 갖고 있는가에 대한 질문에 대해 구미의 4개국에서는 모두 부부 둘이서 결정한다는 답이 70% 이상을 차지하는 반면, 일본은 59.2%, 한국은 41.0%가 남편이 결정한다고 답했다. 1991년의 '서울조사'에서도 배우자 간에 이견이 있을 때 어느 쪽 의견을 따르느냐는 질문에 74%가 항상 혹은 대부분 아내가 남편을 따른다고 답했다.

이와 반대로 가계에 관한 관리권은 누가 갖느냐는 질문에 대해서 구미에서는 '부부 2명'이 가장 많았고, '아내'라고 답한 비율은 30% 정도에 불과한 반면, 일본에서는 79.4%, 한국에서 67.7%가 '아내'라고 답했다. 나아가 가정생활에서 남녀 어느 쪽이 우위에 서 있는가 라는 질문에 대해서는, 구미 4개국에서는 '평등'이라고 대답한 주부가 약 40% 이상, '남성 우위'는 50%에 미치지 않는 것에 비해, 한국과 일본에서는 '평등'이 20%대, '남성 우위'가 거의 3분의 2를 차지하고 있다.

또한 도쿄도의 '여성 문제에 관한 국제비교조사'1992에서는 영유아를 누가 돌보냐는 답변에서 '아내'라고 한 비율은 일본과 한국에서 70%, 프·독·미 등에서 50%이었다.

이러한 응답을 종합하면, 한국에서는 일본과 마찬가지로 가정 내에서 일반적으로 여전히 남편 쪽으로 권력이 배분되고, 그 안에서 엄밀한 역할분담이 존재하며, 아내의 영역인 가사 등에 관해서는 아내가 권한을 쥐고 있는 것으로 보인다. 다만 앞 절에서 언급한 결혼퇴직이 많은 점 등을 고려하면, 여성의 노동시장에서의 위치는 일본 이상으로 보조적인 것이라고 할 수 있다. 역할 분담 등 일본과 유사한 특징이 많지만 그 경향은 일본 이상으로 뚜렷하다.

2) 가족관 그리고 세대

이혼과 가족관에 관해서도 흥미로운 특징이 보인다. 〈그림 6-3〉은 총무청 「제5회 세계청년 의식조사보고서1993」의 데이터인데 젊은층에서도 한국에서는 이혼하지 말아야 한다는 반응이 매우 높다. 일본의 경우는 강한 어머니 역할을 반영하여 자녀의 존재가 이혼의 결정요인이 되고 있지만, 한국에서는 어쨌든 해서는 안 된다고 생각하는 사람이 다른 사회에 비해 현저하게 많이 존재한다.

가족관에 관해서는 한국은 가족이나 인간관계에 있어 형식적인 구속

이 매우 강한 반면, 정서적 유
대감도 상당히 강한 사회임을
먼저 이해해야 한다. 그것은
서구적인 의미에서의 연애감
정에 기초한 부부애를 기본으
로 하여 탄생한 폐쇄적인 핵
가족의 애정이라기보다는 오
히려 그 자리에서 인연을 맺

개정이 없으면 이혼해야 한다
사정에 따라 어쩔 수 없다
자녀가 있다면 해서는 안된다
이혼해서는 안된다
NA

〈그림 6-3〉 청년의 이혼관
출처 : 総理府青少年対策本部編[1994 : 82]

고 태어난 (비선택적인) 관계에서도 그것이 지속되면 그것에 대해 매우 애
정을 느낀다고 해야 할까. 가족이라고 생각하는 범위가 동심원적으로 확
대되어 가고, 그 범위 안의 사람에 대해서는 조금의 구별이나 거리낌이
없는 친밀한 관계가 선호되는 것이다. 친구 사이에 사과하거나 하는 일이
서먹한 것으로 여겨지는 것도 이러한 일의 예일 것이다. 흔히 말하는 것
이지만 '친한 사이에는 예의가 없는' 것이 한국인이 보통 가지는 대인거
리의식対人距離意識인 것이다. 그리고 한편 결혼에 있어서도 부모의 의향은
상당히 중요시된다. 연애결혼이 주류인 현대 한국의 도시에서도 결혼은
결코 성적으로 자유로운 신체의 결합이 아니다. 이러한 경우에는 과거의
전형적인 일본의 부부처럼 부부간의 감정적인 유대는 비교적 희박해지
기 쉽다. '서울조사'에 따르면 개별 가족구성원과의 관계에 대한 만족도
에서도 아들과의 관계에 대해 일본보다 상당히 강한 만족도가 나타나는
반면, 배우자에 대한 만족도는 여성의 경우 일본과 마찬가지로 약간 낮아
진다. 한국의 경우는 가족에 대한 유대의식이 매우 강해서 언뜻 일본보다
정서에 기초한 근대 가족적 결합처럼 보이지만, 정서적이라고 해도 그것
은 함께 생활하는 가운데 가족으로서 생겨나는 것이지 연애처럼 일단 특

정한 상대를 선택하는 것에 의해서만 생겨나는 것은 꼭 아닌 것이다.

이런 점에서 한국 사회에는 폐쇄적인 핵가족이란 존재하지 않으며 자녀도 결코 핵가족 안에서만 자라는 것은 아니다. '서울조사'에서 '가족'의 범위를 질문한 결과 응답자의 60%가 형제자매의 배우자나 배우자의 형제자매를 가족으로 생각하고 있다. 더욱이 이 범위에는 외손자55.3%와 내손자71.3% 사이에 차이가 있어 부계 혈연의식이 남아 있음을 잘 알 수 있다. 뿌리깊은 남아선호 또한 유교적 부계 혈연의식의 증거이다. 이러한 부계를 중심으로 하는 넓은 가족 안에 자녀도 두기 때문에, 자녀의 의미 목적에 관해서도 '정서적 만족'은 29.6%에 그쳤고, '가문의 유지' 22.6%, '결혼하면 당연하다' 29.6%, '노후를 위해' 5.5% 등 정서를 넘어선 의무적인 존재로서 자녀가 존재하고 있음을 알 수 있다. 오래된 조사이지만 1981년에 실시된 15세까지의 자녀를 둔 부부를 대상으로 하는 가정과 자녀교육에 관한 한·일·미·영·독·프의 6개국 비교조사'부부조사'에 따르면, '부부에게 가장 중요한 것은 무엇인가'라는 질문에 대해 '같은 인생관'이라고 답한 것은 서독에서 73.0%, 프랑스에서 57.4%, 미국에서 56.0%, 영국에서 44.5%, 일본에서 38.4%로 각각 1위를 차지하고 있는 반면, 한국만 '경제적 안정'이 28.6%로 1위, '같은 인생관'은 26.1%로 2위에 머물렀다. 이 숫자는 한국에서 부부관계가 우선 애정에 기초한 결합이라기보다도 경제적·기능적인 관계에 따르고 있다는 것을 여실히 보여 주고 있다.

따라서 가능성으로는 뒤에서 서술하는 대만과 같이 자녀를 다른 친족이 돌봐주는 것이 가능한 것이다. 만약 가까운 장래에 한국에서 급속히 자녀를 둔 기혼여성의 직장진출이 진행되는 일이 있다면 (저자는 어느 쪽인가 하면 그 가능성이 크지 않다고 생각하지만, 만약 있다면) 영유아는 공공시설보다 친척에게 먼저 맡겨지지 않을까 싶다.

마지막으로 가부장제의 변수 가운데 성과 더불어 다른 한 축을 형성하는 세대^{그리고} 연령에 대해서 간단히 설명하고자 한다. 우선 세대에 관해서는 한반도는 자녀가 성인이 된 후에도 부모와 동거하는 것이 일반적으로, 자녀의 결혼에 있어서의 부모의 동의가 상징하듯 부모의 권한은 일본보다 강하다. 이는 경로의식과 노후의 보살핌은 자녀가 해야 한다는 의식으로 이어진다. 한편, 세대와는 약간 다른 연령이라는 면에서 볼 때, 한국은 중국과 달리 형제의 출생 순서가 상속에 큰 영향을 미친다. 일본의 장자 단독상속만큼 극단적이지는 않지만, 많은 경우 장남은 전체의 절반 혹은 그 이상의 논밭을 상속하고, 차남 이하에게는 그 나머지가 나누어지게 된다李光奎[1975]. 장남 우대의 불균등 상속 관행은 16세기 경까지의 남녀 균등상속으로부터 남자 균등상속을 거쳐 서서히 확립되었다고 알려져 있다宮嶋[1995]. 세대뿐만 아니라 연령에 관해서도 서열구조를 인정하는 사회 편성의 원리가 완성되는 것이다. 이러한 세대·연령에 근거한 가부장제의 구조도 한국형의 한 가지 특징이라고 할 수 있다.

　　그리고 한반도의 사회는 이러한 연령에 기초한 서열을 인간관계의 정보 속에서 매우 중시하는 사회이다. 사람과 사람이 만나면 먼저 나이를 묻고, 위아래에 따라 경어를 선택한다. 그리고 조금 친해지면 형제간의 위아래를 나타내는 말인 형, 언니 같은 호칭이 혈연관계를 넘어 사용된다. 혈연관계의 상하를 나타내는 용어가 혈연 외의 관계에도 원용되는 것이다. 이것은 원래 'brother', 'sister'에 대해서 상하를 구별하지 않는 영어권의 발상과는 전혀 다르며, 혈연 외부로의 적용이라는 의미에서는 일본과도 다르다. 일본에서 '형兄弟'이 혈연 외에 이용되는 것은 야쿠자와 같은 말 그대로 의사혈연적인 집단에 한정되어 있다는 것을 상기하면 좋을 것이다. 중국 사회에서도 나이를 묻거나 그로 인해 생기는 서열을 의식하는 등의 현상이 없는 것은 아니지만 한반도만큼 현저하지는 않다. 특히 한반도에는 있고 중국에 없는 것이 '선배-후배'라는 관계이다. 선배, 후배라는 말 자체는 원래 중국의 것으로 경험이 풍부한 사람에 대해 현대에도 '선배'라는 말이 사용되지만 학교나 직장의 입학·입사 연차에 대응해 일종의 상하관계가 자동적으로 정해지는 현상은 중국에서는 볼 수 없다.[16] '선배-후배' 관계는 일본으로부터 수출되었을 가능성도 높으나, 어쨌든 한반도에서 그것이 뿌리내린 것은 그것을 받아들이는 서열 의식이 준비돼 있었기 때문이다. 토드[1990 = 1992]에 따르면, 이러한 서열 정보는 관료 조직과 같은 피라미드형의 조직을 만들기 쉽고, 대만에 비해 한국에서 대기업이나 계열화의 지향이 강한 것은 이러한 행동양식과 대응하고 있다瀨地山[1996].

또한 한반도에서는 이러한 규범이 유교라는 이름 아래 사람들에게 받아들여지고 있다. 유교는 남녀, 부모와 자녀, 형제 사이에 질서 있는 구별이 존재함을 강조하는 가르침이었다. 한반도에서는 그것이 발상지인 중국 이상으로 공고히 살아남아 사람들의 의식을 좌우하는 중요한 규범으로 계속 작용하고 있는 것이다.

이상에서 살펴본 바와 같이 한국형 가부장제의 특징인 공고한 역할 분담은 변화의 조짐을 보이면서도 여전히 공고히 받아들여지고 있다고 해야 할 것이다. 제5장에서 언급한 것처럼 일본 여성의 노동시장 키워드가 '어머니'라고 한다면, 한국의 경우는 '여자'는 '여자'라는 이유로 노동시장에서의 위치가 정해지고 있는 경향이 일본보다 훨씬 강하다. 유교적 가치관은 아직도 한국 사회의 여러 국면에서 영향력을 갖고 있으며, 이를 기초로 하는 가부장제는 노동력 공급에 대해서도 당분간 계속 영향력을 행사할 것이다. 규범의 변용이 기본적으로 완만하게 밖에 진행되지 않는 것을 생각하면 이상의 분석은 당분간 타당성을 가지지 않을까 생각된다. 그리고 그런 의미에서 한국은 일본 이상으로 주부의 소멸로 향하기 어려운 사회라고 할 수 있다.

제7장   대만의 가부장제

대만은 한국과 마찬가지로 일본의 식민지 지배를 받았음에도 불구하고 연구나 매스컴의 보도나 그 중점은 항상 대륙에 놓여 있으며 모든 분야에서 일본에서의 연구가 부족한 지역이다. 신흥공업국으로 발전을 거둔 후에도 기껏해야 한국과 비슷한 지역으로 거론될 뿐이지만, 경제에 관해서도 우리가 직접 분석의 대상으로 삼는 가부장제나 젠더문제에 관해서도, 한국과는 현저하게 다른 사회다. 아울러 중국 대륙에 관해서는 여성해방이 진행된 나라라는 이미지가 앞서고 여성 문제에 관해서도 일본에서 꽤 소개되고 있지만, 대만에 관해서는 왠지 거의 이루어지지 않았다. 제9장에서 소개하는 중국 대륙에서의 여성의 노동력화와 개혁개방 하에서의 여성의 주부화가 어디까지 사회주의에 의한 것인지, 얼마나 고유한 문화적 변수에 의해 규정된 것인지를 생각하는 데 있어서도 대만의 논의는 중요하다.

1. 대만의 산업화

1) 산업화 과정

대만의 산업화 과정을 분석한 책들은 한국에 비해 압도적으로 그 수가 적지만 스미다니隅谷 · 리우진칭劉進慶 · 쉬자오옌徐照彦[1992] 등을 중심으로 일본어로도 몇 가지 포괄적인 것들이 나와 있다. 다음은 위의 선행연구를 참고하면서 주부의 탄생에 영향을 미치는 산업화 과정에 대해 간단히 언급하고자 한다.

대만의 산업화 행보는 한국전쟁으로 국토가 황폐해진 한국보다 조금 더 출발이 빠르다. 1949년부터 1951~1952년 무렵까지는 국민당이 대만으로 건너가 그 실정失政에 따른 경제 혼란의 시기이지만, 1950년대 초반에는 인플레이션도 진정되어 경제 건설이 시작된다. 대만의 1950년대는 식민지하의 기업을 접수한 공공부문에 의해 주도된 수입대체 공업화의 시기이다. 이 시기는 실업률도 높고, 좁은 국내 시장은 금방 포화되어 대만 경제는 방침 전환을 강요받게 된다. 여기서 등장하는 것이 1960년대의 수출지향 공업화 노선이다. 1960년부터 외자 도입을 적극적으로 실시해 1965년에는 가오슝高雄에 수출보세가공지구가 설치되고, 일본, 미국 등 외국 자본이 동력이 되어 본격적인 수출주도형의 경제 성장이 시작된다. 섬유, 전기·전자 등 노동집약적인 산업이 양질의 저렴한 노동력을 활용하여 성장해 매우 강력한 고용 흡수력을 보인다. 대만대학의 경제학 교수Kuo[1983]의 독자적인 계산에 따르면 실업률은 1960년에는 6.12%였던 것이 1971년에는 3.01%로까지 하락해[1] 이 시점에서 대만 경제는 거의 완전 취업을 실현했다고 보고 있다.

1964년부터 1973년까지의 수출의 성장은 연평균 29.7%, 공업 생산은 19.4%, GNP가 11.1%로 급성장하여 아시아 NIEs의 우등생으로서 주목받게 된 대만은, 오일쇼크 후에도 불안정하지만 1974년부터 1983년까지 연평균으로 수출 성장률 20.3%, 공업 성장률 9.8%, GNP가 7.3%로 미국을 중심으로 한 수출이 뒷받침되어 일단 성장률을 확보한다. 이 무렵 오일쇼크 시기를 제외하면 물가도 비교적 안정돼 있어 실질 임금은 큰 폭의 증가세를 기록했다. 1980년대 말, 한국이 민주화에 따른 노임 상승으로 저임금 노동력에 의존하던 비교우위를 잃고 구조 전환에 어려움을 겪던 시기에도 대만은 컴퓨터산업 등의 성장에 힘입어 대만 경제는 순조롭게 성장해 나간다. 그리고 1인당 GDP는 1992년 마침내 1만 달러를 돌파, 세계 제일의 외환보유고^{1994년에 982억 7,300만 달러}를 자랑하게 된다.

2) 한국과의 비교

가부장제 논의에서는 조금 벗어나지만 한국과 대만의 산업화 과정에서의 차이에 관해 간단히 설명해 두자. 산업화에 관한 한국과의 차이점은 다음의 세 가지 정도를 들 수 있다^{服部·佐藤[1996]}.

첫째, 자본주의의 시작 단계에서의 농업의 위치이다. 기후가 온난하여 쌀이나 상품작물인 설탕, 장뇌樟腦 등도 경작하던 대만의 농촌은 원래 일본 통치시대부터 비교적 풍요로운 지역이었다. 한편 한국에서는 일제하의 쌀의 이출移出은 기아 수출이라고도 불렸으며, 한국전쟁으로 인한 국토의 황폐화와 겹쳐 자급이 불가능한 상태였다. 따라서 전후 경제 건설에 있어 우선 기아의 극복부터 시작해야 했던 한국과, 농촌의 잉여를 흡수할 수 있었던 대만은 조건이 매우 달랐다고 볼 수 있다. 이에 따라 〈표 6-1〉에서 볼 수 있듯이 대만에서는 소득 분배가 일본만큼은 아니더라도 한국에 비하면 비교적 평등하게 되어 있고, 도시로의 일극 집중도 한국만큼 심각하지 않다고 할 수 있다.

둘째, 자주 지적되는 것이지만 한국이 단순한 수출지향 공업화에 머무르지 않고, 1970년대 이후 중화학공업화를 진행해 철강·조선·자동차와 같은 중후장대 산업을 육성한 반면, 대만은 중소기업을 중심으로 저렴한 노임에 의한 경공업수출 이후에도 비교적 투자규모가 적은 컴퓨터 등 전자산업으로 살아남았다는 특징이 있다. 이 차이는 정부와 밀착하면서 성장한 재벌 중심의 한국과, 정부와 거리를 둔 중소기업 중심의 대만이라는 대비를 이루는 동시에 대조적인 무역수지로 나타난다. 즉 한국의 경우 항상 대규모의 설비투자가 이루어지기 때문에 외국特히 日本으로부터의 생산 설비의 수입이 불가결하고, 대일 무역적자를 주된 원인으로 하는 무역적자의 구조에서 좀처럼 벗어날 수 없다. 반면 대만은 투입 자본을 빠르게 회수할 수 있는 소규모 투자를 반복했으며 이것이 컴퓨터와 같이 제품이 빈번하게 바뀌는 상품에 적합했기 때문에 동일하게 대일 적자를 안고 있으면서도 무역수지는 항상 흑자 기조를 보였다.

　나아가 셋째는 앞의 내용도 겹치지만 정부가 차지하는 위치이다. 한국 정부가 국민의 강한 내셔널리즘을 반영한 정권인 반면, 대만은 오랫동안 외성인外省人에 의한 '외래 정권'이라는 인상이 강했다. 최근 본성인本省人 리덩후이李登輝가 총통이 됨으로써 이러한 성격은 어느 정도 희미해지고 있지만, 정부에 대해 경제계가 갖는 거리감은 한국과는 전혀 이질적인 것이다. 상업에서 사용하는 말로 종종 본성인의 모국어인 민난어閩南語가 사용되는 것도 이러한 사정을 상징하고 있다. 또한 대만도 중화학공업화를 실시하지 않은 것이 아니라 오히려 조금씩 실패로 끝났다고 볼 수 있으며, 그런 의미에서도 정부 주도의 한국과는 대조적이다. 이러한 차이는 민주화과정에도 반영되고 있다. 동시에 민주화는 1980년대 후반부터 1990년에 걸쳐 달성되어 가는데 한국의 경우 노태우의 1987년 이른바 6·29선언으로 상징되는 정치의 민주화는, 노동쟁의 빈발과 임금의 급격한 상승, 따라서 소득분배의 공평화를 동시에 일으키고 있다. 이에 비해 대만의 경우 정치의 민주화는 대륙의 정통 정권이라는 의제擬制를 '대만의 정권'이라는 실태에 맞추어 가는 과정에서 발생한 것으로 이를 계기로 노동쟁의가 빈발하거나 하는 일은 일어나지 않았다. 따라서 그 사이의 소득분배에도 별다른 차이는 보이지 않는다. 말하자면 한국은 정치가 저렴한 노동력 때문에 노동자를 억압한 전형적인 개발독재의 패턴이라고 할 수 있는데 반해, 대만의 그것은 정치의 움직임과 경제의 움직임이 분리되어 있어 경제 발전을 위한 독재라고는 할 수 없는 측면이 있다.

3) 여성 노동

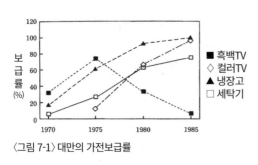

〈그림 7-1〉 대만의 가전보급률

이처럼 대만에서는 한국보다 빠른 속도로 생활 수준이 상승해 간다. 그리고 이에 대응하여 현대주부 탄생의 한 가지 중요한 조건인 가정 전기제품도 1970년대 이후 급속히 보급된다. 〈그림 7-1〉에서 보는 것처럼 60~70%를 하나의 기준으로 보면, 냉장고는 1970년대 중반, 세탁기는 1980년에 이 수준에 이르고 있다. 이는 한국에 비해 상당히 빠르다.

1915년부터 1980년까지의 여자노동력률을 분석한 리우커즈劉克智[1984]에 따르면 대만의 여자노동력률은 본래 매우 높아 1915년에는 12세 이상 여성의 40% 이상이 취업하였다. 이에 반해 일본 통치하에서는 토지에 대한 인구 압력이 한계에 이르러 1930년 데이터에서는 노동력률이 약간 낮아졌고, 광복 후 수입대체기에는 높은 실업률로 농촌에 많은 잠재적 실업자를 안고 있었기 때문에 1956년의 여자노동력률은 최저치를 나타내고 있다. 이러한 오래된 데이터는 어느 나라의 경우에서든 농촌의 가족 종사자를 완전히 파악하고 있지 않을 가능성이 높아[2] 그대로 받아들이는 것은 위험하지만, 하나의 기준으로서 시계열의 상대적인 비교는 가능하다.

그 후 수출지향 산업화의 진전에 의해서 젊은 여성의 고용이 진행된다. 특히 수출의 주력이 된 전기·전자 산업에서는 외국계 대기업을 중심으로 미혼의 젊은 여성을 대량으로 고용하는 경우가 많이 보인다[Kung[1983]]. 여성의 노동력률은 젊은 여성을 중심으로 상승하여, 1960년대 후반부터 1970년대 전반에 걸쳐 노동력률 그래프는 초기 연령 피크형이 된다. 노동력률로 보면 이 무렵을 근대주부의 탄생기로 볼 수도 있을 것이다. 노동력의 형태로서는 기본적으로 출가형이었으며, 영국처럼 기혼여성의 취업→노동시장으로부터의 철수와 같은 형태를 취하지 않는 것은 한국과 동일하다. 게다가 1970년대 후반부터는 중장년층의 취업률도 상승해 노동력률 그래프는 M자형을 그리지만 그 M자형의 바닥도 마찬가지로 급속히 상승하고 있다.

이러한 일련의 여성노동을 둘러싼 변화는 분명 대만 경제 전체의 규모 확대나 산업구조의 변화와 같은 산업화의 기본적인 요소에 어느 정도 대응하고 있다. 1965년 이후의 여자노동력률을 GNP, 임금, 교육 수준, 실업률을 설명변수로 하여 회귀분석을 한 비앤邊[1985]에서도 실업률은 거의 설명력을 가지지 않지만 다른 변수 특히 GNP는 상당히 높은 설명력을 가지는 것으로 나타나고 있다. 그러나 뒤에서 자세히 서술하는 바와 같이, 여성의 노동력률이 출산·육아기에 해당하는 25~34세의 연령층에서도 상승하는 경향 등은 단순히 경제의 확대로는 설명할 수 없다. 노동력 수요 측면에서 보더라도 반드시 '경제 합리적'인 선택이라고는 할 수 없고, 무엇보다도 노동공급 측이 그러한 행동을 취하는 것 자체가 예컨대 제5장의 일본의 예와 비교하면 알 수 있듯이 그것을 허용하는 규범이 작용하지 않는 한 생각할 수 없기 때문이다. 이하에서는 그러한 측면을 규정하는 대만형 가부장제에 대해 자세히 설명하기로 한다.

2. 대만형 가부장제 배경

1) 대만의 민족적 구성

대만은 '고산족高山族'이나 '원주민'으로 불리는 선주민이 약 30만 명인 구의 약 1.5%이 있고 나머지 인구의 대다수는 17세기 이후 대륙에서 이주한 한漢민족으로 구성돼 있다. 그 중 특히 1949년 이후 국민당 도대渡台, 대만으로 건너옴-역자주와 함께 이주한 사람들을 '외성인', 그 이전의 한민족 이주자를 '본성인'으로 불러 구별한다. 1993년 현재 대만의 인구는 약 2,100만 명, 이 중 본성인은 약 85%를 차지하고 나머지 10% 이상이 외성인이다. 본성인의 출신 가장 많은 것이 푸젠성福建省이라고 하지만 성청 소재지인 푸저우福州를 중심으로 한 북부의 푸저우어권福州語圈이 아니라 샤먼廈門을 중심으로 하는 푸젠 남부가 많다. 이들의 언어는 민난어로 현재 대만 민중이 흔히 사용하는 이른바 대만어도 이에 속한다. 다음으로 많은 것이 광둥성廣東省인데 이 또한 본래의 광둥어広東語를 구사하는 광둥인広東人이 아니라 객가客家, 하카라고 불리는 일족이다. 이 두 한족의 비율은 일본 통치하에서의 대만의 국세조사에서는 인구의 95%를 차지하는 한족 중에서 약 85%가 푸젠 출신, 나머지 약 15%가 광둥 출신이다. 국민당 정부의 관리나 군인 등을 중심으로 하는 외성인은 대만 정치의 중추를 쥐고 있으며, 본성인은 오랜 기간 거기서 배제되어 왔다. 1987년 계엄령이 해제되고 1988년 본성인 리덩후이가 총통이 됨에 따라 이러한 국민들 사이의 균열도 조금씩 메워지고 있지만, 일본 철수 후 혼란기에 발생한 2·28사건을 정점으로 한 피로 피를 씻는 대립에 의해 형성된 골은 아직 완전히 메워지지 않았다. 대만의 국어도 북방의 베이징어北京語를 기조로 하고 있지만, 일상생활에서는 종종 민난어계의 대만어가 사용되고 있다. 정치가 외성인의 세계가 된 만큼 본성인은 상업에 종사하는 경우가 많기 때문에 민난어가 상업의 언어로서 유통되기도 한다. 또한 고령자를 중심으로 베이징어를 못하는 사람도 많으며 학교에서는 베이징어, 가정에서는 민난어라는 언어 환경은 대만에서는 흔한 일이다. 이러한 언어 상황, 민족 구성에 비추어 볼 때 대만 사회의 일상생활에 관한 규범은 기본적으로는 푸젠, 광둥 등 중국 남방계의 그것을 배경으로 하고 있다고 할 수 있을 것이다.

2) 중국 남방의 노동과 가족, 형태와 규범

대만의 가부장제를 생각할 때 중국 남방의 여성노동에 관한 관행, 가족 규범 등을 고찰할 필요가 있다.

우선 남방이라는 표현이 가리키는 범위인데, 지리적으로는 화이허강淮河의 남쪽, 서쪽은 쓰촨성四川省 부근까지의 지역으로 연간 강수량이 1000mm를 넘고, 쌀농사가 중심이 되는 지역을 가리킨다. 연안부를 중심으로 토지생산성이 비교적 높고 인구 밀도도 높다.

여성노동에 관해서는 일반적으로 중국에서는 '남주외, 여주내男主外, 女主內, 남자는 밖, 여자는 안－역자주', '남경여직男耕女織, 남자는 농사짓고 여자는 베를 짜다－역자주' 등, 예로부터 일컬어지듯이 토지에 대한 인구 압력이 높기 때문에 여성이 옥외에서 농사일에 종사하는 일은 적다. 이 경향은 특히 화베이華北에서 강하고 가축 노동도 많았기 때문에 여자의 옥외노동에 대한 기피관도 비교적 강하다. 이에 비해 화중華中, 화난華南에서는 화베이에 비해 여성이 농사일에 종사하는 비율이 높다고 한다Kung[1983 : 17~18]. 1929~1933년에 이루어진 벅Buck, J.L.의 조사에 따르면, 허난河南, 산시山西, 샤시陝西 등의 화베이 겨울 밀冬小麦·기장 생산지대에서는 가족의 농업 노동에서 차지하는 여성의 비율이 불과 6%인 반면, 화중의 장쑤江蘇, 시장浙江에서 21%,

우리가 문제로 다루는 푸젠, 광둥 등의 벼 이모작 지대에서는 30%에 이르고 있다.[3]

화난·화중과 화베이와의 여자 농업노동의 차이는 전족에서도 나타난다. 오카베 도오루岡部利良[1942]에 의하면, 화베이에서는 옥외노동이 적기 때문에 전족이 보급되기 쉬웠던 것에 비해, 화중에서는 분명 보급은 되었지만 전족의 정도가 화베이와 비교해서 심하지 않았다고 한다. 객가는 세대의 경제적 지위와는 무관하게 대부분의 여성이 농사나 가축을 돌보는 일에 종사하고 있었다Johnson[1975]. 그런 사정 때문인지 객가에서는 전족을 거의 볼 수 없었던 것으로도 알려져 있다.

이러한 옥외 농업노동에 종사하는 정도의 차이는 여성의 옥외노동 일반에 대한 기피관의 유무로 나타난다. 1933~1934년경 중국 방적노동자의 남공, 여공, 유년공의 비율 조사에서는 화베이 각 성에서 여성노동자의 비율이 20% 정도에 지나지 않는 것에 반해, 화중에서는 60% 가까이까지 이르고 있다岡部[1942]. 또한 화난의 광둥, 푸젠 등에 관해서는 그보다 앞선 조사에서 이미 광둥에서 67%, 푸젠에서 46%가 되었다.[4] 이러한 산업화 초기단계에서의 여성노동자 석출의 유무는 여성의 옥외노동 일반에 대한 기피관의 강도에 의해 설명된다. 남성이 일가의 생활 부양자라는 관념이 특히 강한 화베이에서는 여성이 가정 밖으로 나가 일하는 것 자체가 일종의 체면을 손상시키는 사태였던 것이다.

중국에서는 형제의 연대와 형제간의 균분 상속을 특징으로 하는 확대가족extended family의 경향이 강한 것이 유명한데, 그 중에서도 중국의 남방은 그 경향이 현저하다. 한 세대의 구성원 수만 보아도 1920년대부터 1930년대 무렵의 중국 전체 평균이 다섯 명 안팎인 반면 푸젠에서는 같은 시기에 11.8명이라는 말도 있어 일반적으로 남방 쪽이 많다고 한다Wong[1981 : 97]. 이러한 확대가족에서는 가계는 각 구성원의 추렴으로 유지되는 경우가 많고 여성노동의 기여분도 적지 않았다. 앞서 언급한 벽의 조사에서 여성, 어린이 모두 화난·화중 쪽이 화베이보다 농사 참여율이 높은 것은 이를 반영하고 있다. 이런 사정으로 화난에서는 특히 여성의 옥외노동에 대한 기피관은 약하며, 또한 여성의 기여분이 컸던 것과도 대응해서 여성의 지위는 북방과 비교해 확실하게 높다는 사실이 다양한 논자에 의해 지적되고 있다Kung[1983 : 21~2]. 그 중에는 대만의 마을을 대상으로 동일한 사태를 논하고 있는 것도 있어Diamond[1969], 중국 남방의 노동과 가족에 관한 형태·규범이 대만의 그것의 기초를 이루고 있다는 여기에서의 가설을 뒷받침하고 있다.

중국은 주지하는 바와 같이 한국 부분에서 설명한 것과 같은 유교에 기초한 다양한 여성 규범의 발상지이다. 한국처럼 사회 전체적으로 아울러 일상생활의 세부를 규정하는 데까지 그것이 침투하는 일은 없었지만 그래도 여성에 대해 차별적·억압적인 규범을 형성하고 있었으며 뿐만아니라 역할에 관해서도 기본적으로 가정 내에 한정되어 온 것은 틀림없다. 그러나 그런 가운데 중국의 남방은 권력의 배분에 있어서도, 역할의 배분에 있어서도 전통적으로 어느 쪽인가 하면 비교적 평등한 경향이 강한 지역이었다고 말할 수 있다.

3) 대만형 가부장제의 형성

중국 남방의 여성 규범을 기초로 대만의 가부장제가 형성되는데, 대만의 독자적인 측면을 고려할 때 청나라시대의 대만이 변방지역이었던 것도 하나의 요인이 될 수 있을 것이다. 대만의 변경성辺境性은 청일전쟁 후 청나라가 일본으로의 할양을 인정한 데서도 분명히 알 수 있다. 그렇기 때문에 대만은 과거를 통해 중앙에서 흡수해 가는 유교적 위계구조 안에서 가장 주변적인 부분에 속하게 된다. 메스킬Meskill[1979]은 일본통치 이전의 대만에 있어서의 토호의 성립을 공들여 추적한 대만 사회사의 명작으로, 그것에 따르면 19세기 초에는 대만으로부터 3년에 한 번 강 건너의 푸젠성의 성도省都 푸저우에서 행해진 향시鄕試에 합격해 합격자가 되는 자도 한 명 정도는 있으며, 서서히 지방의 엘리트층이 성장해 온 사실을 지적하고 있다. 그러나 분명 서원이 생기고 조금씩 과거를 통해 지식인들이 육성되고 있었다고는 하지만 베이징에서의 최종시험으로 가는 표를 얻는 사람이 한 명 정도이고 나아가 향시를 치르기 위해서 바다를 건너야 한다는 지리적 거리감은 분명 대륙과의 사이에 문화적 낙차를 낳고 있다.

과거에 의한 출세라는 지식인형 루트와는 별도로 상인으로서 돈을 버는 것도 남방의 화교 등을 중심으로 인정받는 하나의 출세 루트였다. 거기서는 노동을 통해 돈을 버는 것에 대한 거부감이 희박하여 한국의 경우와 비교했을 때 유교적인 의미에서 이상적으로 여겨진 생활 양식이 상대화되는 하나의 계기가 되었다고 생각된다.

한국의 경우, 재지 양반층의 성장과 확산이 양반적 규범의 사회적 확산을 의미하고 양반적·유교적 생활 양식이 사회 전체로 확산되면서 여성노동에 대해 억제적인 가부장제가 형성되었음은 이미 논한 바 있다. 그러나 대만의 경우는 문화적 변방이었기 때문에 그러한 상류계급 규범이 정착하기 어렵고, 계층 상승에 따라 여성노동이 억제되는 현상이 그리 보편화되지 않았다고 생각된다.

그 이후의 대만에서도 사정은 기본적으로 동일하다. 대만은 1895년부터 1945년까지 50년의 오랜 기간에 걸쳐 일본의 식민지가 되었고, 근대적인 여자교육도 일본의 손으로 정비되었지만, 한국과 마찬가지로 그다지 보급된 것은 아니며, 또한 이 책의 내용과 관련된 일상생활의 규범에 관해서는 별로 큰 변화가 있었다고는 할 수 없다. 광복 이후 국민당 정권 하에서도 특별한 여자교육이 이루어진 것은 아니며 전통적인 중국 남방의 여성 규범은 여전히 남아있다고 볼 수 있다.

그곳에서는 앞서 말했듯이 권력의 배분에 있어서도 비교적 평등하고, 역할의 배분에 있어서도 여성이 가정 내에 속박되는 일은 어느 쪽인가 하면 적었다. 물론 대만도 중국 문화권의 일부이고 전족도 행해졌으며 일본 통치하에서는 여자를 학교에 보내는 것을 기피하는 경향도 보이기도 했다. 다만 그 경향이 중국의 북방 등과 비교해 여기서 말한 것들이 나타나는 것은 틀림없다고 생각된다. 이러한 점들이 나중에 언급할 대만 가부장제의 중요한 특징을 형성하는 바탕이 된다. 이러한 규범은 근대적인 도시 가족의 형성과 함께 약간 변용되는 조짐을 보이는 것 같지만, 최근에는 서구적인 여성의 사회 진출을 긍정적으로 보는 사고방식의 영향도 있어 전통적으로 가지고 있던 특징이 보다 강조되어 나오는 경향이 있는 것 같다.

3. 대만 여성의 취업 형태

1) 근대주부·현대주부 탄생 무렵

대만의 여성 문제에 관한 영어 문헌은 1970년대 초까지 인터뷰 조사를 바탕으로 한 것이 적지 않다. 그 대표적인 것으로 다이아몬드Diamond, Norma의 1970~1971년에 걸친 타이난시台南市의 기혼여성을 대상으로 한 조사이다. 그는 대만에서 여성의 전통적인 역할의 하나로서 여성이 일을 해서 가계를 보전한다는 것이 있음에도 불구하고, 밖에서 취업하지 않고 사랑 가득한 가정을 꾸리는 일이 20대부터 30대의 젊은 중산계급의 기혼여성 사이에서 이상이 되고 있음을 지적하고 있다Diamond[1973a, 1973b]. 그것에 따르면 그녀들은 자녀 교육에 열심이고 결혼 후에는 일을 하지 않는 편이 좋다고 생각하며 여성이 있어야 할 곳은 가정이라고 생각하는 경향이 있다. 1970년 전후는 마침 수출지향 공업화로 젊은 여성의 취업이 강조된 시기로 여자노동력률 그래프도 앞서 말했듯이 초기 연령 피크형을 그린다. 이런 점에서 대만에서는 이 시기에 일부에서 근대주부가 탄생한 것으로 보인다. 기혼여성의 취업을 촉진하는 전통적인 가치관에 대해 도시에서는 계층 상승과 함께 근대주부를 지탱하듯이 '남 = 생산노동 / 여 = 재생산노동'이라는 규범이 생겨났고, 그와 함께 근대주부의 심성도 보급되었다고 볼 수 있을 것이다.

근대주부가 탄생하는 도시적인 생활 양식은 교육받는 존재로서의 '전업자녀'를 만들어 냈고, 도시화에 의한 인구 이동에 따른 핵가족화와 함께 한 세대당 가족 구성원수의 감소를 가져온다. 주朱[1986]에 따르면 여성에 대한 추적조사에서 이상적인 자녀 수는 1971년에는 3명 이상이 60% 정도를 차지한 반면, 7년 후에는 2명이 과반수를 차지했고, 또한 한 세대당 가족 구성원 수도 1970년 무렵까지 5.6명 안팎이었던 것이 이후 급격하게 감소하기 시작해 1979년에는 4.86명까지 떨어졌다.

1970년대 후반 가전제품의 보급, 가족규모의 축소에 의해 대만은 산업화 차원에서는 현대주부의 탄생이 가능한 단계가 된다. 이에 반해 규범적 차원에서는 대만형 가부장제는 원래 여성의 옥외노동에 허용적이고, 근대주부 시기에 일부 층에서 볼 수 있었던 가정 내부로의 지향도 그다지 확대되지 않았다. 그렇기 때문에 가계를 보전하기 위해 취업하는 것은 문제시되지 않았고, 오히려 환영받는 경우도 많았다. 나아가 주체 쪽으로

<표 7-1> 한국·대만의 산업별·종업상의 지위별 노동력 구성비(%)[5]

1988년 단위(%)		한국남녀 =100	한국여자 =100	대만남녀 =100	대만여자 =100
산업별	농림어업	20.7	22.9	13.7	10.8
	광공업	24.6	30.6	42.6	41.4
	서비스업	44.8	46.5	43.7	47.8
종업상지위	자영(고용주 포함)	30.2	21.5	23.4	10.3
	가족종사자	12.8	27.3	9.5	18.4
	피고용자	57.0	51.2	67.0	71.2

출처 : 한국 『경제활동인구연보』
대만 『人力資源調査統計年報』를 바탕으로 작성

눈을 돌려도, 후술하듯이 고학력 여성의 사회 진출이 진행되고 있고 가사에 대한 요구 수준이 크게 오르지 않아서 이러한 이유로 가사의 시장화는 한국의 경우와 달리 현대주부의 탄생으로 직결되게 된다. 이런 상황과 더불어 노동시장도 확대되었기 때문에 대만의 현대주부은 한국의 경우와 대조적으로 대량으로 노동시장에 뛰어들어 참여하는 것이다.

〈표 6-3〉에서 볼 수 있듯이 대만의 여자노동력률은 50%를 넘는 일본보다는 약간 낮고 한국과 거의 같다. 이것만 보면 신흥공업국 대만은 여성노동에 관해서도 역시 한국과 동일하다고 할 수 있다. 그런데 그 양상을 자세히 살펴보면 한국과는 상당히 다른 사회임을 알 수 있다. 한국은 주로 농촌을 중심으로 하는 도시지역 이외의 노동력률이 높고 도시지역은 그에 비하면 현저하게 낮은 것과 비교해, 대만에서는 1차산업의 비중은 한국에 비해 상당히 낮다. 그뿐만 아니라 대만의 경우는 중장년의 여자노동력률이 낮기 때문에 전체 노동력률이 낮게 나타나지만, 학력별·도시와 시골별 취업 패턴은 매우 흥미로운 특징을 가지고 있다. 〈표 7-1〉은 데이터가 조금 오래되었지만, 이 단계에서도 대만에서는 여성 취업자에서 차지하는 피고용자의 비율은 한국보다도 높아서, 대만 여성의 취업이 결코 자영 상점과 같은 낡은 형태의 것이 아님을 알 수 있다.

제2장에서 설명했듯이 학력별 노동력률은 그 사회의 여성노동에 대한 이미지를 좌우하는 중요한 변수이다. 이하에서는 대만 사회의 젠더 본연의 모습을 살펴본다는 관점에서 관련 데이터를 검토해 보자.

우선 진학률인데, 여기서도 한국과 마찬가지로 번거로운 계산을 필요로 한다. 일본의 계산 방법에 맞추어 다시 계산한 것이 〈표 6-5〉이다. 전과專科란 주로 2년제일부 3년제나 중학교를 졸업하고 들어가는 5년제도 있다의 고등교육기관으로 역시 일본과는 달리 기술교육·직업교육이 중심이다. 대만의 대학 진학률은 여기서 알 수 있듯이 고등교육 진학률이라는 의미로 전과와 대학을 합쳐 계산하면 일본과 큰 차이가 없다. 한국의 높은 (4년제)대학진학률은 두드러지지만, 고등교육기관 졸업생이 사회에서 그다지 흔치 않은 특권적인 존재는 아니라는 점에서 동아시아의 3개 자본주의 사회는 공통적이다. 대학이라는 위치가 가지는 값에 큰 차이는 없다고 생각된다. 이를 바탕으로 대만의 특징으로서 우선 들어야 하는 것은 남녀의 진학률에 거의 차이가 없다는 점이다. 한국과 일본의 경우 4년제 대학에서 거의 2대 1의 차이가 나는 것에 비해 이는 상당히 주목할 만하다. 이 자체로 자녀에게 기대하는 학력에 남녀 차가 없다는 의미이고 일본이나 한국에 비해 남녀평등이 진전되고 있음을 보여 주는 하나의 증거로 볼 수 있을 것이다.

〈표 7-2〉 대만 여성의 교육정도별 노동력률(1992)[6]

소학졸 이하	35.4
중학	49.4
고교	66.1
전과(專科)	79.8
대학 이상	82.0

두 번째 특징은 학력별 여자노동력률인데, 그것을 계산하려면 역시 데이터를 조금 조정해야 한다. 『인력자원통계연보』에는 학력별 노동력률이 일람표로 되어 있는데 이 데이터는 분모에 해당 학력인 15세 이상 인구를 두고 있기 때문에 전과·대학 등에서는 재학자가 비노동력인구로 계산되어 노동력률이 매우 낮게 나와 버린다. 그래

서 이 재학자를 분모에서
제외하고 다시 계산한 것
이 〈표 7-2〉이다.[7] 이를 보
면 일목요연하지만, 대만
에서는 학력 상승에 따라
여자노동력률이 눈에 띄
게 상승한다. 그리고 고학

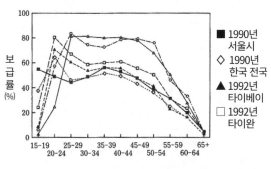

〈그림 7-2〉 대만 학력별 여자노동률(1992)
출처 : 『人力資源調査統計年報』

력층의 80% 안팎이라는 높은 노동력률은 일본의 고학력층의 60% 안팎
이라는 수치에 비해서 훨씬 높고 제3장에서 본 미국과 거의 같다. 80%는
출산이나 질병 등의 이유로 쉬고 있는 사람을 제외하면 모두 일하고 있
는 상태에 가까워 특필할 만하다. 게다가 이것을 연령 계층별의 그래프로
나타낸 것이 〈그림 7-2〉이다. 고학력층에서 M자형을 형성하지 않는 것
을 확실히 알 수 있다. 이미 설명했듯이 일본과 비교해 특별히 고학력층
이 희소한 존재인 것은 아니다. 개발도상국과 같은 극단적인 계층차가 있
는 나라에서는 성차가 계층차보다 작아져 고학력 여성의 노동력화가 진
행되는 일은 있을 수 있지만, 일본과 큰 차이가 없는 대만의 진학률이나
생활 수준을 생각하면 이는 특수한 계층요인에 의한 것은 결코 아니다.
대만의 고학력층 여성에게 있어 일하는 것은 이를테면 당연한 일이다.

　　남성 취업자를 100으로 봤을 때의 비율에서도 〈표 6-7〉에서 보듯이
고학력층에서는 한국·일본보다 훨씬 비율이 높아진다. 이러한 경향을
반영하여, 남성과의 임금 격차도 일본과 비교하면 비교적 작다.

　　더욱 흥미로운 것은 도시와 시골 간의 차이다. 일본이나 한국의 농촌에
서는 여자노동력률이 상당히 높아지지만 도시로의 이동은 주부를 탄생
시킨다. 앞서 보았듯이 한국의 대도시에서는 출산·육아기 이후의 노동

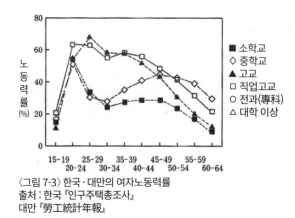

〈그림 7-3〉한국·대만의 여자노동력률
출처 : 한국『인구주택총조사』
대만『勞工統計年報』

■ 소학교
◇ 중학교
▲ 고교
□ 직업고교
○ 전과(專科)
△ 대학 이상

력률이 하락한 그대로이고, 후술하듯이 일본의 경우에도 수도권 등 대도시는 대체로 노동력률이 낮다. 즉 도시에서는 '남자 기간노동자 + 전업주부'라는 시스템이 생활 양식으로서 정착하기 쉽다. 아마도 그것은 도시로의 이동이 일종의 상류계급으로의 규범적 동화를 의미하며, 농촌의 노동 규범을 떠나 주부가 탄생하기 쉽기 때문일 것이다. 그에 비하면 대만의 예는 약간 기묘하다. 〈그림 7-3〉에서 보는 바와 같이 타이베이台北의 노동력률은 대만 전체와 비교해 결코 낮지 않다. 중장년층에서는 약간 낮지만 M자형을 별로 형성하지 않는 점은 상당히 특징적이다. 한국과 비교해 현격한 차이를 보이고 있음을 알 수 있다. 즉 대만은 도시로의 이동이 주부를 탄생시키지 않는 사회인 것이다. 이는 해석하기가 쉽지 않지만 대만 가부장제의 하나의 특징이라고 할 수 있다. 뒤에서도 언급하겠지만 아마도 한국의 양반적 생활 양식에 대한 동조, 일본의 양처현모주의 교육의 침투, 영국의 복음주의와 같은 여성의 취업을 억제하는 상류계급의 규범이 강하게 작용하지 않는 데에는 한 가지 원인이 있다. 변방이었던 대만 사회에는 여성의 취업을 '비참한 일'로 여기는 상류계급의 규범이 별로 침투하지 않아 중국 남방의 여성은 노동력이라는 생각이 도시화가 진행되어도 소멸되지 않고 근대주부의 단계를 빨리 벗어나 여성의 취업이 촉진된 것이다. 같은 패턴이 홍콩이나 싱가포르에서도 보이는 것은 이 가설을 지지하고 있다고 할 수 있을 것이다.

<표 7-3> 대만의 6세미만 자녀를 둔 유배우 여성의 교육정도별 노동력률(1992)[8]

	평균	6세 미만과 6~17세 자녀			6세 미만의 자녀만			
		소계	3세 미만 無	3세 미만 有	소계	3세 미만 無	3세 미만 有	모두 3세 미만
총계	42.3	44.2	45.6	39.9	41.2	47.3	38.8	40.4
소학	36.1	42.1	43.1	39.5	27.4	40.1	21.1	22.8
중학	33.6	39.2	40.1	36.7	30.2	34.9	28.4	30.8
고교	40.6	43.3	42.3	47.6	39.3	44.2	36.2	28.9
고직(高職)	43.6	45.4	49.8	33.4	42.9	47.1	41.2	43.8
전과(專科)	63.4	65.1	66.7	61.6	62.8	76.0	57.9	59.1
대학	76.2	70.3	67.8	83.2	77.9	85.8	74.8	73.4

출처 : 『人力運用調査報告』

또 하나 특징적인 것은 그림에서 잘 알 수 있듯이 일본에서는 M자형의 바닥을 형성하는 25세부터 34세까지의 연령층에 대해서 대만에서는 그다지 노동력률이 떨어지지 않는다는 점이다. 대만에서는 중장년 이후의 노동력률이 선진국에 비해 낮기 때문에 전체 여자노동력률은 92년에 44.3%로 일본의 50.7%에 비해 상당히 낮지만 30~34세에서는 54.6%로 일본의 52.7%를 웃돌고 있다. <표 7-3>은 6세 미만의 자녀를 둔 배우자가 있는 여성의 노동력률을 나타낸 것인데, 3세 미만의 자녀가 있는 경우에도 전체 수치로 약 40%가 일하고 있으며 이는 일본의 30% 이하라는 수치보다 확실히 높다. 특히 대졸층에서는 3세 미만의 자녀가 있는 경우에도 거의 80% 안팎이 일하고 있다. 일본에서는 3세까지는 아이 곁을 지킨다는 규범이 강하게 작용하고 있지만, 적어도 그러한 의식이 대만에서는 일본만큼 구속력을 가지고 있지 않다는 것을 잘 알 수 있다. 또한 학력이 높아짐에 따라 노동력률도 상승하고 있어 고학력층일수록 취업이 자녀에게 영향을 받지 않는다고 할 수 있을 것이다.

그렇다면 도대체 낳은 자녀들은 어떻게 하고 있는 것일까. 20세 이상 60세 미만의 여성을 대상으로 1992년 대만성정부가 실시한 『대만성 부녀생활상황조사보고臺灣省婦女生活狀況調查報告』에 따르면 취업으로 인해서 자녀를 돌봐 줄 사람이 필요한 여성 중 '부모가 돌봐준다' 62%, '기타 친척이 돌봐준다' 12.7%, '베이비시터가정보모가 돌봐준다' 6.6%, '탁아소나 보육센터에 맡긴다' 18.7%로, 부모와 친족이 차지하는 비율이 압도적으로 높다. 이러한 경향은 고학력층에서도 기본적으로 동일하며, 전과, 대학졸에서도 '부모'가 60.4%, 비용이 많이 드는 베이비시터의 비율이 높은 점이 특징으로 14.2%로 나타났다. 또한 1987년에 실시된『부녀혼육과 취업조사보고婦女婚育輿就業調查報告』에 따르면 기혼여성에 대해 '첫째 아이 돌보기는 낮에는 주로 누가 하느냐'는 질문에 '스스로'라고 답한 사람은 74%인데, 이 비율은 15세에서 24세의 층에서 54%, 25세에서 34세 층에서 65%로, 젊은층일수록 타인에게 맡기는 경향이 강하다. 또한 학력별로는 고졸이 66%, 전과졸이 35%, 대졸이 26%로 뚜렷한 학력차를 보인다.

이 통계에서는 나타나지 않지만, 이 경우 부모란 일본과 같은 외가가 아니라 대부분의 경우 아버지 쪽이다. 또한 부모·친척 등에게 맡기는 경우도 매일 송영하는 방법 외에 월요일 아침에 맡기고 토요일 저녁 아이를 데리고 돌아가는 일도 결코 드문 일이 아니다. 저자가 대만의 다양한 기업에서 여성노동자를 대상으로 실시한 인터뷰 조사에서도 자녀는 친척, 특히 남편 쪽 어머니가 돌봐주는 경우가 많았다. 그 중에는 아버지 쪽 시골 자이嘉義, 타이베이에서 특급으로 3시간 정도 거리의 대만 중부의 마을에 아이를 맡기고 부부 둘이 타이베이에서 일하고 있으며 2~3주에 한 번 정도의 비율로 아이를 만나러 돌아간다는 직업고등학교를 졸업한 여성도 있었다. 이것은 일본에서는 생각할 수 없는 케이스이지만 대만에서는 그다지 드문 일은 아니다.

한편으로 탁아소 등의 시설에 맡기는 사람이 매우 적은 것을 보는 한, 이러한 시설이 아직 정비되지 않았다는 것을 말하지 않을 수 없다. 제도

적 차원에서는 일본이나
한국과 마찬가지로 어린
자녀를 둔 취업이 쉽지 않
다는 것을 알 수 있다.

반대로 손자를 돌보는
일도 있어 대만에서는 중

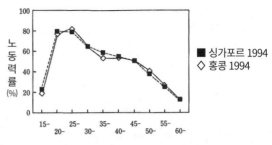

<그림 7-4> 싱가포르·홍콩의 여자노동력률
출처 : ILO Yearbook of Labour Statistics 1995

장년층의 노동력률은 극히 낮다. 일본에서는 70% 가까이에 이르는 40
대 후반 이후의 각 연령 집단의 노동력률은 대만에서는 30~40% 정도밖
에 되지 않으며, 이것이 대만의 여자노동력률 수치를 낮추고 있어서 그것
만 보면 대만 여성의 사회 진출 양상을 오인할 수 있는 데이터이다. <그림
7-4>에서 보는 싱가포르·홍콩 외 대륙의 중국(그림 9-1)에서도 고령층의 여
자노동력률은 비교적 빨리 하락하므로, 이것은 중국 문화권의 하나의 특
색이라고 할 수 있을 것이다.[9] 이것이 세대효과에 의한 것인지, 단순한 가
령加齡효과인지는 대만 여성의 지위의 장래를 예측하는 데 중요한 포인트
이지만, 이 판단을 엄밀하게 내릴 만한 재료는 없다. 단지 현재의 40대 후
반은 마침 여자노동력률이 가장 낮고 근대주부가 탄생했다고 생각되는
60년대 후반에 20대 후반을 맞이한 세대이고 따라서 항상 노동력률이
50%를 넘는 일은 없었다. 또한 대졸이나 전과졸의 비율도 극히 낮고, 자
녀도 스스로 키우고 있는 비율이 매우 높은 것 등을 생각하면 이는 역시
세대효과에 의한 것으로, 지금의 젊은 세대가 중장년에 접어들 무렵에는
노동력률도 상승할 것이라고 예상하는 것이 자연스러울 것이다. 그러면
이번에는 장래적으로는 아이를 누가 돌볼 것인가 하는 문제가 클로즈업
될 가능성이 있다. 노동력 재생산 메커니즘이라는 관점에서 보면 대만은
핵가족을 넘어 친족 네트워크에 의한 부조扶助가 작용하고 있다고 생각된

다. 이것이 언제까지 이용 가능할지, 그것이 없어질 때까지 공적 시설이 갖추어지지 않으면 문제를 낳을 가능성이 있다고 말할 수 있을 것이다.

이와 같이 대만에서는 전체적으로 고학력층 사이에서 상당히 직업 지향이 강하고, 어머니 역할의 구속이 적은 만큼, 일본 이상으로 주부의 소멸로 향하기 쉬운 사회라고 생각할 수 있을 것이다. 제도적 여건은 전혀 마련되지 않았음에도 자녀는 (특히 고학력) 여성의 사회 진출에 방해가 되지 않는다. 물론 자녀가 있는 여성에게 있어서 그것이 골칫거리인 것에는 변함이 없지만, 적어도 그것은 취업을 단념시키는 방향으로는 작용하지 않는다. 이러한 취업 패턴은 지금까지 설명해 온 것처럼 대만형 가부장제라고 불러야 하는 것에 의해 가능해지고 있다. 이하에서는 그것에 대해 자세히 살펴보자.

4. 대만형 가부장제

대만은 한국에 비해 1인당 GDP도 상당히 높고[10] 실업률도 낮기 때문에 위에서 살펴본 것과 같은 여성노동의 패턴은 대만 경제의 규모나 발전 구조에 적합한 면을 분명히 가지고 있다. 그런 의미에서는 단선적인 경제발전론으로 해소해 설명이 가능한 면도 있을 것이다. 그러나 여성의 노동력률이 출산·육아기에도 하락하지 않는 경향은 단순히 경제의 확대로는 설명할 수 없다. 노동력 수요 측에서 보더라도 반드시 '경제 합리적'인 선택이라 할 수 없고, 무엇보다 노동공급 측이 그런 행동을 취하는 것 자체가 일본이나 한국과 비교하면 알 수 있듯이, 그것을 허용하는 규범이 작용하지 않는 한 생각할 수 없기 때문이다. 일본과 비교해도 높은 고학력층의 취업 지향 등은 경제적인 측면에서 설명하기에는 무리가 있을 것이다. 또한 〈표 7-1〉에서 보았듯이, 여성 취업자 중 남성을 100으로 했을 때 여성피고용자의 비율은 대만이 한국에 비해 20‰p나 높다. 배경으로 하는 규범이 만일 같다면 출산·육아기의 노동력률은 피고용자가 많은 대만 쪽이 낮아질 것이지만, 실제로는 완전히 반대로 되어 있다. 이 설명에는 여성의 노동에 관한 의식·규범의 차이라는 요인을 개재시킬 필요가 있다고 생각된다. 우리가 가부장제라는 개념에 집착하는 것은 그러한 측면을 클로즈업시킬 수 있다고 생각하기 때문이다.

1) 성에 근거한 역할과 권력의 배분

대만에 관해서는 입수 가능한 의식조사가 적어서 주부 소멸의 경향이 어느 정도 현대주부들 사이에 내면화되어 있는지를 충분히 논할 수 없지만 부분적으로 그 경향을 검증할 수 있을 것이다. 예를 들어 타이완대학台灣大學 조교수 가오슈기高淑貴[1989]가 타이베이의 자녀를 둔 일하는 여성을 대상으로 한 조사에서는 '아이를 돌보기 위해 일을 그만두려고 생각한 적이 있는가?'라는 질문에 '자주 생각한다'는 답변은 10%도 채 되지 않으며, '가끔 생각한다'가 20% 미만, '생각한 적이 없다'와 '거의 생각하지 않는다'가 과반수를 차지하고 있다. 가사 부담자를 묻는 질문에서도 청소, 세탁, 식사 준비 등은 70% 정도가 스스로 하는데 반해, 자녀 돌보기는 약 절반이 '(따로 해 주는 사람이 있어서) 나는 반드시 해야 되는 것은 아니다'라고 답하고 있다. 자녀 돌보기가 의식적으로도 취업의 방해가 되지 않는다는 경향을 알 수 있다. 한국에서 거론했던 국제 조사와 같은 내용의 질문으로 '남자는 일, 여자는 가정'이라는 의견에 대한 찬반을 물은 것에 대해서는, 전과졸 이상에서 54%가 반대이다. 직업을 가진 여성을 대상으로 하는 것이라고는 하지만 고학력층의 높은 노동력률을 감안하면 한국의 대졸 이상에서 56%가 찬성했던 것과는 좋은 대조를 이룬다고 할 수 있을 것이다.

그러나 한편 앞에서 언급한 「대만성 부녀생활상황조사보고」에서 이른바 '남자는 밖, 여자는 안男主外, 女主內'에 대한 찬반을 물었는데, 반대가 29.1%인데 비해 찬성이 45.2%로 찬성이 반대를 크게 웃돌았다. 학력별로 보면 고졸 정도에서 찬성 34.3% 대 반대 38.1%, 대학, 전과 이상에서 33.4% 대 43.1%로 고학력일수록 반대가 늘어나지만 전체적으로는 고령층을 중심으로 찬성 비율이 높다. 전통적인 역할 의식의 뿌리깊은 일면도 뚜렷하게 보인다. 즉 대만 여성의 대다수가 자각적인 커리어 우먼이 되려고 하는 것은 결코 아니다. 그러나 특히 고학력층에서 자녀의 유무에 관계없이 취업하는 것 자체는 말 그대로 당연한 것이다.

이렇게 취업이 가능해지고 있는 것은 대만의 가부장제가 어머니 역할에 대한 강조를 그다지 하고 있지 않기 때문이라고 생각된다. '남자는 밖, 여자는 안'에 대한 찬반으로 보아도 남녀의 분업 자체는 규범으로서 수용되고 있는 면도 있지만, 친모가 아이 곁에 항상 있어야 한다는 규범이 희박한 것이다. 다급하지도 절박하지도 않은 어머니 역할, 이것이 대만형 가부장제의 특징이라고 할 수 있다.

가부장제 형성의 배경으로는 2절에서 이미 언급한 바와 같이 대만의 가부장제가 중국 남방의 노동 규범을 배경으로 하고 있으며, 거기에서는 여성의 공헌을 포함해 추렴으로 가계를 유지하는 것이 일반적이었던 것을 들 수 있다. 그리고 이것뿐이라면 일본을 포함한 많은 농업 사회에서도 볼 수 없는 것은 아니지만, 주부를 탄생시킬 만한 여성노동에 대해 억제적인 상류계급의 규범이 작용하는 일이 없었기 때문에 대만의 가부장제는 여성노동에 대해 그다지 강한 금기를 갖지 않는다고 생각된다. 다급하지도 절박하지도 않은 어머니 역할에 관해서 부언하면, 남편 쪽 어머니시어머니가 육아에 적극적으로 참가한다고 하는 것은 아이가 핵가족의 것이 아니라, 부계 가계의 보물이라는 의식과 바로 대응하고 있다. 친조부모에게 있어서는 일족의 보배중국어로는 말그대로 아기를 '보배(宝宝)'라고 부른다를 돌보는 것은 지극히 자연스러운 행위로, 아이를 맡기고 일을 하는 여성에게 물어봐도 이러한 의식이 작용하고 있는 것은 인터뷰 등에서 확실히 알 수 있는 사실이다. 전통적인 가족 규범이 반대로 근대 가족적인 배타적 어머니 역할의 성립을 억제하고 결과적으로 여성의 취업이라는 극히 현대적인 상황을 뒷받침하고 있다는 것은 매우 흥미롭다. 이것은 노동력 재생산 시스템의 비교라고 하는 관점에서 보면, 가족이라고는 해도 주부와 같은 핵가족형은 아니기 때문에 친족 네트워크형이라는 독자적인 유형에 속한다고 생각할 수 있다.[11]

한편 2절에서 서술한 바와 같이 사회문화적 배경만으로는 설명할 수 없는 면도 존재한다. 여성의 사회 진출이 본성인보다 외성인의 경우에 오히려 현저하다는 사실은 많은 사람들이 지적하는 바이며, 이는 앞에서 살펴본 바와 같은 대만 사회의 기층基層만으로는 결코 설명할 수 없다. 따라서 제2의, 그러나 보다 중요한 요인을 다룰 필요가 있다. 외성인의 생활양식이다. 이들은 대부분의 통계자료가 성적별省籍別 데이터를 내고 있지 않기 때문에 통계적으로 확인할 수 없는 것이 많지만, 대만 사회에서는 말그대로 상식이 되어 있는 것 같다.

외성인은 국민당이 대만에 건너올 때 함께 대만으로 이주해 온 사람들로, 주로 공무원 등 화이트칼라나 군인 등으로 형성된다. 이들은 대만에 토지나 자산을 갖고 있지 않기 때문에 자연히 자녀교육을 통해 계층 상승유지을 꾀하고자 한다. 이 때문에 일찍부터 여자도 남자와 마찬가지로 교육투자의 대상이 된 것은 외성인의 특징이기도 하다. 차이슈링蔡淑鈴 [1987]에 의하면 외성인 여성의 교육 연수는 연령을 불문하고, 본성인보다 길고 또한 남성과의 차이도 작다. 게다가 직업상의 지위도 본성인 여성에 비해 높다는 특징이 있다.[12] 화이트칼라는 말할 필요도 없지만, 비교적 하층을 형성하는 군인의 경우에도 학비가 감면되는 경우도 있어 외성인 사이에서는 본성인에 비해 남녀를 불문하고 확실히 교육열이 높다. 따라서 대학진학 비율도 외성인이 더 높은 것으로 알려져 있다.

또한 그들은 그들 자신의 교육 수준이 높은 층도 많고, 따라서 사고방식도 개명적인데다가 친족을 대륙에 남겨 두고 대만에 건너왔기 때문에 전통적인 생각을 가진 친족에게 속박되는 일도 적어서 이것 또한 여성이 가정 밖으로 나가는 것에 대한 저항을 적게 만들었다고 생각된다. 친족이 적은 것은 자녀 돌보기를 부탁할 때 불리하게도 작용할 수 있지만, 외성인의 경우는 네트워크가 작기 때문에 딸의 아이를 봐주는 비율은 본성인보다 높다고 알려져 있다. 본성인 쪽이 비교적 부계의식이 강한 데 반해, 외성인은 친족이 적기 때문에 영유아의 돌보기 등에 관해서는 쌍계성双系性이 강해진 것으로 생각되며, 이런 점이 친족이 적은 것의 단점을 상쇄한다고 생각할 수도 있을 것이다.

이렇게 외성인들은 새로운 땅에서 지위를 쌓기 위해 남녀를 막론하고 교육에 투자했고 아울러 전통적인 관념에 얽매이지 않고 여성이 사회에 나가고자 하는 것을 허용했다. 대만의 현재 가부장제에 이러한 외성인의 규범이 일정한 영향을 가지고 있음은 의심할 여지가 없다. 그 결과로 가정 밖에서 활동 영역을 찾는 고학력 여성이 많이 나오기 쉬워지는 것이다.

2) 세대와 연령 대만형 경영

마지막으로 세대에 관한 논의를 매우 간단하게 덧붙여 두자. 앞 장에서
도 언급했듯이 대만을 포함한 중국 사회는 부모의 품에서 성인이 된 아
들 부부가 결혼 후 여러 명이 동거하는 가족 형태를 취하고, 나아가 형제
간에 균분 상속을 한다는 의미에서 토드의 분류에서는 공동체가족에 속
한다. 형제 서열은 의미 있는 서열이지만 한국이나 일본처럼 선배·후배
로 제도화되지는 않았다. 네트워크라고 불리는 인맥의 횡적인 연결이 구
사되는 것은 이러한 것과 관련된다. 부모와의 상하관계만 있고 형제간에
평등주의 원칙을 가진 사회는 연령 질서의 단계에 의한 관료제형보다 보
스와의 일대일에 의한 방사형의 인간관계를 만들기 쉽다. 대만의 중소기
업군은 이런 중국인에게 적합한 인간관계와 대응하는 것이 된다. 특히^이
^{는 한국에서도 마찬가지지만} 효는 항상 충에 우선해 왔다는 의미에서 혈연보다 우
선되는 원리를 갖지 않는 사회인 중국 문화에서는 기업과 친족의 논리가
대립했을 때 기업의 논리를 관철시키기 어렵다. 이는 일본과의 큰 대비점
이다. 그런 의미에서 대만에 흔히 있는 친족 경영의 중소기업은 이 모순
을 해소시킨 훌륭한 해결 사례이다. 일본의^{애초에 비혈연적인} 이에를 모방 확
대하여 '기업 일가'를 형성한 것과는 완전히 반대로, 이를테면 기업의 외
연을 친족으로 축소함으로써 기업과 가족과의 모순에 대해 중국인이 편
안하게 느낄 만한 해결을 주었다고 할 수 있다.

이상에서 본 바와 같이 여성의 취업에는 허용적인 노동관행을 기반으
로 하고 또한 대가족 규범이 살아있는 데에 외성인의 새로운 행동양식
이 자극을 줌으로써 배타적인 어머니 역할이 그다지 강조되지 않는 대만
형 가부장제가 성립되어 있다고 생각된다. 현재 대만의 주부와 여성노동
의 패턴은 이러한 메커니즘으로 뒷받침되고 있다. 물론 1960년대 후반부

터 1970년대에 걸쳐 노동력화하지 않은 근대주부의 시대도 있었으며, 거기에서 현재와 같은 패턴으로 변용할 때에는 완전 취업을 달성한 대만의 강한 노동력 수요가 작용한 것은 틀림없다. 급격한 노동력률의 상승을 배경이 되는 규범의 탓으로만 돌리는 것은 분명 무리일 것이다. 그러나 일본과 비교해보면 알 수 있듯이 경제 요인만으로는 M자형의 바닥이 사라지는 것을 설명할 수 없다. 그 사회에서 주부에게 어떤 역할이 기대되고 있는지를 고려하지 않는 한, 이를 설명할 수는 없는 것이다.

물론 지금까지 언급한 경향들은 대만 내에서도 일부 고학력층에서 두드러지게 나타나는 것으로 반드시 사회 전체적인 것은 아니다. 그러나 제2장에서 설명한 바와 같이 가장 자유롭게 선택할 수 있는 층이 가지는 방향성은 장래 그 사회에서 선택지가 사회 전체로 열려졌을 때의 하나의 방향성을 암시하고 있다고 생각할 수 있다. 이를 종합하여 생각하면, 대만은 어머니 역할의 강조가 강하지 않은 만큼 한국 이상은 물론이고 일본 이상으로 주부 소멸 방향으로 나아가기 쉬운 사회가 아닐까 생각된다.

제8장   북한의 가부장제

　자본주의형에 관한 일련의 분석을 바탕으로 다음의 두 장에서는 동아시아의 사회주의 사회를 검토한다. 사회주의형은 여성의 노동력화를 강하게 추진하는 점이 자본주의형과 가장 다른 점으로 그에 관해서는 거의 사회주의에 공통되는 특징이라고 생각할 수 있다. 그러나 그 양상은 사회주의 안에서 결코 동일하지 않다. 사회주의형 산업화에 의한 여성의 노동력화는 각 사회의 가부장제와의 타협 속에서 해당 사회별 특색을 비추는 것이 된다. 그리고 결론을 미리 말하면, 그것은 앞서 살펴본 자본주의형에 있어서의 차이와도 훌륭하게 대응하는 것이다. 이하에서는 자본주의 사회에서의 대비를 염두에 두고 제8장에서 북한을, 제9장에서 중국을 각각 비교해 보고자 한다.

　북한에 관해서는 현지조사가 거의 불가능하고 자료가 상당히 부족하다. 또한 일본에서는 정치경제에 관한 책이 몇 가지 출판되어 있을 뿐 우리가 분석의 대상으로 하는 젠더문제에 관해서는 선행 연구가 거의 없는 것과 같다. 그러나 다행히 최근 한국에서는 북한의 가정 생활과 여성 문제 등에 관한 책이 연이어 출간되고 있다. 이들은 모두 북한의 문헌을 인용하거나 귀순자의 증언 등으로 구성되어 있어 어느 정도 신뢰할 수 있는 자료라고 생각된다. 이 장에서는 아울러 북한의 문헌 등도 참조하면서 북한에서의 젠더문제에 초점을 맞추어 보자. 이러한 연구는 일본에서는 거의 이루어지지 않았기 때문에 지역연구로서도 어느 정도의 가치가 있을 것으로 생각된다. 다만 자료적인 제약으로 인해 정책이 어떻게 변화했는지, 또 이상으로 여겨지는 여성상이 어떤 것이었는지 등을 중심으로 소개하고자 한다.

윤미량은 북한의 여성 정책에 대해 다섯 단계로 구분하고 있는데윤미량[1991], 우리의 관점에서 볼 때 가장 중요한 것은 김일성의 영향력의 크기에 따라 정책을 어느 정도 분류할 수 있다는 것이다. 그런 점에서 '수령제는 1956년 이후 그 형성이 시작되어 1960년대 후반에 확립되었다'는 스즈키鈴木[1992]의 지적은 중요하다. 이하에서는 스즈키의 분석에 의거하면서 북한의 '김일성화'의 진행을 파악하고, 더 나아가 그것과 여성정책과의 관련성을 살펴보기로 한다. 우선 1950년대까지는 조선노동당 내에서 김일성이 차지하는 위치는 반드시 절대적이지는 않았다. 한국전쟁의 '실패'도 총지휘관인 김일성의 지위를 위태롭게 할 수 있었을 것이다. 그런데 김일성은 이를 박헌영 등 남조선노동당계의 실책이라며 숙청에 성공한다.

더욱 위기적이었던 것은 1956년 스탈린의 죽음 이후 스탈린 비판에 이르는 시기다. 스탈린 사후의 말렌코프에 의한 경공업 중시 노선의 채용은 김일성 등이 주장하는 중공업 우선노선에 반대하고 경공업 우선을 내세우는 당내의 소련파·연안파延安派를 기세등등하게 했다. 또 스탈린 비판은 김일성을 향한 개인 숭배에 대한 비난으로 이어져 간다. 당내로부터의 공공연한 비판에 더해서 소련이나 중국도 연달아 미코얀 제1부 총리나 펑더화이彭德懷 국방부장을 파견해 압력을 가했다. 그런데 이러한 비판을 반대파 추방으로 극복한 김일성은 자신의 권력기반을 한층 더 공고히 한다. 1956년 이후 수령제가 형성되기 시작한다는 스즈키의 지적은 이러한 사실을 배경으로 하는 것이다.

1967년 5월 제4기 제15차 당중앙위원회 전원회의에서 갑산파甲山派 숙청이 발표된다. 갑산파란 해방 전 김일성의 지도 아래 조선 내에서 활동한 그룹으로, 이 숙청으로 주요 파벌의 숙청이 끝나고 정치적으로는 김일성의 독재적인 지도권이 확립된다. 따라서 이후의 정책 전개는 김일성의 색깔이 매우 짙어지게 된다. 1956년부터 1967년을 하나의 분수령으로 북한의 정치는 크게 나눌 수 있다.

1. 사회주의화 정책의 전개와 여성관

노동력 재생산에 관련된 정책이라는 우리의 관점에서도 이 구분은 큰 의미를 갖는다. 제2장에서 전개한 것과 같은 사회주의화의 단계를 형성하는 것은 이 분수령 이전의 시기이다. 그 시작은 1948년의 건국 이전으로 거슬러 올라간다. 1945년부터 1946년까지 북한 임시인민위원회위원장 김일성의 정책으로서 가장 먼저 나온 것이, 여성에게도 남성과 동일하게 토지를 분배한 토지개혁, 동일노동 동일임금 등을 규정한 노동법령 제정, 1946년 7월 남녀평등권 법령 등 일련의 정책이다. 이들은 일본제국주의 지배하의 봉건적 관행을 시정하는 데 역점을 두고 있지만, 그중에서도 주목할 만한 것은 남녀평등권 법령이다. 이 법률은 제4조에서 제7조에 걸쳐 결혼 제도를 다루고 있다.

> 제4조 여성은 남성과 마찬가지로 자유결혼의 권리를 가진다. 결혼하는 당사자들의 동의 없는 비자유적, 강제적 결혼은 금지한다.
>
> 제5조 결혼생활에 있어 부부관계가 곤란하여 더 이상 계속할 수 없는 조건이 발생한 경우에는, 여성도 남성과 동일하게 자유로운 결혼·이혼의 자유를 가진다. (…중략…)

제6조 결혼연령은 여성 만17세, 남성 만18세부터로 규정한다.

제7조 봉건적 관습의 잔재인 일부다처제와 여성을 첩으로 삼아 매매하는 것 같은 여성 인권의 유린은 앞으로 금지한다. 공창·사창·기생 제도를 금지한다. 앞의 2항을 위반한 자는 법에 따라 처벌된다.

제4조부터 제5조에서 자유결혼·이혼이 명문화되었지만, 나아가 같은 해 9월의 시행세칙에서는 일정한 조건하에서의 당사자끼리의 합의가 있으면 재판을 필요로 하지 않는다 협의이혼이 인정되고 있다. 이건 제2장에서도 설명했듯이 여성의 뜻에 어긋나는 결혼을 파탄시킨다는 의미에서, 봉건적인 가족 제도 속에서 여성을 구해 내어 개인으로서 자립시킨다는 기능을 갖는 것이고 가부장제에 대한 사회주의화의 하나의 도전을 상징하는 것이다.[1]

나아가 이 시기에 한정되는 것은 아니지만 가부장제에 대한 사회주의화의 도전으로서 또 하나 중요한 것을 지적해야 한다. 그것은 조선 사회의 전통적인 친족 결합을 해체까지는 아니지만 한국과 비교해 크게 약체화시켰다는 점이다. 한반도의 경우 친족은 조상 제사를 통해 유대를 확인하고, 뿐만아니라 큰 집단으로서의 정체성을 유지하기 위해 족보가 만들어지기도 하지만, 북한에는 이제 족보는 거의 존재하지 않는다. 왜 없는지 현지에서 가이드 등에 묻자 "조선전쟁 한국에서는 한국전쟁, 북한에서는 조국해방전쟁으로 불린다에 따른 대규모의 사람의 이동과 혼란으로 거의 알 수 없게 되었다"라는 답변이 돌아왔다.[2] 한국에서는 4대 전의 부계 조상을 공유하는 자들이 모여서 실시하는 것이 원칙으로 되어 있는 조상 제사祭祀도 북한에서는 국내의 여행·이동이 제한되기 때문에 극히 가까운 친족 사이에나 이뤄질 뿐 그리 대규모는 아니다. 화장火葬은 그리 많지 않은 것 같으나, 한국처럼 부근의 산에 유교식 무덤인 봉분이 만들어진다거나 하는 일도 없이 공공묘지에 안장된다. 후술하겠지만 김일성을 아버지로 하는 하나의 가족국가를 만들어 가는 데 있어서 현실의 친족 조직이 너무 강력하게 존재하는 것은 환영할 만한 일이 아니며 그런 의미에서 가부장제의 기반인 친족 조직은 해체될 필요가 있었던 것이다.

나아가 1946년에는 북한민주여성연맹이 조직된다. 이 조직은 1951년 조선민주여성동맹으로 개칭되어 북한 최대의 여성단체가 된다. 여성의 정치적 조직화의 첫걸음으로 한국전쟁 이후 국가 건설에 여성을 동원하는 데 있어 이 조선민주여성동맹은 큰 역할을 담당한다.

가족 농업이나 영세 경영의 개인 사업에서는 성원이 가족이기 때문에 여성은 말 그대로 가장에 의한 가부장제적 지배 아래 노동을 하게 된다. 여성의 노동력화를 추진하기 위해서는 그러한 가부장제적 질서에서 여성을 떼어내야만 한다. 농업의 집단화나 개인 사업의 협동조합화는 이런 관점에서도 중요하다. 한국전쟁으로 인한 농가와 영세 업주의 몰락은 이런 집단화를 촉진했다고 전해지며 1958년에는 농업의 공동화가 완성되었고, 거의 동시에 개인의 상공업·수공업 등도 협동조합화된다이태영[1988 : 23].

여성의 노동력화를 진행시키기 위해 탁아소·유치원의 건설이 빠른 속도로 진행되었다. 〈표 8-1〉에서 보듯이 1949년에는 유치원이 116곳, 탁아소는 불과 12곳에 불과했던 것에 비해, 전후 국가건설이 시작되는 1950년대 후반부터 급속하게 건설이 진행되었다. 1958년 7월의 '인민경제 각 부문에 여성들을 한층 더 유입시키는 것에 관하여'라는 제목의 내각결정 84호에서는 1961년까지 전종업원 중 여성노동자의 비율을 교육보건분야에서 60%, 그 외에서 30%까지 끌어올리는 것을 목표로 내걸고 그것을 위해서 탁아소·유치원의 건설을 서두를 것을 주창하고 있다. 이 정책의 효과로 1956년과 비교하면 1960년 탁아소 수는 무려 34배나 증가했다.

<표 8-1> 북한의 탁아소, 유치원 수의 추이

년도	탁아소수	수용탁아수	유치원수	수용원아수
1949	12	620	116	8658
1953	63	2165	19	1048
1956	224	6538	173	12015
1960	7624	394489	4470	295485
1966	23251	877000	15128	790000

출처 : 이태영[1988 : 225]

1966년에는 유치원이 1만 5,218개소, 탁아소가 2만 3,251개소에 이르며, 이는 수용 인원수에서 각각 해당 연령 아동수의 60%, 70%를 차지하는 것으로 알려져 있다. 탁아소에는 하루 맡기는 것뿐만 아니라 직장이 먼 가족을 위해 주 단위로 맡기는 곳도 각 도·시·군에 두세 곳 설치되어 있다고 한다. 이 경우 아이는 일요일에만 집으로 돌아가게 된다. 뿐만 아니라 평양, 개성, 청진 등 대도시에는 1965년경부터 월 단위로 맡기는 탁아소도 있다윤미량[1991 : 96]. 탁아소·유치원의 정비는 북한 체제에 있어서 여성의 노동력화를 추진한다는 관점에서 중요함은 물론, 차세대 노동력을 가족 밑에서 어느 정도 분리해 국가에서 관리한다는 의미에서도 추진할 필요가 있다. 1975년부터는 세계에서도 유례가 없는 11년 의무교육제[3]가 전면적으로 실시되어 유치원의 5세 이상이 모두 의무교육 대상이 된다. 조기 교육은 노동력의 재생산을 국가가 지원한다는 차원을 넘어 강한 책무로서 관리하고자 하는 의도의 발현이라고 할 수 있을 것이다.

이러한 정책에 의해 여성의 노동력률은 서서히 상승해 간다. 한국에서 살펴본 것처럼 한반도는 원래 여성의 옥외노동에 대한 기피감이 강한 사회로 1956년의 노동력 중 여성이 차지하는 비율은 20%에 불과했지만 해마다 상승해 1960년에는 34%, 1963년에는 36.5%에 달했다고 한다이태영[1988 : 190]. 생산량이나 수확을 조금이라도 늘리기 위해 '수정주의적 경제

정책'을 배제하고 대중동원과 사상적 자각의 고양에 의한 증산을 목표로 하는 천리마운동은 1956년부터 전개되는데 앞서 언급한 내각결정 84호에서 볼 수 있는 여성노동력의 동원도 이 노선과 궤를 같이 하는 것이다.

이 시기의 여성관은 이러한 정책 전개와 완벽하게 대응하고 있다. 이 때의 '여성해방의 노래'는 "여성들 우리 동지들이여 일어나라 부르주아 제도를 없애고 평등의 권리를 획득하기 위해 총을 들자"고 호소한다. 한 국전쟁 이후의 전후 부흥에는 여성 노동력이 불가결하여 급속한 노동력화가 진행되는데, 기본적으로는 남녀의 구별 없이 다양한 노동 현장에 여성을 투입해 나가는 것이 이 시기의 특징이다. 1959년경에는 저인망底引網이나 안간망鮟鱇網 어선에 여성호라는 여성선단이 만들어져 300일간 뭍으로 돌아오지 않는 항해를 하기도 했다고 한다. 이 여성선단은 수 년 만에 해산되지만 트랙터 운전기사나 선반공, 탄광노동자, 삭암수削岩手 등에도 여성이 이용되게 되었다윤미량[1991 : 132~5].

요컨대 남녀의 구별 없이 노동력으로서 활용하고, 그에 대해 지장이 되는 가족·친족조직이나 가족 경영의 조직은 해체해 간다는 방향성을 분명히 볼 수 있는 것이 이 1950년대 후반 정도까지의 시기이다. 김일성의 지배권력이 반드시 확립되었다고 할 수 없는 단계에서 사회주의의 공식적인 이데올로기적 여성의 노동력화가 강력하게 추진되는 것이다.[4] 이 과정이 중국·소련과 같은 다른 사회주의 국가와 비교적 유사한 과정인 것은 사회주의화라는 측면에서 생각하면 당연하다고도 할 수 있을 것이다. 이 단계에서는 사회주의화는 조선의 전통 사회의 가부장제와 굳이 나누자면 대립하는 형태로 진행된다.

2. 탈사회주의화 김일성화와 전통과의 공명

사회주의화의 단계가 많은 사회주의 사회에 공통되는 요소를 갖고 있다고 한다면, 한반도 사회의 문화적 특수성이 짙게 묻어나는 것은 이후의 탈사회주의화의 시기다. 다만 탈사회주의화라고 해도 북한의 경우는 페레스트로이카의 소련이나 개혁개방의 중국처럼 자본주의적 시장경제원리를 도입하는 형태를 취하지는 않는다. 오히려 사회주의형 중앙집권적 경제체제를 굳건히 유지하고자 하는 것은 새삼 지적할 필요가 없을 것이다. 그런 의미에서 탈사회주의화라는 용어법은 다소 부적절하며, 이는 단적으로는 김일성화라고 불러야 할 과정이다. 그러나 바로 뒤에서 보겠지만 북한에서의 김일성 체제 확립은 곧 마르크스 = 레닌주의로부터의 자립·탈각의 역사이기도 했다. 세계적인 사회주의 교의로부터 독립하여 김일성을 중심으로 한 독자적인 사회주의 사회를 만들어 가는 것이 이 단계의 북한의 특징이며, 또한 그 과정에서 조선 사회의 전통이 일부 부활해간다. 이 전통의 부활이라는 의미에서는 중국이나 소련의 탈사회주의화와도 통저하는 요소도 가지고 있다. 이 단계를 굳이 탈사회주의화 속에 포함시킨 것은 그러한 사회주의 사회의 변화 패턴과의 연결을 중시했기 때문이다.

1) 김일성 체제의 확립과정

먼저 스즈키[1992]를 참고로 김일성 체제의 확립과 변천을 정리해 보자. 1967년 5월 당 중앙위원회에서의 이른바 갑산파 숙청 이후 북한에서는 김일성 색이 강하게 밀려난다. 같은 해 12월의 제4기 제1차 최고인민회의는 그 후 계속해서 사용되는 '위대한 수령 김일성 동지'라는 표현을 사용해서 김일성을 수령으로 인정하고 신격화해 나간다. 스즈키의 표현을 빌리자면 이후 그는 단순한 최고 정치 지도자가 아니게 되었고, 북한은 소련형 당국가 시스템 위에 그들 모두를 영도하는 수령을 받드는 수령제를 취하게 되었다. 참고로 이 '위대한 수령 김일성 동지'라는 표현은 1967년부터 쓰이기 시작해 1970년 김일성의 58세 생일 전후부터는 김일성의 이름이 나올 때마다 반드시 '경애하는 수령' '위대한 수령'과 같은 수식어가 붙게 되었다고 한다. 아울러 북한의 유명한 매스게임에서 처음으로 김일성의 초상화가 그려진 것도 김정일의 지도 아래 만들어진 '혁명의 후속부대'라는 작품으로 1967년 10월의 일로 알려져 있다.[5]

1970년 11월 제5차 당대회에서는 새로운 당 규약 안에서 '마르크스·레닌주의 및 마르크스·레닌주의를 우리나라 현실에 창조적으로 적용한 김일성 동지의 위대한 주체사상을 활동의 지도적 지침으로 한다'고 주장한 바 있다. 이는 수령제 확립 이전인 1961년 제4차 당대회 규약에서 '마르크스·레닌주의를 활동의 지도적 지침으로 한다'라는 입장과는 확연히 다르다. 나아가 이것이 1980년의 제6차 대회 규약에서는 당은 '김일성 동지의 혁명사상, 주체사상을 유일한 지도 지침으로 한다'라며, 마침내 주체사상은 마르크스·레닌주의까지도 웃도는 지위를 부여받게 된다. 마르크스·레닌주의와 주체사상은 북한의 사회주의 건설 속에서 항상 저울질을 받아왔는데 1980년대에는 주체사상이 마르크스-레닌주의에 우선함을 스스로 선언하기에 이른 것이다. 북한의 독자적인 사회주의 사회 건설과 김일성 체제의 확립을 상징하는 일이라고 할 수 있다.

주체사상은 유물론적인 객관적 법칙성보다는 인간의 주체적 능동성을 중시하는 사상으로, 이러한 사상이 북한 내에서 중심적인 의미를 갖는 데 있어서는 국내적·국제적으로 몇 가지 요인을 생각할 수 있다. 우선 국내적으로는 이런 정신주의는 경제 건설과 정치적 국민 통합, 인민 통제를 동시에 실현할 수 있는 수단으로 체제 유지에 유리했음을 지적할 수 있을 것이다. 국민 통합과 인민 통제라는 점에서는 전후 세계에서 북한만큼 완벽히 그것을 이룬 나라는 아마 그리 많지 않을 것이다. 다만, 정신주의의 강조는 객관적인 제약 조건의 경시를 초래하기 쉽고, 그것이 경제의 피폐를 가져오는 것은 중국의 대약진부터 문화대혁명, 그리고 북한 자신의 예를 보아도 실증되었다고 할 수 있다.[6] 중국의 경우는 경제의 파탄이 당내 개혁파를 기세등등하게 만든 결과가 되어 결국 정신주의는 오래가지 못했지만, 북한에서는 숙청으로 인해 그러한 반대 세력이 거의 존재하지 않았기 때문에 경제 부진이 곧바로 정권 약체화로 이어지지는 않았다. 바로 그것이 정치적인 일원적 지배에는 유리하기 때문에 경제의 부진에도 불구하고 공고히 유지되는 것이다.

또 국제적으로는 김일성의 지배권 확립은 애초에 당내 친소파·친중파를 몰아낸 것으로 김일성의 당내 기반 확립을 위해서도 독자 노선의 채택은 의미가 있었다. 독재체제가 확립되는 1960년대 후반은 중·소 분쟁의 시대였고, 양국에 국경을 맞대고 있는 북한으로서는 중·소 각각으로부터 거리를 둔 어려운 키잡이를 요구받던 시기이기도 했다. 민족주의를 강화하고 '우리 식'의 사회주의라는 독자노선을 채택하는 것은 국내적인 구심력을 강화하고 중·소 대립 속에서 살아남아야 한다는 요청에 기초한 것이다.

2) 김일성 체제와 가부장제적 국가질서

이처럼 민족주의로 경사된 가운데 김일성 체제는 독자적인 국가관을 만들어 간다. '사회정치적 생명체'론으로 불리는 일종의 국가유기체설이 그것이다. 이 체제에서는 유기체적인 국가 안에서 수령이 뇌수이며 수족인 인민은 수령에 의해 사회정치적 생명을 부여받는 것으로 여겨졌다. 따라서 인민은 수령에게 무한한 충성을 맹세하고 생명을 부여해준 그 '은덕'에 보답해야 한다. 그리고 여기서 흥미로운 것은 이것이 혈연집단이나 가족을 의제擬制하고 있다는 것이다. 제1장에서 말했듯이 영국에서 시민혁명에 반대하고 국왕의 권력을 옹호하려 했던 국가유기체설은 바로 가부장제라는 말로 국가를 가족에 견준 것이었다. 그것이 북한에서는 보다 전형적인 형태로, 즉 피의 논리를 앞세워 전개되는 것이다. 정치적 생명을 부여해 준 김일성은 '아버지어머니이신 수령님어버이 수령님'이며, 육체적 생명을 준 친부모보다 더 중요하다.

이미 설명한 것처럼 조선 사회는 일본과 달리 유교의 영향으로 주인에 대한 충과 부모에 대한 효 중에서 효가 우선하는 것이 원칙이다. 전선에 있는 장군이라도 부모가 죽으면 싸움을 그만두고 상복을 입는 것이 옳다고 여겨진다. 일본은 메이지의 충효일체화는 물론 그 이전의 전국시대戰国時代 다이묘大名 때부터 이미 충을 효 위에 두는 문화가 일부 성립되어 있었고, 이것이 전쟁 전 천황제에 대한 절대적인 충성심의 원천이 되었다. 북한의 경우도 효를 중시하는 생각이 매우 강한 조선 사회 안에서 그것을 이용하면서 더불어 김일성에 대한 절대적인 충성을 확보하기 위해서는 일종의 '충효일체화'의 언설이 필요했다. '아버지어머니이신 수령님'이라는 표현은 바로 '천황의 적자赤子'와 마찬가지로 의제혈연관계에 의해, 따라서 조선 사회에 뿌리내린 효에 호소함으로써 충을 고루 갖춘 언설이다. 앞절에서 언급한 친족결합의 약체화도 친족이 강력한 응집력을 가진 조선 사회에서 김일성 체제를 확립시키기 위해서는 필수적인 조치라고 할 수 있을 것이다. 말하자면 개개의 가부장제를 해체하는 대신 나라 전체를 하나의 가부장제적 질서 아래 두려고 했던 것이다.

이와 같은 조선식의 '충효일체화'는 지금도 강력하게 주장되고 있다. 예를 들어 최근의『조선여성』1995년 3호에서도 '영웅의 어머니'라는 글에서 한국전쟁 당시 혁명을 위해 아들을 기꺼이 전장에 보내고 전사 소식에도 눈물을 흘리지 않으며 미국 침략자와 끝까지 싸운 아들을 자랑스러워했다는 어머니를 칭찬하고 있다. 전쟁 중의 일본을 떠올리게 하는 문장으로, 전시 상황 속에서 가족의 사랑을 넘어 국가에의 충성을 비급備給하기 위해서 이러한 언설이 생겨나는 것 자체는 이해하기 어렵지 않다. 단지 그것을 1995년이라는 단계에서도 계속 유지하고 있는 것은 역시 이 체제가 평소부터 효를 넘어 수령에 대한 충성을 중시하고 있다는 증명이라고 할 수 있다.

그런 의제가 강조되는 것은 김정일에 대한 권력 이양이 문제가 되기 시작하는 것과 관련이 있다. 김정일이 후계자로서 두각을 나타내는 것은 숙청이 완료된 1967년부터로, 이후 그는 줄곧 당무를 장악하고 그 중에서도 특히 선전선동 공작을 맡아 사상통제 등의 분야에서 공을 세웠다. 주체사상을 정리하고 김일성의 절대화를 추진한 것은 그의 공적에 힘입은 바가 크다. 당내의 의사통일 과정으로는 우선 1972년에 당원증 재발급 사업을 통해 전 당원을 재심사하고 당원의 사상 점검과 김정일 후계를 위한 발판을 다져갔다. 다음으로 1973년 9월 당 중앙위원회 제5기 제7차 전원회의에서 당 조직 및 선전선동 공작담당 당비서로 선출되었고, 이어서 다음해인 1974년 2월 제8차 전원회의에서 당 정치위원회 위원 겸 당정군 담당비서로 선출됨으로써 그의 후계자로서의 지위는 거의 확립된다. '당 중앙'이란 김정일을 지칭하는 말로, 나아가 1980년 10월 제6차 당 대회에서는 당 중앙위원회 정치국 상무위원회 위원, 정치국 위원,

비서국 비서, 군사위원회 위원으로 선출되어 명실공히 김일성에 이은 2인자 자리를 확보한다. 1980년대는 여러 국면에서 김정일의 리더십이 가시적으로 나타난 시기로, 특히 1982년 4월 김일성 70세 생일을 앞둔 기념비적 건조물의 건설 러시는 1970년대 경제 지도에 실패한 김정일이 만회를 꾀하며 지휘봉을 잡은 것이다.

1980년 평양산원平壤産院, 1981년 인민대학습당, 1982년 4월 모두 '세계 제일'의 크기를 자랑하는 주체사상탑, 개선문, 김일성 경기장이 주석을 위한 선물로서 건설되었다. 이들은 북한의 경제력을 고려할 때 과대한 신규 건설이며, 이들에 대한 자재·인력·자금의 동원으로 기존의 공장 등의 설비 갱신이 지연되어 지방과의 낙차를 확대시키고 북한 경제를 크게 피폐하게 하는 원인이 되었다고 한다NK회 편[1992]. 그러나 다소 비약적이기는 하지만 이것은 경제적으로는 대부분 낭비였다 하더라도 김일성 절대화와 정치적인 통제라는 관점에서 보면 큰 의의가 있었다고 할 수 있을 것이다. 북한을 경제적 차원에서 보면 1970년대 이후 그 실패는 분명하지만 정치적으로는 세계에서 유례가 없을 정도의 국민통합·인민통제를 이룬 것은 사실이며, 그렇기 때문에 소련·동유럽의 붕괴에도 체제가 흔들리는 일은 없었다. 즉 정치적 통합이라는 측면에서는 김정일의 '공적'이 작지 않다고 할 수 있다. 오히려 '자주 독립'이라는 1970년대 무렵까지는 세계적으로도 의미 있던 슬로건이 그 후의 세계 경제의 변화 속에서 단순한 '폐쇄 고립'만 의미하게 되어버려, 그러한 변화에 살아남았다는 것만으로 북한 내부에서 봤을 땐 '자주 독립'을 계속 지켜 내는 것에 나름대로 성공해 왔다고 할 수도 있을 것이다.[7] 즉, 경제의 축에서 벗어나면, 혹은 이웃한 한국과 비교하지 않는다면 그 나름대로 국가 건설에 '성공'했다고 할 수 있는 것이다.

최고지도자가 피의 논리에 입각해 세습되고 김일성의 카리스마를 김정일에게 이양하려 할 때 조선 사회가 가진 유교 규범이 이용된다. 아버지 김일성 생일에 세계 제일의 선물을 하는 김정일은 효의 정신을 구현하는 것이며 조선 사회에서는 높은 평가의 대상이 된다. 애초에 아들에게 장長의 지위가 양도되는 것 자체가 조선 사회의 조직원리에는 매우 적합하다. 주지하다시피 일본의 가족은 원래 비혈연적 요소를 안에 내포하고 있어서 장사하는 집안 등에서는 친자가 유능하지 않을 경우 우수한 비혈연자를 양자로 들이는 일이 드물지 않았다. 그것이 일본 조직의 유연성으로 이어졌다는 논의는 유명하다. 이와 관련해 한반도 가족에서는 '이성불양異姓不養'이라 하여 비혈연자가 양자가 되는 일은 없었으며 피는 매우 중요한 요소이다.[8] 장남이 후계자라는 것은 주위가 가장 납득하기 쉬운 권력 이양의 방식이다.

3) 여성관의 변화

이상과 같은 정치과정의 소개는 일본에서도 어느 정도 이루어지고 있지만, 우리의 관점에서 보다 중요한 것은 이러한 김일성 체제의 확립, 그리고 김정일 후계를 위한 발판 마련이 젠더에 어떤 영향을 미쳤는가 하는 점이다. 그것은 사회주의화를 추진하던 단계와는 분명히 다른 방향으로의 변화였다.

우선 꼽을 수 있는 것은 1956년 남녀평등권 법령의 시행세칙이 개정되어 협의이혼이 허용되지 않게 된 것이다. 이는 여성을 봉건적 가족의 품에서 해방시키는 역할은 이미 다했다는 판단에서 오히려 가족은 사회주의 사회의 세포로서 보호받아야 한다는 방향으로 정책이 전환되었음을 보여 준다.

다음으로 1961년에는 제4차 당대회 두 달 뒤, 조선민주여성동맹이 주최한 '전국어머니대회'가 열린다. 이 대회에서 김일성은 '자녀교육에 있어 어머니의 임무'라는 제목의 연설을 통해 "가정교육에 있어서는 어머니가 중요한 책임을 져야 합니다. 왜 아버지보다 어머니의 책임이 무거운 것일까요? 그것은 아이를 낳고 키우는 것이 어머니이기 때문입니다"김일성 [1967]라며 여성의 어머니로서의 역할을 아무런 의심 없이 긍정하고 강조하고 있다. 게다가 다른 대회 참가자들의 발언 중에서도 나쁜 시어머니도 견디며 섬겨야 하고, 방탕한 남편도 참을성 있게 교화해야 한다, 이혼은 바람직하지 않다, 사회적 노동에 참여하는 것을 이유로 자녀교육에 소홀해지는 것은 혁명정신의 부족이라는 논의가 이어지면서 며느리로서, 아내로서, 어머니로서의 역할이 강조되고 있다조선민주여성동맹[1962]. 이것은 노동력화만 강조되던 사회주의화 단계와는 달리 여성의 가정역할이 강조되게 된 것이어서 주목할 만하다. 김일성의 지배가 확립됨과 동시에 전통적인 여성 역할도 강조되게 되는 것이다. 물론 어머니는 자녀를 '공산주의적', '혁명적'으로 키워야 한다. 그러니 전통적인 역할과 완전히 같은 것은 아니다. 그러나 남녀의 역할 분담이 전혀 의문시되지 않는 점은 매우 흥미롭다. 또한 사회노동에 대한 참가가 면제되는 것은 아니기 때문에, 이것은 말하자면 여성 측에게 집 밖으로, 그리고 안으로 이중으로 동원하는 것과 같은 언설이다. 한편으로 남성에게 가정역할을 더 하라는 언설은 없다. 북한에서는 중국과 달리 남성의 가사 참여가 그리 일반적이지 않다는 점을 감안하면, 이는 여성 측에 전형적인 이중부담을 강요하는 것과 같다고 할 수 있을 것이다.

또한 김일성에 대한 개인숭배가 거의 확립되는 1967년, 그것과 궤를 같이 해서 김일성 가족에 대한 개인숭배도 시작된다. 김일성의 부모나 조부모에 관한 것으로 우리의 관점에서 특히 중요한 것은 김일성의 어머니 강반석에 관한 것이다. 같은 해 7월 31일 강반석을 회상한 기사가 『노동신문』 2면 전면에 실리고, 강반석을 〈조선의 어머니〉라고 하는 노래도 만들어진다. 그리고 조선민주여성동맹 등을 통해 '강반석 본받기 운동'이 전개되는 것이다. 이 운동의 소책자 『강반석 여사를 본받자』 속에는 강반석의 다양한 일화가 담겨 있는데 이는 지극히 상징적이다. 먼저 아내로서: "강반석 여사는 하루에 열 번 밥을 짓고 열 번 빨래를 해도 그것이 혁명을 하고 있는 남편이나 그 동지를 위해서라면 싫어하지 않고 기쁘게 하셨습니다. 그렇게 하는 것이 혁명가정의 주부로서의 숭고한 임무라고 생각하신 것입니다조선민주여성동맹[1967 : 24]." 어머니로서: "강반석 여사는 어린 원수님김일성을 뜻함−저자주이 어떤 말을 기억하고 어떻게 고난 극복의 정신을 기를 수 있는지를 항상 유심히 지켜보며 바른 길로 인도하셨습니다[1967 : 43~4]." 그리고 며느리로서: "강반석 여사는 시부모 앞에서는 말대꾸를 하거나 변명을 하는 일은 한 번도 없었습니다. (…중략…) 여사는 동서나 시누이가 잘못을 해도 가정의 주부라는 입장에서 언제나 "제가 잘못했습니다. 다음엔 조심하겠습니다"라고 말씀하시며 핑계를 대거나 하물며 자신의 잘못을 숨기거나 하는 일은 한 번도 없었습니다[1967 : 30]" 와 같이 전통적인 여성 역할을 바탕으로 한 예찬이 이어진다.

김정일에 대한 후계체제가 확립되기 시작한 1980년대에 들어서자 여성의 귀감도 김일성의 어머니 강반석에서 김정일의 친모 김정숙으로 바뀌어 간다. 김정숙은 1949년 김정일이 7세 때 사망했고 김일성은 1956년에 현재의 조선민주여성동맹 위원장 김성애와 재혼했다. 그러나 역시 서열로서 존중되어야 할 사람은 김정일의 어머니이기도 한 김정숙이다.

조선민주여성동맹 중앙위원회 기관지인 『조선여성』의 김정숙에 대한 기사에서는 김정숙은 역시 김일성에게 말대꾸 같은 것을 일절 하지 않고 복종하며 김정일을 혁명적으로 키우고, 혁명전사이자 동시에 여성스러운 존재로 묘사되고 있다. 아내로서: "존경하는 여사는 위대한 수령님이 일하시는 방 앞을 지날 때면 항상 조용히 발끝으로 걸어가시고, 부엌에서 설거지를 하실 때는 식기 소리가 나지 않도록 주의하셨다1982년 7월호."어머니로서: "혁명의 어머니 김정숙 여사는 아드님이 지덕체를 겸비하고 다방면의 지식을 가진 공산주의 혁명가로 자라날 수 있도록 뜨거운 심혈을 기울였습니다. (…중략…) 존경하는 김정숙 여사는 아드님에게 일찍부터 글을 가르쳐 주셨고, 역사·자연·지리 등 다양한 지식을 가르쳤을 뿐만 아니라 노래와 춤, 유희 등도 가르치고, 그림 그리기와 공작 등도 지도하셨습니다. 그리고 밤에는 아드님께 동화나 옛날이야기를 들려드렸습니다. 여사는 어떤 말씀을 하실 때도 단순히 이야기를 하는 것이 아니라 교육적인 목적을 갖고 아이가 알 수 있도록 재미있게 하셨습니다1981년 12월호."9

이 밖에 한층 더 여성스러운 상냥함을 가진 존재로서 그려진다. 남녀평등권 법령 경축집회에서의 발언을 인용해 "우리 여성이 남녀평등권 법령의 혜택을 받게 된다고 해서 여성으로서 해야 할 일이나 갖춰야 할 품성을 잃어서는 안 됩니다. 혁명사업에 있어서는 남성에게 지지 않고 의연해야 합니다만, 일상생활에서는 여성스러움을 유지해야 하고 언행도 아름다워야 합니다1982년 7월호."라고 되어 있는 것이다.

강반석·김정숙에 대한 우상화는 북한의 이상적 여성상을 구현하고 있다. 며느리로서의 역할이나 조용히 걷는 모습 등은 유교의 여정훈女庭訓을 방불케 한다. 분명히 조선 사회의 가부장제가 배경으로 삼았던 유교적 여성관이 그 배후에 숨어 있는 것이다. 의제혈연을 바탕으로 국가를 거대한 가족으로 여기던 북한 사회 안에서 수령의 지위와 그 계승은 유교적인 규범에 의해 뒷받침되고 있다. 말하자면 나라 전체가 거대한 가부장제 질서를 형성하는 가운데 여성 규범이 전통적인 유교 규범에 가까워지는 것은 이상할 것도 없다. 김일성 체제가 확립되고 체제 전체가 조선 사회의 전통적인 유교 규범과의 공명을 심화시켜 가는 가운데 가부장제는 다시 영향력을 키워 여성에게 이중부담을 강요하는 것이다. 가부장제적 사회주의란 주디스 스테이시가 중국의 분석을 통해 사용한 용어이다[Stacey[1983 = 1990]. 이는 북한에서 보다 전형적으로 적용되는 것으로 보인다.

김정일체제는 현재 경제적인 피폐에도 불구하고 체제로서는 김일성시대 이래의 시스템을 유지하고 있는 것으로 보인다. 그러나 잇단 사회주의체제의 붕괴나 현재의 북한 경제의 정체를 보면 앞으로 현재의 체제가 유지된다는 보장은 없다. 그럴 때 도대체 우리가 보아온 젠더문제는 어떻게 변화될까. 사회주의의 붕괴는 많은 나라에서 여성을 직장에서 몰아 내는 작용을 하고 있다. 북한의 경우 붕괴 = 한국에 의한 흡수병합이라는 일이 만약 일어난다면 양국이 공유하는 가부장제 규범을 생각하는 한, 주부의 탄생으로 향하는 것은 거의 틀림없을 것이다. 무엇보다 한국의 경제력을 생각해도 이러한 붕괴 = 흡수합병은 단기적으로는 별로 현실적인 시나리오가 아니다. 적어도 앞으로 수년 간 진행될 수 있는 것은 두만강개발 등을 계기로 한 완만한 개방경제체제로의 이행일 것이다.[10] 이 경우에도 유교의 영향이 강한 한반도의 가부장제 형태를 생각한다면, 풍요로워진 층을 중심으로 서서히 여자의 비노동력화가 진행되어 주부의 탄생이 일어날 것이라고 볼 수 있지 않을까. 이 점은 뒤에서 볼 중국의 사례와는 대조를 이룰 것으로 보인다.

사회주의 사회인 북한은 여성의 노동력화라는 점에서 당연히 이웃한 사회주의국가 중국과 유사점을 갖고 있다. 그러나 앞서 말했듯이 가부장제 형태의 차이는 사회체제의 차이를 넘어 오히려 전통을 공유하는 한국과의 유사점이 엿보인다. 이것이 가부장제의 비교사회학이라는 문제구조가 갖는 하나의 의의이다.

제9장　　　　　　　　　　　　　　　　　　중국의 가부장제

　중국은 아시아에서 여성의 사회 진출이 가장 앞선 나라로 평가된 바 있다. 일본의 경우는 문화대혁명기를 중심으로 한 중국 측의 선전을 정말로 믿는 듯한 소개가 적지 않으며, 이러한 이미지가 그다지 정정되지 않고 남아 있는 인상을 금할 수 없다. 확실히 여성의 사회노동에의 참가가 활발하다는 의미에서는 어느 정도 사회 진출이 진행된 사회인 것은 틀림없다. 그러나 그것만으로는 여성노동자가 대량으로 해고될 위기를 겪고 있는 현상황을 해석할 수 없을 것이다. 제2장에서도 살펴보았듯이 사회주의 사회는 주부의 소멸 이후인 동시에 주부의 탄생 이전이기도 한 양면성을 지니고 있다. 그리고 그 가운데서도 전통적인 가부장제와의 상호작용을 통해 그 양상은 사회마다 다르다. 같은 사회주의 사회라도 중국형 가부장제의 영향을 받은 중국 사회는 결코 북한과 같지 않은 것이다.

1. 사회주의화

1) 소비에트시대부터 혼인법까지

　중국에도 소련이나 북한과 마찬가지로 사회주의 사회의 건설 초기단계에서 전통적 가부장제의 기반인 기존의 가족을 허물고 새로운 이념을 수립하려는 방향성이 강하게 제시되는 시기가 있다. 중국의 경우는 5·4운동 이후, 종래의 가족 제도로부터의 여성의 자립은 일관되게 지식인의 과제였다. 한반도에서는 서양 사상의 영향을 받은 전통 비판이 독자적인 국가 건설로 이어지기 전에 일본에 의한 식민지 통치가 시작되어 버려서 '근대 = 일본'이 됨으로써 중국에 비해 전통적인 가족관이 고유의 미풍으로서 보전되는 경향이 있었다. 이에 대해 중국에서는 전통적 가부장제에 대한 비판은 반봉건 사상의 핵심을 이루는 것이었고, 공산당의 정책에도 일정한 영향력을 갖는 것이었다. 마오쩌둥毛沢東은 유명한 『후난湖南농민운동의 시찰보고』에서 중국의 남성은 정권, 족권族権, 신권神権 3개의 권력의 지배를 받고 있으며, 여성의 경우는 여기에 남성의 지배인 부권夫権이 더해진다고 했다毛沢東[1927 = 1968]. 가부장제의 속박에서 벗어나는 것은 이 족권과 부권으로부터의 해방으로 이어지는 중요한 과제였던 것이다.

그러한 발상이 가장 현저하게 나타난 것이 공산당이 중국 전역에 정권을 확립하기 이전인 1931년에 장시성江西省 루이진瑞金을 근거지로 하는 중화소비에트공화국 정부에서 낸 '중화소비에트공화국 혼인조례'이다. 이 조례의 특징은 무엇보다 이혼법제에 있다. 혼인 및 이혼의 자유가 정해져 일부일처제 원칙과 매매혼, 민며느리童養媳[1]의 금지 등이 주창되고 있지만 가장 두드러진 특징은 이혼 원인을 특정하지 않고 합의이혼 외에 한쪽 당사자의 의사에 의한 단의이혼이 인정되고 있다는 점이다. 이로인해 본의 아니게 결혼을 강요받은 여성이 자신의 의지만으로 이혼을 할 수 있도록 한 것이다. 뿐만 아니라 이 조례에서는 이혼 후 부양문제에 대해 이혼 전에 태어난 아이의 부양은 남자의 책임으로 하고 여자에게 부양이 맡겨진 경우에도 아이가 16세가 될 때까지 아이에게 필요한 생활비의 3분의 2를 남자가 부담하도록 했다. 이 결과 장시江西 소비에트 지역에서는 이혼 건수가 급증했고 그 대다수가 여성의 일방적 의사에 의한 단의이혼이었다고 한다仁井田·幼方[1955].

이 밖에도 장시 소비에트시대1927~1934의 정책에는 가부장제에 대해 비교적 급진적으로 사회주의화를 추진하는 방향성을 가진 것이 많다. 1928년에 최초로 나온 토지법이른바 징강산(井岡山) 토지법이 그 전형적인 예일 것이다. 이는 모든 토지를 몰수하여 빈농에게 분배하는 것으로, 개인의 토지 소유권을 일절 인정하지 않았다山本[1975 : 118]. 가정 내 권력관계에 대해 집단화를 통해 당이 개입하는 철저한 정책을 편 것이다.

무엇보다 이러한 급진적인 방침은 곧 수정된다. 혼인법규에 관해서 말하자면, 그 후 창정長征을 거쳐 국공합작이 성립, 형식적으로는 국민당 통치하의 비앤구边区를 다스리게 된 공산당은 이혼 원인을 특정하거나 혼인에 관련되는 의식을 혼인의 요건으로 하는 등 농촌의 관습과 일부 타협하는 형태로 혼인법규를 만든다.[2] 또한 토지정책에 관해서도 사적 소유를 부정한 것은 28년의 토지법뿐으로, 그 후에는 자작농 중규모의 농민을 아군으로 만들기 위해 대토지 소유자로부터 토지를 몰수하고 빈농에게 분배함으로써 가족 단위의 소농 경제를 오히려 옹호하는 식의 정책을 폈다.

국공내전에서 승리해 중화인민공화국 건국을 달성한 뒤인 1950년에 나온 혼인법에서는 협의이혼의 제도 자체는 인정하되 쌍방에 의해 신고가 접수된 경우에도 이혼의 의사 및 자녀와 재산 문제에 대해 적절하게 처리됐는지 여부를 확인한 뒤 이혼 등기가 허용된다. 또한 구区인민정부 및 인민법원에 의한 이혼조정 제도가 마련되어 이혼에 대해 국가 기관을 통해 제동을 거는 제도가 되고 있다.[3] 마찬가지로 1950년에 나온 토지개혁법이 시행된 것도 지주의 토지를 거두어 빈농에게 분배한다는 의미에서는 농촌의 토호열신土豪劣紳의 지배를 뒤집기는 했지만 실질적으로 가족 단위로 분배되었다는 의미에서는 소농 경제를 유지하는 듯한 성격을 가지고 있었다.

이처럼 사회주의화가 초기 단계에 실시한 것은 구시대의 가부장제를 송두리째 해체하는 것이 아닌, 그것을 소농 단위로 분해하고 오히려 가족 차원에서는 그것을 유지하는 것이었다. 그렇게 종래의 가부장제 질서와의 타협을 도모하였던 것이다. 가족개혁이나 토지개혁에 의해 빈농남성에게도 토지와 여성의 분배가 주어지게 되었다. 즉 세대 단위에서의 평등은 어느 정도 실현하려고 했으나, 그것을 넘어 세대 내부의 권력관계를 강하게 개변하려는 방향으로의 개혁은 반드시 실행된 것은 아니었다. 주디스 스테이시가 이것을 신민주주의적 가부장제라고 부르고, 더 나아가 이를 잇는 체제를 가부장제적 사회주의라고 부른 것은 그런 의미에서 타당할 것이다Stacey[1983 = 1990].

다만 그러한 한계는 있어도 1950년 혼인법 제정 이후 전국 각지에서 큰 폭으로 이혼이 증가했고, 무엇보다 그 대부분이 여성 측에서 제기된 것이었다. 지방 간부에 따라서는 여성의 호소를 수리하지 않거나 여성이 이혼을 제기함으로써 여러 가지 괴롭힘을 당한 사례가 이 시기에 매우 많이 보고되고 있어 전통적 가부장제 측으로부터의 저항이 매우 강했음을 말해 준다. 이에 반해 공산당 정권은 혼인법 관철운동을 전국에서 전개하고 있어 봉건적인 남녀관계로부터의 탈피에는 어느 정도 효과를 가졌다고 할 수 있을 것이다. 스테이시의 논의는 이러한 혼인법 관철운동 등에 관해서도 토착 가부장제와의 타협의 측면을 강조하는 점이나 이후 중국의 여성 노동력화의 진전 등을 생각할 때, 역시 이러한 운동이 가지고 있던 계발효과는 작지 않다. 그러한 사회주의화에 의해서 가부장제를 억제해 가려고 한 측면을 파악하는 것도 가능하다고 생각한다.

2) 대약진에서 문화대혁명으로

사회주의화에 대한 방향성이 보다 강해진 것이 대약진에서 문화대혁명에 이르는 시기이다. 사회주의 건설을 자신하던 공산당 지도부는 1957년 4월부터 6월에 걸쳐 당의 정풍整風운동에 당외 인사들의 적극적인 참여를 호소하며 자유로운 언론을 보장했다. 이른바 '백화제방, 백가쟁명' 百花齐放, 百家争鸣으로, 이로 인해 민주당파, 지식인들에 의한 공산당 비판이 속출하자 공산당은 이를 '인민 내부의 모순'이 아닌 '편 가르기의 모순'이라고 판단해 반우파 투쟁을 통한 탄압이 개시된다. 이 시기부터 대약진은 시작되었다고 할 수 있고 나아가 1958년 5월 제8차 공산당당대회 제2차 회의에서 급속한 사회주의 경제 건설 노선이 확인되면서 본격화된다. 중공업에 대한 우선 투자를 실현하기 위해 농업에서는 집단화와 노동동원이 한층 강화되었고, 축적률의 향상은 농민에 대한 분배의 감소를 불러오게 되었다.

집단화 자체는 1950년대를 통해 추진되어 왔으며 초기의 농업생산호조조農業生産互助組부터 초급합작사初級合作社, 고급합작사高級合作社로 규모가 확대되어 대약진 전인 1956년에는 이미 농가호수의 96.3%가 모종의 집단화 조직에 소속되어 있었다고 알려져 있다. 1958년 말에는 인민공사人民公社에 약 98%의 농가가 조직되었으며, 한 인민공사에는 평균 5천여 호의 농가가 참여하였다. 개인에 의한 토지 소유가 기본적으로 폐지된 것이므로 전통적 가부장제의 경영적 기반인 토지를 사회주의화, 집단화를 통해 공공의 것으로 만들고, 여성을 가족의 지배에서 떼어 내는 방향으로의 힘이 작용한 시기라고 할 수 있다.

또한 이 시기는 공업 생산, 특히 철의 생산이 매우 중요시되었던 시기이기도 해서 공장노동자의 수가 급증하고 있다. 1956년 217만 명에 불과했던 '직공공장근로자' 수는 1958년 2,082만 명으로 거의 10배로 급증한다. 이러한 증가의 일단이 그때까지 밖에서 일하지 않던 여성의 노동력화에 의해서 지탱된 것은 말할 것도 없다. 1958년에 국유기업에서 일하는 여성노동자는 전년 대비 약 2배 증가했다고 알려지고 있다. 농촌이든 도시든 이 시기에 주부라고 할 수 있는 가정에 있는 기혼여성이 기본적으로 소멸하고 대부분의 여성이 집 밖에서의 노동에 종사하는 체제가 완성된 것이다薄深[1993 : 353].

이 시기 집단화에서 가장 특징적인 것은 가사노동의 경감을 도모하기 위해 공동식당이 만들어진 것이다. 이는 농촌에서 여성의 노동력화를 촉진하고 노동동원에 의한 생산증대를 한층 더 도모하기 위해 취해진 조치로, 인민공사화人民公社化와 마찬가지로 개개의 가족의 지배에서 여성을 떼어 내는 의미를 담고 있다.[4] 이는 생산노동뿐만 아니라 생활의 가장 기본적인 측면인 식사에서도 집단화를 추진했다는 점에서는 획기적인 정책이라 할 수 있으나, 역시 가족의 근간과 관련된 것인 데다 제공되는 시간이 불편하다는 이유 등으로 그다지 인기가 없어서 대약진의 실패와 함께 폐지되어 다시는 정책으로 나오지 않았다.

대약진은 대중의 주관적 능동성을 기대하고, 객관적 제약조건을 무시했기 때문에 증산은커녕 기근을 포함한 경제적 대재앙을 초래해 1960년에는 류사오치劉少奇, 덩샤오핑鄧小平 등의 손으로 집단화의 정도를 낮추고 공업에서도 경제적 자극을 중시하는 등의 조정정책이 채택되게 된다. 그러나 1965년경부터 다시 마오쩌둥에 의한 류劉·덩鄧 등 '실권파'에 대한 공격이 강해져 마침내 문화대혁명이 발동된다. 이 대규모 대중동원을 수반하는 운동은 노동자·농민에게 물질적 이익을 보증하는 식의 정책은 부르주아적, 수정주의적이라며 비판한다. 또한 농업뿐 아니라 도시

지역에서도 개인경영 등은 부르주아적이라고 판단되어 집단화로의 방향이 강화됐다. 아울러 당시에는 마오쩌둥의 부인 장칭江靑이 문화·문예 부문 등의 지도를 도맡았기 때문에 혁명경극 등이 많이 만들어진다. 거기서 칭양된 여성상이란 곧 남성과 마찬가지로 싸우는 여성들이며 '남자가 할 수 있는 것은 여자도 할 수 있다'라고 하는 사회주의화의 단계에서 전형적으로 나타나는 여성관이 주류가 되었다. 남녀 구분이 없는 인민복은 그러한 여성관을 상징하고 있다. 그것을 뒤이어 1971년 9월의 린비아오林彪사건 이후 전개된 비림비공批林批孔운동에서는 린비아오를 정치적으로 비판하는 것이 중심적인 논점이었다고는 하나 강력한 유교 비판을 내포하고 있었음이 명백해서 가부장제에 대한 사회주의의 우위를 볼 수 있을 것이다. 또 정치 우선의 이 시대에 낡은 사상의 소유자라면, 부모라 할지라도 '선을 긋는다劃淸界線'는 것이 요구되었다.[5] 가족보다 사상적인 충성이 우선될 필요가 있었던 것이다.

3) 김일성체제와 문화대혁명의 비교

조금 이야기가 벗어나지만 동일하게 외국과 격리된 자주독립 노선을 취하고, 주관적 능동성이 극단적으로 중시되며, 지도자에 대한 격렬한 개인숭배를 동반한 대중운동을 바탕으로 한다는 점에서 문화대혁명과 북한 김일성체제는 큰 공통점을 가진다. 그러나 동시에 우리의 관점에서는 큰 차이점을 가진다고 할 수도 있다. 이하에서는 간단하게 그것을 정리하고자 한다. 우선 가장 기본적인 차이는 권력투쟁 와중에 일어난 것인가, 그 후에 일어난 것인가 하는 점이다. 문화대혁명은 권력투쟁 와중에 발동되어 전국은 물론 당내에서도 마오쩌둥색 일색이 아닌 단계에서 시작됐기 때문에 말단에서는 혼란을 일으키고 피를 피로 씻는 듯한 투쟁이 벌어졌다. 이에 반해 김일성체제는 숙청을 통해 완전히 당내를 장악한 후에 확립된 것으로, 중국에서 나타난 것과 같은 대규모 혼란은 야기되지 않았다. 마오쩌둥을 둘러싼 홍위병들의 그 혼란을 수반한 열광과 북한의 완벽한 매스게임의 정연함은 어떤 의미에서 그런 차이를 상징하고 있다. 이러한 통제의 유무는 물론 국토의 넓이와도 무관하지 않겠지만 기본적으로는 당내 권력관계가 반영돼 있다고 봐야 할 것이다.

그와 관련해서 말하자면, 거듭 거론하고 있는 E·토드[1990 = 1992]라면, 이러한 차이를 가족 규범에 근거한 조직구조의 차이에서 찾았을 것이다. 한국이나 대만의 가부장제 부분에서 설명한 것과 같은 가부장제의 세대연령에 관한 논의를 참고하면 연령정보와 세대정보를 모두 가진 북한은 계단식의 탄탄한 관료제 조직을 만들기 쉽다. 이것은 조직의 결속을 강화하는 데 있어서는 가장 용이한 문화인 것이다. 이에 비해 중국의 경우는 보스와의 방사형 조직이 되기 쉽고, 중앙으로부터의 통제는 북한의 경우만큼 철저하지 않다고 할 수 있을 것이다.

(1) 조선노동당의 깃발

우리의 관점에서 보다 중요한 것은 유교가 차지하는 위치이다. 이는 지식인과 여성의 대우 속에 전형적으로 나타난다. 조선노동당은 그 마크를 보면 양쪽 낫농민과 망치노동자 가운데 펜지식인이 놓여 있고, 오랜 의무교육이나 '전국민의 인텔리화'라는 구호에서 볼 수 있듯이 교육을 중시해 지식인의 위상도 높다. 이는 한반도 양반의 전통 이래 지식인에 대한 존경과 궤를 같이 한다. 즉 유교가 지닌 주지주의적 경향을 짙게 반영하는 것이다. 한편 문화대혁명 쪽은 마오쩌둥의 개인적인 지식인 혐오도 영향을 미쳐 지식분자는 문화대혁명 때도 공격의 대상이었고 대학입시에서 백

〈그림 9-1〉조선노동당의 깃발

지를 낸 것이 영웅시되기도 했다.

젠더에 관해서도 이 점은 강하게 작용하고 있어, 노동력화를 추진한다는 점에서는 공통적이지만 북한에서는 남녀의 구별이 강조되고 유지되는 반면, 문화대혁명에서는 오히려 남녀의 차이를 부정하는 쪽으로 압력이 가해진다. 앞서 언급한 것처럼 김일성체제에서는 유교 규범과의 공명이 독자적인 여성상을 만들어 낸 것과 비교해 문화대혁명기에는 비림비공으로 대표되는 것처럼 유교나 그에 근거한 봉건적 도덕은 철저히 비판의 대상이었다. 유교가 가진 남녀 구별을 강력하게 유지하려는 규범이 영향을 미치는지 여부가 김일성체제와 문화대혁명에서는 대조적이라 할 만큼 다르다. 북한에서는 도시에서 만나는 여성들은 판에 박은 듯이 모두 무릎 아래까지 오는 치마나 한복 차림이다. 이것은 문화대혁명기의 중국에서는 남녀의 구별이 없는 인민복이 일반적이었던 것과 눈에 띄는 대조를 보여 준다. 북한에서는 외모상으로도 남녀의 구별이 강하게 남아 있는 것이다. 이는 단순한 외견상의 차이에 그치지 않고 북한 사회와 중국 사회의 차이를 상징하는 현상이라고 생각한다.

이상 살펴본 바와 같이 중국에서도 사회주의 건설 초기단계에서는 이혼법제, 여성의 노동력화, 집단화를 특징으로 하는 사회주의화가 추진되어 여성을 전통적인 가부장제가 지배하는 가족관계에서 떼어놓으려는 벡터가 강하게 작용했다. 그 중에서도 가족과의 타협이 이루어진 것은 사실이지만, 다른 시대와 비교했을 때의 이 시기의 특징은 역시 여성을 밖으로 내보내는 방향이 정책적으로 제시된 점이라고 해야 할 것이다.

2. 탈사회주의화

대약진으로부터 문화대혁명에 걸친 마오쩌둥에 의한 '좌경' 노선은 혼란과 경제적 피폐를 초래하여 마오쩌둥의 죽음과 함께 끝을 알렸다. 장칭 등 문화혁명파의 '4인방'은 후원자를 잃고 추방되었고, 덩샤오핑이 부활하는 1978년 제5기 전국인민대표자회의에서는 '4개의 현대화'라는 새로운 정치·경제 목표가 제시되고, 같은 해 당 제11기 3중 전회중국공산당 중앙위원회 제3차 전체회의 - 역자주 이후 물질적 자극과 노동자·농민의 자주적인 경제활동을 중시하는 개방정책이 채택되면서 현재로 이어지는 흐름이 확정되게 된다. 문화대혁명까지의 집단화, 여성의 노동력화를 기조로 하는 흐름이 크게 방향을 바꾸게 된다.

문화대혁명의 반성으로 먼저 진행된 일은 경제 재건이었다. 계속혁명 노선에 기초한 정치의 시대로부터 경제 건설을 우선하는 경제의 시대로 바뀌는 것이다. 그리고 그 안에서는 노동자의 정치적인 의식의 높이가 아니라, 최종적으로 생산량이 많은 것이야말로 요구되게 된다. 검은 고양이든 흰 고양이든 쥐를 잡는 고양이는 좋은 고양이라는 덩샤오핑의 말은 이런 사정을 상징하고 있다. 그리고 이러한 노선이 정착하는 1980년대, 특히 그 후반부터는 젠더를 둘러싸고 다양한 논쟁이 벌어진다.

1) 경제개혁과 '이보일二保一'

우선 1980년대 전반에 중국어로 '이보일二保一' 문제로 불리는 논쟁이 벌어진다. 이는 사회학 잡지 『사회』 등에서 전개된 논쟁으로 부부 두 사람이 일하고 둘 다 지쳐서 실적을 내지 못하는 것보다는 한 사람만 일하고 실적을 올리는 편이 효율적이다(그래서 여성이 일을 그만둬야 한다)라는 주장을 놓고 찬반이 맞섰다. '이보일二保—'라는 표현은 둘 중 하나를 유지한다는 데서 나온다. 그 배경에 있는 것은 문화혁명기에 철저히 폄훼되고 그 후에도 낮은 처우에 시달리던 지식인들의 생활이다. 도시 지식인의 경우 급여면에서도 맞벌이를 하지 않으면 생활이 불가능해 가사의 사회화가 진행되지 않은 가운데 매우 어려운 환경에 처해 있었다. 마찬가지로 가사라고 해도 당시 중국에서는 물건을 사려면 뭐든지 줄을 서야 해서 시간이 걸렸고, 예를 들어 고기를 사려고 해도 잘라서 팩에 들어 있거나 하지 않았다. '닭'을 손질해 '닭고기'로 만드는 것까지도 가사노동에 포함되어 있었기 때문에 중국인들이 종종 일본의 상황을 가사의 사회화가 이상적으로 진행된 상태라고 형용하는 것도 단순한 립서비스가 아니다. 부부 두 사람이 일할 만한 사회적·객관적 조건이 갖춰지지 않았다고 하면서 둘 다 피폐해지기보다는 한 사람이 집에 있어야 한다는 주장이 나오는 것이다. 이 논쟁은 결국 중화전국부녀연합회 등의 반론이 있어 그 이상으로 확대되지는 않았지만 사회주의화시대에 기본적으로 진행되어 온 여성의 직장 진출이 비판의 대상이 된 것은 시대의 전환을 보여 주는 상징적인 사건이라고 할 수 있다.

이 밖에도 1980년대 전반에는 역시 효율성을 우선하는 입장에서 여성 노동력을 집으로 돌려보냄으로써 '대업청년待業靑年'으로 불리는 청년실업자 문제를 해결하자는 주장이 보이는데, 1983년 지식인이 읽는 『광명일보光明日報』가, 그리고 1985년에는 당 기관지인 『인민일보人民日報』가 각각 여성은 집으로 돌아가라는 주장을 부정하는 사설을 싣고 있다.[6] 이 배경에는 부녀연합회가 여성을 집으로 돌려보내려는 움직임에 대해 당 중앙에 보고하고 서기국에서 논의한 뒤 당 중앙이 이런 주장은 잘못된 것이라는 견해를 내놓았다는 '당국의 관여'가 있었다고 한다譚深[1993 : 363].

즉 1980년대 전반에는 경제 우선의 원리에서 여성을 집으로 돌려보내려는 주장은 전통적인 사회주의화시대 이래의 사회주의 여성해방론에 의해 비판을 받은 것이다.

2) '부녀회가婦女回家' 논쟁

그런데 경제개혁이 진행됨에 따라 효율 중시의 관점에서 여성노동자에 대한 압력이 날로 강화되어 간다. 독립채산성이 있는 기업은 '한 솥의 밥을 먹다吃大鍋飯'라고 하는 실적에 관계없이, 일정한 복리후생을 포함해 생활을 보장하는 제도를 수정하려고 한다. 기업 내 탁아소가 폐쇄되거나 비용이 많이 드는 노동자인 여성노동자를 일시 귀휴歸休시키거나 여성 신규졸업자 채용을 자제하는 현상이 전국 공장에서 나타나게 된다.

그런 사태 속에서 전개된 것이 1980년대 후반의 '부녀회가婦女回家' 논쟁이다. 부녀회가여성은 집으로 돌아가라라는 주장 자체는 1980년대 전반부터 계속 나왔기 때문에 부녀회가 논쟁이라는 말로 1980년대 전반 이래의 것을 모두 포괄할 수도 있지만 그 양상은 역시 후반 들어 조금 달라졌다. 논의가 가장 많이 거론된 것은 중화전국부녀연합회의 잡지『중국부녀中国婦女』의 지면으로, 1988년 1년 동안 '여성의 전도'라는 표제 아래 이 문제에 관한 특집이 구성되었다. 개혁의 물결로 일시 귀휴를 지시받은 자녀를 둔 37세 여성의 고민이나, 과거에는 기혼여성의 95%가 일하고 있었음에도 불구하고 3중 전회 이후 풍요로워져 고작 16%만 일하고 있는 톈진 교외의 다치우좡大邱庄마을의 예가 소개되어 그에 대한 찬반 논쟁이 전개되고 있다.[7]

그 주장들 중 흥미로운 것은 부녀회가에 반대하여 여성도 일해야 한다는 생각이 '좌경'의 잘못으로서 비판받는 점이다石小敏[1988]. 문화혁명기

여성을 일하게 하는 방법이라는 것은 확실히 바빠 서두른 면이 있어서 여성에게도 남성과 똑같은 일을 할 수 있다고 지나치게 강조한 나머지, 여성 쪽이 육체적으로 피폐해지는 것도 자주 볼 수 있었다. 따라서 무조건 여성의 취업만을 강조하는 듯한 사고방식에 대해서, 그것은 생산력 수준에 대한 제약을 무시하고 정치적 목표만을 강조하는 '좌경'의 잘못이라는 논리가 나오는 것이다. 생산력 수준의 제약으로 중국에서는 가사의 사회화도 진행되지 않은, 그러한 상황에서 여성의 취업을 일방적으로 중시하는 것은 문화혁명기로 대표되는 듯한 정치 중심의 잘못이라고 하는 형태이다. 여성의 취업이 '좌경'의 잘못으로 읽혀진다는 것이 1980년대를 상징하는 것과 같은 논리라고 할 수 있다.

가사노동의 사회에 대한 공헌을 어떻게 판단하느냐는 관점에서 보면, 부녀회가를 주장하는 측이 가사노동의 사회적 의미를 높게 평가하고, 여성의 취업을 중시하는 측은 가사노동을 사회노동의 일부로 인정하지 않는다는 입장을 취하게 된다. 주부가 항상 일정한 세력을 차지하는 자본주의 사회에서의 페미니즘에서는 이탈리아의 달라 코스타로 대표되는 '가사노동에 임금을'과 같은 가사노동의 사회적 공헌을 인정하는 주장이 페미니즘의 일부로서 뿌리 깊은 세력을 가지고 있다. 그러나 여성의 취업이 본래 일반적이었던 사회주의 중국에서 이것이 여성의 취업을 억제하는 주장으로 나타난다는 점이 매우 흥미롭다.

이 논쟁은 1989년 초까지 고조되다가 같은 해 6월 톈안먼天安門사건을 계기로 외부에 논의가 나오지 않게 되면서 명확한 결론이 나지 않은 채 흐지부지되는 형국이 되고 말았다. 1980년대 전반처럼 당국이 명확한 의사표시를 하지 않고, 실제로는 경제의 추세에 맡기는 형태를 취하게 된 것이다. 개혁개방이 진행되면서 공산당의 입장 또한 한 걸음 사회주의화

시대에서 벗어난다. 따라서 이 모순은 이를테면 미해결 상태로 현재 중국 사회의 하나의 저류가 되어 있는 것이다.

3. 중국의 젠더 현상과 미래

앞으로 시장경제화에 따라 중국에서도 주부의 탄생을 맞이할 것인가. 사회주의 중국이 여성의 사회 진출에 대해 '선진국'이었다는 것은, 단순한 '좌경'의 잘못의 소산이었을까. 비교사회학은 예언은 할 수 없지만 일정한 예측을 할 수는 있다. 이하에서는 중국의 장래를 예측하기 위해 간단하게 현재 여성의 취업을 둘러싼 실상을 소개해 두자. 그러기 위해서는 전혀 성질을 달리하는 연해부를 중심으로 하는 도시와 내륙 쪽의 농촌을 나누어 논할 필요가 있을 것이다.

1) 농촌

인구의 약 80%를 차지하는 농촌을 보면, 여기에서는 생산책임제의 채용이나 자유시장의 확대에 따라, 다시 노동조직으로서의 가족이 부활한다. 농업의 집단화는 기본적으로 단념되어 개인의 자유로 하는 것이 농민의 생산의욕을 최대한으로 발휘시키는 길이라고 인식되었다. 아니 엄밀하게 말하면 이것은 결코 '개인'이 아니다. '가족'이 다시 단위가 되는 것이다. 그곳에서는 남성 가장의 지시에 근거해 노동이 조직된다는 구시대의 가부장제적 노동조직이 부활한다. 농업 이외의 부업에 손을 댈 때에도 친족의 결속은 중요한 자원이 된다. 해방 전과 같은 거대한 종족조직이 부활하는 것은 아니더라도 가족을 기초로 하는 친족의 연결고리가 다시 드러난다王沪宁[1991]. 또한 부유한 가정에서는 여성은 농사일에서 해방되어 전업주부가 된다. 부녀회가 논쟁으로 화제가 된 다치우좡大邱庄마을 등도 그 좋은 예이다. 사회주의화의 시대가 집단화를 통해 남성 가장의 권력에 제한을 가하는 시대였다면, 개혁개방시대의 농촌은 가장의 권력이 다시 강화되는 시대인 것이다. 다만 사회주의화 이전과 완전히 같은 것은 아니다. 사회주의화는 토지개혁을 통해 지주에서 소농민으로 소유권을 옮기게 하고 있다. 이에 따라 가족의 노동을 조직할 수 있는 가장은 지주층에서 소농층으로 확대되고 있는 것이다. 스테이시가 신민주주의적 가부장제라고 불렀던 신중국 성립 직후의 가족단위 가부장제로 되돌아가고 있다고 보는 것이 타당하지 않을까 생각된다. 물론 혼인법 관철운동이나 철저한 남녀 평등사상으로 신중국 성립기에 비하면 여성의 지위는 비약적으로 향상되고 있다. 현재 농촌여성의 위상이 신중국 성립기와 같을 수는 없을 것이다. 그러나 사회주의는 이제 농촌의 개개의 가부장의 권력에 개입하는 것에 매우 소극적이 되었다는 의미에서는 사회주의화의 시대와는 크게 다른 양상이 나타나고 있음은 분명할 것이다. 스테이시가 지적한 대로 사회주의는 다시 가부장제와 손을 잡은 것이다.

2) 도시

이에 비하면 도시지역의 양상은 그리 단순하지 않다. 구시대의 가족 규범이나 인간관계 규범이 사회주의하에서 어떤 식으로 살아남았는가 라는 관점에서 생각하면, 소노다園田[1988] 등이 지적하는 것과 같은 '관계 guanxi주의'의 문제는 농촌에서의 가족 규범과 사회주의와의 결합에 필적하는 문제라고 생각할 수 있다. 여기서 말하는 '관계'란 일본어의 '관계'가 아니라 중국어로 인맥을 뜻하는 콴시라는 말에서 따왔다. 업무상 명문화된 규칙에 근거한 처리가 반드시 일반적인 것은 아니며, 규칙이 사람의 창의에 의해 나쁘게 말하면 무원칙적으로, 좋게 말하면 유연하게 적용되는 현상은 근대화가 진행되지 않은 사회에서는 매우 일반적으로 볼 수 있는 현상이다. 하지만 중국에서는 그 때 이 '관계'가 매우 중요한 의미를 가지는 것이다. 즉 뭔가 허가를 받다, (희소한) 물건을 산다, 라고 할 때 그것을 담당하고 있는 사람과 '관계'가 있는지 여부가 결정적으로 중요하다. 중국인은 온갖 연줄을 더듬어 '관계'를 통해 그 사람에게 도달하려고 한다. 친족관계가 있다는 것은 '관계' 중 가장 확실하고 중요하지만, 그 외에도 지연, 동창, 옛 동료, 심지어는 같은 병실의 입원환자'병우'라는 말이 쓰인다까지 다양한 인연이 동원되는 것이다夏冰[1993]. 이것들은 당연히 근대적 관점에서 보면 부정부패의 온상이 된다. 판潘[1989＝1994]이 지적한 바와 같이 국영기업이 일족에게 독점되어 버리는 부정사건[8]은 바로 사회주의 사회 속에서 가족을 중심으로 하는 '관계'의 세계가 도시에도 뿌리깊게 살아 남아 있다는 것을 보여 준다.

　사회주의화는 확실히 친족조직의 조직으로서의 결합을 약화시키는 방향으로 작용한다. 현재 중국 도시의 주거환경으로는 대규모 친족집단이 지속적으로 접촉하기 어렵다. 그런 의미에서 친족은 사회주의화를 거치면서 축소됐다고 할 수도 있을 것이다. 그러나 그것은 결코 친족이 의미를 상실했다는 것은 아니다. 농촌에서는 토지라는 상징적인 재화가 일단 공동화되고 그 후 다시 가족에게 맡겨지는 형태로, 이른바 소규모 가족 안에서 가부장제가 유지되게 되었다. 도시에 있어서도 친족을 연결시켜 온 성과 세대에 근거한 규범가부장제은 그 규모가 약간 축소되었다고는 하지만 여전히 강한 영향력을 가지고 있는 것이다.

　이것은 동아시아 전체에 관해서도 정도의 차이를 가지고 해당되지만,

중국에는 개인주의·자유주의[9]라는 문화가 없다. 제3장에서 제시한 낮은 이혼율은 개인과 개인의 애정이라는 문화를 강하게 가진 유럽의 구 사회주의권과 비교하면 특징적이다. 물론 0.72[1992년]라는 이혼율은 인구의 약 80%를 차지하는 농촌지역의 영향을 강하게 받고 있지만, 도시화가 진행되고 있는 상하이上海에서도 1988년의 결혼신청 수허가 수가 아닌 148,460건에 대해 이혼신청 수허가 수가 아님는 22,285건으로 결혼 건수의 약 7분의 1에 불과하다中华全国妇女联合会[1991∶342]. 이것은 약 10분의 1의 한국보다는 많지만, 약 4분의 1인 일본보다 훨씬 적다. 이는 이혼에 대한 강한 기피의식을 보여 주는 것으로 개인이 가족 안에 속해 있음을 상징하는 데이터라고 할 수 있다.

그렇다고 해도, 사회주의화는 역시 중국의 도시가족에 큰 변화를 초래하고 있다. 이것이 가장 여실히 보여지는 것이 가사 분담의 형태일 것이다. 〈표 5-1〉에서 보듯이 조사에 따라 차이는 있지만 중국 남성의 가사노동 시간은 대체로 여성의 50%에서 80% 정도에 이르고 있다. 물론 그럼에도 대등하지 않다고 비판하는 것은 가능하지만, 그러한 판에 박힌 비판은 이 숫자의 특이함을 보이지 않게 해 버린다. 이는 세계적으로도 상당히 드문 현상이다. 〈표 9-1〉에서 보는 바와 같이 남성의 가사노동 시간을 세계적으로 보면, 일본과 같은 나라는 논외로 하더라도 소련·구 동유럽 등에서 여성의 약 3분의 1, 여성의 사회 진출이 진행되어서 거의 전업주부가 소멸했다고 할 수 있는 스웨덴에서도 역시 40%에 그친다.[10] 그에 비해, 이 중국 도시부의 수치는 매우 특징적인 것으로, 가정 내에서의 남녀평등이 비교적 진행되고 있음을 분명하게 보여 주는 데이터이다. '아시아에서 가장 남녀평등이 진행된 나라'라는 말은 다소 과장됐다는 생각도 들지만 이 점에 관해서는 분명 세계적으로도 '진보된' 사회인 것은 의심

	체코슬로바키아	서독일	동독일	미국	소련	폴란드
여성	225	216	220	162	197	200
남성	78	48	80	46	67	60

출처 : Schmittroth[1991 : 124]

의 여지가 없는 듯하다. 그리고 해방 전부터 이와 같이 남성의 가사 참여가 활발했던 것이 아닌 이상, 이는 신중국이 가져온 하나의 큰 변화라고 할 수 있을 것이다.

다만 그 한편으로 여성 측의 의식은 미묘한 동요를 보이고 있다. 중국의 현상이 주부의 소멸 이후인 동시에 주부의 탄생 이전이기도 한 모순된 양상이 거기서 엿보이는 것이다. 베이징에서 행해진 두 조사에서는 '남자는 밖에서 일하고 여자는 집에서 가사를 하는 것이 좋다'라는 의견에 찬성한 것은, 양쪽 모두 30% 정도, 반대가 60% 조금 넘는 것으로 되었다.馮立夫[1995 : 88], アジア女性交流研究フォーラム[1994 : 105]. 또한 같은 아시아여성교류연구포럼의 조사에서 '남편에게 충분한 수입이 있다면 집에 있으면서 가사를 하고 싶은가'라는 질문에 대해서는 기혼여성의 약 30%가 찬성하고 있다. 대략적으로 보아 향후의 생활 수준 상승으로, 도시지역에서 주부가 되는 층이 약 30% 있다고 생각해도 좋을 것이다. 그런 의미에서는 확실히 장래 주부는 일정한 규모로 탄생한다고 할 수 있을지도 모른다.

한편, 의식의 문제와는 다르지만 여성노동의 실태에도 지역 차이가 보인다. 우선 중국 전체의 연령별 여자노동력률 그래프는 〈그림 9-2〉에서 보듯이 고원형이다. 아이의 존재와 무관하게 여성이 취업하고 있는 것을 잘 알 수 있다. 게다가 지역차를 보면 노동력에서 차지하는 여성의 비율은 1985년에 전국에서 43.4%이었으며, 동북 3성이라고 불리는 구 만주지구의 랴오닝遼寧, 지린吉林, 헤이룽장黑竜江에서는 각각 41.6%, 36.6%, 34.1%로 헤이룽장성은 전국 최저이다. 이 외 네이멍구内蒙古가 36.4%, 산

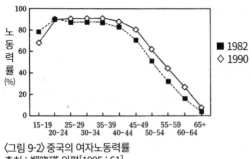

<그림 9-2> 중국의 여자노동력률
출처 : 鄭曉瑛 외편[1995 : 61]

시山西 38.7%로 북부의 여러 성에서 일제히 평균을 밑돌고 있다. 이에 비해 높은 수치를 나타내는 것이 상하이 45.9%, 장쑤성江蘇省 47.7%전국 최

고, 광둥성広東省・윈난성雲云南省 모두 46.0% 등 남방의 여러 지역이다中华全国妇女联合会[1991 : 231].[11] 이것은 대만 부분에서 설명했듯이 남방이 이전부터 여성노동에 대해 허용적인 사회이며, 그러한 노동 규범을 배경으로 현대에도 광범위한 여성의 참여를 볼 수 있다고 생각해도 좋을 것이다.

아직 부녀회가婦女回家 논쟁이 진행되던 1988년 가을 무렵부터 중국에서는 경제의 과열 때문에 조정 단계에 접어들면서 기업에서는 채용자 수가 줄고 노동력 잉여 문제가 표면화된다. 1992년 덩샤오핑의 난쉰강화南巡講話 이후 경제개혁은 다시 가속화되어 그해 10월 14차 당대회에서는 이른바 사회주의 시장경제체제 건설이 주창된다. 그리고 잉여 노동력인 여자노동자의 조기퇴직 등이 진행되는 가운데 과거와 같은 국가기관의 배분에 의하지 않는 자유로운 노동시장이라고 부를 수 있는 것이 서서히 형성되어 가는 것이다. 그곳에서는 과거 노동력이 국가에 의해 배분되던 시대에서는 볼 수 없었던 직종이나 노동시장 자체의 성에 의한 분할이 진행되고, 사회주의화시대에 실현되어 온 남녀평등은 대폭 후퇴하고 있는 듯한 인상을 금할 수 없다. 사회주의화 방향이 억제됨에 따라 복류伏流하던 중국 사회의 가부장제가 다시 노동시장 구조에도 영향을 미치게 된 것이다. 다만 한편으로는, 경제의 활성화는 여성에게도 보다 한층 더 취업기회의 증대를 가져올 가능성도 있어서 단순히 마이너스면만을 강조하는 것은 한쪽으로 치우진 면이 있다文献良[1995].

　나아가 정부의 손에 의해 여성노동 보호규정이 만들어지고 있다. 이것은 첫째는 대약진기 이래의 '남성이 할 수 있는 것은 여성도 할 수 있다'라는 발상이, 현실의 여성에게는 육체적인 부담이 되기 쉬웠던 것, 둘째는 외국자본계 기업의 진출이나 농촌 출신의 여공이 도시에 유입되는 현상을 볼 수 있는 가운데, 불리한 노동조건이 자의적으로 적용되기 쉬웠던 것을 들 수 있다. 이런 점에서 규정에는 몇 가지, 평등보다도 보호 쪽으로 기울어진 조항이 있다. 예를 들어 국무원國務院 1988년 7월 21일 발포의 '여자노동자보호규정女职工劳动保护规定'에서는 여성노동자에게 ① 광산에서의 갱내 노동, ② 삼림의 벌채 노동, ③ 육체노동 강도기준 4이상의 육체 노동, ④ 건설업의 발판의 조립·탈부착, 전력 전신의 높은 곳에서의 가선 작업 등을 시키는 것을 금지하고 있다.

　1992년 10월 1일부터 시행되고 있는 '중화인민공화국부녀권익보장법中華人民共和国婦女権益保障法'은 제22조에서 "각 직장단위는 노동자직공를 채용할 때 여성에 적합하지 않는 직종을 제외하고 성별을 이유로 채용을 거부하거나 여성의 채용 기준을 높이거나 해서는 안 된다" 또한 제25조에서 "모든 직장단위은 여성의 특성에 비추어, 법에 따라 여성이 일할 때의 안전과 건강을 지켜야 하고, 여성에게 적합하지 않는 자리에 여성을 종사시켜서는 안 된다. 여성은 월경기, 임신기, 출산기, 수유기에 특별한 보호를 받는다"와 같은 규정이 있다本书编写组[1993 : 49~53].

　이러한 규정이 대약진 이후 문화대혁명까지의 여성노동 실태에 관한 반성에 서 있는 것은 분명하다. 물론 중국의 노동 현장은 일본처럼 안전한 것이 아니라 인력에 의존하는 부분도 많아 이러한 보호규정에는 실질적인 의미가 있다고 할 수 있을 것이다. 그러나 이러한 업종 자체의 제한

은 미국은 물론 일본의 고용기회균등법 제정에 따른 근로기준법 개정에
서도 채용되지 않았다. 일본에 있는 것은 특정 업종에 관한 잔업시간의
제한뿐이다. 거기에 나타나 있는 것은 실체로서의 여성을 보호한다는 자
세이며, 카테고리로서의 성차별을 허용하지 않는다는 발상은 희박하다.
대체로 중국에서는 성차가 가지는 의미를 끝까지 파고들어 생각해본 경
험이 없어 현실의 차이를 전제로 한 다음 어떻게 '현실의' 여성을 '보호'
할지에 관심이 쏠리고 있다. 부녀회가 논쟁에서도, 힘든 노동에서 해방되
어 주부가 되는 것이 여성에게 해방이라는 종류의 주장이 나오는데 이것
들도 그러한 예로 생각할 수 있다.

  일본에서도 여기까지 성에 근거한 구분을 철저히 한 보호주의는 채용
하지 못하기 때문에 미국과 같은 개인주의·자유주의가 강한 문화에서
보면 집단으로서의 여성보호라는 발상은 성 차별적으로 비칠 수밖에 없
다. 실제로 『인젠더링 차이나Engendering China』라는 논문집에 수록된 논문
에서 마가렛Margaret Y.K. Woo은 이러한 보호주의는 여성노동자의 비용을 더
욱 상승시킬 가능성이 있고, 여성노동자의 고용에 소극적인 시장경제체
제하의 정부의 의향을 여실히 반영한 것이 아닐까 하고 주장하고 있다
Woo[1994]. 중국의 여성 문제가 안고 있는 한 가지 특징이 잘 나타나 있다.

3) 중국 젠더문제의 미래

  이상에서 언급한 바와 같이 문화대혁명 종결 이후의 개혁개방 노선 속
에서 국가는 경제에 대한 통제를 약화하고 그 결과 중국의 가족이 가지
고 있던 가부장제가 다시 경제적인 측면에서도 모습을 나타내게 되었다.
사회주의가 정치·경제·사회조직 등 다양한 국면에 대한 어떤 이념에 입
각한 정부·당의 개입을 하나의 축으로 삼았다고 생각하면, 문화대혁명

이후 탈사회주의화시대에 일종의 자유방임정책이 취해진 결과 사회주의화시대에는 복류했던 가부장제가 부활하여 사람들의 생활을 규정한다는 것 자체는 어쩌면 당연한 일이라고 할 수 있을지도 모른다. 농촌에서 노동조직으로서의 가족이 부활하고 도시에서도 주부가 되고 싶은 여성이 늘고 있는 사태가 그것을 상징하고 있다. 결국 사회주의 중국은 역시 주부가 소멸된 사회가 아니라 주부 탄생 이전의 단계인 것일까. 우리는 문화혁명기의 선전을 지나치게 곧이곧대로 받아들이기만 한 것일까.

물론 미래를 정확하게 예측할 수 있는 것은 아니지만, 가부장제에 주목하여 동아시아의 여러 사회를 비교한다는 우리의 관점에서는 이러한 문제에 대해서도 어느 정도 유효한 전망을 제시할 수 있다. 중국 사회는 확실히 사회주의화를 통해서 '무리하게' 여성의 직장 진출을 진행시키고 그 결과로서 주부가 되고 싶은 층이 30%에 달하는 현상이 나타나고 있다. 그러나 이러한 정책적 동원 없이 여성의 옥외노동이 일반화된 것이 제7장에서 본 대만의 예였다. 즉 가부장제에 주목하면 중국, 특히 그 남방은 여자의 옥외노동에 대해 대체로 긍정적인 사회이고, 사회주의 시장경제의 진전에 따라 대부분의 기혼여성이 주부가 된다는 것은 조금 생각하기 어렵다. 물론 주부는 증가한다. 정책적 압력이 사라진 만큼 여성이 집으로 들어가는 현상은 늘어날 것이다. 그러나 그럼에도 대만 정도는 기혼여성의 직장으로의 진출이 계속될 것으로 생각된다. 중국의 도시지역에서 남성의 가사노동 시간의 길이 등을 보면 혁명 후의 중국에서는 역시 가정 내 권력구조에 관해서도 일정한 변화는 있었을 것으로 생각된다. 게다가 대만·홍콩·싱가포르 등 중국인·중국계 주민이 만드는 사회에서의 여성의 일하는 방식을 보면, 중국의 사회주의가 경제적인 의미에서 아무리 자본주의에 가까워졌다고 해도 '주부의 소멸 이후'라는 측면은 계속

남아 있을 것이라고 생각된다. 그리고 그 점에 관해서는 한반도의 가부장
제를 배경으로 하는 북한과는 분명히 양상이 다르다. 사회주의라는 체제
를 공유하고 있다고 해도 배경에 있는 가부장제에 의해 그 사회의 젠더
를 둘러싼 상황은 크게 다르다는 것을 알 수 있는 것이다.

제10장 　　　　　　　　　　　　　　가부장제를 넘어서

　이 책에서는 지금까지 여성특히 기혼여성의 노동력화 유무를 주된 관찰 대상으로 하면서 다양한 사회의 성에 근거한 배분 규범가부장제을 비교해 왔다. 이러한 작업을 통해 우리는 우리가 전제로 하고 있는 성역할이나 남녀관계에 관한 사고방식이 결코 보편적인 것이 아니라 역사적·공간적으로 한정된 것임을 알 수 있었다. 가부장제 개념을 사용함으로써 여러 사회에서 공통의 문제가 발생하고 있음을 통일된 도식하에 밝혀 왔지만, 한편으로 가부장제의 '형태'에 주목함으로써 각각의 사회의 역사적·공간적 특수성을 그려낼 수 있었다. 몇 번이나 강조해 온 것처럼, 그것은 결코 사회체제나 경제의 발전단계로 환원할 수 있는 성질의 것이 아닌, 독자적인 규정력을 가지고 어떤 사회의 젠더의 모습을 결정하고 있는 것이다. 따라서 미국의 모습을 단순히 일본의 미래상으로 보는 듯한 논의는 여기서는 통용되지 않는다. 일본이라는 사회의 문화적 규정을 찾기 위해 구미뿐만 아니라 동아시아에 상당한 중점을 두고 논의를 전개해 온 것이다.

　그 결과 얻을 수 있는 결론은 두 가지 방향을 가지고 있다. 하나는 제4~9장, 특히 제3부의 제6장한국, 제7장대만, 제8장북한, 제9장중국의 비교를 바탕으로 한 동아시아의 젠더에 관한 비교사회학이다. 한국·대만·북한·중국의 4개 사회는 사회체제와 민족이 교차하는 세계에서도 희귀한 지역으로, 이를 통해 젠더의 모습을 체제와 민족 쌍방에서 검토할 수 있었다. 일본을 포함함으로써 지역적으로도 동아시아의 이른바 유교문화권을 망

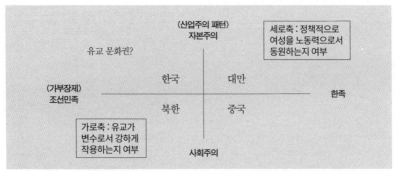

〈그림 10-1〉 동아시아의 4개 사회

라하게 되고, 유교와 젠더라는 문제에 관해서도 일정한 해답을 마련할 수 있다. 또한 지역연구로서도 이 책은 독자적인 공헌을 했다고 생각한다. 이 논점에 대해서는 1절에서 서술하기로 한다.

또 한 가지 결론은 일본에 사는 일본인에게 있어서는 보다 중요한, 일본사회의 문제에 직접 관련되는 논점이다. 즉 일본의 이른바 '여성 문제'의 보편성과 특수성을 비교 속에서 밝혀내 왔다는 점을 말한다. 구미와의 비교에서는 단순히 유교나 아시아적 특수성이라고 하는 말로 정리되기 쉬운 젠더문제에 대해서 유교문화권으로 여겨지는 동아시아 안에서 비교하는 것을 통해 일본의 특수성을 보다 명확하게 할 수 있었던 것이다. 이러한 문제와 그 극복의 방향에 대해서는 2절에서 논하고자 한다.

1. 동아시아의 젠더 비교사회학

다시 한번 제4장에서 제시한 동아시아의 4분면도를 보자. 제3부의 각 장에서 이미 살펴본 바와 같이, 여성의 취업에 비교적 허용적인 중국특히 남방형 가부장제와 비교적 억제적인 한반도형 가부장제가 각각 자본주의·사회주의와 결합함으로써 대만·중국, 한국·북한 등 각 사회의 젠더의 모습의 차이가 만들어졌음을 알 수 있다. 요약해서 말하면 자본주의-사회주의라는 종축은 여성을 정책적으로 노동력으로서 동원할지 여부를 의미하는 것이 되고, 횡축은 유교에 근거한 제약이 강하게 작용하는지 여부를 나타내게 된다.

즉 사회주의는 여성의 노동력화를 강력하게 추진한다는 점에서는 공통적이며, 중국·북한 모두 여성노동력률은 매우 높지만 그 가부장제의 형태는 중국형과 한반도형으로 각각 다르고 북한 쪽이 유교의 영향이 강해 남녀의 구별이 더 견고하게 보존되는 경향이 있다. 그리고 중국에서는 남녀의 차이를 더 적은 것으로 생각하는 발상은 북한보다 훨씬 강하다. 또 자본주의의 경우도 비슷해 보이는 대만과 한국이 실제로는 여성의 노동력화에 관해서는 현저하게 다른 것으로 밝혀졌다. 노동력화에 정책적 동원이 없는 만큼 가부장제 형태의 차이가 더 뚜렷해지는 것이다. 비슷한 시기에 주부 탄생의 시기를 맞이하지만, 대만은 특히 고학력층의 경력형 노동력화가 현저해 일본 이상으로 주부의 소멸로 향하기 쉬운 사회인데 비해, 한국은 학력 상승이나 도시 지향 이동이 여성노동력률의 상승을 가져오지 않고 '여자'라는 것으로 노동시장에서의 위치가 결정되고 만다. 일본 이상으로 주부의 소멸로 가기 어려운 사회임을 알 수 있다.

또한 이러한 대비를 통해 체제를 넘어선 공통점을 볼 수 있게 된다. 따라서 예를 들어 중국이나 북한이 만일 완전히 시장경제로 이행했다고 해도 중국의 경우는 고작 대만 정도로밖에 주부의 탄생으로 향하지 못하고 여성의 취업이 계속되기 쉽다는 점, 북한의 경우는 보다 한국에 가까워질 가능성이 높다는 점 등을 지적할 수 있다. 체제를 넘어 유사한 가부장제가 독립의 변수로 작용하고 있음을 알 수 있다. 가부장제의 형태를 각각의 민족 고유의 문화라고 생각한다면 사회체제와 민족문화라는 이 문제 설정은 젠더에 한정하지 않고 다양한 문제에 응용할 수 있는 도식이라고 할 수도 있다. 이 책에서는 매우 간단하게만 전개했지만, 기업이나 정당 등 조직의 비교, 육체노동이나 상업에 대한 의식 등 많은 문제에 적용할 수 있을 것이다.[1]

나아가 유교 혹은 유교문화권과 젠더라는 문제에도 일정한 전망을 제공할 수 있었다. 우선 유교문화권이라고 해도 유교라는 변수로 많은 것을 설명할 수 있는 곳은 동아시아 중에서 한반도뿐이라는 점이 중요하다. 확실히 유교는 다양한 형태로 동아시아 각각의 사회에 침투하고 있어 유교문화권이라는 설정 자체가 무효라고는 생각하지 않지만, 이 젠더의 문제에 관한 한 유교라는 변수로 일본을 포함한 동아시아의 사회를 일괄적으로 논하는 것은 상당히 무리가 있다. 변방 사회였던 대만에서는 과거科 擧를 통한 중국 중심으로의 통합이라는 힘이 약해서 오히려 중국 남쪽의 가족 규범이나 상인 규범 등이 사람을 규율하게 되었다. 또한 중국에서는 최근 부활의 조짐이 있다고 해도 근대 이후의 철저한 유교 비판으로 인해 그 영향력이 크게 약화되고 있다. 일본 사회의 성차별이 유교를 기원으로 한다는 논의는 양처현모주의와 어머니 역할 성립의 경위를 보는 한 상당한 한정을 둘 필요가 있음을 알 수 있다. 한편 한반도에서는 양반으로의 계층 상승 지향을 통해 사회 구석구석까지 유교가 침투하게 된다. 유교는 남녀의 구분을 매우 강하게 의식하게 하는 규범으로, 한반도의 가부장제는 이를 배경으로 하게 됨에 따라 여성의 노동력화에 억제적이거나 남녀의 구별을 강하게 남기고자 하는 특징을 갖게 되었다. 이처럼 유교문화권 내에서도 유교의 침투도에는 상당한 차이가 있으며, 따라서 다른 가부장제의 형태가 성립하게 된 것이다.

2. 현대일본의 '여성 문제' 해결을 향해

이러한 가부장제의 비교사회학과 가부장제의 형태라는 논의를 통해 우리는 가령 노동경제학 논의 등에서 전제가 된, 혹은 일반적으로 자명하게 여겨지던 규범적 요소를 끌어낼 수 있었다. 하나의 사회를 보는 것만으로는 당연하게 여겨지기 쉬운 규범을 도마 위에 올릴 수 있었던 것이다. 이것은 일본의 현대주부가 안고 있는 문제에서 본 것처럼 보편적 요소와 특수 일본적 요소를 포함하는 것이었다. 보편적 요소란 곧 근대 가부장제의 '남 = 생산노동 / 여 = 재생산노동'이라는 권력의 불균등한 배분을 수반한 역할 배분이며, 특수 일본적 요소란 그 속에서 국가적 요청, 부부애의 결여 등에서 어머니 역할이 강조되게 된 것이다. 영미와의 비교에서 희박한 부부애가 어머니 역할의 강조를 가져온 것을 알 수 있고, 대만과 비교함으로써 이러한 어머니 역할 규범이 동아시아 안에서도 충분히 '특수'한 것임을 알 수 있다. 그리고 한국과의 비교에서 보듯이 일본 가부장제의 특색이 유교에 있다고 단순하게 말할 수는 없는 것이다. 이 규범은 근대주부의 시대에 형성된 것이지만 현대주부의 시대에도 계승되어 여러 가지 문제를 야기하기에 이른다.

근대주부의 성립과정에서 보았듯이 주부 탄생 무렵 당사자 여성들은 대부분 성 역할을 긍정적으로 받아들였다. 물론 현재도 그러한 층은 확실히 존재하고 있지만, 지금은 제도로서 여성에게만 노동력 재생산의 역할을 기대하는 것은 곤란해지고 있다. 또한 고령화 사회의 도래로 인한 개호 수요의 증대는 그 경향에 더욱 박차를 가하게 될 것이다. 현대 일본형 가부장제를 극복하기 위해 우리는 '남 = 생산노동 / 여 = 재생산노동'이라는 근대 가부장제 이래의 노동력 재생산 시스템을 대신하는 새로운 노동력 재생산 시스템을 모색해 나가야 하는 것이다.

1) 재생산 비용 분담 시스템 비교

육아를 전형으로 하는 노동력 재생산 시스템으로서는 이 책에서 다루어 온 사회 중에서도 몇 가지 유형을 생각할 수 있다. 구미에서 보자며 우에노 지즈코[1985]도 지적하듯이 북유럽과 같이 국가가 강하게 관여하는 복지국가형과 미국과 같이 베이비시터나 민간보육소를 활용하는 자유시장형을 생각할 수 있다. 국가의 관여가 보다 강한 유형으로는 북한이나 중국의 국가관리형을 인정할 수 있을 것이다.[2] 이에 반해 일본처럼 육아기의 여성 취업률이 낮은 경우에는 전업주부가 담당하는 전업주부형도 생각할 수 있다. 또한 이 책에서는 다루고 있지 않지만 계층차가 매우 큰 사회이거나 값싼 이민노동력을 이용할 수 있는 사회라면 저렴한 메이드를 고용하는 가사사용인형이라는 것도 있다. 홍콩이나 동남아시아는 비교적 이런 유형에 가깝다. 한편, 대만은 아마도 이 중 어느 것에도 속하지 않을 것이다. 물론 보육소나 유치원도 없는 것은 아니지만 일본만큼 보급되지 않았고, 그럼에도 불구하고 고학력 여성은 당연한 것처럼 취업하고 있다. 이것을 지탱하고 있는 것은 친족 네트워크였다. 자녀는 핵가족의 것이 아니기 때문에 반대로 이런 지원이 가능한 것이다. 친족 네트워크형이라고 할 수 있을 것이다. 이를 정리하면 〈표 10-1〉과 같다.

일본에의 적용가능성을 염두에 두면서 각각의 패턴의 문제점을 살펴보자. 전업주부형은 주부의 불만이 쌓이지 않는 한 '합리적'이지만 앞으로의 시대에 그것을 기대하기는 상당히 어렵다. 친족 네트워크형은 원래 친족 네트워크가 이용가능한 것 자체가 매우 특수한 현상이라는 것을 지적할 수밖에 없다. 중국이나 한국은 가능성으로서는 이 체제도 있을 수

〈표 10-1〉 노동력 재생산 비용부담의 패턴

	가족		시장	국가
	핵가족	친족가족		
개별화 ↓	전업주부형		가사사용인형	
		친족네트워크형		
			자유시장형	
사회화 ↓			복지국가형	
				사회주의형

*가로축은 담당자, 세로축은 개개의 가족을 떠나서 사회화되는 정도를 나타낸다.

있으나, 일본에서는 더 이상 딸의 자녀를 돌보고 싶지 않다고 단언하는 '젊은' 할머니가 나타나고 있기 때문에 3세대 동거가 많은 야마가타山形처럼 직계가족이 굳건하게 남아있는 지역을 제외하면 이 시스템은 정착하기 어려울 것이다.

가사사용인을 고용하려면 말할 것도 없이 압도적인 계층차가 필요하다. 일본에서도 외국인 노동자의 유입에 의해 가능하게 될지도 모르지만, 주택 사정을 생각하면 더부살이는 불가능하고, 그렇게 되면 일본에서 생활하는 한 '저렴한'이라는 것은 일어날 수 없기 때문에 이것도 그다지 현실적이지 않을 것 같다. 자유시장형은 비용이 많이 든다. 일본에서도 베이비시팅은 간신히 시작되었지만 입회금이나 연회비 외에 시간당 800엔에서 2000엔 정도이고, 정기적으로 장시간 이용할 수 있는 것은 한정된 층이 될 것이다. 또한 일본의 경우는 비용 이상으로, 일본형 가부장제가 강조하는 어머니 역할 규범이 베이비시팅 자체를 허용하지 않고 어머니가 비난받기 쉽다는 문제가 있어 보급하는 데에는 하나의 벽으로 작용한다. 국가관리형은 확실히 저렴하지만 자녀의 교육내용이나 자녀의 수까지 관리하는 방식은 사회주의 국가나 일부 개발도상국을 제외하면 받아들일 수 없을 것이다. 복지국가형은 세금이 투입되기 때문에 큰 정부를 초래하게 되어 세금 부담이 가중된다. 그러나 일본으로서는 이제 개개의 여성이나 친족에게 기대할 수 없는 이상, 자유시장형의 민간보육소 등과 조합하는 형태로 이러한 공적 보육을 어느 정도 충실하게 하는 방향 밖에 남아 있지 않을 것이다. 육아에 한정하지 않고 노동력 재생산의 비용을 개개의 가정에 맡기는 것이 아니라, 사회에서 넓고 얇게 분담하는 것 밖에 현재의 상황을 헤쳐 나갈 길은 없다고 생각된다.

2) 가부장제 극복

근대 가부장제 이래 '남 = 생산노동 / 여 = 재생산노동'이라는 분담 시스템을 무너뜨려 나가려면 논리적으로 두 방향밖에 없다. 하나는 남성 쪽을 더욱 노동력 재생산의 영역으로 진입시키는 것, 다른 하나는 여성 쪽을 더욱 생산노동의 영역으로 진입시키는 것이다. 이에 대해 단순하게 '의식을 바꾸자'고 외치는 것만이 아닌 사회정책적 방안을 몇 가지 제시하고자 한다.

전자에 관해서는 단순히 가정이야말로 해방된 장소라고 주장하는 것만으로는 아무것도 변하지 않는다. 그것은 주부의 자기만족을 낳아 현상황을 긍정해 버릴 뿐이다. 노동 시간의 단축 같은 조건 정비도 물론이지만 우선 노동력 재생산 비용이 여성노동자에게만 부과된 현상황을 개선해야 한다. '여자는 출산, 육아가 있기 때문에 남자를 채용할 수 있을 때는 남자를 채용하고 싶다'라고 하는 것이, 헤이세이平成 불황에서의 여학생의 취직난에서 드러난 기업의 논리이다. 그러나 본래 사회가 부담해야 할 차세대 노동력의 비용이 여성자노동자의 비용에만 가산되고 있다는 것 자체가 문제로, 이를 바로잡지 않으면 불황 때마다 '빙하기'는 찾아온다. 물론 남성이 더욱 가사·육아에 참가하는 것이 필요하지만, 단순히 호소하는 것만으로는 효과는 희박하다. 제도적으로도 육아휴직을 할 때 남성만이 신청할 수 있는 기간을 1개월 마련하는 등 차세대 노동력 재생산의 비용을 남성노동력 위에도 가산해 나가는 시스템을 만들어 낼 필요가 있다. 기업이 남성노동자에게도 차세대 노동력의 재생산 비용을 지불하지 않아도 된다는 이러한 상태를 방치하는 한 여성에 대한 불리한 처우는 변하지 않을 것이다.

다음으로, 여성을 생산 영역에 참여시키는 전략에 대해서이다. 1996년 이후 22세 인구는 계속 줄어들고 있기 때문에 앞으로 노동력 부족은 충분히 있을 수 있다. 그 때 성별을 불문하고 우수한 인재를 전력으로 활용하는 것은 기업으로서 더욱 추진되어도 좋은 시책이다. 대등한 인재로서 여성을 본다는 자세가 기업에게는 요구되고 있다. 연공서열 임금체계의 붕괴는 그런 의미에서 기회일 것이다. 이 임금 제도에서 가장 많은 혜택을 보는 것은 중장년 남성이고, 반대로 가장 냉대을 받는 것이 젊은 고학력 여성이기 때문이다.

이 밖에 정책적으로 할 수 있는 일은 우선 주부에 대한 각종 우대 제도를 철폐하는 것이다. 현재 전업주부^{파트타임으로 수입이 적은 겸업주부를 포함}에 대해서는 남성의 급여에 배우자 수당을 추가해 세금^{結稅金}으로 배우자 공제[3]를 마련하고, 아울러 배우자는 의료보험에도 무료로 가입할 수 있다. 연금에서는 샐러리맨의 아내^{연봉 130만 엔 미만}에 대해 제3호 피보험자로서 보험료를 납부하지 않고 연금의 수급자격을 얻을 수 있게 하는 식으로 이중 삼중의 두터운 우대조치를 취하고 있다. 이는 여성이 전업주부가 되는 것이 당연했던 시대라면 몰라도 기혼여성의 노동력률이 50%를 넘는 시대에는 적합하지 않다. 제5장에서 보았듯이 남편의 수입별 아내의 유업률은 수입이 오르면 내려가는 경향이 있어 이들 일련의 제도는 남편의 벌이가 좋고 전업주부를 껴안을 수 있는 층에 대해, 보다 빈곤한 층으로부터 보조금을 내고 있다는 분명한 불평등한 제도이다. 이하에서는 배우자 공제와 제3호 피보험자의 문제에 대해서 간단하게 논하기로 한다.

배우자 공제는 아내의 '내조의 공'을 평가하는 것으로서 1961년 세제 개혁으로 도입된 제도이다. 이것은 자영업자 등이 아내의 노동에 대한 대가로 소득을 분할해 낮은 세금을 납입하는 것이 가능한 것과 관련해 급여소득자가 상대적으로 불리해지는 것도 의식하고 있다.[4] 1960년, 전체 산업의 남녀 종업상 지위별 취업자수 비율에서 자영업주와 가족 종사자를 합하면 46.6%로, 고용자의 53.4%와 거의 비슷한 수준이었다「労働力調查」. 또한 유배우 여성에서 차지하는 취업자의 비율이 46.6%, 고용자의 비율은 불과 8.8%「国勢調査」에 그쳐, 그런 의미에서 배우자공제는 당시 급여소득세대를 보호한다는 일정한 의미를 가지고 있었다고 말할 수 있을지도 모른다. 그러나 1994년의 「노동력조사」에 따르면 이미 전체 취업자에서 차지하는 고용자의 비율은 80%를 넘고, 유배우 여성 중에서 차지하는 취업자도 1983년 이후 항상 50%를 웃돌아 유배우 여성 중에서 차지하는 고용자의 비율도 1994년에는 36.3%에 달한다. 이처럼 전업주부는 더 이상 여성의 전형이라고 말하기는 어려우며, 배우자공제 제도는 전업주부와 배우자가 있는 여성취업자 사이의 형평성 문제를 안게 된다.

게다가 100만 엔을 넘으면 공제가 없어져, 오히려 부담이 늘어 주부의 노동공급이 억제되는 이른바 '100만 엔의 벽' 문제를 해결하기 위해 배우자 특별공제가 1987년에 도입된다. 여기서도 자영업층과의 관계에서 소득분할을 할 수 있는 2분 2승 방식도 검토되었으나, 결국 소실공제로 벽을 다듬는 방식이 취해졌다全国婦人税理士連盟[1994 : 37]. 그러나 이것은 역시 전업주부와 배우자가 있는 여성취업자특히 고용자 사이의 불공평의 문제가 커진다. 가사노동의 부담은 아내의 취업 유무에 관계없이 존재하는 이상

'내조의 공의 평가'라고 하는 이유 부여는 이 제도를 정당화하지 않으며, 애초에 같은 연소득 800만 엔의 세대라도, 부부가 400만씩 버는 세대와 아내가 전업주부인 세대와는 확실히 생활의 여유가 다르다. 이로써 전업주부층에게만 배우자 공제를 허용하는 것의 불공평성은 확실할 것이다. 더욱이 세무당국은 담세력担税力이라는 점을 고려하고 있는 듯하지만 애당초 유배우 여성을 피부양자로서 전제하는 발상에 문제가 있으며, 이는 여전히 여성의 노동공급을 왜곡시키는 요인이 되고 있다. 요컨대 이 제도에는 자영업층과의 공평성과 내조의 공 평가라는 두 가지 배경이 있지만, 그 어느 것에도 더 이상 고용자로서 일하는 유배우 여성과 전업주부 사이의 불공평을 정당화할 만한 근거는 없는 것이다.

또한 연금에 대해서도 1985년 개정으로 급여소득자의 배우자로 연봉 130만 엔 미만인 경우 보험료를 내지 않고 연금 수급자격을 얻게 됐다. 현재 공적연금의 가입자 약 6,600만 명 중 제3호 피보험자는 약 1,200만 명에 이르고 있으며 그 99%가 여성이다. 연금 재정의 핍박과 보험료의 대폭적인 인상이 예측되고, 심지어 학생까지 보험료를 납부하고 있는 가운데 이 막대한 수의 전업주부만을 우대하는 근거는 부족하다. 세대 단위로 보면 연수입이 같은 세대에서는 보험료도 수급액도 동일하지만, 세대 연수입이 동일할 때에 전업주부 세대 쪽이 여유가 있는 것은 앞에서도 설명한 대로이다. 게다가 남편이 사망했을 경우의 유족연금에서는 전업주부 쪽이 보다 유리해진다木村[1994]. 이러한 연금 제도도 여성의 노동공급을 왜곡시키는 원인이 되고, 또 결과적으로 여성의 연금권을 개인이 아닌 가족주의적 원리 속에 머무르게 하는 것이 되고 있다.

배우자 공제에 관해서는 전국부인세무사연맹이 그 폐지와 기초공제로의 전환을 요구하고 있지만全国婦人税理士連盟[1994] 기초공제에서는 혜택을 받는 사람이 지나치게 확대된다. 자녀나 개호가 필요한 자가 있어서 취업할 수 없다는 현실을 생각하면 부양가족수당·공제를 증액하고 그만큼 배우자 수당·공제를 없애면 된다. 소득공제는 고소득자일수록 혜택이 크다는 점을 고려하면 세액공제 방식도 괜찮을 것이다. 연금에 대해서도 여성의 연금권 확립은 여성 자신의 취업과 보험료 납입이 기본으로 되어야 한다. 전업주부의 경우에는 오히려 샐러리맨으로부터 추가로 징수해야 할 것이다.

주부가 되어서는 안 된다고 말하고 싶은 것은 결코 아니다. 주부라는 삶의 방식을 선택할 자유는 어디까지나 존중되어야 한다. 그러나 제도로서 그것을 표준에 두고 또한 이중 삼중으로 보호한다는 것은 이 정도로 여성의 취업이 일반화된 시대에 있어서는 잘못된 것이라고 말하지 않을 수 없다. 오히려 거기에 관련되는 비용을 주부를 선택한 사람에게 요구할 필요가 있는 것이다. 그렇게 함으로써 여성의 취업을 촉진하고 이를 복지부문에서 흡수해 고령화 사회의 개호나 육아라고 하는 새롭게 필요해지는 분야에서 활용해 나간다. 주부가 앞으로의 개호도 육아도 전부 자신의 손으로 해낼 수 있다고 한다면 제도를 손볼 필요는 없을 것이다. 그러나 앞으로의 고령화 사회에서는 돌봄의 수요만이 폭발적으로 증가해 그 재원이나 노동력이 이대로는 공급되지 않을 우려가 있다. 지금도 비명을 지르는 사람들이 있는 상황에서 주부라는 근대 발명품으로 이를 모두 극복하는 것은 불가능한 일이다. 주부를 표준으로 하는 제도를 개선해 복지를 위한 노동력과 재원을 확보해야 한다.

이는 물론 복지노동의 여성화라는 새로운 과제를 제기한다. 북유럽에서도 비교적 저수입의 복지부문에 여성이 집중되는 것이 문제가 되고 있다. 이것은 최종적으로는 복지노동의 평가를 높여 감으로써 남성의 참여를 촉진해 서서히 해결을 도모할 수밖에 없을 것이다. 그러나 문제가 없는 것은 아니지만 일단 일보 전진이긴 하다. 이것이 당장 근대 이래의 가부장제를 극복하고 새로운 제도를 정착시켜 갈 거의 유일한 방향이 아닐까 생각한다.

우리에게는 '여성을 해방시키는' 일 같은 것은 결코 불가능하다. 아무리 여성에게 억압적으로 보이는 제도라도 그 안에는 반드시 수익자로서의 여성이 존재한다. 과거 일본의 '이에' 제도나 중국의 오랜 가족 안에서도 여성은 남자를 낳음으로써 그 지위를 안정화시키고, 그 아들을 통해서 나름의 권력을 잡아왔다. 그렇기 때문에 그것은 제도로서 일정 기간 계속 존재한 것이며, 만약 사회의 절반의 성이 모두 반대하고 있다면 그러한 제도는 결코 오래가지 못할 것이다. 현상황에서 이익을 얻는 여성들이 있기에 그 제도는 유지되는 것이다. 근대 가부장제 이후의 성역할 분업시스템은 남녀 모두에게 나름대로 지지를 받은 '합리적' 발명품이었다. 그래도 그 균열이 보이는 지금 다음 시스템에 대한 준비를 시작해야 한다. 여기에 제시한 바와 같은 방향성이 주부층의 반발을 산다고 해도 추진해 나가야 하는 것이다. 현상황으로부터 이익을 얻고 있는 여성들에게 현상황을 바꾸는 것은 결코 해방을 의미하지 않는다. 아니, 모든 여성을 해방시키는 것 등 모든 남성을 해방시키는 것과 마찬가지로 애초에 불가능하다. 젠더라는 이 도구를 사용해 우리가 할 수 있는 일은, 따라서 '여성을 해방시키는' 것이 아니라 성에 대해 조금이라도 자유롭고 평등한 사회[5]를 구상하는 것이며 딱 그 정도일 뿐이다.

그런데 일본형 가부장제는 이러한 문제를 은폐하는 작용을 한다. 미국 등에서는 가족이 부부애를 기초로 부부 중심이라는 점에서 부부 사이에 금이 가는 것은 곧 성에 근거한 권력이나 역할의 배분이 당사자들 사이에

노정되는 것을 의미했다. 또한 경제적 독립은 그대로 여성의 개인으로서의 자립을 의미한다. 이에 반해 일본에서는 가부장제의 '형태'에 따라 문제가 나타나는 방식이 달라지는 것이다. '남 = 생산노동 / 여 = 재생산노동'이라는 역할의 배분은 '어머니'라는 매직워드에 의해 '노동'이라고 인식되지 않는다. 성에 근거한 권력이나 역할의 불균등한 배분이 '어머니'가 '사랑의 봉사'로 여겨짐에 따라 여전히 '사랑의 공동체' 안에서의 일로 여겨지고, 거기에 작용하는 성에 근거한 역학이 드러나지 않는 것이다.

이 책이 일관되게 권력보다도 역할의 배분에 주목해 온 것도 이와 관련이 있다. 제1장에서도 설명했듯이 가부장제는 권력이라는 개념으로 기술하기 쉽다는 시작점과 강제력을 가진 것이기보다는 오히려 역할 규범과 같은 형태로 실질적으로 사람들의 행동을 규제하고 있는 것이다.

자녀를 낳는 것은 분명 생물학적 성에 관련된 고유의 작업이지만 그것을 개별 여성이 담당할지의 여부나, 또한 태어난 아이를 배타적으로 어머니가 키울지의 여부는 전적으로 사회적인 약속에 속한다. 그런 의미에서 어머니 역할은 생물학적 성차가 그대로 사회적 성차로 이어지는 최후의 보루다. 즉 어머니 역할의 강조가 없는 문화에서는 근대적인 인권개념의 침투에 의해 더 이상 생물학적 성에 근거해 권력이나 역할을 배분한다는 것은 정당화되기 어렵다. 그런데 '어머니'라는 생물학적 성에 수반되는 육아 등의 역할이 사회적으로 강조되는 곳에서는 생물학적 성에 근거한 역할의 배분이 의문시되기 어렵다.

가부장제의 '형태'에 의해 이상과 같은 규범이 성립된 일본에서는 여성은 항상 어머니로서 자녀와 세트로 문제시되고, 언제까지나 여성이 '개인'으로서 남성을 대한다는 상황은 생기지 않으며, 그에 따라 성에 근거한 역할·권력의 배분 메커니즘이 은폐되어 정당화되는 것이다. 그리고 역할이 다른 것에 의해 정서적인 관계가 희박한 경우에도 부부는 상대방을 '필요'로 할 수 있으며 그러한 역할의 상보성相補性이 주부 측에 부담이 되지 않는 한 일본의 결혼은 외면적으로는 파탄을 일으키기는 어렵다.

사람은 혹은 그것을 '행복'이라고 부를지도 모른다. 그러나 역할의 상보성에 의하지 않는, 정서에 의해서만 지탱되는 남녀의 관계라는 것은 '사랑의 봉사' 속에 숨어 있는 사회적인 메커니즘이 폭로된 저편에 있다고 나는 생각한다.

21세기 동아시아의 저출생 고령화를 둘러싼 비교

외국인·여성·고령자의 노동력화 차이에 주목하여

1. 들어가기

제4장부터 제9장까지의 논의는 논지로서 크게 나누면 다음과 같이 집약할 수 있다. 주부의 탄생부터 소멸까지의 도식을 그린 후 동북아의 자본주의 사회를 비교하면, 대만이 가장 주부의 소멸로 향하기 쉬운 케이스, 한국은 소멸로 향하기 어려운 케이스, 일본은 한국과 같거나 한국보다 조금은 주부의 소멸로 향하기 쉬운 정도로 생각된다. 이는 주로 학력별 여자 노동력률을 보았을 때 학력 상승에 따라 어느 정도 여성 취업률이 올라가는가에 따라 그 사회에서 주부의 상대적인 지위를 밝힐 수 있다는 발상에 근거한다. 또 이 가운데 대만과 일본의 비교를 통해 M자형 고용라인이라는 일본 사회의 여성 취업 관행이 얼마나 '특수'한 것인지 조명했다.

이것을 표로 하면 〈표 1〉과 같이 된다. 이러한 발상으로 동아시아의 여러 사회를 살펴보면, 젠더나 가족규범에 있어서 사회체제의 차이를 넘어 한국과 북한 사이에 공통의 현상이 나타나고, 대만이나 홍콩과 중국 사이에 공통의 현상이 나타나고 있음을 알 수 있다.

이 도식이 의미를 갖는 것은 젠더나 가족규범처럼 사회의 근저에 있는 규범이라는 것은 자본주의나 사회주의와 같은 사회체제에 따라 완전히 바뀌어 버리는 것이 아니라는 것을 명확히 할 수 있었기 때문이었다. 사회주의 체제는 확실히 정책적으로 여성을 노동력으로 동원하지만 남성의 가사 참여 방식은 중국과 북한에서 크게 다르고, 북한에서 남성이 가사 육아에 참여하지 않는 현상은 오히려 같은 한국 사회인 한국과 공통성이 있다. 또한 중국 국내에서도 길림성 연변 조선족 자치주의 조선족

<표 1> 동아시아 여러 사회의 비교 도식[1]

	한국인	중국인	일본인
자본주의	한국	대만 · 홍콩	일본
사회주의	북한	중국	

남성의 가사 참여가 적은 것으로 알려져 있다韓今玉[1995]. 중국의 같은 정책의 영향을 받고 있었기 때문에 이것은 민족적인 문화규범으로 밖에 설명할 방법이 없다. 그리고 영유아를 가진 어머니가 취업하는 것을 망설이지 않는다는 점에서 중국과 대만·홍콩, 그리고 인구의 약 80%를 중화계가 차지하는 싱가포르에는 공통성이 있다. 저자는 이렇게 사회체제를 넘어 문화규범의 영향이 계속되고 있음을 밝혀왔다. 동아시아의 여러 사회의 젠더나 고령자의 노동에 관해서, 사회체제의 차이자본주의인가 사회주의인가라고 하는 요소보다 배경이 되는 문화의 차이한국 사회인가, 중국 사회인가라고 하는 요소가 큰 설명 변수가 된다는 것을 지적해 왔다瀨地山[1996, 2017], Sechiyama[2013].

다만 데이터는 1990년대의 것을 이용했기 때문에 여기서는 2010~2020년대의 데이터를 사용하여 그 가설을 재차 검증해 나간다. 이 장에서는 홍콩이나 싱가포르에 대해서는 언급을 최소화하고, 중국 자본주의 사회로서는 대만을 중심으로 언급한다. 북한에 관해서는 고령자 노동의 데이터를 입수할 수 없기 때문에 다루지 않는다. 따라서 이 장의 분석대상이 되는 동아시아 여러 사회란 일본, 한국, 대만, 중국이 된다.

<표 1>에서는 일본 사회는 전후 분단을 면했기 때문에 '사회주의의 일본 사회'가 결손자료가 된다. 그러나 동일한 자본주의 사회에서 비슷한 경제발전 수준임에도 불구하고 일본은 한국이나 대만과는 여성노동의 패턴이 다르다. 이와 같이 사회체제의 차이에서도 경제 발전 수준에서도 설명할 수 없는 유사점과 차이점을 찾아냄으로써, 그 사회가 가지는 문화

규범과 같은 것으로 밖에 귀인歸因할 수 없는 '무언가'에 접근할 수 있다. 그러한 '실험실'로서 동아시아는 매우 흥미로운 대상이다.

게다가 이 기간 동안 일어난 극단적인 변화가 있다. 그것은 1990년대 후반 이후 동아시아 지역 전체에서 볼 수 있는 극단적인 저출생, 그리고 이로 인해 필연적으로 일어나는 급속한 인구의 고령화이다. 이러한 극적인 인구변동은 세계에서도 일본이 처음 경험하는 것이지만, 동아시아의 여러 사회는 그 후 그보다 더 빠른 속도로 더욱 심각한 고령화가 진행될 것으로 예상되고 있다. 여기서 제4장부터 제9장의 논의를 바탕으로 새로운 데이터를 더하여 이 고령화에 대해 어떤 대책이 있을 수 있는지에 대해서도 고찰해 보고자 한다.

서구와 비교하는 것이 아니라, 유교문화권 등으로 함께 묶어 버리는 경향이 있는 동아시아 속에서 비교함으로써 자녀와의 동거규범 등 비슷한 규범을 가진 사회에서 고령자에 관한 미묘한 규범의 차이를 확인할 수 있다.

또한 취급하는 데이터에 관해서 중국 대륙보다도 대만의 것을 많이 사용한다. 이것은 통계자료가 세밀하게 수집된다는 점, 중국의 도시부처럼 주변부로부터의 대규모 인구 유입이 없고 폐쇄적closed인 사회가 되어 있기 때문에, 중화문화권의 축소판으로서 장래의 예측 등에 적합하다고 생각되기 때문이다.

고령 사회의 최대의, 공통의 과제는 부양하는 현역 세대와 부양받는 고령자 세대와의 균형이 무너져 현역 세대에 과도한 부담이 생기는 것이다. 이것은 물론 돌봄 문제에 대해서도 발생한다. 다만 여기서는 문제를 직접 다루지는 않는다. 부양받는 자가 늘어날 때에는 부양하는 자를 늘리는 것이 필요하지만, 그 가능성이 있는 것은 외국인이민, 여성, 고령자 밖에 없다. 제8장까지 서술해 온 젠더의 문제는 실은 이러한 의미에서 동아시아의 저출생, 고령 사회의 문제와 직결하고 있는 것이다.

결론부터 말하자면, 일본은 세계에서 가장 먼저 경험하는 급격한 고령화에 대해, 고령자의 노동력화라고 하는 형태로 극복할 수밖에 없을 것이라고 저자는 생각하고 있다. 이때 어떤 문제를 생각할 수 있는지, 그리고 동아시아의 여러 사회는 이와 같은 문제에 어떻게 대응할 수 있을지에 대해 생각해 보고자 한다.

따라서 이하에서는 동아시아의 여러 사회가 직면한 저출생을 출발점으로 이 현역 세대 / 노동력 감소에 대응하는 방안에 대해서, 외국인이민, 여성, 고령자라고 하는 선택지 중에서 동아시아의 여러 사회가 어떤 대응을 하고 있는지를 살펴본다. 다시 한번 강조하지만 저출생에 따른 노동력 감소를 전제로 하면, 외국인이나 여성 노동과 고령자의 노동을 어떻게 생각할 것인가 라는 문제와 함께 논의할 필요가 있다. 거시적 차원에서 대체 가능한 선택지가 이들 밖에 없기 때문이다. 그리고 그것은 동아시아 여러 사회가 안고 있는 문제를 부각시키는 것이기도 할 것이다.

2. 저출생

저자는 1996년 『동아시아의 가부장제』를 출판한 이후 지난 30년 가까이 이 지역의 인구 변동과 여성노동의 양상에 착안해 분석을 해왔다. 이러한 관점에서 볼 때 동아시아의 여러 사회가 지난 4반세기 동안 경험한 극단적인 저출생은 예기치 못한 사태였다. 1990년대 초반에는 상상할 수 없었던 변화가 2000년대 이후 동아시아에서 일어난 것이다. 〈그림 1〉과

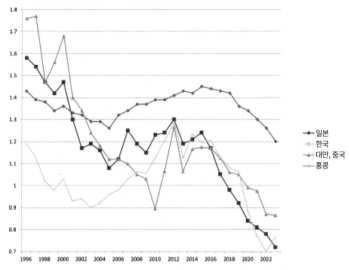

〈그림 1〉 동아시아 여러 사회의 합계출산율(TFR)의 변천

같이 급속한 저출산의 진전이다. 2000년은 밀레니엄 베이비와 중화문화
권에서 인기 있는 용의 해辰年가 겹쳤기 때문에 약간 상승세를 보였지만,
그 이후는 대만·한국에서 급격한 하락세를 보이고 있다. 중화문화권의
용의 해도 '수요를 선점'해 버린 것으로 보이며, 이를 전후한 해에는 출생
율이 극단적으로 떨어지고 있다. 한국이나 대만과 같이 친족 네트워크의
결속력이 강하고 자녀가 핵가족의 소유물이 아닌 일족의 보물로 여겨지
는 사회에서 일본을 상회하는 속도로 저출생이 진행되는 것은 1990년대
초반에는 생각할 수 없었다.

　대만에서는 호랑이해 출생을 싫어하는 풍습이 있는데, 1998년과 2010
년의 큰 폭의 하락을 그것으로 설명할 수 있다. 이를 감안하더라도 2010
년의 0.895라는 수치는 대체로 어느 사회의 합계출산율total fertility rate 수
치로서 생각할 수 없는 것이지만, 그 후는 어느 정도 안정되고 있는 것처
럼 보였다. 그러나 2020년 이후에는 1을 밑도는 상태가 계속되어 상당히
심각하다.

홍콩은 하나의 도시와 같기 때문에 도쿄도와 오사카부의 출생률과 비교하여 생각하면 극단적으로 낮은 것도 아니다. 다만 대만·홍콩 모두 용의 해인 2012년에 급상승했다가 이듬해에 급하락하고 있지만, 2017년 이후는 마치 다른 국면에 접어든 것처럼 출생률이 하락하고 있다.

한국 사회는 1997년 아시아 경제위기 등의 영향을 받아 극단적인 경쟁 사회가 되어 버린 결과 2005년경까지 출생률이 크게 떨어진다. 그 후 2010년대 전반은 대만 등을 포함해 출생률이 1.2 내외로 유지되며 낮으면서도 어느 정도 안정되어 있는 것으로 보였다. 그러다가 2018년 데이터에서 0.98을 기록하면서 한국 사회에 충격을 안겨 주었다. 그리고 2019년에는 그것을 밑도는 0.92가 되고 2023년의 0.72까지 6년 연속으로 1을 밑돌며 계속 낮아지고 있다. 2010년 대만에서의 호랑이해와 같은 특별한 요소가 없는 만큼, 이것은 어떤 의미에서 더 심각한 상황이다.

원래 어느 사회의 출생률이 1을 밑도는 것은 아주 특수한 요인이 없는한 일어나지 않는 '비정상적인' 현상이다. 사회가 재생산의 의사를 잃어 버린 것처럼 보이기도 한다. 그것도 홍콩과 같은 도시 사회나 도쿄도와 같은 일부 대도시가 아니라, 인구가 5100만 명이 넘고 G20의 일원이자 OECD 회원국인 한국에서 사회 전체의 데이터로 나온다는 것은 놀라운 사건이라고 하지 않을 수가 없다.

최근 30~40년 정도의 세계 데이터에서 출생률이 낮은 사회를 찾아보면 베를린 장벽 붕괴 이후 구소련·동유럽 지역에 집중되어 있다. 불가리아, 체코, 우크라이나, 라트비아 등에서 1995년부터 2005년에 걸쳐 합계 출산율이 1.1~1.2의 매우 낮은 수치를 기록한다.[2] 이들 사회에서는 국영 기업이 민영화되는 과정에서 실업이 증가하고 국가가 제공하던 탁아소 등의 서비스도 사라지면서 사회가 대혼란에 빠졌다. 말하자면 아노미 상태로 인한 출생률의 저하이다. 그리고 그 후 출생률은 2010년대 후반에는 1.5 내외까지는 회복하고 있다. 그에 비하면 갑자기 경제 상황이 악화된 것도 아닌 2010년대 이후 한국 사회에서 이러한 현상이 나타나는 것은 비정상적인 경쟁 사회의 부산물로 밖에 해석할 수 없다.[3]

한국과 대만에 공통되는 것은 학력 사회에 의한 치열한 진학 경쟁이 있다는 점이다. 자녀 1명을 키우는 데 지출되는 금전적인 것이나 금전적인 것이 아닌 수고나 시간, 노하우 등을 포함 비용이 현저히 높고, 그것을 감당할 수 있는 계층 외에는 자녀를 가지려고 하지 않는다. 한국에서는 그것이 특히 두드러지지만, 중국의 연해부 대도시에서도 비슷한 일이 일어나고 있다는 것을 생각해 보면 동일한 현상이 향후 중국 전역으로 퍼질 가능성도 있을 것이다.

일본에서는 1989년 출생률이 병오년이었던 1966년의 1.58을 밑돈 것이 1990년에 발표되어 '1.57 쇼크'로 불렸다. 따라서 일본의 저출생 고령화 문제는 1990년대 이후 줄곧 정책면에서도 논란의 대상이 되어 왔다. 1992년 시행된 '육아휴업법', 2010년대의 '보육소 대기 아동 문제' 등 대책을 마련하지 않은 것은 아니지만, 최근 20년간의 출생률은 1.57에도 훨씬 못 미친다. 다만 북서유럽의 일부나 미국에 비하면 낮지만 동아시아의 여러 사회와 비교하면 상대적으로는 안정되어 있다고 할 수 있다. 또 복지를 가족에 의존하려는 소위 가족주의를 취하는 남유럽의 스페인이나 이탈리아 등도 출생률이 낮고, 동아시아도 이 카테고리에 들어가는 것으로 알려져 있다. 2019년에 실시된 일본의 유치원·보육료 무상화도 시설 정비를 포기하고, 이용 요금을 겨냥한다는 의미에서 보육에 사회정책적으로 개입하지 않는 가족주의나 앵글로색슨 사회에서 보이는 특징이다.[4]

이처럼 출생률이 2.08을 밑도는 낮은 상태가 장기간 지속되면 당연히 인구가 감소하기 시작한다. 일본은 저출생이 오랫동안 계속되어 온 만큼

인구 감소에 직면하는 것도 빨랐다. 2005년부터 2010년에 걸쳐 약간의 증가와 약간의 감소를 반복한 뒤 2011년부터 연속적으로 인구 감소가 계속되는 상태가 된다. 국세조사國勢調査에서는 2015년 데이터에서 처음으로 지난 2010년 수치를 밑돌았다. 총무성 통계국의 데이터에서는 2020년 인구는 3월 1일의 확정치가 1억 2596만 2천 명_{일본인만으로는 1억 2345만 8천 명}이지만, 2020년의 국세조사에 근거하는 2023년 추계에서는 2056년에는 총 인구가 1억이 안될 것으로 예상되고 있다.[5] 2020년대는 연간 50~60만 명 정도로 감소하지만 2030년대 이후에는 80~90만 명의 감소가 예상되고 있고 지방뿐만 아니라 대도시부에서도 급격한 인구 감소에 직면할 것으로 예측되고 있다.

한국도 예상보다 빠르게 2020년 5184만 명을 피크로 감소하기 시작했다. 2040년대 초반에는 인구가 5000만을 밑돌 것으로 예측된다.[6] 대만도 2020년부터 인구가 감소하기 시작했지만, 2023년에는 사회 증가로 인해 2342만 명으로 소폭 증가세로 돌아섰다. 다만 자연감소가 계속되는 것에는 변함이 없으며 2036년에는 2300만 명을 밑돌 것으로 예측된다.[7]

중국 본토는 출생률이 일관되게 1.6 전후라고 말하고는 있지만 UN의 '세계인구추계 2022'에 따르면, 예상보다 빨리 2022년에 인구 감소가 시작되었고, 14억 2600만을 피크로 2023년에는 인도의 인구가 중국을 상회하였다.[8]

3. 저출생에 대한 대책

이미 언급했듯이 이러한 인구 감소에 대해 노동력 감소나 연금재정 압박이라는 관점에서 취할 수 있는 것은 현역 노동자를 늘리는 정책이다. 그리고 그 정책에서 취할 수 있는 선택지는 어느 사회에서나 3가지밖에 없다. 외국인이민·여성주부·고령자이다.

여기서는 저출생 고령 사회에 대응하기 위해서 젠더와는 별도로 고령자의 노동 참가가 필수적이라는 관점에서 이를 위한 제조건에 관해서 서술한다. 하지만 그전에 나머지 두 가지의 선택지, 특히 여성노동에 대해 조금 더 자세히 살펴보고자 한다.

1) 외국인

여기서 외국인이민에 대해 자세하게 분석하지는 않겠지만, 동아시아 여러 사회의 외국인에 대한 자세姿勢에 대해서는 간단히 말해 두고 싶다.

〈표 2〉는 각 사회의 통계를 이용하여 그곳에 거주하는 외국인의 수를 조사한 것이다. 코로나19의 영향을 피하기 위해 2019년의 데이터를 사용하고 있다. 일본에 대해서는 동아시아 침략에 따른 식민지 지배와의 관계로 특별영주권을 가진 외국 국적자가 약 32만 명이 있고, 그 99%가 한국적 또는 조선적조선민주주의인민공화국의 국민이라는 의미는 아니다이지만, 이들은 일본에서 태어나 일본에서 자라 이미 3세, 4세의 시대이기 때문에 여기서는 계산에서 제외했다. 그러자 중국 국적이 압도적으로 많아진다. 그 다음은, 이전에는 필리핀에서 온 신부와 흥행興行 비자로 오는 여성, 공장에서 일하는 일본계 브라질인 등이 많았지만 최근에는 베트남에서 온 거류자가 급증하고 있다. 베트남인 거류자 33만 명의 거의 절반에 해당하는

〈표 2〉 일본·한국·대만의 외국인 거류자 수·인구비·국적별인수

	일본 2019	한국 2019	대만 2019
총 인구	126,144,000	51,851,427	23,601,988

	일본 2019	한국 2019	대만 2019	
거류 외국인 수	2,620,636	2,524,656	725,841	624,9912.08
총 인구비(%)	2.08	4.87	3.08	

	일본 2019	한국 2019	대만 2019	
거주 외국인 수 상위 5개국(민족)	중국 812,850	조선족 701,098	인도네시아 250,444	239,163
	베트남 411,965	중국 400,684	베트남 207,015	181,357
	필리핀 282,748	베트남 224,518	필리핀 152,623	147,059
	브라질 211,646	태국 209,909	태국 63,565	57,409
	한국 165,098	미국 156,982	일본 10,426	0

약 16만 4500명이 기술 실습생으로, 이들은 실질적으로는 일본인이 기피하는 농업이나 블루칼라 등의 직종에 종사하는 이민 노동력이다.[9] 베트남 국적의 인구가 ('자이니치在日' 라고 불리는) 특별영주자의 수를 웃돈다는 것은 일본 사회로서도 큰 변화일 것이다. 다만 특별영주자를 제외하면 외국적 거류자의 총 인구에 대한 비율은 불과 2.08%로 낮다.[10] 2019년까지 일본에 여행으로 방문하는 외국인의 수는 급증하였고 코로나19 이전의 관광지는 외국인으로 넘쳐나고 있었지만, 그에 비해 일본 사회는 다른 동아시아의 여러 사회와 비교해도 외국인에게 문호를 개방하지 않는 사회라고 할 수 있다.

이에 대해 한국은 거류 외국인수를 총 인구비로 보면 4.23%로 일본은 물론 대만보다도 상당히 높다. 이민의 다양성을 받아들이는 사회로서 정부도 대처하고 있지만 실은 조금 다른 사정도 있다. 여기서 출신국·민족별로 1위를 차지하고 있는 것은 중국적의 조선족으로, 그녀들·그들의 한국어는 억양이나 발음, 어휘에 약간 차이는 있지만 기본적으로 한국 사

회에서 사용하는 한국어와 거의 같다. 따라서 의사소통에 큰 지장이 없고 동시에 중국의 조선족이 사는 지역보다 임금이 높기 때문에 한국으로 가려는 사람이 많아진다. 이들은 받아들이는 한국 사회에서도 '동포'이며, 블루칼라나 저변 서비스업 등에서 인력이 부족하기 때문에 수요가 크다. 결과적으로 외국적 거류자 수의 30% 미만을 이 조선족이 차지하고 있고 '외국적'이라고는 하지만 언어가 거의 같은 민족을 받아들이고 있기 때문에, 엄밀한 의미에서 이민을 폭넓게 받아들이고 있다고 보기는 어려울 수도 있다. 일본어를 못하는 경우가 많은 일본의 일본계 브라질인의 문제와는 상당히 양상이 다르다. 한국인의 눈으로 봤을 때 '동포가 아닌 외국인'의 비율, 즉 이 조선족과, 〈표 2〉에는 없지만 약 2만 8천 명의 한국계 러시아인을 제외한 외국인 비율은 3.46%가 된다. 이는 일본의 특별영주자를 제외한 외국인 비율 2.08%보다는 상당히 높지만 대만의 외국인 비율 3.08%와 비교하면 약간 높은 정도에 그친다. 다만 마찬가지로 조선족을 제외하고 계산한 한국의 2015년 수치는 2.47%에 그치고 있어 동아시아 중에서는 최근 급속히 외국인의 수용이 진행되고 있는 사회라고 할 수 있을 것이다.

대만도 흥미롭다. 외국적 거류자 수의 상위 4개국이 모두 동남아시아로, 필리핀 이외는 영어가 통하는 국가도 아니다. 인도네시아, 필리핀 모두 남성보다 여성이 많고, 그녀들은 가정에서의 개호[11]에 종사하고 있다. 일본의 개호보험 제도와 같이 공적으로 보험료가 부과되어 시설이나 파견을 중심으로, 적어도 표면상은 개호를 개인이 아닌 공공의 영역에서 대처하려고 하는 시스템과는 완전히 방책이 다르다. 대만에서는 개호는 사적 영역에 머물러 있고, 그 안에 외국인이 들어가는 구조로 되어 있다. 함께 거주하는 가사도우미domestic helper로서 외국인이 일하는 것이다. 특히 최근 많은 사람이 인도네시아인으로 남녀 합친 총수의 24만 명 가운데 여성 개호직이 17만 명에 달한다. 필리핀, 베트남을 포함한 남성은 제조업의 블루칼라, 여성은 가정에서의 개호직이 대만의 외국적 사람들의 주요 직종으로, 이는 '비숙련 외국인노동자外籍勞工'로 분류되는 육체 노동에 종사하는 계층이 많은 것으로 나타난다. 그만큼 중산계급 이상의 여성은 육아나 개호 등에 그다지 얽매이지 않고 일할 수 있다.

이는 성차性差보다 계층차가 큰 사회에서 일반적으로 나타나는 현상으로, 동남아시아는 기본적으로 이 패턴을 취한다. 즉 국내의 계층차가 크고 중간층의 크기가 상대적으로 작기 때문에 중간층의 고학력 여성이 하위 계층의 가사도우미를 고용함으로써 남성과 대등하게 일할 수 있는 사회가 된다. 세계경제포럼의 젠더 격차 지수Gender Gap Index(GGI), 2023[12]에서 필리핀이 아시아 최고의 16위가 되는 것은 이 지수가 남녀의 차이만을 측정하는 것이라는 특성상, 남녀 모두 저소득, 저학력인 경우가 많으면 여성이 고학력이라도 남녀 차이가 있는 사회보다 수치가 좋아져 버리기 때문이다. 반대로 말하면, 1960년대 후반 이후의 일본처럼 중간층이 폭넓고, 함께 거주하는 가사도우미의 공급원이 되는 하위의 젊은 여성이 적어지는 사회에서는 여성의 전업주부화가 광범위하게 일어나게 된다. 한국도 일본에 가까운 패턴이 되지만 대만의 경우 일본이나 한국과 마찬가지로 그 사회 내에 가사도우미의 공급원이 없음에도 불구하고 이를 동남아시아 여성에 의존하고 있다.

저출생에 따른 일손 부족을 외국인의 유입에 의해 해결한다는 관점에서 보면 가장 적극적인 것은 한국이고, 대만이 그 뒤를 잇고 있으며, 일본이 가장 소극적이라고 할 수 있을 것이다.

중국의 경우 도시부와 농촌부의 격차가 크고 지니계수도 1990년대 중반부터 '경계수준'으로 간주되는 0.4를 항상 웃돌고 있다^{내각부[2018], 厳善平}^[2003]. 이것은 호적 관리에 의해 이동이나 거주의 자유가 제한되어 있는 것이 요인이며, 여기에 급속한 시장경제의 침투로 빈부의 격차가 커진 것이 더해져 야기된 현상이라고 생각된다. 북서유럽이나 일본에서는 생각할 수 없는 수준의 격차로, 말하자면 국내에 개발도상국을 안고 있는 상황이라고도 할 수도 있다. 즉 국내 이동의 자유가 있다면 이렇게 극단적인 격차는 유지될 수 없는 것이다. 반대로 말하면 아직 광대한 농촌부로부터의 젊은 여성의 유입을 실질적으로 기대할 수 있기 때문에 일본이나 한국에 비하면 동남아시아에 가까운 패턴이라고 할 수 있다.

2) 여성노동과 그 패턴

외국인과 함께 신규 노동력이 될 수 있는 것은 주부이다. 이 여성노동을 어떻게 활용할 것인가에 관해서 일본, 한국, 대만의 사회는 매우 다른 패턴을 취한다. 지금까지 반복해서 서술했듯이, '누구를 노동력으로 할 것인가'라는 질문은 결코 '경제 합리적으로' 결정되는 것이 아니라 그 사회가 가진 문화규범의 영향을 강하게 받는다. 앞 절에서의 외국인노동력 문제는 한국이 동족인 조선족에 대해 강한 동포의식을 가진다는 점에서 문화규범의 영향도 보이지만 전체적으로는 규범보다 그때 그때의 노동력의 수급관계와 그에 따른 정책이 더 큰 영향력을 가지는 것처럼 보인다. 이에 반해 주부와 노동에 관한 각 사회의 대응은 외국인에 대한 경우 이상으로 문화규범의 차이가 강하게 나타난다. 이러한 관점에서 여성 노동의 패턴을 살펴보자.

(1) M자형 취업

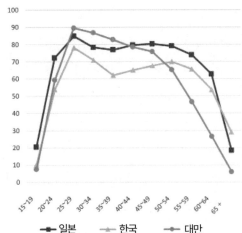

〈그림 2〉 일본·한국·대만의 연령별 여성노동력률(2022)[14]
출처 : 일본 就業構造基本調査
한국 경제활동인구조사
대만 人力資源調査統計

일본의 여성노동패턴의 한 특징으로 출산육아기 여성의 노동력률(유업률)이 떨어지는 이른바 M자형 취업이 꼽히는 것은 이미 잘 알려진 사실이다. 〈그림 2〉는 2022년 여성의 연령별 노동력률의 데이터로 일본의 곡선은 더 이상 M자형이라고는 말하기 어렵지만, 이것은 기본적으로는 만혼화와 저출생이 주요원인

으로 여겨지고 있으며, 첫째아 출산 후 계속 취업하는 비율은 첫째아를 출산한 여성의 50%를 약간 넘는 정도이다.[13]

제4장의 데이터에 대응하기 위해 2020년의 국세조사를 사용해 일본의 도도부현별 맞벌이 비율을 나타낸 것이 〈표 3〉인데, 역시 일관되게 수도권·간사이권(関西圈) 등에서 전업주부가 많고, 도호쿠(東北)·호쿠리쿠(北陸)·산인(山陰)에서 맞벌이가 많아지고 있다. 기본적으로 남편의 연봉이 비교적 높고 아내의 학력이 높은 지역에서 전업주부가 많아지는 경향은 지난 30년간 크게 변화했다고는 말하기 어렵다.

한편, 동일한 그림을 보더라도 역시 대만은 M자형을 형성하지 않는다. 출산육아기에 해당하는 30대는 지극히 노동력률이 높고, 반대로 40대 후반 이후 노동력률이 급속히 떨어지는 '부리형'을 하고 있다. 그리고 이것은 이미 살펴본 바와 같이 대만에 한정되지 않고, 홍콩이나 싱가포르

〈표 3〉 남편 취업 세대(世帯)의 아내 유업률(노동력률)

	정렬 순서			정렬 순서	
1	야마가타현(山形県)	78.8	나라현(奈良県)	63.8
2	후쿠이현(福井県)	78.8	오사카부(大阪府)	64.7
3	시마네현(島根県)	78.5	가나가와현(神奈川県)	65.2
4	돗토리현(鳥取県)	77.9	홋카이도(北海道)	65.9
5	도야마현(富山県)	77.8	효고현(兵庫県)	66.0
6	고치현(高知県)	76.6	사이타마현(埼玉県)	66.3
7	니가타현(新潟県)	76.5	지바현(千葉県)	67.5
8	이시카와현(石川県)	76.4	도쿄도(東京都)	67.3
9	아키타현(秋田県)	75.5	교토부(京都府)	67.7
10	나가노현(長野県)	75.4	후쿠오카현(福岡県)	67.8

등 중국계 자본주의 사회나 사회주의 중국에서도 공통적으로 나타나는 특징이며, 그 경향은 2020년대가 되어도 변하지 않는다. 중국은 사회주의의 영향으로 맞벌이가 당연시되고 있지만, 그럼에도 역시 40대 후반부터 급격히 노동력률은 내려간다. 이는 여성의 퇴직 연령이 남성보다 5세 빨리 설정되어 있다는 사정도 관련되어 있고, 또 도시부에서는 부유층을 중심으로 전업주부가 탄생하고 있다. 그러나 중국계 사회에서는 자본주의이든 사회주의이든, M자형 고용 라인은 보이지 않으며 출산육아기에는 일을 계속하고, 반면 중장년의 여성이 비교적 이른 시기에 노동시장에서 철수하는 것을 다시 한번 확인할 수 있다.

고령자의 취업 패턴에 대해서는 다음 절에서 서술하겠지만, 여기서는 우선 'M자형' 자체가 '경제·합리적이고 자명'한 것이 아니라 오히려 '자녀의 곁에 어머니가 있어야 한다'고 생각하는 일종의 문화적, 혹은 '제도적인' '패턴'인 것을 확인해 두자.

한국에서는 2010년 전후에 기러기 아빠 현상이 화제가 되었다. 자녀가 대학에 들어가기 전 영어권으로 유학을 가고, 그때 어머니는 자녀를 따라 떠나고 아버지는 혼자 한국에 남아 송금하는 현상이다. 일본은 한국처럼 '자녀의 곁에 어머니가 있어야 한다'고 생각하는 사회이지만, 이러한 행동은 일본에서는 거의 찾아보기 힘들다. 일본에서는 고등학생이 미국으로 유학을 갈 때 부모가 따라가는 것은 생각할 수 없다. 그 대신 일본에는 '3세아 신화'라고 불리는 '자녀가 3세가 될 때까지는 어머니의 손으로 키우는 것이 좋다'는 '미신'이 뿌리깊게 존재한다. 첫째아 출산 후의 계속 취업률이 매우 낮은 것은 잘 알려진 사실이다. 그리고 소학교^{한국의 초등학교}^{-역자주}나 중학교에 입학할 무렵이 되면 파트타이머 등으로 일하는 케이스가 늘어난다. 일본의 어머니 역할이 자녀가 소학교·중학교에 입학할 때까지를 주로 가리키고 있다면, 한국 사회의 경우에는 대학에 합격할 때까지를 가리키고 있어 그 범위가 미묘하게 다르다. 조금 더 덧붙이자면, 한국 사회의 경쟁은 대학 합격 후에도 계속되지만, 공무원 등을 목표로 수년간 공부하는 '고시원'에 사는 계층에 대해 어머니가 가사 서비스 등을 하는 것은 드물다. 즉 한국 사회는 어머니 역할의 '자의적인' 선을 대학 입시와 공무원 시험 사이의 어딘가에 긋고 있는 것이다. 이는 한국 사회가 전체적으로 고학력화됨에 따라 어머니의 역할이 대학 입시까지 연장되면서 나타난 현상이지만, 대학생이 되면 어머니 역할의 범위에서 벗어난다는 점에서 일본의 3세아 신화와 마찬가지로 '자의적'인 것이다.

'누구를 노동력으로 할 것인가'라는 질문에 대해 '어린 자녀가 있는 어머니를 노동력화하지 않는다' 또는 '대학에 들어가기 전의 자녀가 있는 어머니를 노동력화하지 않는다'라는 행동은 결코 자명한 판단이 아니다. 저자는 이 일본과 한국, 대만의 패턴을 거의 30년 정도 관찰해 왔지만, 약간의 변화의 조짐은 있었다고는 해도 결정적으로 변용되지는 않았다고 생각된다. 이러한 일본과 한국, 대만의 '특수성'은 서로 비교함으로써 더욱 선명하게 부각된다.

② 학력별 여성노동력률과 주부의 위치

단순히 여자노동력률의 높고 낮음을 논하는 것이 아니라, 그것이 학력의 상승에 따라 높아지는지 여부가 그 사회에서 여성의 사회적 지위를 생각하는 데 있어서 매우 중요하다는 것이 이 책에서 비교할 때의 일관된 가설이다. 계층 상승을 했을 때에 노동력화하는 것인지, 주부로 향하기 쉬운지 등 방향을 정하는 기초가 되는 데이터라고 생각되기 때문이다. 즉 고학력이 될수록 노동력화가 진행되는 사회는 여성노동의 이미지가 높은 계층의 것으로 인식되어 주부의 상대적 지위가 내려가기 쉽다. 반면 고학력이 되어도 노동력률이 증가하지 않는 사회는 상대적으로 전업주부의 계층이 높아지기 쉽고, 주부라는 라이프스타일이 유지되기 쉽다고 볼 수 있다.

일본·한국·대만의 3개의 사회에서는 여성의 고등교육 진학률에 있어서 1990년대 이후 그다지 큰 차이가 없고, 따라서 데이터로서 안정적으로 비교를 할 수 있다. 이를 바탕으로 학력별 여자노동력률을 살펴보자. 학력별 데이터는 대만의 데이터처럼 재학생을 비노동력비경제활동인구으로 계산하고 있는 경우가 있으므로 그 영향을 제외하고 다시 계산한 것이 〈표 4〉이다. 일본에서는 학력별 데이터를 얻을 수 있는 것이 5년에 한 번씩 실시되는 '취업구조 기본조사'이기 때문에, 2017년 데이터로 정리하고, 비교를 위해 1992년 데이터를 넣었다.

학력 상승에 대응해 깔끔하게 유업률노동력률이 오르는 대만과 달리, 한국은 학력 상승이 반드시 유업률 상승으로 연결되지 않는다. 일본은 그 중간과 같은 데이터이다. 1992년 데이터와 비교해도 각각의 상황에는 큰 변화가 없었다는 것을 알 수 있다.

앞서 언급했듯이, 학력별 유업률이 학력과 함께 상승한다는 것은 주부

	연도	중졸 이하	고졸	전문대졸	대졸 이상
일본	1992	42.9	59.8	64.6	66.0
	2017	20.9	49.3	66.9	73.3
한국	1992	44.6	48.4	64.9	54.0
	2017	35.7	56.1	67.9	65.5
대만	1992	49.4*	66.1	79.8	82.0
	2017	45.4	58.7	69.3	74.5

*초졸 이하를 포함하지 않음

의 지위가 상대적으로 낮은 것을 의미하고 반드시 학력과 함께 상승하지 않는다면 주부는 상대적으로 높은 계층의 존재라는 것이 된다. 그런 의미에서 대만 여성의 적극적인 사회 진출 경향에는 변화가 없었다는 것을 알 수 있다. 반면 한국의 학력별 유업률은 학력이 올라도 그다지 상승하지 않는다. 표에는 표시하지 않았지만, 배우자가 있는 사람에 한하면 학력별로 거의 차이가 없다. 일본은 대졸의 유업률은 40대로 고졸보다 낮고 결혼·출산 등으로 퇴직한 뒤 재취업하지 않고 무직으로 그치는 비율이 비교적 높다. 대만에 비하면 주부의 지위가 여전히 상대적으로 높은 사회임을 알 수 있다.

일본에서 볼 때 여성의 사회 진출에 대해 아시아의 자본주의 사회 중에서 친밀한 선진 사회가 대만이라는 사실은 별로 알려져 있지 않다. 세계경제포럼의 젠더 격차 지수GGI에는 대만이 포함되어 있지 않기 때문에 중화민국정부는 매년 자체적으로 데이터와 순위를 공표하고 있는데 2023년은 34위였다. 대만을 포함하면 순위가 한단계 떨어지게 되지만, 일본의 126위는 물론, 한국의 106위보다 훨씬 높다. GGI는 남녀차이에만 주목하기 때문에 계층차가 성차보다 큰 사회에서는 점수가 높게 나오기 쉽다. 그 때문에 아시아의 최고 순위는 필리핀으로 16위인데, 절대적인 생활 수준과 중간층이 얼마나 두터운가를 생각하면 아시아의 실질적인 1위는 대만일 것이다.

대만에서는 아기가 있어도 대졸의 여성이 일하는 것은 당연하고, 일본보다 보육시설의 정비는 훨씬 뒤처져 있음에도 불구하고, 출산은 경력의 단절을 의미하지 않는다. 첫째로 그것은 어머니가 자녀 곁에 있어야 한다는 어머니 역할 규범이 일본에 비하면 대만이 희박한 것으로 설명할 수 있다.

중화문화권 전체에 이런 규범이 퍼져 있고 중국도 마찬가지다. 특히 농민공農民工으로 부부가 둘 다 아이를 남겨 둔 채 도시부에 나갔을 때, 남편의 어머니·아버지가 손자를 돌봐 주고, 부부간의 관계가 나쁠 때에는 친모와 아이의 관계가 단절되어 남편 쪽에서 아이를 키우는 경우가 있는데,[16] 이는 고도성장기 이후의 일본에서는 상상할 수 없는 일이다. 모자밀착규범이 일본과 한국에서 얼마나 강한지, 그리고 그것이 여성의 취업을 어떻게 억제하는지를 역으로 보여 준다. 일본에서는 애초에 아이를 두고 어머니가 타관으로 돈을 벌러 나가는 것 자체가 생각할 수 없는 일이고, 게다가 부부 관계가 파탄 나면 어머니가 아이를 데리고 이혼을 하여 모자 가정이 되기 때문이다.

여성노동을 적극 활용할 것인지에 관해서는 대만이나 중국과 같은 중화문화권이 가장 적극적이고 한국이 가장 소극적이다. 일본이 그 중간 정도라고 할 수 있을 것이다.

4. 고령자의 취업 패턴

　저출생 고령화로 인한 노동력 감소에 대해 어떻게 대응할지에 대해 외국인이민, 여성, 고령자의 3가지밖에 선택지가 없다고 서술했다. 그리고 외국인, 여성을 어떻게 볼 것인가에 대해 일본·한국·대만의 각 사회가 크게 다른 대응을 하고 있음을 알 수 있었다. 여기서는 마지막으로 고령자 노동에 대해 논하고자 한다.

　다만 그 전에 먼저 각 사회에서 향후의 고령화의 진전이 어떻게 예측되고 있는지를 그림으로 보고자 한다.

　〈그림 3〉은 각 사회의 인구 추계를 그래프로 나타낸 것이다. 현재 세계에서 가장 고령화가 빠르게 진행되고 있는 곳이 일본 사회라는 것은 잘 알려져 있다. 그런데 이 추계에서는 한국은 2040년대 전반, 대만은 2050년경에 고령자65세 이상의 인구비율이 일본을 웃돌고 있다. 더욱이 일본은 고령화율이 40%를 넘지 않고 안정화될 전망이지만, 한국·대만은 이대로 가면 40%를 돌파하며 증가한다. 이것은 현재의 출생률이 비정상적으로 낮아 이를 베이스로 출생률의 중간 추계를 적용하는 것도 하나의 요인으로 생각되며, 장래 한국이나 대만의 출생률이 크게 개선된다면 약간이나마 변화가 있을지도 모른다. 다만 1960~1980년대까지 출생률이 높고, 그 인구가 많은 계층이 평균 수명도 길기 때문에 확실히 고령화하고, 또한 〈그림 1〉에서 살펴본 바와 같이 1990년대 후반 이후 극단적으로 출생률이 낮은 상태가 오랫동안 계속되고 있으므로 향후 고령화가 급격히 진행되는 것은 불가피하다. 또 이 일본의 고령화를 따라잡는 시기도 2017년경의 추계에 비해 빨라지고 있다. 한국이나 대만의 고령화가 일본보다 심각한 문제가 될 수 있음은 틀림없으며, 우선 이것을 확인해 두자.

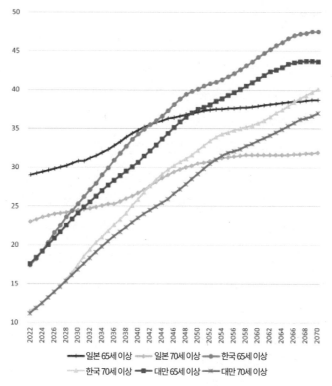

〈그림 3〉일본, 한국, 대만의 고령화율 추이[17]
출처 : 일본 日本の将来人口推計(2023年推計) 国立社会保障・人口問題研究
한국 장래인구추계 통계청 2023
대만 人口推估査詢系統 国家発展委員会 2022

이를 배경으로 우리는 이 격변에 따른 '충격'을 완화하기 위해 고령자의 노동력화 문제에 대해 생각해야 한다.

다시 한 번 강조하지만, '누구를 노동력으로 할 것인가'라는 정책과 기업의 선택은 이미 '제도'적, 문화적으로 영향을 받고 있다. 이하에서는 특히 중화문화권의 고령자 취업이 얼마나 특징적인지를 생각해 보기로 한다. 이것은 특히 일본이 고령자 취업에 관해 얼마나 '특수한' 문화를 가진 사회인지를 부각시키는 것에도 연결된다.

1) 취업 희망의 차이

우선은 노동력률부터 살펴보자. 여기서는 비교의 범위를 넓혀 서양의 데이터도 포함하기로 한다. 그 이유는 일본의 고령자의 취업 행동이 구미와 비교해도 특이한 현상이며, 경제 수준이나 연금 제도의 정비 정도 등으로 환원할 수 없다는 것을 보여 주기 위함이다. 〈표 5〉에서 볼 수 있듯이 유럽대륙에서는 고령자의 취업은 드물다. 미국은 사회보장 제도의 미비, 강한 자유주의, 정년퇴직이라는 사고방식이 희박한 것을 요인으로 고령자의 취업률이 다소 높게 나타나지만, 그래도 일본보다는 낮다. 특히 북서유럽에서는 퇴직retirement은 'labor굳이 번역한다면 고역(苦役)'로부터의 해방이라고 생각되고 있으며, 연금생활에 들어가서 여전히 일한다는 행동은 예외적이다. 일본은 평균적으로 남은 수명이 매우 길기 때문에 65세 이상의 데이터에서는 노동력률이 낮게 나오지만 고령자의 취업에 관해서는 매우 적극적인 사회임을 알 수 있다. 특히 60대 초반의 노동력률은 매우 높고 한국은 농업의 영향이 강해서 고령자의 노동력률이 높아진다. 이에 대해서는 후술한다.

한편 대만을 포함한 중화문화권은 고령자 취업에 상당히 부정적인 사회이다. 특히 여성은 출산육아기에 해당하는 30대에는 노동시장에 머물지만 40대 후반 이후 급속히 노동력률이 떨어진다. 손자를 돌보면서 여유롭게 지내는 것이 이상적이라 여겨지며중국어로는 含饴弄孙·养儿防老 등으로 부른다, 노부모의 취업은 종종 아들의 체면을 손상시키는 것으로 생각된다. 여성의 65세 이상의 취업률 데이터를 보면 중국이 농촌부의 영향으로 전국적으로는 13.1%로 조금 높게 나오지만, 도시부에만 한정하면 3.1%모두 2020년 人口普査, 대만이 4.6%, 홍콩이 7.0%모두 2020년 등으로 나타났다. 일본은 18.2%, 한국은 29.4%에 달한다2020. 중화문화권은 사회보

<표 5> 고령자의 노동력률(2022)[18]

	국가별	60~64세	65세 이상
미국	남녀 합산	57.4	19.2
	여성	51.7	15.5
독일	남녀 합산	65.3	8.5
	여성	60.9	6.2
프랑스	남녀 합산	44.3	4.4
	여성	44.2	3.4
스웨덴	남녀 합산	73.1	13.6
	여성	70.8	10.0
한국	남녀 합산	66.2	38.6
	여성	55.5	30.4
일본	남녀 합산	75.1	25.6
	여성	64.0	18.4
대만	남녀 합산	39.6	9.6
	여성	26.5	5.9

장 제도 정비가 도시부를 따라잡지 못한 중국 농촌부에서 생활상의 이유로 인한 취업이 보이는 것 외에는 기본적으로 고령 여성은 일하지 않는 사회이다.

이것은 〈그림 4〉의 연령별 여자노동력률 그래프를 보면 일목요연하다. 중화문화권의 패턴은 M자형이 되지 않고, 40대까지가 높다는 의미에서 거의 같은 형태를 하고 있는 것을 알 수 있다. 농촌부를 강하게 반영하는 중국의 전국 데이터를 제외하면, 나머지는 거의 청년기에 피크가 되는 '부리형'을 형성한다. 이정도로 많은 사회가 동일한 형태를 보인다면 이것은 역시 문화적 패턴이라고 불러야할 것이다.

반대로 여기에서 분명히 알 수 있듯이, 자녀가 어린 30~40대에서는 취업이 기본인 중화문화권에서는 50대가 되면 급격히 노동력률이 내려간다. 일본에서는 오히려 자녀가 어머니의 손을 떠나 학비 등을 위해 여성이 파트타임 등으로 나오기 때문에 노동력률에서 하나의 피크를 찍는

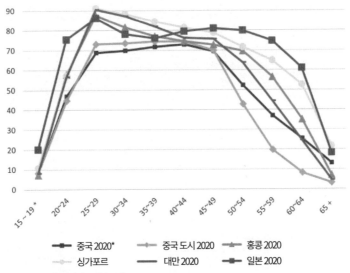

*중국은 15~19세가 아니라, 16~19세
〈그림 4〉 중화문화권과 일본의 연령별 여자노동력률[19]
출처 : 중국 人口普察
대만 人力資源調査統計
그 외 ILOSTAT

시기임에도 불구하고 말이다. 그리고 그 경향은 60대까지 큰 차이를 보이며 계속되고 있다.

이하에서는 다시 남녀에 한정하지 않고, 고령자 전체의 동향을 살펴보자. 일본에서는 60세 이상의 남녀를 대상으로 하는 내각부의 '고령자의 일상생활에 관한 의식 조사'2014에서도 60세 이상의 유직자에게 몇 세까지 일을 하고 싶은지의 질문에 대한 대답은, '65세 정도까지'가 13.5%인데 비해 '70세 정도까지'가 21.9%, '일할 수 있을 때까지는 언제까지나'가 42.0%로 나타났다. '75세 정도까지' '80세 정도까지' 등을 포함해 65세 이상이라고 응답한 비율이 90%를 넘고 있어 고령자의 취업에 적극적인 경향은 지금도 변함이 없다. 이것은 아마 중화문화권에서는 생각할 수 없는 의식일 것이다.

다시 구미의 데이터도 포함하면, '고령자의 생활과 의식에 관한 국제 비교 조사 제7회[2010]'는 60세 이상의 남녀를 대상으로 한 조사이지만, 현재 취업자의 비율은 한국 49.8%, 일본 38.3%, 미국 30.2%, 독일 21.0%, 스웨덴 34.9%로 나타났다. 일본은 2005년 34.9%까지 점차 감소하는 경향이 이어졌지만 2010년 조사에서는 반전해 상승했다. 정년 후의 재고용 등이 데이터에 나타난 것으로 보이지만, 평균수명이 길다는 점[20]도 감안하면 세계적으로 봐도 선진국 중에서는 고령자의 취업률이 특이할 정도로 높은 사회이다.

이어 진행된 '고령자의 생활과 의식에 관한 국제비교조사 제8회[2015]'는 한국은 대상이 되지 않았다. 2015년 시점에서 60세 이상의 그 시점에서 일하고 있는 계층의 향후 취업 의욕은 일본, 미국, 한국에서 약 90%로 높고, 독일은 65.3%, 스웨덴이 70.0%로 나타났다. 특히 흥미로운 것은 취업의 계속을 희망하는 이유인데, 〈표 6〉에서 볼 수 있듯이 소득 이외의 이유를 찾으려는 경향이 일본에서는 매우 강하다. 독일이나 스웨덴에서도 비슷한 경향은 있지만 원래 상술한 바와 같이 분모가 되는 취업자의 비율이나 취업을 계속하고 싶다고 생각하는 비율이 완전히 다르기 때문에, 이것은 일본의 특징적인 현상이라고 할 수 있다. 서유럽과 마찬가지로 연금 제도가 어느 정도 갖추어져 있음에도 불구하고 경제적 필요 이외의 이유로 일하려는 고령자가 많은 것이 일본의 특색인 것이다.

특히 '몸에 좋으니까'라는 답변은 이 조사에서 1980년 제1회 조사 이후 일관되게 25~40%의 응답으로 일본 사회에서 흔히 볼 수 있다. 2020년에는 마찬가지로 제9회의 '고령자의 생활과 의식에 관한 국제 비교 조사'가 실시되었지만 큰 변화는 없다.[21] 한국도 15~20% 정도로 구미에 비하면 비교적 높지만 일본을 웃도는 일은 결코 없다.

<표 6> 현재 취업하고 있는 사람이 앞으로도 취업을 희망하는 이유(%)[22]

이유	일본	미국	한국*	독일	스웨덴
① 수입이 필요하다	49.0	52.7	64.5	31.9	20.8
② 일 자체가 재미있어서 자신의 활력이 된다	16.9	28.1	19.1	48.9	54.4
③ 일을 통해서 친구나 동료를 얻을 수 있다	7.1	2.8	-	0.9	3.0
④ 일하는 것이 몸에 좋아 노화를 막는다	24.8	14.9	16.2	14.8	16.9
⑤ 그 외	2.2	1.5	0.3	3.1	4.9

*한국은 2010년 조사 데이터

<표 7> 일본·대만의 계속적 취업에 대한 의욕이 있는 이유(%)[23]

이유	일본		대만	
	남성	여성	남성	여성
① 수입이 필요하다	39.7	36.4	79.3	82.4
② 일 자체가 재미있어서 자신의 활력이 된다	12.2	12.1	16.1	14.0
③ 일을 통해 친구나 동료를 얻을 수 있다	8.1	6.1	0.6	0
④ 일하는 것이 몸에 좋아 노화를 막는다	37.2	40.2	0.6	1.5
⑤ 그 외	2.8	5.3	3.5	2.2

*모두 60세 이상 남녀가 대상

그리고 그와 대비하면 대만의 고령자의 취업 기피는 매우 특징적이다. 〈표 7〉은 〈표 6〉과 대응하는 1980년대의 데이터에 관해서 일본과 대만에서 비교한 것인데, 대만의 고령자가 '취업이 건강에 좋다'라고는 생각하고 있지 않다는 것을 잘 알 수 있다. 고령자의 취업은 경제적 문제에 직면해야 하는 것이다.

한편 한국보험사회연구원의 65세 이상 취업하고 있는 노인을 대상으로 한 의식조사[1998]에서는 취업 이유에 대해 '돈이 필요하기 때문에'가 66.1%로, '일을 좋아하니까' 8.2% '건강에 좋기 때문에' 7.2%를 크게 앞

지르고 있다.[24] 앞의 조사 〈표 6〉의 한국 데이터는 2010년의 것이지만 이 것을 보더라도 '수입'이 64.5%를 차지하고 있어 〈표 7〉과 비교하면 일본 과 대만의 중간 정도이며 오히려 대만에 가깝다고 할 수 있는 절박한 취 업 상황인 것을 알 수 있다.

전세계에서 고령자가 소득을 얻기 위해 취업을 선택하는 것 자체는 드 문 현상이 아니다. 오히려 전세계의 고령자는 소득을 얻기 위해 일한다. 비단 고령자에 한하지 않고 전세계의 많은 사람이 소득을 얻기 위해 일 하는 것이기 때문에 고령자가 소득을 위해 일하는 것은 당연하다. 일본에 서도 꾸준히 40%대이고, 주어진 선택지 중에서 가장 많다. 그러나 그것 이 한국이나 대만에서 두드러지게 많다는 점은 역시 한국과 대만이 급속 한 근대화의 과정 속에서 연금 제도의 정비를 포함해 고령자의 복지까지 손을 쓰지 못한 상황을 나타낸다고 할 수 있을 것이다. 앞으로 급속히 진 행되는 고령화 속에서 한국 사회와 대만 사회가 직면할 큰 과제가 여기 에 있는 것으로 보인다.

2) 직업별, 학력별 데이터

그럼 취업의 실태는 어떻게 되어 있는 것일까? 직업별이나 학력별 데이 터를 계산해 보자. 〈표 8〉에서 볼 수 있듯이 직업별 데이터에서 우선 눈에 띄는 것은 2017년 데이터에서도 대만과 한국에서는 농업이 매우 큰 비중 을 차지하고 있는 점이다. 현재의 산업구조에서는 농업 섹터의 비중은 양 국 모두 그다지 크지 않지만, 산업화 속도가 빨랐던 만큼 고령자에 농업 섹터가 많다. 한편 일본에서는 사무직이나 전문직, 기술·관리직 등 화이 트칼라의 직종이 비교적 많다. 이러한 데이터를 바탕으로 일본에서는 고 령자가 일하기 쉬운 직종이 많기 때문에 노동력률이 높다는 의견이 있을

〈표 8〉 65세 이상 취업자의 직업별비율(취업자에서 차지하는 비율)(%)[25]

	일본	한국	대만
전문 / 기술 / 관리	14.6	7.8	18.1
사무	10.4	0.9	1.8
판매 / 서비스	24.3	10.8	24.0
생산공정 / 건설 / 기계운전	34.2*	47.6	21.4
농림어업	12.4	32.9	34.7

* 「생산공정」, 「수송·기계운전」, 「건설채굴」, 「운반청소포장」,
「보안」합계,「그 외」가 있으므로 일본의 수치 합계는 100이 되지 않는다

〈표 9〉 고령자의 학력별 유업률(2017년)(%)[26]

		중졸 이하	고졸	단대 / 전문학교졸 이상*
일본	65~69세	35.1	35.6	35.6
	70~74세	21.6	20.7	23.2
	65세 이하	12.5	18.6	23.2
대만	60~64세	40.3	34.6	31.8
	65세 이상	9.5	8.3	5.5

한국		초졸	중졸	고졸	전문대(단대)졸 이상
	65세 이상	34.1	34.5	30.8	21.5

*대만은 전과(專科) 이상

지도 모르지만 농업 섹터는 일본에서도 원래 고령자가 많이 종사하는 직종이었다. 또한 생산 공정 종사자와 같은 소위 블루칼라도 일본에서는 비율이 높다는 것을 생각하면, 단순히 직종이나 산업 구조로 인해 일본의 고령자의 높은 취업률이 만들어지고 있다고 생각하는 것은 무리가 있다.

학력별 데이터는 더욱 흥미롭다. 여자노동력률에서 3개의 사회의 학력별 여자노동력률을 비교했는데, 학력별을 문제로 삼는 것은 고학력층일수록 선택지가 넓고 경제적인 이유에 얽매이지 않고 자신의 희망에 따라 취업할지 여부를 선택할 여지가 크다고 생각하기 때문이다. 즉 당사자의 희망으로 취업하고 싶은지 여부를 상징하는 데이터라고 생각되는 것이다.

이러한 관점에서 볼 때, 〈표 9〉는 매우 좋은 대조를 이루는 데이터이다. 일본에서는 어느 연령층에서도 큰 차이는 없지만, 고령자 전체로 보면 단

330   동아시아의 가부장제

기대학·전문학교 이상에서는 어느 정도 상승한다.[27] 대만은 학력에 따른 차이는 그다지 크지는 않지만, 학력이 높아질수록 약간 노동력률이 떨어지는 경향이 일관되고 있으며, 원래 취업하는 사람이 65세 이상에서는 극단적으로 낮다. 중화문화권의 고령자 취업에 대한 기피의식이 나타나고 있다. 한국의 경우 유업률은 비교적 높지만 학력이 높아질수록 취업률은 떨어지는 경향이 있다. 즉 제1차산업 등을 중심으로 생활상의 필요로 인해 일하고 있는 계층이 많다고 볼 수 있다.

또한 한국의 데이터를 시계열로 상세하게 보면 흥미로운 것을 알 수 있다. 한국의 고령 남성의 노동력률의 변천을 보면 1965년 이후 2000년까지, 도시부에서는 일관되게 35% 전후로 노동력률이 상승하지 않은 반면, 농촌부읍·면에서만 고령자 노동력률이 45%에서 70% 정도까지 급격히 상승하고 있다. 이철희[2006]가 지적한 것처럼 이것은 다음과 같은 것을 의미한다. 즉 한국에서는 원래 농촌에서의 고령자의 취업은 반드시 일반적이지는 않았지만, 고도성장에 따른 인구이동에 의해 농업의 담당자가 유출되어 고령자의 취업이 일반화된 것으로 추측되는 것이다.

이에 비해 일본은 1965년 시점에서 비교하면 한국보다 노동력률이 높고, 그 후 사회보장 제도 정비나 농업 섹터 축소 등에 따라 노동력률이 저하되어 왔다. 따라서 한국에 비하면 전통적으로 고령자의 취업 비율이 높았던 것은 아닐까 추측된다. 그리고 1960년대 이후 하락해 온 60대 이상의 노동력률이 2005년을 바닥으로 남녀 모두 급격히 상승하고 있다. 60세에서 65세로의 정년제 연장 등의 효과도 관계가 있겠지만, 일본의 고령자의 취업에 대한 적극성을 보여 주는 것이며, 또 이미 살펴본 것처럼 화이트칼라 등의 직종에서 고령자를 흡수하고 있어 고령자 취업의 풍경은 한국이나 대만과는 다른 양상을 보이고 있다.

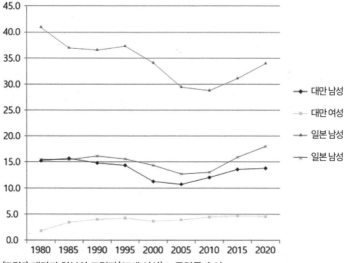

〈그림5〉대만과 일본의 고령자(65세 이상) 노동력률 추이
출전 : 대만 人力資源統計年報
일본 노동력조사를 바탕으로 필자 작성

〈그림 5〉를 보면 일목요연하지만, 대만의 65세 이상의 노동력률은 40년 정도 거슬러 올라간 정도로는 전혀 높은 시기를 찾을 수 없고, 전통적으로도 고령자의 취업률이 낮은 것을 쉽게 상상할 수 있다. 여기서 알 수 있듯이, ① 일본의 65세 이상의 남성 노동력률이 대만과 비교하면 평균 수명이 길지만 현저히 높고, ② 65세 이상의 대만 남성의 노동력률이 일본 여성 65세 이상의 노동력률과 비교해도 거의 일관되게 낮다는 점이다. 이 두 가지는 특필할 만한 일일 것이다.

일본에서는 정년 후 재고용이 활발해지고 있는 것도 있어 최근 65세 이상의 노동력률이 반전하여 상승하고 있다. ①에 대해서는 원래 고령자의 노동력률이 비교가 되지 않을 정도로 높다는 점에서 주목할 만하고, ②에 대해서도 일본 여성의 평균 수명이 매우 길기 때문에 아무래도 65세 이상의 노동력률이 낮아지기 쉽다는 점을 감안하면, 대만 남성의 비율을 상회하지 않는다는 것은, 이 또한 꽤 특수한 것으로 생각해야 한다. 저자가 2018년 대만대학에서 논의를 했을 때 "일본이라면 건물 청소의 경우, 고령자가 화장실 청소를 하는 것에 대해 차별의식 같은 것은 없다"고 말했더니 "화장실은 미끄럽기 때문에 고령자가 일하기에는 위험하다"는 의견이 나왔다. '위험하다'는 판단 뒤에 취업을 기피하는 의식이 있다는 것이다. "고학력층은 자원봉사자에게는 긍정적"이라고도 했다. "3세까지는 어머니가 돌보지 않으면 안된다"고 생각하는 일본인의 미신이 중화문화권에서는 이해할 수 없는 것으로 비치는 것과 같다.

앞서 언급했듯이 대만을 포함한 중화문화권에서 노부모의 취업은 아들의 체면을 손상시키는 일로 여겨진다. 노인은 일하지 않고 여유롭게 보내는 것이 이상적으로 여겨져 돈 때문에 일하는 것은 아들이 부양의 의무를 제대로 지지 않는 것의 상징이 되기 때문이다. 그러나 이것으로 고령사회를 극복할 수 있을까?

2024년 일본의 65세 이상 인구비율은 29.4%. 2046년경 70세 이상의 인구비율과 거의 같을 것으로 예측된다.[28] 그렇다면, 고령자의 정의를 65세 이상에서 70세 이상으로 바꾸어 버리면 20여년간 고령화는 진행되지 않게 된다. 〈그림 3〉에 나타낸 바와 같이 70세 이상의 인구비율이라는 형태로 고령자 인구를 재정의하면 일본의 경우는 현재 65세 이상의 인구비를 조금 웃도는 정도의 32% 전후로 '고령화'는 제동이 걸리게 된다. 물론 후기 고령자75세 이상의 개호의 문제는 여전히 남아 있겠지만, 그래도 심각한 고령화에 대비하기에는 아마 이 방책 밖에 없을 것이다. 연금 지급 연령을 서서히 늦추고 60대는 일해서 어떻게든 살아가는 사회를 만든다. 〈표 10〉을 보면 일목요연하지만 일본에서는 60대 후반이나 70대 전반에 취업을 희망하는 사람의 비율이 매우 높다. 『아사히신문』이 2024년 18세 이상을 대상으로 한 조사에서도 '65세를 넘어도 계속 일하는 것이 당

<table>
<tr><td rowspan="2">일본</td><td>65~69세</td><td>51.0</td></tr>
<tr><td>70~74세</td><td>42.5</td></tr>
<tr><td rowspan="2">미국</td><td>65~69세</td><td>35.4</td></tr>
<tr><td>70~74세</td><td>23.9</td></tr>
<tr><td rowspan="2">독일</td><td>65~69세</td><td>23.4</td></tr>
<tr><td>70~74세</td><td>21.6</td></tr>
<tr><td rowspan="2">스웨덴</td><td>65~69세</td><td>31.9</td></tr>
<tr><td>70~74세</td><td>19.2</td></tr>
</table>

〈표 10〉 앞으로 취업하고 싶거나, 계속 취업하고 싶은 사람 비율(년대별)[29]

연한 사회가 좋다고 생각하는가'에 대해 '좋다'는 응답이 57%. '몇 세까지 일하는 것이 이상적인가'라는 질문에 대해, 70세 이상이라고 대답한 사람이 45%, 2018년 조사와 비교하면 특히 '65세까지'가 36→31%로 줄었고, '70세까지'가 26→30%로 증가했다. 특히 고령자층에서 이러한 경향이 강하다.[30] 그리고 중화문화권과 달리 주변에서도 고령자가 일하는 것을 만류하려고 하지 않는다. 일본의 고령자의 강한 취업 의욕을 생각하면 일본에서는 이것이 현실적인 해결책이 될 것이다.

반면 한국은 중화문화권만큼은 노부모의 취업에 대한 기피감이 강하지는 않다. 김익기[1999]등의 조사에서도 '자녀의 반대'로 '취업할 수 없다'고 답한 비율은 10% 정도에 불과하다. 한국노인문제연구소[2002 : 15]의 2000년 조사에서도 비슷한 답변은 4.5%로 큰 문제가 아니다. 선택지가 동일하지 않기 때문에 단순한 비교는 할 수 없지만, 이 수치는 양의적이며 일본이면 그러한 답변은 더욱 낮아질 가능성이 있다. 그런 의미에서 한국은 대만과 일본과의 중간에 위치한다고 볼 수 있다. 반대로 말하면 중화문화권은 한국 이상으로 고령자 노동에 소극적이라고 할 수 있다.

3) 중국의 상황

데이터에서는 대만을 주로 다루었지만 중국의 상황에 대해서도 언급하고자 한다. 광대한 농촌부를 보유하고 있고, 또한 도시부와 농촌부 사이에 매우 큰 차이가 있기 때문에 전국 데이터 등으로 상세하게 분석하기는 어렵지만, 도시부의 분석을 중심으로 한 선행연구를 근거로 해서 일본 등과 대비시켜 보자.

우선 2000년에 중국노령과학연구센터가 도시부의 고령자에 대한 취업이나 취업의식에 관해 실시한 '중국 도시 및 농촌지역 노인인구 현황에 대한 1차 표본조사'에서 10%를 추출해 60세 이상 994명을 대상으로 분석한 연구를 살펴보겠다錢鑫·姜向群[2006]. 60대에서 '일을 하고 싶다'가 45.7%, '하고 싶지 않다'가 54.3%, 70대에서는 '하고 싶다'가 19.8%에 대해 '하고 싶지 않다'가 80.2%, 80대 이상에서는 '하고 싶지 않다'가 91.9%로 나타난다. 남녀별로는 남성의 '하고 싶지 않다'가 59.0%, 여성은 73.0%로 나타났다. 유업자를 대상으로 한 것은 아니었고 시기적으로 조금 오래되었지만, 일본에서는 65세 이상에서도 30% 정도 일하는 것은 당연하다. 2022년 노동력조사에 근거한 노동력률은 60~64세의 남성이 86.6%, 여성에서 64.0%이다. 65~69세에서는 남성 63.1%, 여성41.8%이고 이미 60대에서는 일하는 것이 거의 당연한 일이 되고 있다. 이와 대비했을 때 중국의 고령자가 일을 기피하는 의식을 엿볼 수 있다.

또 유엔이 2002년에 'Active Ageing'을 내세운[31] 것을 받아 이후 '포지티브 고령화'를 내세운 연구도 적지 않지만, 자원봉사에는 긍정적이면서도 취업에 대해서는 주저하는 모습을 볼 수 있다. 예를 들어 지안 닝錢宁[2015]은 "퇴직 후 일을 계속하는 것은 건강하고 지식이나 기능이 있는 사람에게 있어서 확실히 생산성이 있고 사회경제 활동에 참가하는 중요한 수단"이라고 인정하면서도 "이러한 형태의 사회참여는 노동력 시장의 영향을 받을 뿐만 아니라 개인의 경험, 기술, 건강 등의 조건으로 많은 고령자의 선택이 될 수 없다"고 한다. 나아가 "퇴직 후 고령자에 대해서는 사회적인 배제나 차별이 존재하고 그들의 인격이나 존엄을 해칠 수 있다"고 결론을 내리고 있다錢宇[2012:137]. 이 마지막 한 문장은 일본 사회에서는 우선 볼 수 없는 사고방식이다. 어느 것이 옳다는 문제가 아니다. 고령자의 노동과 관련된 문화규범이 명확하게 다르다는 증좌이다.

시에리린 · 왕빈謝立黎 · 汪斌[2019]는 2014년 '중국 노년사회 추적조사'의 데이터를 이용해 고령자의 '손자를 돌본다', '자원봉사를 한다', '다른 사람을 돕는다', '가사를 돕는다', 수입을 얻는 일을 한다' '선거에서 투표한다'라고 하는 6종류의 행동에 대해 잠재 계층 분석LCA(Latent Class Analysis)을 사용해서 3개의 유형을 중심으로 한 흥미로운 연구를 진행했다. 모든 것에 활동적인 '고참여형도시부 · 고학력에 많음'이 11.7%, 손자나 가사 중심의 '가사도우미형家庭照顧'이 33.6%, 모든 것에 비활동적인 '저참여형'이 54.7%로 분류하고 있다. 전국 데이터이므로 비교가 어렵지만, 역시 '가사도우미형'이 압도적으로 많이 나오는 것과, 사회 참여라고 할 때 커뮤니티社区의 이야기로 돌아가는 곳이 너무나 중국답다. 일본이라면 농촌부에서도 70세 정도까지는 노동력일 것이다.

'빈둥지空巢(kongchao)'의 문제도 심각화되고 있다. 자녀들이 집을 나간 뒤의 고령자만의 세대를 가리키는 말이지만, 이것은 일본식 독거노인이 아니라, 배우자가 있는 상태도 포함된다. 일본에서 말하는 독거노인만을 가리킬 때에는 '환과鰥寡(guānguǎ)'라는 다른 용어를 사용한다. 1980년 데이터로 일본의 65세 이상이 있는 세대의 절반은 3세대 동거의 세대였지만, 2022년에는 단독세대가 31.8%, 부부세대가 32.1%가 된다.[32] 합하면

60%를 넘기 때문에, 성인이 되면 집을 나가는 것이 당연하다고 생각되는 북서유럽이나 미국만큼은 아니더라도 일본에서도 '빈둥지'는 이제는 당연한 모습으로, 문제시되는 것은 중국어로 '환과鰥寡'라고 부르는 독거노인의 문제뿐이다.[33] 3세대 동거는 불과 7.1%로 급격히 감소하고 있다.

물론 중국에서도 고령자의 취업을 긍정적으로 보는 연구도 늘고 있다. 루린·왕주홍陆林·兰竹红[2015]는 1990·2000·2010년의 인구조사에서 도시부의 고령자의 취업률이 17%→10%→6.7%로 하락하는 것을 문제시하는 한편 2010년 도시부 고령자의 취업 희망률은 13.2%였고 그 차이를 문제 삼는다. 그리고 "고령자의 취업은 결코 고령자의 건강을 저해하는 것이 아니라 오히려 건강에 유익하다"고 서술했다.

다만 이것이 사회 전반의 목소리가 아니기 때문에 이런 주장이 나오는 것이다. 요컨대, 중국에서는 고령자가 늘어나고, 고령자만의 세대가 급증하고 있음에도 불구하고, 일본 사회와 비교했을 때 고령자의 취업을 기피하는 문화 규범으로부터 자유롭지 못하다는 것이 연구에서도 볼 수 있는 것 같다. 유교 규범이 중화문화권 사회보다 깊게 뿌리내리고 있는 한국 사회와 비교해도 고령자 취업에 대한 기피의식이 강하다는 것은 주목해야 할 것이다.

5. 정리

여러 차례 서술했듯이 '누구를 노동력으로 할 것인가'라는 질문에 대한 대답은 실은 경제 합리성에 의해 정해지는 것이 아니라, 그 사회가 가지는 문화 규범이 깊게 관련되어 있다. 모든 사회에서 성인 남자가 일하는

<표 11> 일본, 한국, 대만의
외국인·여성·고령자 노동에 대한 적극도

외국인	일본〈대만〈 한국
여성	한국 〈 일본 《 대만(≒ 중국)
고령자	대만(≒ 중국) 〈 한국 《 일본

•저자 작성

것이 표준으로 여겨지고 있는 만큼, '그 이외' 각 사회의 특징은 명료하게 나타난다. 동아시아의 여러 사회는 저출생 고령사회를 맞아 새로운 노동력 공급원을 찾으려고 할 때 외국인·여성·고령자의 3가지 선택지 가운데 각기 다른 선택을 하고 있다.

이 장에서는 우선, 지금까지의 장에서 다루어 온 문제의 데이터를 2020년대의 것으로 업데이트했다. 게다가 최근 급격히 진행되는 저출생을 배경으로 이를 보완하는 노동력을 각각의 사회가 어떻게 파악하고 있는지에 주목해 외국인, 여성, 고령자를 어떻게 취급하고 있는지를 대비해서 나타냈다.

전체상을 보여 주기 위해서라도 다른 선택지와의 대비를 간단하게 언급 정리해 보자. 지금까지 서술해 온 여러 사회 간의 비교를 여러 사회 간의 적극성/소극성을 고려하여 순위를 정하면 〈표 11〉과 같이 정리할 수 있다.

물론 이것은 정도의 문제이지 엄밀한 비교는 아니다. 다만 고령사회에서 선택지는 3가지밖에 없고, 이에 대해 일본·한국·대만의 각 사회를 비교하면 이렇게 될 것으로 생각된다. 가장 적극적인 분야와 가장 소극적인 분야가 이 세 사회에서 각각 다르다는 것도 흥미롭다.

이것을 중국에도 적용하면, 외국인에 대해서는 중국은 농촌으로부터의 인구 유입을 기대할 수 있기 때문에 당분간은 적극적이지 않겠지만, 여성과 고령자에 대해서는 거의 대만과 같은 위치에 있다고 생각해도 좋을 것이다. 그래서 괄호 안에 더하고 있다. 외국인은 문화규범 이상으로 인구구조 등의 영향이 크겠지만 여성과 고령자에 대해서는 대만과 문화규범을 공유하고 있다. 서두의 〈표 1〉에서 설명한 것처럼, 사회체제를 넘어 중화계의 문화규범이 나타나고 있다고 생각할 수 있다.

이러한 비교는 동아시아의 고령사회를 생각하는데 있어서 어떤 의미가 있을까.

일본의 전래동화는 그 대부분이 자식이 없는 노부부가 주인공이다. '할아버지는 산에 풀을 베러, 할머니는 강에 세탁하러'라고 하는 일본 전래동화의 단골 문구에 대해, 중국의 유학생으로부터 "그 노부모의 아들은 어디에서 무엇을 하고 있습니까?"라는 질문을 받고 말문이 막힌 적이 있다. 중화문화권에서는 이것은 매우 비참한 상황으로 비친다. 또한 이미 언급했듯이, 그것을 (적어도 경제적으로) 해결하는 것은 아들의 책임으로 인식되기 때문에 설령 부모가 원한다고 해도 취업하는 것은 그리 간단한 것이 아니다. '기쁨으로 손자를 대한다含飴弄孫', '육아로 노화를 막는다養児防老'라는 중국어표현에서 알 수 있듯이, 손자를 돌보면서 여유롭게 지내는 것이 중화문화권에서 이상적인 고령자의 모습이고 취업은 그 대척점에 있다.

한편 일본 사회에서는 전래동화에 등장하는 농촌에서 이미 중국의 감각으로는 '빈둥지'였다는 것이 된다. 전래동화의 노부부는 자녀가 없이, 그 대신에 뭔가 좋은 일이 있었다는 것이 스토리이지만, 적어도 일본 사회는 노부부 / 노부모가 적지만 자신들이 벌어서 살아가는 것을 오랫동안 부정적으로 바라보지 않았고 앞으로도 하지 않을 것이다.

일본이 3세아 신화와 같은 무의미한 어머니 역할 규범에서 벗어날 수 없는 것처럼 중국을 포함한 중화문화권 사회가 고령자의 노동을 기피하는 규범에서 벗어나는 것도 어려울 것이다. 그러나 향후의 고령화의 진전에서 문제 해결의 여지가 가장 큰 것이, 이 고령자의 취업인 것도 아마 틀림없을 것이다.

남자와 페미니즘?

"남성인데 왜 이런 문제에 관심을 가졌나요?"

지금까지 도대체 몇 번이나 이 질문을 받았을까. 딱히 질문자에게 악의가 없다는 것은 잘 알고 있으며, 분명 소박한 의문으로서 그런 것을 물어보고 싶어하는 것도 당연하다. 그러나 이것이 받아들이기에 따라서는 상당히 '성차별적인' 질문임을 알아차린 사람이 얼마나 있었을까. 젠더론이나 페미니즘에 관심이 있다고 하면, 여성은 아무 질문을 받지 않아도 되지만 남성은 뭔가 나름의 사정이나 이유가 있어야 한다. 물론 그것은 '여성 제1호' 등으로 계속 불려 온 여러 분야의 여성 선구자들이 계속 경험해 온 위화감과 같은 종류의 것일 것이며, 나 자신이 그 경험으로부터 배운 것도 적지 않다. 다만 아직 장래도 모르는 신출내기 대학원생에게 있어서, 그것을 일일이 추궁당하는 것의 부담은 결코 작은 것이 아니었다. 그럴 때마다 나는 뭔가 적당한 대답을 하며 얼버무리고 있었던 것 같다.

꼭 10년 전 대학원에 들어갔을 때 지금은 작고하신 지도교관에게 "페미니즘으로는 취직이 잘 안 되니 다른 분야의 논문도 쓰라"는 말을 들었던 것을 선명하게 기억한다. 결국 지도교관의 부모의 마음은 기우에 그쳤지만 당시만 해도 젠더론이라는 말은 아직 거의 보급되지 않아 페미니즘은 학문 안에서 인지되고 있다고는 도저히 말하기 어려웠다. 대학원생으로서는 당연하게 페미니즘이든 젠더론이든 운동의 수준이 아닌 학문으로서 확실하게 하고 싶다는 지향이 매우 강했던 것 같다. 생각과 체험만을 열띠게 이야기하는 '논문'이 아니라 이념을 달리하는 사람이 읽어도 충분히 유익할 수 있는, 제대로 된 분석을 동반한 글을 쓰고 싶다. 그것은 연구자라는 직업을 선택한 인간의 고집과 같은 것이었을지도 모른다.

결과적으로 나는 논문 속에서 자신의 생각을 직접 표명하거나 서두의 질문에 대해 자신의 생각을 말하는 것에 대해 최대한 억제해 온 것 같다. 물론 내가 써 온 논문의 배후에서 상당한 생각을 읽어 낸 사람은 적지 않다. 사실 내 나름대로의 생각이 내 연구의 에너지였다. 그러나 성차별에 대한 분노와 같이 말로 표현하자면 지극히 소박한 생각의 열기 정도로 내 논문의 평가가 좌우되는 것은 내가 바라는 바가 아니었다. 하물며 자신의 성별 때문에 부정당하거나 반대로 귀하게 여겨졌던 경험은 어느 쪽이든, 말의 정확한 의미에서 '성차별적'인 것으로 느껴졌던 것이다.

그러한 나의 태도는 평균적인 간사이關西 사람 이상으로 입이 거친 나의 성격과 맞물려, 나의 연구에 대한 일종의 오해를 낳아 버린 적도 있다. 현실의 문제가 아니라 탁상의 논의에만 흥미가 있다는 등 말이다. 그럼에도 내가 견고했던 것은 연구자로서 제대로 된 첫 번째 책을 내기 전까지는 안이한 평론 활동은 삼가고 싶다는 생각을 계속해 왔기 때문이었다. 그리고 이제 그 약속을 이행할 수 있게 된 것이다. 원래는 작품에 모든 것을 맡겨야 할지도 모르지만 조금만 무대 뒤의 이야기를 들어 줄 수 있을까.

나는 어렸을 때 '일한다'는 것의 이미지를 어머니로부터 형성된 것으로 생각된다. 아버지는 학자로 온종일 집에 있거나 운동 상대를 해 주시곤 하는 존재였던 반면, 방송국의 디렉터였던 어머니는 방송이 가까워지면 거의 얼굴을 볼 수 없게 되고, 며칠이 지나면 이윽고 텔레비전에 당신의 그 이름이 나왔다. "아 이것 때문에 바빴구나." 그것은 어린 나의 마음에도 매우 알기 쉬운 '일'이었다. 그래서 나에게 있어서 여성이 밖에서 일한다는 것은 당연한 것이었고, 그에 관련된 가사 부담이 있다는 것도, 마지못해하면서도 몸에 밴 것 같다.

그렇다고는 해도 대학원에서 페미니즘을 자신의 전공으로 정하기까지는 물론 그런 '가정의 사정' 이상의 결의가 필요하다. 거기에는 당시 사귀고 있던 G라는 여성의 영향이 컸던 것 같다. G와의 생활 속에서 페미니즘의 다양한 주장은 곧 자신의 문제가 되어 갔다. 단순히 그녀들의 목소리를 대변하는 것 이상의 일을 자신도 할 수 있을지도 모른다고 생각했다. 특히 둘이 공동생활을 할 때는 매일이 페미니즘 실험을 하는 것 같은 기분이었다.

예를 들면 가사 분담이다. 연일 심야까지 일하느라 바쁜 G를 생각하면 '집안일은 시간이 있는 쪽이 한다'는 원칙에 따르면, 9대 1로 내가 해야 했다. 입장상 그녀에게 일하기 편한 환경을 제공하는 것은 당연하다. 다만 대학원생인 나도 구속된 시간은 적다고는 하지만, 놀고 있는 것은 아니다. 실제로 내가 한 것은 7대 3이나 6대 4 정도였을 것이다. 그래도 절반 이상 하고 있다는 것만으로도 꽤 하고 있는 것 같은 착각에 빠졌다. '나도 아직 멀었구나'라고 생각했던 기억이 있다.

그리고 주부主夫로 있는 것. 당시의 나는 아르바이트가 유일한 수입원으로, G의 수입과는 천양지차가 있었다. 그럼에도 자신의 작업에는 자부심을 가지고 있었고, 직업을 구할 때까지 경제적으로 의존하는 것에는 딱히 부담을 느끼지는 않았다. 그래서 도쿄의 비싼 집세를 G에게 전부 내게 하고 나머지 생활비를 절반으로 나눠 생활하기로 했다. 그런데 사소한 일로 싸움이 되어, 그 기세로 G로부터 '나가'라는 말을 들었을 때에는, 다다미 한 장 분이라도 집세를 냈어야 했다고 후회했다. 이제 와서 생각하면 실은 경제적으로 자립하지 못하고 있는 것에 일종의 부담감을 계속 안고 있었던 것 같다.

마지막으로 남자의 페미니즘이다. 결국 G와는 헤어지게 되어 내가 아파트를 나왔는데, 그 순간부터 나는 나와 페미니즘의 접점을 알 수 없게 되어 버렸다. 애당초 가까운 여성 한 사람과 관계를 잘 맺지 못하는 인간에게, 페미니즘 같은 것을 말할 자격은 없다고 생각했다. '페미니즘은 여성의 것인가'와 같이 용감한 논문을 쓰고 있어도 결국은 이 모양이다. 역시 페미니즘이란 나에게는 불가능하다, 연구자의 길도 일단 포기하자. 당시 박사과정 수료 연한을 넘기고도 직업이 없던 나는 완전히 자포자기해 버리고 말았다.

거기에서 회복하는 데는 상당한 시간이 필요했다. 한동안은 노는 데 정신이 팔려 공부도 하지 않았다. 드디어 자신의 작업에 의미가 있다고 생각하게 된 것은, 연구회에서 나의 어떤 논문에서의 입장을 둘러싸고 학생들이 찬반으로 나뉘어 토론하고 있다는 것을 들었던 경험을 했을 무렵이었던 것 같다. 특정 개인과의 연결이 아니라 넓은 독자와 연결됨으로써 나름의 접점을 찾을 수 있을 것 같다는 생각이 든 것이다.

지금 나는 이 작업이 페미니즘 안에 포함되는지 여부에 대해 별로 관심이 없다. 그것은 이 작업의 결과로서 주위에서 결정하는 이른바 꼬리표이며, 내가 할 일은 내가 납득할 만한 작품을 만들 수밖에 없다고 생각하기 때문이다. 다만 페미니즘의 영향력을 이렇게까지 키워준 선배님들의 노고에 정말 감사하다. 개척해 준 길을 상당한 속도로 뛰어올 수 있었다는 실감이 나에게는 있다. 일본에서는 나는 아마 젠더론을 처음부터 전공으로 공부한 첫 세대에 속할 것이다. 그리고 페미니즘을 전공으로 공부한, 아마도 첫 세대의 남자일 것이다. 개척된 길의 끝에 이번에 내 나름의 건물을 지을 수 있었다. 이번에는 접점이 흔들리지 않도록 기초 공사를 충실히 했다고 생각한다. 여러분의 비판이 이 건물을 더 좋은 것으로 만들어 줄 것이라고 믿는다.

이 책은 내가 1996년 3월 도쿄대학 대학원 총합문화연구과 국제사회과학전공에 제출한 박사학위논문 「가부장제의 비교사회학」에 약간의 가필·수정을 더한 것이다. 기본적인 구상으로서는 1987년 12월에 쓴 석사논문 "주부"의 탄생과 변천'이 그 원점이 되고 있으며 대학원에 들어가 10년간 생각해 온 것을 정리한 것이다. 따라서 전체는 일관된 구성에 기초해 써내려간 것이지만, 일부 기존에 발표한 논문을 수정하면서 채록한 부분도 있다. 제1장에 대해서는 瀬地山[1990a], 제4장의 양처현모주의에 대해서는 瀬地山·木原[1989], 제6, 7장의 일부에 대해서는 瀬地山[1990c, 1996]에서 다루고 있다. 또한 전체를 거의 요약한 것으로 瀬地山[1994b]가 있다.

이 책이 완성되기까지 실로 여러 사람에게 신세를 졌다. 나는 1982년에 도쿄대학 교양학부에 입학해 대부분의 학생이 3학년부터 혼고캠퍼스에 진학하는 가운데, 고마바의 교양학과 상관사회과학 분과, 대학원 상관사회과학 전공현재는 국제사회과학 전공 중의 한 코스으로 진학해, 실로 11년간이나 고마바에서 학생 생활을 보냈다. 그곳은 새로운 시도에 유연하게 대응해 주는 곳으로, 나는 불필요한 스트레스 없이 자신의 연구를 키워올 수 있었던 것 같다. 그 동안 지도해 주신 선생님들의 대부분은 지금도 같은 직장에서 근무하며 나에게 쾌적한 환경을 제공해 주신다. 특히 미타 무네스케見田宗介 선생님과 야마모토 야스시山本泰 선생님께는 박사논문의 집필을 포함해 여러모로 신세를 졌다.

또 대학 2학년 때부터 돌아가신 박사과정 3학년때까지 나를 지도해 주신 바바 슈이치馬場修一 선생님께는 이루 말할 수 없을 만큼 감사하다. 석사 시절의 나는 정신적으로 상당히 좋지 않았고, 하나가 잘못되면 그대로 다 망쳐 버렸다고 생각했다. 선생님은 항상 나의 발표에 정중한 코멘트를

해 주셨고, 단순한 비판이 아니라 어떻게 하면 제대로 될지 생각해 주셨다. 이 책은 석사논문 심사 후에 바바 선생님이 말씀하신 코멘트를 내 나름대로 계속 음미해 온 결과이다. 그분의 묘비 앞에서만 바칠 수 있는 것이 안타깝다.

소속은 달랐지만 에바라 유미코江原由美子 선생님은 석사 시절 고마바에서의 세미나에 참가하게 해 주셨고, 그 후에도 여러 장소에서 지도를 받았다. 더욱이 동아시아에 눈을 뜨게 해 주었다는 점에서는 대학 1학년 무렵부터 알게 된 어느 교양학부의 중국어·조선어부회 선생님들에게 감사할 뿐이다. 젠더와 동아시아라는 두 가지 새로운 주제를 결합시킬 수 있었던 것은 그런 분들과 고마바라는 공간을 공유할 수 있었기 때문이라고 생각한다.

대학원생들은 무엇보다 서로의 연구발표를 통해 나름의 학문을 형성해 나간다. 상관사회과학이나 혼고의 사회학 대학원생 동료들, 특히 당시 '페미연ふぁみ研'에 모였던 가토 슈이치加藤秀一, 요네무라 지요米村千代, 니시노 미치코西野理子, 가시다 요시오樫田美雄, 아카가와 마나부赤川学 등의 벗들에게는, 상당히 설익은 요리를 먹여 비판을 받았다. 지금은 모두 훌륭하게 취업했지만 그 불안한 대학원생 시절을 공유한 연대감은 계속 사라지지 않을 것이다. 또한 그 후 근무한 홋카이도대학 문학부, 도쿄대학 교양학부에서는 유쾌한 학생들을 만났다. 어느 쪽이 교원인지 모를 정도로 여러 가지를 배웠다고 생각한다.

이어 서울대학교 사회학과 단기 유학과 대만 조사 등의 과정에서 현지 친구들은 반갑게 맞이 해주었다. 내 나름의 동아시아에 대한 애착이 이 책에는 살아 있다고 생각한다.

아버지에게는 학문을 한다는 것, 어머니에게는 여성이 일한다는 것, 각각의 어려움과 즐거움을 가르쳐 주셨다. 환갑을 맞은 두 분께 작은 선물을 하게 된 것을 기쁘게 생각한다. 그리고 G는 이 책의 원점이 된 석사논문의 첫 번째 독자였다. 나를 이 분야로 이끌어 준 것에 대해 지금도 감사하고 있다.

마지막으로 케이소쇼보^{勤草書房}의 마치다^{町田民世子} 씨에게는 단순히 편집자로서 고생했다는 수준이 아니라 지금까지 길러 주셨다는 깊은 은혜를 느끼고 있다. 에바라 선생님의 편집으로『페미니즘 논쟁』에 논문을 쓴 이후의 인연이지만, 항상 따뜻한 코멘트를 해 주시고 몇 번이나 격려해 주셨다. 특히 진로를 잃어버렸던 시절에 이 책의 집필을 권유해 주시고 나아가『페미니즘 컬렉션』의 편집을 맡게 된 것은 내가 연구를 계속할 수 있었던 큰 요인이다. 나 같은 이름 없는 신출내기 연구자에게 일을 맡긴다는 것은 상당한 모험이었을 것이라고 생각한다. 일본의 젠더론을 대표하는 명장의 기대에 부응할 수 있는 경주였는지는 차치하더라도, 겨우 조금의 보답할 수 있었던 것 같은 기분이다.

1996년 6월 신록의 고마바에서

세치야마 가쿠

이 책은 일본의 사회학자이며 젠더론의 권위자인 세치야마 가쿠瀨地山角 교수님의『東アジアの家父長制ージェンダーの比較社会学동아시아의 가부장 제-젠더의 비교사회학』勁草書房, 東京, 1996을 번역한 것이다.『동아시아의 가부장제』 는 세치야마 교수님의 박사논문을 수정, 가필해 출판한 것으로, 일본에서 는 이미 10판2021년 당시을 넘겨 출판되고 있을 정도로 젠더와 사회학의 영 역에서 많은 연구자와 학생들이 이 연구서를 통해 교수님의 지식과 통찰 을 접하고 있다. 또한 일본만이 아닌 네덜란드 레이든에 위치한 유명한 국제학술출판사인 'BRILL1683년 창립'에서 영어판으로도 출판2015되었고, 중국에서는 산둥대학에서 이미 번역이 완료되었으나 대만의 내용을 삭 제하라는 중국 당국의 요구가 있어 현재까지 출판되지 못한 사정이 있다.

『동아시아의 가부장제』는 한국, 일본, 중국, 대만, 북한의 동아시아 5개 국의 가부장제를 젠더의 비교사회학의 관점에서 분석한 책이다. 자본주 의와 사회주의, 중국문화권, 한반도, 일본이라는 이념과 사회체제가 다른 동아시아, 그러나 한국과 북한은 같은 역사를 가진 민족이며 중국과 대 만은 같은 중국문화권이라는 공통점이 있다. 무엇보다 이 5개국은 유교 와 한자라는 공통의 문화권 속에서 그 기저에는 사회문화적 규범으로서 가부장제가 작동하고 있다. 이 책은 이렇게 유사점이 많은 것 같으면서도 다른 5개국 내에서 작동하는 가부장제가 기혼여성의 취업 패턴에 어떠 한 영향을 미치는지 젠더의 관점에서 동아시아의 사회를 비교한 것이다.

한국과 일본, 혹은 서구 유럽과의 젠더 비교는 여러 연구자들에 의해 진행되고 있지만, 이렇게 가부장제와 젠더의 관계를 같은 문화권의 체제 와 이념이 다른 동아시아의 5개국을 대상으로 그 전체상을 본격적으로 파악한 것은 아마도 이 책이 유일할 것이다. 거의 28년 전에 출판된 연구서이지만, 현재의 동아시아의 가부장제는 어떻게 변했을까. 세치야마 교수님은 의외로 그 패턴이 변하지 않았다는 것을 말해 주고 있다. 그것이 바로 이 책을 번역하게 된 동기라 할 수 있다. 세계는 빠르게 변하고 있지만 우리의 삶 속에 뿌리내린 사회문화적 규범은 그리 쉽게 변하는 것은 아닌 모양이다.

한국어판 출판에 즈음하여 세치야마 교수님은 2020년대의 데이터를 추가하여 원저에는 없던 새로운 보론을 작성해 주셨다. 그것은 거의 동시에 저출생 고령화를 맞이한 동아시아 5개국이 현재의 시점에서 그 극복 방안으로 어떠한 대안을 가질 수 있는지 그 방법을 여성과 고령자, 외국인이민자의 노동력화에 착안하여 동아시아 5개국을 대상으로 모색한 것이다. 저출생 고령화라는 경험해 보지 못한 사상 초유의 위기 속에서 우리는 어떠한 대안을 가질 수 있을까. 이 책이 그 해답에 대한 실마리를 마련해 줄 수 있을 것으로 기대해 본다. 그런 의미에서 젠더 사회학 연구자나 학생들에게 많은 시사점을 제공할 수 있을 것으로 생각된다.

세치야마 교수님과의 인연은 번역자가 일본 유학 시절 박사과정 재학 중 교수님의 강의를 들으면서 시작되었다. 번역자는 당시 아시아태평양전쟁기1937~1945년의 일본의 여성노무 동원에 관한 박사논문을 준비하며, 교수님의 세미나 수업에 참가하고 있었다. 세치야마 교수님은 도쿄대학 대학원 총합문화연구과 국제사회과학전공으로 재직 중이셨고물론 지금도 재직 중이시다 그런 탓인지 교수님의 수업에서는 여러 나라의 다양한 국적의 학생들이 참가하고 있었다. 수업에서의 공용어는 기본적으로 일본어였지만, 영어, 중국어, 한국어가 자연스럽게 사용되고 있었고 영어와 중국어에 약한 번역자로서는 알아듣기 힘든 언어에 귀를 기울이며 그들의 표정을 읽어내려고 노력했던 기억이 난다. 아직 일본어가 서툰 여러 나라에서 온 대학원생들을 위해 세치야마 교수님은 직접 영어, 중국어, 일본어, 한국어로 학생들을 1:1로 상대하며 논의를 진행해 주셨다. 교수님의 언어의 자유로움에 경탄하였고, 그만큼 부러움도 컸다. 아마도 그래서 『동아시아의 가부장제』와 같은 연구서가 나올 수 있었던 것 아닐까.

세치야마 교수님의 인기는 아카데믹 현장에만 머무는 것은 아니다. 2015년 니혼TV의 프로그램 '세상에서 제일 듣고 싶은 수업'이 도쿄대 학생 100명에게 실시한 앙케이트에서 도쿄대의 인기강좌 No.1으로 뽑히기도 했다. 실제로 2015년 2월 '남녀의 차별을 없애는 젠더론'이라는 제목으로 티브이 프로그램을 통해 집중수업을 진행하기도 하였다. 앙케이트 결과에서도 알 수 있듯이 세치야마 교수님의 강의는 도쿄대 학생들에게 상당히 인기가 있어 젠더론을 듣기 위해 수많은 학생들이 몰려 대형강의가 열리곤 한다. 그런 인기의 비결은 성의 상품화나 남녀 차별, 주부우대 대책, 육아 등, 일상의 가까운 예를 섞어 알기 쉽게 젠더를 풀어서 실생활에서 '사용할 수 있는 학문'으로 젠더론을 설명하는 것에 있을 것이다. 그러한 내용이 지금 이 책에 담겨 있다.

끝으로 이 책이 번역 출판되기까지 저작권 문제를 비롯해 감수 및 도움을 주신 한림대 일본학연구소의 서정완 소장님과, 일본에서 많은 도움을 준 이소희 선생님, 소명출판의 관계자 여러분께 감사드린다.

2024년 10월의 끝자락에서
다가올 겨울을 기다리며 번역자 김경옥

서장 젠더의 비교사회학을 향해서

1   한국은 대한민국, 대만은 중화민국, 북한은 조선민주주의인민공화국 그리고 중국은 중
화인민공화국의 각각 실효 통치 지역을 가리키는 약칭으로 사용하기로 한다. 대만과
북한은 국가명의 약칭으로 북한당국은 인정하지 않는 호칭이지만 이는 일본에서 가장
많이 보급된 약칭이며, 또한 대만의 경우 '중화민국'이나 북한의 경우 '공화국', '조선'이
라는 호칭·약칭이 본문 중에서 혼란을 초래할 우려가 있기 때문에 여기서는 위와 같은
약칭을 채택하고자 한다. 이는 특별히 어떠한 정치적 입장과도 관련이 없다.

제1부 가부장제와 주부를 둘러싼 구조
제1장 가부장제란 무엇인가

1   이 사전은 '모권제 / 모계제'의 항에서는 우에노 지즈코가 'patriarchy'와의 대비로 논하
고 있는 것에 반해, '가부장제'의 항은 'patriarchalism'을 설명하는 형태로 되어 있다. 말
할 필요도 없겠지만, 여기서 다룬 바와 같은 사회학 측의 정의가 실리는 것 자체는 필요
하다. 다만 이 정도로 페미니즘의 용법이 침투된 시대에, 그것에 관해서 아무것도 언급
하지 않는다는 것은 아무리 봐도 일방적인 실수라는 인상을 면할 수 없을 것 같다.

2   바흐오펜 등의 문제 관심에는 자신들이 살고 있는 유럽의 가족을 역사의 최고 형태로
서 파악하려는 '빅토리안 사이언스'에 공통의 단선적인 사회진화론에 근거한 자민족
중심주의가 있었다는 점은 유의해 두어도 좋을 것이다. 그런 의미에서 마찬가지로 모
권제를 연구하려 했다고 해도 남성 지배의 근원을 역사적으로 규명해 보려고 했던 엥
겔스나 후대의 페미니스트 인류학자들과는 전혀 문제의 관심이 다르다.

3   베버의 가부장제 개념에는 이른바 '1911~1913년 초고'(빈켈만 편집 『경제와 사회』 제5
판, 제2부)의 관련 부분(일본어번역은 世良晃志郎 訳 『支配の社会学』創文社)과 1919년
이후에 쓰여진 개정원고(동 제1부)의 관련 부분(일본어번역은 동 『支配の諸類型』)과 약간
의 차이가 있다. 행정간부가 제1차 가부장제와 가산제를 구별하는 목표로서 명확하게
이용되고 있는 것은 후자 쪽이며, 여기의 기술도 그것에 의거하고 있다.

4   사실 베버는 가부장제적 지배를 논한 부분에서 무장 능력이 있는 남자가 집으로부터
격리된 경우에 일어나는 사태로서 여성(Hausmutter)이 권력을 가지는 일이 있는 것을
기술하고 있다(Weber[1972 = 1960 : 150]).

5   그렇다고 해도 『이에와 가부장제』라는 제목의 1992년에 나온 책에서 페미니즘의 가부
장제 개념을 전혀 논하지 않았다는 것은 놀라운 일이다. 페미니즘 측이 이러한 법제사
등의 논의를 완전히 무시하고 있다는 것과 같은 의미로, 인접한 다른 분야의 연구 상황
에 대해 서로 얼마나 무관심했는가를 상징하고 있다.

6   이 밖에 근세가족을 가부장제적 가족이라고 부를 수 있는지 여부에 관한 논점으로 가
장권의 존재를 인정할 것인지의 문제가 있다. 존재했던 것은 친권으로 성가신 일도 포

함해서 가장권이라고 부를 만한 것은 존재하지 않는다고 보는 입장과, 당주 = 가장이며 가장권은 존재한다고 보는 입장이 있다(鎌田[1964]).

7 'problematic'의 번역어로 질문과 답을 포함한 문제를 수립하는 법을 나타내는 말이다.

8 기원의 문제에 관해서는 또 하나 파이어 스톤의『성의 변증법』을 더해야 할지도 모른다. 그녀는 성차별의 근원을 여성이 가진 재생산 수단이 남성에 의해 독점되고 있다는 것에서 찾았다. 이러한 점은 나중의 마르크스주의 페미니즘의 문제 설정으로 연결되어 간다. 그러나 여기서의 기원 설명 분류는 애초에 심리적-역사적이라는 구분이 배타적으로 구성되어 있지 않기 때문에 이 분류에서는 다루지 못했다. 다만 심리적 기원 쪽을 무역사적 기원이라고 하는 식으로 확장하면 거기에 포함시키는 것은 가능할 것이다.

9 여기서 마르크스주의 페미니즘이라는 것은 소콜로프[1980 = 1987]가 후기 마르크스주의 페미니즘이라고 부른 것과 일치한다.

10 마르크스주의 페미니즘은 분명 '계급으로서의 여성'이라는 식으로 마르크스주의 용어에 필요 이상으로 집착하는 측면도 갖고 있다. 오모토(大本)의 사회학 쪽에서 계급이라는 개념이 거의 유효성을 지니지 않게 된 시기에 그 이유를 파고들지 않고 이러한 논의를 전개하는 것은 그다지 결실이 있다고는 생각되지 않는다. 게다가 우에노 지즈코의『자본제와 가사노동』(1985)이 마르크스주의 페미니즘의 소개로서 그토록 호평 받은 것은 이러한 마르크스주의 페미니즘이 가지고 있는 현실과 동떨어진 측면을 버리고 사용할 수 있는 부분만을 잘 소개한 것도 한 요인이라고 생각된다.

11 말할 필요도 없겠지만, 마르크스주의 페미니즘 이론 소개나 이론의 전개 자체에 관해서는, 우에노 지즈코 이외에도 사회학의 시부야 아쓰시(渋谷敦司), 경제학의 다케나카 에미코(竹中恵美子), 구바 요시코(久場嬉子) 등을 중심으로 수많은 업적이 있다. 이것들은 모두 1980년대의 마르크스주의 페미니즘의 자본주의와 가부장제와의 이원(이중) 시스템론(dual system theory)에 착안한 논고이다. 다만 다케나카[1989]의 저서에 소개되어 있는 많은 논문을 포함해 이들은 가부장제라고 하는 말에 개념으로서 착안하여 자각적으로 정의를 내린 다음, 한층 더 분석으로 활용해 나가려는 자세를 가진 논문이라고 하기에는 반드시 꼭 그런 것은 아니다. 여기서 대상을 우에노 지즈코의 논의에 한정한 것은 그러한 의미에서이다.

12 또한 이 책에서는 ①과의 혼동을 피하기 위해 필요에 따라 '노동력의 재생산'이라는 용법을 사용하지만, 대구(対句)로서 '남자 = 생산노동 / 여자 = 재생산노동'이라고 할 때에는 기본적으로는 ②를 가리키고 있다.

13 비경제적이라는 것은 의식론적·관념론적이라는 뜻이 아니다. 섹슈얼리티와 같은 경제로 환원되지 않는 문제를 다루려 한다는 의미이다.

제2장 주부의 탄생과 변천

1 무엇보다도 이 두 가지 밖에 없다고 하는 말에는 찬성하기 어렵다. 이론적인 설명을 곁들인 것이 두 가지밖에 없었다고 하지만 래디컬 페미니즘의 설명 도식이 리버럴 페미니즘에 비해 세련된 이론 도식이라고 부를 수 있는 것이었는가 하면 의심스럽게 생각

되기 때문이다.

2 『자본론』의 노동가치설을 둘러싸고 가사노동은 가치를 낳느냐 낳지 않느냐에 관한 논쟁(가사노동 논쟁(domestic labor debate))이 일본을 비롯하여 영국, 이탈리아, 미국 등에서 자주 행해진 것이 이와 관련된다. 그리고 이에 대한 정통 마르크스주의로부터의 회답이 언제나 '가사노동은 유용해도, 가치는 낳지 않는다'라는 것은 마르크스주의 측이 여성이 처해 있는 상황을 분석하는 틀을 가지고 있지 않았음을 잘 보여 주고 있다.

3 [역자주] 제1장의 주석 'problematic'의 번역어로 질문과 답을 포함한 문제를 수립하는 법을 나타내는 말이다 참고.

4 영어권의 논의에서 볼 수 있는 'dialectic'에는 대부분의 경우 독일어의 'Dialektik'에서 볼 수 있는 철학적인 배경은 없다. 미국의 사회학자 소콜로프의 'dialectic'에 대해서는 우에노(上野)[1985, 1990] 등에서 '변증법'이라는 번역어가 주어져 있지만, 여기서 그 것을 '상호작용'이라고 파악하는 것은 그러한 의미에서이다.

5 여기서 말하는 '노동'이란 특히 'labor'와 'work'로 나누었을 때의 'labor'에 해당하는 고역(苦役)으로서의 노동을 말한다.

6 가부장제적 사회주의라는 용어 자체는 중국의 여성 문제에 관해 스테이시[1983 = 1990]가 사용하고 있다. 이 책은 이를 참고하면서 북한 등의 논의에도 적용해 나갈 것이다.

제3장 구미의 가부장제와 주부의 변천

1 근대가족처럼 정서에 의해서만 연결될 수 있는 가족을 만들기 위해서는 성인이 된 후, 부모와 동거를 하지 않는다는 것은 비교적 중요한 요소가 된다. 토드의 도식에 따르자면 근대 가족론이 게르만의 사회가 아니라 영미나 프랑스를 전제로 전개되는 것은 따라서 결코 우연이 아니다.

2 첫 번째 그룹 휘그파가 성인 여성노동자를 '자유로운 주체(free agent)'로 본 반면, 이 세 번째 그룹은 여성노동자를 보호의 대상으로 생각하고 '자유로운 주체(free agent)'로 생각하지 않았다. 당시 이미 성인 여성을 '자유로운 주체'로 보는 시각이 있었다는 점은 비록 그것이 이데올로기에 불과할 수도 있지만 주목할 만하다. 여성노동에 대한 보호가 여성을 '자유로운 주체'로 보지 않는다는 데서 나온다는 점도 흥미롭다.

3 Christine Frederick의 1929년의 책 *selling Mrs. Consumer*에서 유래한다. 프레드릭은 앞서 소개한 것과 같은 과학적 가사의 추진자였지만, 이 책에서는 당시의 주부의 유형화를 통해서, 산업 측의 판매 전략에 공헌했다(Ogden[1986]). 책의 제목을 번역하면, 우선 "주부가 사고 싶은 마음이 들게 하려면"이라고 해야 할 것이다.

4 1950년대는 마침 유명한 베티 프리던의 *Feminine Mystique*의 분석 대상이 되었던 시대이다. 제2차 세계대전에 따른 여성의 노동시장 진출 장려와는 달리 이 무렵 대중매체를 통해 다시 전업주부가 예찬을 받는다. 배경으로는 전쟁 종결에 의한 급격한 결혼 열풍과 베이비 붐, 나아가 남성 복원에 따른 여성의 직장으로부터의 축출의 필요 등을 들 수 있지만, 전쟁 전에는 'new woman'으로서 커리어 우먼을 칭찬하고 있던 *McCall's*등의 여성잡지가 이 시기 경쟁적으로 주부업을 예찬하기 시작한다. 이러한 동요의 사상

적인 기반은 주로 심리학(특히 프로이트 이론)과 기독교의 두 가지이다. 프로이트 이론은 당시 미국에서는 가정 내에서 기존에 여성에게 요구돼 왔던 역할을 수행하지 않으려는 여성은 '페니스 선망'을 극복하지 못하기 때문에 여성이기를 거부하고 있는 신경증의 징후가 있다는 형태로 적용됐고, 나아가 발달심리학은 어머니의 잠깐의 부재도 아이에게 심리적 외상을 준다며 어머니의 역할을 강조했다. 이들은 이전에는 단순한 도덕의 강조에 불과했던 주장에 '학문적' 기반을 제공한 것이다. 또 여성이 그 자아실현을 가정 밖에서 추구하려는 경향에 대해서는 기독교를 빌려 이기심을 버리고 남편이나 자녀를 위해 노력하는 것이야말로 여성의 역할이라는 식의 주장이 성행했다.

5 무엇보다 이 시기에도 중년층 여성의 노동력률은 상승하고 있다.

제2부 일본의 주부와 가부장제
제4장 일본의 근대주부와 가부장제

1 일본에서도 공장법은 전쟁 전에 제정되었지만, 주지하다시피 유명무실한 법이며 원생적 노동 관계로부터의 탈피는 완전한 형태로는 점령군에 의한 전후개혁을 기다려야 했다고 할 수 있을 것이다.

2 이하의 양처현모주의에 관한 논의는 기하라(木原)에게 중국관계 자료의 일부를 수집하도록 의뢰하여 세치야마가 집필한 瀬地山・木原[1989]를 바탕으로 하고 있다. 기하라씨에게는 특별히 감사하다.

3 『儀礼』喪服, '未嫁従父, 既嫁従夫, 夫死従子'

4 『女四書』의 첫 번째는 청조 1624년(天啓 4) 王晋升의 편에 의한 것으로 한대의 班昭(曹大家라고도 함)에 의한 『女誡』외에 당대(8세기 말)의 『女論語』(편찬자는 宋若昭라 하는데 이설이 있음)(寬[1982]), 명대 황제 성조의 황후 서황후의 『内訓』(1404・永楽 4), 명말 왕보승의 어머니의 『女範捷録』 등 4개의 여훈서를 수록한다. 이는 불과 32년 뒤인 1656년(明暦 2)에는 쓰지하라 겐보(辻原元甫)의 번역으로 번역본이 나왔는데, 여기에는 『女範捷録』을 대신해 『女孝経』이 수록되어 있다.

5 예를 들면 『女誡』曲従第, "然則舅姑之心奈何. 故莫尚於曲従矣"(그럼 시부모의 마음에는 어떻게 하면 좋을까. 곡종보다 나은 것은 없다).

6 『女誡』專心第五, "天固不可違, 夫固不可離也"(하늘은 본디 어긋날 수 없고, 남편은 본디 떠날 수 없다).

7 劉向 편찬, 남편에게 훈계하는 예를 들면 춘추 무렵 제(斉)나라에 망명 중인 남편을 엄하게 훈계하여 마침내는 조국 진(晋)으로 돌아가게 해서 왕위에 오르게 한 진나라 문공의 처 제강(斉姜) 등을 들 수 있을 것이다.

8 深谷[1981], 寬[1982] 등이 일본의 에도시대의 여훈서는 중국의 것 이상으로 어머니가 갖추어야 할 도리를 강조하는 것이 적고, 오로지 인종을 강조하는 경향이 있다고 하는 것에 비해, 야마자키(山崎)[1964]는 청대 건륭 연간의 주헌(注憲)에 의한 『烈女伝』과 에도막부 말기 안적신(安積信)의 손에 의한 『烈婦伝』을 비교하여 일본의 것이 보다 어머니가 갖추어야 할 도리나 현명의 덕에 관한 강조가 강하다고 지적하고 있다.

9   李瀷,『星湖僿説』卷之三, 上婦女之教係.

10   『順天時報』1905.7.13.

11   『順天時報』1906.4.22.

12   『東方雑誌』4年 7期.

13   山崎[1970]가 소개하는 袁世凱 설립의 북양관보국이 간행한『学報彙編』에 수록된『女学議』외, 小野和子[1974] 등 참조.

14   李又寧・張玉法[1975 : 1052~1085]의 '1904~1909년간 각성 여자개황' 등에 많은 부분이 재록되어 있다. 이것들을 보면 특히 전반인 1907년 무렵까지 일본의 영향력이 강하다는 것을 알 수 있다.

15   中華書局의『中華婦女界』창간호(1915.1)에 게재된 梁令姻의 '所望於吾国女子者'는 외국의 여자교육이 현모양처를 취지로 행해지고 있는 것을 지적한 다음 '相夫教子'의 전통을 가진 중국에도 같은 기반이 있다고 하여 현모양처의 요청을 목적으로 하는 여자교육의 진흥을 설파하고 있다. 程謫凡[1936 : 81]은 "현모양처는 중국 여자교육의 전통사상으로 청나라 말기의 여학진흥 때에는 아무런 의심 없이 이 주장이 도입되었다"고 말하고 있는데, 이것도 이러한 전통의 일부에 의거한 형태의 현모양처의 도입과정에 현혹된 결과로 볼 수 있지 않을까 생각한다.

16   예를 들어『新青年』5권 2호 수록, 劉半農『南帰雑感』에는 "『四徳』, 『賢慧』, 『良妻賢母』는『長期淫売』를 능수능란하게 말한 것에 불과하다"는 식의 표현이 나온다.

17   예를 들면『독립신문』1896.5.12, 같은 해 9월 5일자 논설 등.

18   『황성신문』1908.2.6 논설「여자의 교육」.

19   김려생(金麗生),「여성해방의 의의 (2)」,『동아일보』1920.8.7, 1쪽.

20   양주동(梁柱東),「여자교육을 개량하라 (1)」,『동아일보』1922.11.13, 1쪽.

21   다만 한국 본국에서도 '현모양처'의 기원을 밝혀낸 연구를, 과문해서 저자는 모른다. 한편, 한영희(1991)처럼 초기 이화학당 등의 교육방침을 '현모양처'형으로 보는 연구도 존재한다.

22   深谷[1981 : 170]에서 재인용. 원전은『菊池前文相演述』99, 大日本図書, 1903, 199쪽.

23   深谷[1981 : 155]에서 재인용. 원전은「樺山文相地方視学官会議での演説」,『教育時論』1899.7.25, 22쪽.

24   玉城[1973]에서 재인용. 원전은 柳田国男・大藤時彦,『世相史』, 東洋経済新報, 1943.

25   『婦人世界』1907.5월호의 '結婚前の理想と結婚後の現実'이라는 주제에 관한 독자의 투고로부터.

26   사카이 도시히코(堺利彦)는 사회주의의 실현을 위해서 가장 기초적인 단위인 가정의 변혁을 중시해, 앞의 잡지와 동명의『家庭雑誌』라는 것을 1903년에 창간한다. 거기서 사카이는 천황제 국가의 가족국가관과 소극적으로 가정에 틀어박히려는 '가정성곽주의'를 모두 부정하고 사회를 향해 열린 전망을 가진 가정을 제창한다.

27   『婦人公論』1917년 2권 11호에서 이쿠타 초코우(生田長江)는 '가족주의보다 가정주의로'라는 제목으로 가부장 중심의 '이에'로부터 부부 중심의 보다 시민적인 소가족이 탄

생하고 있는 것을 논하고 있다.

28　예를 들어 나루세(成瀬)는 여자 교육의 3대 목표로서 유명한 '사람으로서', '부인으로
　　서', '국민으로서'를 든다. 이 가운데 국민으로서가 마지막에 자리 잡고 있다는 점은 주
　　목해야 할 것이다.

29　영국에서 여성용의 『家政読本』과 함께 베스트셀러가 된 남성용의 사무엘 = 스마일스
　　(S.Smiles)의 『自助論』(Sefl Help)은, 나카무라 마사나오(中村正直) 번역의 유명한 『西
　　国立志篇』(1871)으로서 근대화로 치닫는 메이지 청년을 크게 고무시킨 것과 대조적이
　　다.

30　「健全なる平民的生活」, 『婦人之友』 3巻 7号, 1910.

31　일본의 출생력 변동에 관해서는 인구학 안에서 다양한 논의가 있지만, 저자는 이런 점
　　에서 생각해 볼 때, 일본 가족의 출생력은 기본적으로 다이쇼시대 이후 계속 감소 경향
　　에 있고, 그 사이에 15년 전쟁에 의한 '낳아라, 늘려라', 전후의 베이비붐이라고 하는 예
　　외적인 사건이 끼어 있다고 보아야 한다고 생각한다.

32　당시 건설되거나 개량된 주요 철도에는 다음과 같은 것이 있다.
　　1922年 池上電気軌道(현, 東急池上線), 1923年 目黒蒲田電鉄(현, 東急目蒲線), 1926年 東
　　京横浜電鉄(현, 東急東横線), 1922年 武蔵野鉄道(현, 西武池袋線)전철화, 1927年 小田原
　　急行鉄道(新宿一小田原), 1933年 帝都電鉄(현, 井の頭線)

33　이 무렵 여성단체가 여성참정권운동의 좌절에서 눈을 돌린 일도 있어 모성보호를 주
　　창하는 모자보호법도 제정되고, 또 일본 특유의 모성보호 제도라고 하는 생리휴가도
　　1931년 센쥬(千寿)식품연구소에서 처음으로 인정된다(竹中[1983 : 77]). 모성보호란
　　바로 노동력으로 이용하려는 산업 측의 요청과 '이에'와 차세대 황민을 확보하려는 가
　　부장제의 요청 사이의 모순을 국가가 그 내부에서 짊어진 것이라고 할 수 있다. 또 이
　　공황기에 남녀의 임금 격차가 확대되고 있는 것은(竹中[1983 : 76]), 성차별의 격화라
　　고 하는 견해도 물론 있겠지만 '남 = 생산노동 / 여 = 재생산노동'이라고 하는 관계가
　　보다 정착되어 갔다고 하는 냉랭한 견해도 필요할 것이다.

제5장 일본의 현대주부와 가부장제

1　국세조사에 의하면 1930년에는 남녀 합해 78만 명이나 있던 가사사용인은 1955년에
　　35만 명, 1960년에 31만 명, 1965년에는 19만 명으로 급격히 감소한다. 특히 함께 거
　　주하는 하녀의 수는 그 동안 67만→31만→24만→12만으로 대폭 줄어들고 있다. 이
　　것은 가정이 종래의 '이에'와 같은 비혈연자를 포함한 경영체적인 것으로부터 보다 친
　　밀한 기밀성이 높은 집단으로 변용해 간 것으로서 주목할 수 있을 것이다.

2　합계출산율(한 여성이 평생 낳는 아이의 수)은 1950년 3.65명에서 1960년 2.00명,
　　1975년 1.91명까지 떨어진다.

3　평균세대 인원수는 국세조사가 시작된 1920년부터 1955년까지 약 5명 미만으로 추이
　　해 온 것에 비해, 그 이후 급격히 감소하기 시작해 1960년에 4.54명, 1965년에 4.05명,
　　1970년에 3.69명, 1975년에는 3.44명이 된다.

4 이후 1984년에 여자 고용자수는 처음으로 비노동인구 중 가사전업자를 2만 명을 웃돌고 1993년에 15세 이상 인구에서 차지하는 비중은 36.3%로 역시 29.9%의 가사전업자를 크게 웃돌았다.

5 패전 직후의 가정과는 1946년 GHQ의 민간정보교육국(CIE)이 제시한 3가지 조건(가사과, 재봉과의 합과가 아니고 기능과도 아니며 여자 교과도 아니다)을 바탕으로 소학교 5~6학년에서 남녀공학, 중학교에서는 직업과의 한 과목으로 선택, 고등학교에서는 예술과, 가정과, 직업에 관한 교과 중에서 자유 선택이라는 것처럼 적어도 표면적으로는 남녀에 열린 과목이었다. 이에 대해서, 이 때 과목명도 '기술·가정과'가 되고, 남자에 대해서는 과학기술교육을 중시하고, 여자에 대해서는 '주부'의 양성을 목표로 재편성된다. 그 후 1960년에 고등학교의 '가정일반'도 여자에 원칙적으로 4단위 필수가 되었으며 1970년에는 모든 여자에게 최저 4단위의 필수가 된다. 그리고 이 중에서 가정 책임을 다하면서 여가의 유효 활용으로서 노동에 참여하는 여성상, 가정상이 교과서의 모델이 되고, 아이의 유아기는 집안 일에 전념하고, 육아 후에는 다시 취직한다는 고도 경제 성장을 지탱하는 여성의 삶이 그려지게 된 것이다(渡辺みよ子他[1984 : 172~7]). 그리고 이후 문부성의 학습지도요령안에서 고등학교 가정과가 남녀 모두 필수로 되는 것은 1989년의 일로, 무려 40년간 성역할을 전제로 한 교육이 이루어진 것이다.

6 특히 미치붐(1958~1959년의 미치코 붐 − 역자주)를 계기로 등장하는 여성주간지나 비슷한 무렵 일본에서 방영된 미국 홈드라마는 결혼과 따뜻한 가정에 대한 이미지를 제공한다.

7 石垣綾子 "主婦という第二職業論"(上野編[1982]所収)のほか "家事労働に賃金を"라는 주장도 가사가 '노동'이 된 시대를 반영하고 있다.

8 이러한 문제에 관해서는 山田[1994]가 자세하다.

9 '노동력조사'에 따르면 고용자 중 차지하는 단시간 고용자(취업시간 주 35시간 미만)의 비율은 1970년에는 12.2%에 불과했지만 이후 급격히 증가해 1975년 16.1%, 1986년에는 22.7%에 달한다. 파트타임 노동자의 채용 이유는, 1965년의 노동성 부인소년국의 '여자 파트 타임 조사'에서는 '젊은 노동력을 얻을 수 없기 때문'이 많았던 것에 비해, 1983년에 같은 노동성에서 실시한 '고용 관리 조사'에서는 '인건비가 저렴해지기 때문', '생산에 따른 고용량의 조정', '계절적 성수', '하루의 바쁜 시간대에 대처' 등의 고용의 유연성을 이유로 드는 기업이 많다.

10 실업자와 달리 구직활동을 하지 않는 취업을 희망하는 무업자는 대부분 여자인데, 그 희망율은 30대 여성에서 1965년에 32%였던 것에 비해 1971년에는 51%로, 또 40세에서 54세의 연령층에서는 같은 기간에 23%에서 35%로 증가한다.(辺貞雄[1980])

11 安東[1986], 労働省婦人局編『婦人労働の実情昭和62年版』등이 언급되어 있다.

제3부 동아시아의 주부와 가부장제
제6장 한국의 가부장제
1 대표적으로 伊藤·関本·船曳(編)[1987], 服部[1988], 宮嶋[1995].

2   5년마다 실시되어 일본의 국세조사에 해당하지만, 1990년부터는 '인구주택 총조사'라는 명칭이 사용되고 있다.

3   오가와 하루히사(小川晴久)의 인용은 모두 『朝鮮を知る辞典』平凡社, 1986年 「儒教」의 쪽에 해당한다. 오가와에 의하면, "유교는 수기치인(修己治人)의 학문인 이상, 주자학도 경세제민적 측면(치인)과 정신도야적 측면(수기)의 양면을 가"지고, 조선에서도 초기에는 경세제민의 흐름이 보였지만, 왕조체제가 정비됨에 따라서 체제 유지에 봉사하는 수기 = 도학(道学)의 주자학이 존중되게 되었다. 또 1600년경부터 조선 말까지 약 3백년에 걸쳐 유교의 학설상의 고집과 양반 관리의 자리 다툼이 얽힌 당파 싸움이 계속된다.

4   한반도의 부계 혈연 집단에 관해서는 자주 "동족"이라는 단어가 사용되지만, 이는 일본의 동족과의 혼동을 일으키므로 나카네 지에(中根千枝)[1987 : 256~279]와 같이 "문중"을 사용하도록 한다. 이는 "당내(堂内)"이라 불리는 "同高祖八村(4대 앞의 조상이 똑같은 부계로 이어지는 성원)"으로 구성된 최소 단위(몇 호 정도), 한층 더 동일한 부계 조상을 둔 촌락 수준의 종중(수십 호 정도), 그 위의 도(道) 단위의 파(1000호 전후), 그리고 동일 부계 조상의 최대의 집단으로 족외혼의 단위인 한 동성동본의 집단(최대급의 전주 이 씨, 인동 장 씨 등에서 10만 호를 넘는다) 등의 다양한 수준의 집단의 총칭이다. 문중은 부계 혈연 집단이라는 의미에서 중국의 종족, 일본의 동족이 각각 대응 관계에 있지만 조직적, 기능적으로는 그것들과는 크게 다른 점도 갖고 있다. 예를 들어 중국의 종족의 내부에서 볼 수 있는 재산을 공유하는 대가족이 형성되지 않고 가문의 관계에서도 중국에 비해 보다 직계선 중시 경향이 강하다. 한편 일본의 동족 집단의 본가·분가 관계는 분가에게 본가 의존이라는 필요가 없는 한, 비교적 각 집의 독립성이 높고 관계도 비교적 건조하고 본가와 분가가 대립 관계가 되는 것도 종종 볼 수 있지만 한반도의 문중에서 큰 집·작은 집의 관계는 큰 집을 중심으로 하는 것보다 구심적인 것으로 큰 집이 경제적으로 곤궁한 경우에는 작은 집이 원조를 아끼지 않는다. 또 남자가 없는 경우에는 작은 집의 남자를 후계자로 제공하는 등 그 결합도는 일본보다 훨씬 강하다.

5   "예기(礼記)"의 내외편에는 "耀俗於漢, 夫婦鷿宮室餅内外, 男子居外, 女子居内, (中略)男不入, 女不出, 男不言, 女不言外"라는 기술이 있다.

6   양반의 가옥에서는 대문으로 들어가 보통 앞쪽에 남성의 영역인 사랑채가 있고, 안뜰을 사이에 두고 안쪽이 여성의 영역인 안채이다. 남자는 7세가 지나면 안채에서 사랑채로 옮겨가고, 여자는 사랑채 출입조차 엄격히 규제되었다. (伊藤[1986 : 138~9])

7   오래된 것의 사례로서 이능화(李能和)의 『朝鮮女俗考』(1927) 등이 있다. 또 한국에서는 주요 대학, 특히 여자대학에는 여성학이라는 이름의 강좌가 반드시 있고 "여성학"이라는 교과서도 많이 출판되는 등 여성학의 침투도에서는 일본을 훨씬 앞지르고 있다. 이것은 하나는 연구자의 미국 유학이 성행하고 미국 직수입의 학문이 전개되기 쉬운 것에 의한 점이 있다고 생각되지만, 다른 하나는 이러한 '여속(女俗)' 연구의 전통이 있다고 생각된다. 예를 들어 이화여대 출판부에서 나온 『한국여성사』는 초판이 이미 1972년에 나왔으며, 이는 서구의 리브 이후의 페미니즘의 임팩트와는 별로 관계가 없다.

8 경직화되어 당쟁을 거듭하는 주자학의 흐름에 반기를 든 실학파의 거장 이익(李瀷) (1681~1763)조차 그의 대표작『성호박설』(星湖僿說)에서 "부인은 근(勤)과 검(儉)과 남녀유별의 삼계(三戒)를 지키면 충분하다. 독서나 강의는 남자가 하는 것으로 부인이 그런 일에 힘을 쏟으면 그 해롭기 짝이 없다"는 취지를 논하고 있다. 이에 대해 1896년 경부터 혁신계의『독립신문』등이 여자교육 필요론을 제기하고, 그 외에도 "어머니는 남자를 교육하는 모범이어서 어머니가 바르지 않으면 자식도 망치게 된다"는 한국에서 말하는 양처현모주의 주장이『황성신문』등에서 찾아볼 수 있게 된다.(鄭世華[1972], 金仁子[1973])

9 남자라도 7세까지의 교육은 주로 여성 측의 책임이었기 때문에, 어머니 역할이 근대 이 전에 없었다고는 할 수 없다. 오히려 소지는 일본보다 강했다고 해야 할 것이다.

10 참고로 한국의 여성노동연구라는 것은 한국 국내의 연구를 포함하여 이 여성노동자에 관한 연구를 중심으로 진행되어 왔다. 그것은 물론 수출산업의 저임금 노동력으로 주 목을 받았기 때문이며, 또한 국내적으로는 그 열악한 노동조건이 항상 사회 문제로 주 목된다는 실천적 관심에서 많은 연구자들이 착안한 것이다. 주부와 고학력층의 동향 등에 한국 국내 연구가 관심을 기울이게 된 것은 최근의 일에 불과하다. 본 연구가 의도 하는 것은 그러한 개별적인 사회 문제의 해명이라기보다는 사회 전체의 젠더의 본연의 자세, 가부장제의 구조를 밝힌다는 관점에서의 주부나 고학력층의 동향이고, 그 의미에 서는 일정한 의미를 가지는 것이 아닐까 생각한다.

11 한국데이터는 분모에 인구조사 데이터, 분자에 경제활동인구연보의 학력별 취업자수 를 사용하고 있기 때문에 절대적인 수치로서는 엄밀한 것은 아니지만, 학력간의 상대 비교는 가능하다.

12 노동부 "여성과 취업 1994"에서 재게재(원 데이터는 상공회의소 1993 "표준자모델 임 금조사보사보고").

13 참고로 대만에서는 "인력운용조사보고"(人力運用調査報告)에 따르면 1992년 데이터 에서 대졸 이상의 피고용자로 20~24세에서는 실로 여성이 근소하게나마 남성을 웃돌 아 104.2이고, 25~29세에 90.2가 되었다.

14 판매직의 대우에 관해서 대만이 압도적으로 좋은 것은 상인 사회였던 중국 남방사회의 규범을 반영되어 흥미롭다.

15 대만은, 소득은 피고용자의 것, 시간은 종업자(고용자, 가족종사 포함)

16 대만에는 '학장(学長)', '학매(学妹)'라는 말이 있지만 일본이나 한국처럼 제도화된 행 동양식은 존재하지 않는다.

제7장 대만의 가부장제

1 그에 따르면 실업률에는 대만의 정부 통계 중 미정비 단계의 것을 포함하면 다섯 종 류나 존재해 각각 결점을 가지고 있다고 하여, 그는 그것들을 수정해 독자적으로 실업 률을 산출하고 있다. 참고로 "노공통계연보(勞工統計年報)"에서는 1971년 실업률이 1.66%로 나타났다.

2 Diamond[1973b]는 1971년의 데이터에 관해서 같은 의문을 나타내고 있다.

3 岡部[1942]에서 인용. 원전은 Buck[1932 : 292].

4 Kung[1983 : 23~4]에서 인용. 원래의 조사는 Fong[1932]이다. 또한 이 조사에서는 산둥(山東) 6%, 톈진(天津) 2.5% 등이 되고 있다.

5 산업별, 종업상의 지위별로 각각 한국남녀, 한국여자 등에 관해서 100이 되도록 계산하고 있지만, 소수 제2위를 사사오입하고 있기 때문에 더한 숫자는 100과 반드시 일치하는 것은 아니다. 또한 한국의 산업분류의 '사회간접자본·그외 서비스업'의 항목에는 건설업이 포함되므로 이것은 광공업에 포함해 다시 계산했다.

6 『人力資源調査統計』에서 단지 비노동력원인별로부터 재학자의 수를 구하고, 이것을 분모에서 빼고 다시 계산했다.

7 대만만 교육정도별로 되어 있는 것은 졸업자뿐만 아니라 중퇴자를 포함하고 있기 때문이다.

8 첫째아 출산연령 : 22.5, 전과 25.5, 대학 이상 26.6『婦女婚育與就業調査報告』,1987

9 鏡佳汶[1996]은 이러한 3세대 동거 의식이 젊은 여성의 사회 진출과 고령 여성의 낮은 노동력률을 만들어 내고 있음을 보여 준다.

10 1994년 값으로 한국이 8540달러에 비해 대만은 11629달러.

11 노동력 재생산 시스템의 비교라는 관점에서는 제10장에서 다시 정리한다.

12 다만 이러한 차이는 연령이 젊어질수록 축소되고 있다.

제8장 북한의 가부장제

1 하지만 실제로는 조강지처를 버리고 젊은 지식인 여성에게 달려가는 당 간부가 속출하는 등 사회 기반으로서의 가족이 흔들릴 것을 정부는 두려워하며, 뒤에서 서술하듯 1956년에는 협의이혼이 폐지된다.

2 반대로 말하면, 전후의 한국 사회는 그것들을 부활시킨 것으로 한국의 친족결합이 결코 오래된 전통이라는 것만이 아니라, 오히려 새롭게 강화되고 있는 것과 같은 결합임이 역조명된다.

3 유치원 1년, 인민학교 4년, 중학교 6년 등 총 11년이다.

4 가장 엄밀하게 말하면 천리마운동에 의한 여성동원은 오히려 김일성 체제의 확립에 따른 동원이라고 할 수 있을 것이다.

5 「マスゲームの輝かしい道のり」,『朝鮮画報』1996년 3호에 따른다.

6 많은 북한 방문자들에 의해 지적되어 저자 자신도 보았으나, 이른바 주체농법은 생산량의 (일시적인) 증대를 위해 산의 급경사면에도 밭을 가꾸는 것을 장려해서 결과적으로 산을 모두 민둥산으로 만들어 경사면의 보수력(保水力)을 현저하게 상실시켰다. 북한 상공을 날기만 해도 실감나는 일이지만 산은 실로 삼림이 적고 적토가 노출돼 있다. 1995년 여름의 대수해는 물론 호우가 내렸다는 의미에서 천재(天災)라 할 수 있지만, 경사면의 보수력 부족을 생각하면 주체농법에 의한 인재라는 측면도 부정할 수 없을 것이다.

7 북한에서 흔히 쓰는 구호 중에 '자주성을 옹호하는 세계인과 단결하자'는 것이 있다. 북한의 자주독립 노선을 상징하는 것이지만 현재 우리에게는 다소 익살맞게 보인다. 단지 1975년 사이공이 함락되었을 때, 일본의 진보적 지식인의 대부분은, '미제(米帝)'로부터 자주 독립을 완수한 아시아의 소국 베트남에 갈채를 보냈을 것이다. 지난 20여 년 사이에 외자도입에 의한 경제 발전이라는 노선이 정착되었기 때문에 자주독립은 폐쇄 고립처럼 보이게 되었다는 것이다.

8 이러한 혈통주의는 현재의 북한 계급에서도 뚜렷이 나타난다. 북한에서는 '성분'으로 불리는 신분적 계급(3계층, 51부류)으로 세분화해 국민을 구분하고 김일성 배지도 이에 따라 배분된다. 성분에는 출신 성분과 현재의 직업이나 지위를 가리키는 사회 성분이 있지만, 출신 성분은 가계를 3대 전까지 거슬러 올라가 결정된다. 1958년부터 1960년까지 진행된 '당 집중지도사업'에 따라 '핵심계층' '동요(기본)계층' '적대(복잡)계층'의 3계층 분류가 이뤄졌고, 나아가 1968년부터 1970년에 걸쳐 주민등록·성분조사사업에서 국민이 빠짐없이 51부류로 분류됐다. 지주나 자본가를 할아버지로 둔 것은, 여러가지 차별·배제의 대상이 된다. 혈통을 3대 이전까지 거슬러 올라가 그 핏줄에 따라 본인을 평가한다는 발상은 혈통주의가 강한 문화를 전제하지 않고서는 생각할 수 없을 것이다.

9 윤미량[1991]에 의하면 김정숙은 학력은 없고 야학으로 겨우 글을 쓸 수 있게 된 정도였다고 하니 역사·자연이나 지리를 직접 가르쳤다는 것은 허위가 아닌가 한다.

10 그렇다고 해도, 그러한 '개방'이 현 체제의 급속한 약체화를 가져올 가능성은 충분히 있다. 지금의 체제가 유지되고 있는 것은 정보통제 아래서 국민이 '이 세상에 부러울 것이 없다'(북쪽 구호)고 믿기 때문이며, 정보의 유입이 이를 무너뜨리면 정권의 구심력은 상실될 것이다.

제9장 중국의 가부장제

1 남자아이가 어릴 때 부모가 상대를 정해 며느리를 얻고 함께 키워서 성인이 된 뒤 결혼시키는 제도. 고부간의 불화를 없애기 위해 발달하였다고 한다.

2 예를 들어 1943년의 晉察冀辺区의 혼인 조례. 또한 진(晋)은 산시성(山西省), 찰(察)은 네이멍구(內蒙古), 익(冀)은 허베이성(河北省)을 각각 가리킨다.

3 1950년 혼인법의 이혼 규정은 다음과 같다.
제17조 남녀 쌍방이 자유의사에 따라 이혼을 원하는 경우에는 이혼은 허용된다. 남녀의 한쪽이 어디까지나 이혼을 요구해, 구인민정부와 사법기관의 조정이 효과가 없는 경우도 이혼은 허용된다. 남녀 양측이 자유의사에 따라 이혼을 원할 경우에는 양측은 구인민정부에 등기해 이혼증을 받아야 한다. 구인민정부는 명백히 이혼이 쌍방 본인의 의사이며, 또한 자녀 및 재산 문제에 대하여 확실히 적절한 조치가 취해진 것을 확인한 경우에는 즉시 이혼증을 교부하여야 한다. 남녀의 한쪽이 어디까지나 이혼을 요구하는 경우에는 구인민정부는 조정을 실시할 수 있다. 조정이 효과가 없는 경우에는, 즉시 시 인민법원의 처리로 옮겨야 한다.

4 스테이시는 여성들 사이에서도 이 공동식당에 대해 찬반이 엇갈렸다고 주장하고 있다. 특히 반대를 한 것은 40대를 넘은 여성들로, 이들은 전통사회라면 시어머니로서 권력을 가질 수 있는 연령에 이르렀을 무렵에 여분의 가사 부담과 지위 저하를 경험하게 되었다고 한다(Stacey[1983 = 1990 : 196]). 일반적으로 부계혈연집단에서 며느리가 외부로부터 빼앗기는 듯한 경우에도 여성은 남아를 낳음으로써 그 지위는 안정되고, 그 남아가 가장이 될 무렵에는 그 권력은 확립된다. Wolf[1972]는 대만의 실례를 근거로 이를 'uterine family(자궁가족)'라고 불렀다. 이러한 예가 말해 주듯 아무리 여성에 대해 억압적으로 보이는 제도라도 반드시 수혜자로서의 여성은 존재한다. 혹은 그렇지 않으면 그러한 제도가 제도로서 존속하는 것은 어렵다고까지 말할 수 있을 것이다. '여성을 해방한다'라고 하는 말의 어려움이 여기에는 있다. 우리가 할 수 있는 것은 '여성을 해방하는' 것이 아니고, 성(과 세대)에 관해서 평등한 사회를 목표로 할 뿐이다.

5 문화대혁명 중에도 출신 혈통주의는 있지만 이런 '선을 긋는' 방식은 북한에 비하면 혈통주의와의 거리를 나타내는 것인지도 모른다. 또한 문화대혁명과 혈통주의의 관계에 대해서는 加々美光行訳編 [1980]을 참조.

6 『光明日報』 1983.9.10; 「"妇女职工回家去"的观点是错误的」, 『人民日報』 1985.3.8.

7 『中国妇女』 1988年 1月号.

8 다음과 같은 실례(実例)이다.
① 안후이(安徽省) 성의 국영 의약회사 사장 겸 공산당지부 서기인 이모씨는 1984부터 1985년에 걸쳐 자신의 자녀와 현의 간부 자녀를 여러 대학, 전문학교에 파견해 연수시켰다. 연수 기간 중에는 학비는 물론 월급과 보너스까지 의약회사에 부담시켰다. 친척 중 여섯 명이 경영자 자리에 발탁돼 사무와 재무 같은 요직을 맡고 있었다.
② 허난성(河南省) 여주시(汝州市) 전 시장이 약 백만 위안을 횡령했는데 이는 맏사위가 시 광물국 판매부장, 둘째 사위는 시 공안국의 부국장, 둘째 아들은 광물국 파출소 소장, 둘째 며느리는 시 공안국 여경, 처조카 남편이 광물국 인사부장 겸 재무부장으로, 친족이 요직을 맡고 있어 이러한 친족 네트워크를 이용한 것이었다(潘 [1989 = 1994 : 19~26]).
①은 기업이 완전히 친족에게 점령된 경우로, 이것은 대만 등에서는 단순히 친족기업이 되는 것으로, 그다지 큰 문제가 되지 않는다. ②는 바로 친족을 중심으로 하는 네트워크에 의해서, 편의를 도모하게 되는 케이스이다.

9 중국어 '자유'는 '제멋대로'라는 뜻으로 종종 부정적으로 사용된다.

10 스웨덴에 대해서는 岡沢[1994 : 174].

11 전반적 경향으로서 남방이 높은 것은 일견 분명하지만, 푸젠성(福建省)이 41.0%로 조금 낮은 것이 이상하다.

제10장 가부장제를 넘어서

1 이러한 논점에 대해 간단히 전개한 것으로는 瀬地山[1996]를 참조하기 바란다.

2 스웨덴, 미국, 중국의 유형화에 대해서는 우에노(上野)[1985]에 의하고 있다. 그러나

우에노의 도식만으로는 이 책이 다룬 사회를 구분할 수 없어, 거기에 대폭적인 변경을 가했다.

3 1995년도의 경우, 소득이 76만 엔 미만, 따라서 급여 수입의 경우, 141만 엔 미만이고 남편의 합계 소득금액이 1,000만 엔 이하인 경우라면, 어떠한 공제를 받을 수 있게 되어 있다.

4 청색신고의 사업전업자공제 제도는 1952년, 이는 1967년부터는 급여제가 된다. 게다가 1961년 백색신고에서도 일정액의 사업자전업공제가 마련되었고, 이와 동시에 급여 소득세대의 배우자공제가 마련되어 있다.

5 젠더론이 요구하는 이상에는 여성과 남성이 층으로서 평등한 대우를 받는다는 평등 외에 개인으로서 성으로부터 최대한 자유로울 수 있다는 요청이 있어야만 한다. 자유주의가 희박한 일본 사회는 자칫 평등은 표방해도 자유에 대해서는 종종 부정적인 태도를 취한다. 균등법을 둘러싼 일본의 페미니즘 논의에서 그것은 전형적으로 나타난다. 여성 간 격차가 벌어질 것을 우려한 나머지 여성이라는 집단 전체의 평등을 우선시하고 균등법을 이용해 남성과 나란히 일하는 여성의 모습을 비판해 버린다는 논리 전개는 성별로부터의 자유라는 점에서 보수적이라고 할 수밖에 없다. 이러한 논리는 여자의 잔업 제한 철폐를 둘러싼 논란에서 전형적으로 드러난다.

보론 21세기 동아시아의 저출생 고령화를 둘러싼 비교

1 瀨地山(2017)을 바탕으로 저자 작성.

2 UN World Population Prospects 2019. https://population.un.org/wpp/에서 2019.6.15 다운로드.

3 현시점에서 새로운 해설서로서는 『春木』(2020)가 있다.

4 심각한 대기아동문제를 해결하기 위해서는 보육소의 정원을 늘리는 것이 중요한데도 예산을 무상화 쪽으로 나눈다는 것은 문제의 해결에 등을 돌리는 정책이다.

5 国立社会保障·人口問題研究所,「日本の将来人口推計(令和5(2023)年推計)」. 각 사회 모두 추계는 '사망률 중위, 출생률 중위'를 이용하고 있다.

6 통계청 장래인구추계－2020~2070년.

7 國家發展委員會,「人口推估(2022至2070年)」

8 UN World Population Prospects 2022.

9 체재기한은 정해져 있고, 귀국이 전제가 되고 있지만, 어느 사회에서도 이렇게 들어온 외국인이 서서히 정주하는 것은 실질적으로 막을 수 없다.

10 특별영주자를 포함해도 2.2%에 지나지 않는다.

11 중국어에서는 '監護工', '外籍労工' 안에 포함된다.

12 World Economic Forum, *The Global Gender Gap Report*, 2023(https://www.weforum.org/reports/the-global-gender-gap-report-2023(접속일 : 2024.3.15).

13 첫째아 출산 1년 후의 계속취업률에 큰 변화가 없었기 때문이지만, 2010년 출생 코호트 이후 변화를 볼 수 있다.

14 일본의 노동력조사, 한국의 경제활동인구총괄, 대만의 인력자원조사보고(人力資源調查報告)을 토대로 저자 작성.

15 日本：就業構造基本調查, 韓国：경제활동인구조사, 台湾：人力資源調查統計

16 이것은 중국에서는 농촌부를 중심으로 자녀가 '핵가족의 자녀'가 아니라, 부계 혈연관계에 있는 '일족의 자녀'로 간주되기 때문이다. 일본에서도 고도성장기를 거쳐 이혼 시의 친권을 어머니가 갖게 되지만, 그 이전의 현상과 닮은 사상(事象)으로 생각된다.

17 일본：国立社会保障・人口問題研究所,「日本の将来人口推計(2023年推計)」. 한국：장래인구추계, 2023. 대만：國家發展委員會,「人口推估(2022至2070年)」.

18 ILOSTAT으로부터 계산. 대만만 인력자원 조사보고 참조. 각 사회 모두 상단은 남녀 합산, 하단은 여성.

19 중국의『人口普查』, 싱가폴・홍콩『ILOSTAT』, 대만『人力資源調查報告』, 일본『労働力調查』를 바탕으로 저자 작성.

20 평균수명은 실은 복수의 계산법이 있고, 엄밀한 비교는 어렵지만, 각각의 정부통계는 아래와 같다. 일본의 2019년 평균수명은 여성이 87.45세, 남성이 81.41세(厚生労働省「簡易生命表」). 한국은 2018년 남성 79.7세, 여성 85.7세(통계청「생명표」). 대만은 2018년 여성 84.05세, 남성 77.55세(内政部統計處). 중국은 2018년, 77.0세(2018年我国卫生健康事业发展统计公报).

21 2020년의 제9회 조사에서는 8회와 비교하면 미국에서 '수입이 필요해서'가 52.7%에서 32.2%로 격감하고, '몸에 좋으니까'가 14.9%에서 24.6%로 급증하고 있지만, 그 사회적 배경은 알지 못한다. 샘플수가 300~400 정도뿐이라서 어떤 왜곡이 발생한 가능성도 있다.

22 『第8回 高齢者の生活と意識に関する国際比較調査』(2015).

23 일본：内閣総理大臣官房老人対策室,『1982老人の生活と意識』, 대만：江亮演,『台湾老人生活意識之研究』, 1988.

24 한국보험사회연구원,『1998년도 전국노인생활실태 및 복지욕구조사』, 1998.

25 일본：就業構造基本調查(2017), 한국：2017年度老人実態調査, 대만：人力資源統計年報(2017), を元に筆者作成을 자료로 저자 작성.

26 일본：就業構造基本調查(2017), 한국：2017年度老人実態調査, 대만：人力資源統計年報(2017), を元に筆者作成을 자료로 저자 작성.

27 65세 이상에서 차이가 나는 것은 고학력층이 비교적 연령이 젊은 것도 하나의 요인으로 생각된다. 다만, 이것은 한국이나 대만에서도 같기 때문에 역시 고학력층에서 유업률이 높은 것은 특필할 만한 현상이다.

28 国立社会保障・人口問題研究所,『日本の将来人口推計(2023年推計)』.

29 『第9回高齢者の生活と意識に関する国際比較調査』(2020)로부터 저자 작성.

30 『朝日新聞』(東京版) 2024.5.4 朝刊.

31 2015년부터는 'Active Ageing'을 대신해 'Healthy Ageing'이 슬로건으로 되었다.

32 厚生労働省,「国民生活基礎調査」, 2022.

33 같은 조사에서 일본에서는 65세가 있는 세대의 약 20%를 '부모와 미혼의 자녀만의 세대'가 차지한다. 이것은 이혼규범이 강한 중국 사회에서는 생각할 수 없는 상황으로, 남성의 50세 시점에서의 미혼율이 25%, 여성은 16% 정도가 된다고 한다.

일본어 문헌

赤川学, 『子どもが減って何が悪いか!』, 筑摩書房, 2004.

_____, 『これが答えだ!少子化問題』, 筑摩書房, 2016.

アジア女性交流・研究フォーラム, 『現代中国における都市家族の意識と生活に関する研究』, 1994.

アジア女性交流・研究フォーラム 韓国女性開発院, 『日本と韓国の家族意識の比較研究』, 1992.

アジア女性交流・研究フォーラム チュラロンコン大学社会調査研究所, 『現代タイの家族意識の研究』, 1993.

天野正子 編, 『女子高等教育の座標』, 垣内出版, 1986.

安東誠一, 『地方の経済学』, 日本経済新聞社, 1986.

新井誠夫, 「女四書の研究」, 『東洋文化』 17・18号, 1925.

有地亨, 『離婚!?』, 有斐閣選書, 1987.

上野千鶴子 編, 『主婦論争を読む』 I・II, 勁草書房, 1982.

_____, 「恋愛結婚イデオロギーと母性イデオロギー」, 『女性学年報』 5, 1984.

_____, 『資本制と家事労働』, 海鳴社, 1985.

_____, 『女は世界を救えるか』, 勁草書房, 1986a.

_____, 『マザコン少年の末路』, 河合文化教育研究所, 1986b.

_____, 『女という快楽』, 勁草書房, 1986c.

_____, 「マルクス主義フェミニズム」, 『思想の科学』 1986年3月号~88年1月号, 1986.

_____, 『家父長制と資本制』, 岩波書店, 1990.

_____, 『近代家族の成立と終焉』, 岩波書店, 1994.

杉山光信 他訳, 『〈子供〉の誕生』, みすず書房.

鄭鎮星, 「韓国と日本の家族構造の比較研究」, 『社會科學研究』 42巻4号, 1991.

中央職業紹介事務局, 『東京・大阪両市に於ける職業婦人調査』, 1927.

江原由美子, 『女性解放という思想』, 勁草書房, 1985.

_____, 「上野千鶴子氏の『文化主義批判』を排する」, 『現代思想』 1991年6月号, 1991.

_____, 「『社会的権力』の理論化はいかにして可能なのか?」, 『現代思想』 1992年1月号, 1992.

江原由美子, 『装置としての性支配』, 勁草書房, 1995.

藤井忠俊, 『国防婦人会』, 岩波新書, 1985.

深谷昌志, 『良妻賢母主義の教育』(増補版), 黎明書房, 1981.

古田博司, 『朝鮮民族を読み解く』, ちくま新書, 1995.

長谷川公一, 「ジェンダーの政治社会学」, 第61回日本社会学会大会報告, 1988.

_____, 「政治社会とジェンダー」, 江原由美子 他, 『ジェンダー の社会学』, 新曜社, 1989,

長谷川善計, 「社会学における家と家父長制」, 比較家族史学会 編, 『比較家族史研究』2号, 弘文堂,
        1987.

服部民夫 編, 『韓国の工業化 発展の構図』, アジア経済研究所, 1987.

_____, 『韓国の経営発展』, 文真堂, 1988.

_____, 『韓国―ネットワークと政治文化』, 東京大学 出版会, 1992.

服部民夫・佐藤幸人 編, 『韓国・台湾の発展メカニズム』, アジア経済 出版会, 1996.

姫岡とし子, 『統一ドイツと女たち』, 時事通信社, 1992.

井上輝子, 『女性学とその周辺』, 勁草書房, 1980.

石田雄, 「『家』、及び家庭の政治的機能」, 福島正夫 編, 『家族』1巻, 東京大学 出版会, 1975.

石井紫郎, 「『いえ』、と『家父長制』、概念」, 『社会科学の方法』4巻 22号, 1971.

石塚裕道, 『東京の社会経済史』, 紀伊国屋書店, 1977.

板垣邦子, 「『家の光』、にみる農村婦人」, 近代女性史研究会 編, 『女たちの近代』, 柏書房, 1978

伊藤亜人, 「韓国の伝統社会における女性」, 聖心女子大学キリスト教文化研究所 編, 『女性と文明』,
        春秋社, 1986.

_____, 『もっと知りたい韓国』, 弘文堂, 1985.

伊藤・関本・船曳 編, 『現代の社会人類学1 親族と社会の構造』, 東京大学 出版会, 1987.

饒佳汶, 「台湾における3世代同居意識と女性労働」, 東京 大学総合文化研究科 提出論文(未発表),
        1996.

夏冰「日本的社会秩序の特質」, 東京大学 総合文化研究科修士論文(未発表), 1993.

加々美光行 訳編, 『資料 文化大革命―出身血統主義をめぐる論争』, りくえつ, 1980.

_____ 編, 『現代中国の挫折―文化大革命の省察』, アジア経済研究所, 1985.

筧久美子, 「中国の女訓と日本の女訓」, 総合女性史研究会 編, 「日本女性史」3巻, 東京大学 出版会,
        1982.

_____, 「江戸初期三儒者の女訓思想にみる母と女」, 脇田晴子 編, 『母性を問う』下, 人文書院,
        1985.

鎌田浩, 「幕落体制における家支配の原理」, 『熊本法学』2号, 1964.

鎌田浩, 「近世の家秩序と家長制概念」, 『社会科学の方法』5巻6号, 1972.

_____, 「法史学会における家父長制論争」, 『比較家族史研究』2号, 弘文堂, 1987.

上子・増田 編,『日本人の家族関係』, 有斐閣選書, 1981.

鹿野政直,『戦前・「家」の思想』, 創文社, 1983.

片山清一,『近代日本の女子教育』, 建帛社, 1984.

河村貞枝,「ヴィクトリア時代の女性とレジャー」, 川北稔 編,『「非労働時間」の生活史』, リブロポート, 1987.

川島武宜,『日本社會の家族的構成』, 日本評論社, 1950.

木村陽子,「高齢化社会における女性と年金」, 原・大沢・丸山・山本 編,『ジェンダー』, 新世社, 1994.

喜多野清一,『家と同族の基礎理論』, 未来社, 1976.

小林巧,「ヴィクトリア時代のイギリス婦人労働」,『経済集志』54巻 3号, 1984.

国際女性学会 編,『現代日本の主婦』, 日本放送出版協会, 1980.

高度成長を考える会 編,『誕生から死までの物語』, 日本エディタースクール出版部, 1985a.

_____,『家族の生活の物語』, 日本エディタースクール出版部, 1985b.

小山静子,「近代的女性観としての良妻賢母思想」,『女性学年報』3号, 1982.

_____,「良妻賢母主義の黎明」,『女性学年報』7号, 1986.

_____,『良妻賢母という規範』, 勁草書房, 1991.

くずめ よし,「1980年代の中国女性」,『日米女性ジャーナル』12号, 1992.

円より子,『主婦症候群』, 文化出版局, 1982.

前田愛,『近代読者の成立』, 有精堂, 1973.

松戸武彦,「中国女性労働者の意識構造」,「金城学院大学論集」110, 1985.

見田宗介,「職業と家庭の彼方に」,『婦人公論』1968年 7月号(71年 7月再収), 1968.

_____,『現代社会の存立構造』, 筑摩書房, 1978.

宮台真司,『権力の予期理論』, 勁草書房, 1989.

宮嶋博史,「朝鮮社会と儒教」,『思想』1986年 12月号, 1986.

_____,『両班』, 中公新書, 1995.

水田珠枝,『女性解放思想の歩み』, 岩波書店, 1973.

_____,『女性解放思想史』, 筑摩書房, 1979.

水野朝夫 編,『経済ソフト化時代の女性労働』, 有斐閣選書, 1984.

_____,「効力を発揮した『男女雇用平等法』」,『アジ研ワールドトレンド』, (アジア経済研究所) 1995年 9~10月号, 1995.

森健・水野順子 編,『開発政策と女子労働』, アジア経済研究所, 1985.

森岡清美,「国勢調査による家族の動態分析」, 家族史研究編集委員会 編,『家族史研究』4, 大月書

店, 1981.

毛沢東,「湖南农民运动考察报告」(「湖南省農民運動の視察報告」, 1968),『毛沢東選集』第1卷, 外文出版社, 1927.

村上・公文・佐藤,『文明としてのイェ社会』, 中央公論社, 1979.

永原和子,「良妻賢母主義における『家』と教育」, 総合女性史研究会 編,『日本女性史』4卷, 東京大学出版会, 1982.

永原・住谷・鎌田 編,『家と家父長制』, 早稲田大学出版部, 1992.

中川清,『日本の都市下層』, 勁草書房, 1985.

中村政則 編,『技術革新と女子労働』, 東京大学 出版会, 1985.

中根千枝,『家族の構造』, 東京大学 出版会, 1970.

_____,『社会人類学』, 東京大学 出版会, 1987.

中野卓,『商家同族団の研究』, 未来社, 1978.

NHK放送文化研究所世論調査部 編,『生活時間の国際比較』, 大空社, 1995.

NHK世論調査部,『日本人の生活時間 1985』, 日本放送出版協会, 1986.

_____,『日本人の生活時間 1990』, 日本放送出版協会, 1992.

新居 格,「サラリーマン論」,『中央公論』, 昭和3年 12月号, 1929.

NK会 編, 玉城素 監修,『北朝鮮Q&A』, 亜紀書房, 1992.

仁井田陞,『中国の農村家族』, 東京大学 出版会, 1952.

_____・幼方直吉,「中華ソビェト共和国婚姻条例」,『法律時報』27卷9号, 1955.

落合恵美子,「〈近代家族〉の誕生と終焉」,『現代思想』13卷 6号, 1985.

_____,『近代家族とフェミニズム』, 勁草書房, 1989.

小熊英二,『単一民族神話の起源』, 新曜社, 1995.

岡満男,『婦人雑誌ジャーナリズム』, 現代ジャーナリズム 出版会, 1981.

_____,『この百年の女たち』, 新潮選書, 1983.

岡部利良,「支那女子紡績勞働者創出過程の特質」,『東亞經濟論叢』2卷2・3号, 1942.

岡沢・奥島 編,『スウェーデンの社会』, 早稲田大学出版部, 1994.

岡沢憲芙,『おんなたちのスウェーデン』, 日本放送出版協会, 1994.

小野和子,「清末の婦人解放思想」,『思想』1969年 3月, 1969.

_____,「五・四運動期の婦人解放思想」,『思想』1973年 8月, 1973.

_____,「下田歌子と服部宇之吉」, 竹内好 他編,『近代日本と中国』, 朝日選書, 1974.

小野和子,「舊中國における『女工哀史』」,『東方学報』50号, 1978a.

_____,『中国女性史』, 平凡社, 1978b.

大石恵子,「1844年工場法における婦人規制」,『一橋論集』67巻1号, 1971a.

＿＿＿＿,「『家族の機能分化』と婦人労働者」,『一橋論叢』67巻3号, 1971b.

大日向雅美,『母性は女の勲章ですか?』, 扶桑社, 1992.

大河内一男,「原生的労働関係の理論」,『社会政策論の史的展開』, 1948.

大森和子 他 編,『家事労働』, 光生館, 1981.

大阪市立生活科学研究所,『家事労働－主婦生活の合理化に関する研究」, 1944.

大沢真理,『企業中心社会を超えて』, 時事通信社, 1993.

大塚勝美,『中国家族法研究』, 御茶の水書房, 1985.

尾崎盛光,『サラリーマン百年』, 日本経済新聞社, 1968.

潘允康,『在亜社会的沈思』, = 1994 園田茂人 監訳,『変貌する中国の家族』, 岩波書店 (ただし 邦訳
　　　　向けにリライトされている) 1989.

李時戴,「韓国の伝統社会における社会的再生産構造の研究」, 東京大学大学院社会学研究科 修士
　　　　論文, 1983.

劉進慶,『戦後台湾経済分析』, 東京大学 出版会, 1975.

＿＿＿＿,「経済」, 戴國煇 編,『もっと知りたい台湾』, 弘文堂, 1986.

労働省職業安定局,『各種審議会雇用関係答中集』, 1966.

斉藤道子,「羽仁もと子の思想」, 近代女性史研究会 編,『女たちの近代』, 柏書房, 1978.

斎藤茂男,『妻たちの思秋期』, 共同通信社, 1982.

佐々木 衛,『中国民衆の社会と秩序』, 東方書店, 1993.

沢山美果子,「近代家族の成立と母子関係」,『女性と文化』III, JCA出版, 1984.

Schmittroth, Linda, *Statistical Record of Women Worldwide*, Gale Research Inc, 1991.

瀬地山角・木原葉子,「東アジアにおける良妻賢母主義－近代社会のプロジェクトとして」,『中国
　　　　－文化と社会』第4号, 東大中国学会, 1989.

＿＿＿＿,「家父長制をめぐって」, 江原由美子 編,『フェミニズム論争』, 勁草書房, 1990a.

＿＿＿＿,「主婦の誕生と変遷」,『相関社会科学』, (東大教養学科第三) 第1号, 1990b.

＿＿＿＿,「韓国・台湾の主婦と女子労働」,『アジア経済』, (アジア経済研究所) 1990年 12月号,
　　　　1990c.

＿＿＿＿,「女性階級論批判」,『情況』1991年 4月号, 1991.

＿＿＿＿,「日本人イメージの諸相」,『台湾における日本人観と勤労意識に関する調査研究』, (アジ
　　　　ア社会問題研究所) 1993a.

瀬地山角,「東アジアにおける女性の「社会進出」の比較」,『家族社会学研究』, (日本家族社会学会)
　　　　第5号, 1993b.

瀬地山角, 「達成のかなたへ—フェミニズムはもう古いか」, 加藤・坂本・瀬地山 編, 『フェミニズム・コレクション』I巻, 勁草書房, 1993c.

_____, 「フェミニズムは女性のものか」, 庄司興吉・矢沢 修次郎 編, 『知とモダニティの社会学』, 東京大学 出版会, 1994a.

_____, 「家父長制の比較社会学」, 原・大沢・丸山・山本 編, 『ジェンダー』新世社, 1994b.

_____, 「近代社会とジェンダー」, 金井淑子 編, 『神奈川女性ジャーナル』13号, 1995a.

_____, 「ジェンダー研究の現状と課題」, 『岩波講座現代社会学11巻 ジェンダーの社会学』, 岩波書店, 1995b.

_____, 「台湾と中国—近いが故に」, 今田・園田 編, 『アジアからの視線』, 東京大学 出版会, 1995c.

_____, 「韓国・台湾経済の文化被拘束性」, 服部民夫・佐藤幸人 編, 『韓国・台湾の発展メカニズム』, アジア経済 出版会, 1996.

_____, 『東アジアの家父長制』, 勁草書房, 1996.

_____, 「東アジア版「イエ社会論」へ向けて—家族の文化比較の可能性」, 『家族社会学研究』9(9) 11~21, 日本家族社会学会, 1997.

_____, 編著, 『ジェンダーとセクシュアリティで見る東アジア』, 勁草書房, 2017.

清山洋子, 「戦後資本主義と労働力政策・家族政策の展開」, 鎌田とし子 編, 『転機に立つ女性労働』, 学文社, 2017.

関川夏央, 『退屈な迷宮—北朝鮮とは何だったのか』, 新潮社, 1992.

社会保障研究所 編, 『情勢と社会保障』, 東京大学 出版会, 1993.

四方 博, 「李朝人口に関する一研究」, 『朝鮮社会法制史研究』, (『朝鮮社会経済史研究』, 中国書刊行会1976に収録) 1937.

篠塚英子, 「女性労働を生活史から見直す」, 『経済評論』1984年 11月, 1984.

_____, 『女性が働く社会』, 勁草書房, 1995.

塩川伸明, 「ペレストロイカと女性」, 『ソビエト研究所ビュレティン』第4号, 1989.

_____, 「旧ソ連の家族と社会」, 石川・塩川・松里 編, 『スラブの社会』, 弘文堂, 1994.

主婦の友社 編, 『主婦の友社の五十年』, 主婦の友社, 1967.

袖井孝子, 「婦人雇用と家庭生活」, 雇用職業総合研究所 編, 『女子労働の新時代』, 東京大学出 版会, 1987.

園田茂人, 「中国的〈関係主義〉に関する基礎的考察」, 『ソシオロゴス』, (東京大学大学院社会学研究科) 12号, 1988.

_____, 「『関係主義』社会としての中国」, 野村・高橋・辻編, 『もっと知りたい中国II—社会・文

化編』, 弘文堂, 1991.

総理府青少年対策本部 編,『日本の子どもと母親』, 大蔵省印刷局, 1980.

_____『世界の青年との比較からみた日本の青年』, 大蔵省印刷局, 1994.

_____『子供と家族に関する国際比較調査』, 大蔵省印刷局, 1996.

末成道男,「韓国社会の『両班化』」, 伊藤 他編,『現代の社会人類学1 親族と社会の構造』, 東京大学 出版会, 1987.

末次玲子,「辛亥革命期の婦人解放運動とプロテスタント女子教育」,『歴史評論』280・281号, 1973.

_____,「五・四運動期の婦人運動素描」,『歴史評論』395・411号, 1983~4.

隅谷三喜男・劉進慶・凃照彦,『台湾の経済』, 東京大学 出版会, 1992.

鐸木昌之,『北朝鮮 社会主義と伝統の共鳴』, 東京大学 出版会, 1992.

高梨昌,「女子労働市場の拡大と家族機能の変化」,『日本労働協会雑誌』1981年 4月, 1981.

武田京子,「主婦こそ解放された人間像」, 上野 編,『婦人公論』1972年 4月号[1982], 1972.

_____,『主婦からの自立』, 汐文社, 1981.

竹中恵美子 編,『女子労働論』, 有斐閣選書, 1983.

_____,「1980年代マルクス主義フェミニズムについての若干の考察」,『大阪市立大学経済 学雑誌』90巻2号, 1989.

竹内敬子,「イギリス1844年工場法における婦人労働の規制について」,『社会経済史学』51巻 2号, 1985.

玉城肇,「明治民法制定以後の家族」, 青山 他編,『講座家族』1巻, 1973.

田辺義一,『家庭経営学総論』, 同文書院, 1977.

田中キミ子・東良信,『新現代婦人の意識』, ぎょうせい, 1980.

東京市役所 編,『婦人職業戦線の展望』, 1931.

利谷信義,「戦後の家族政策と家族法」, 福島正夫 編,『家族』1巻, 東京大学 出版会, 1975.

粒良 志保美,「近代的労働関係の成立と家族」,『評論社会科学』15, 1979.

角山・川北 編,『路地裏の大英帝国』, 平凡社, 1982.

生方敏郎,「サラリーマンの浮き沈み」,『中央公論』, 大正十二年夏季増刊号,「知識階級と 無産階 級」, 1923.

松田茂樹,『少子化論』, 勁草書房, 2013.

内閣府,「世界経済の潮流 2018」Ⅰ, 2018.

若林正丈,『台湾』, 東京大学 出版会, 1992.

渡辺貞雄,「労働力政策の展開と雇用・失業問題」, 道又・清山 編,『戦後日本の労働問題』, ミネ ルヴ

ァ書房, 1980.

渡辺みよこ他, 『いま家事労働に問われるもの』, 有斐閣選書, 1984.

矢木公子, 「家庭性の崇拝」, 『女性学年報』 2号, 1981.

山田昌弘, 『近代家族のゆくえ』, 新曜社, 1994.

山川麗, 『中国女性史』, 笠間書院, 1977.

山本秀夫, 『中国の農村革命』, 東洋経済新報社, 1975.

山本泰, 「間人社会の比較社会学」, 見田・宮島 編, 『文化と現代社会』, 東京大学 出版会, 1987.

山村賢明, 『日本人と母』, 東洋館出版, 1971.

山崎純一, 「近世における列女伝の変遷」, 『中国古典研究』 12, 1964.

_____, 「『女四書』と『新婦譜』の世界」, 『中国古典研究』 16, 1969.

_____, 「清末変法論段階の女子道徳論と教育論」, 『中国古典研究』 17, 1970.

柳田國男, 『明治大正史』 4巻, 「世相篇」のちに講談社学術文庫, 『明治大正史世相篇』 1976 所収,
     1931.

_____・大藤時彦, 『世相史』, 東洋経済新報社, 1943.

吉田恵子, 「資本主義の成立過程と婦人労働」, 『明治大学短期大学紀要』 22号, 1978a.

旧姓大石, 「産業革命期婦人労働力の二類型」, 『明治大学短期大学紀要』 23号, 1978b.

_____, 「19世紀末イギリスにおける新中間層の出現と婦人労働」, 『明治大学短期大学紀要』 24
     号, 1979a.

_____, 「19世紀イギリス綿工業に関する一考察」, 『明治大学短期大学紀要』 25号, 1979b.

_____, 「19世紀イギリスにおけるドメステイック・サーバント」, 『明治大学短期大学紀要』
     26・27号, 1980.

_____, 「19世紀末イギリスにおける既婚婦人の就業形態」, 『明治大学短期大学紀要』 31号,
     1982.

_____, 「19世紀末英国における家事労働の実態」, 『明治大学短期大学紀要』 35号, 1984.

_____, 「既婚婦人の経済責任と育児」, 『明治大学短期大学紀要』 37号, 1985.

吉見俊哉, 『都市のドラマトゥルギー』, 弘文堂, 1987.

全国婦人税理士連盟, 『配偶者控除なんていらない?!』, 日本評論社, 1994.

厳善平, 「中国における経済格差の実態と要因」, 『桃山学院大学経済経営論集』 44(4), 2003.

春木育美, 『韓国社会の現在ー超少子化, 貧困・孤立化, デジタル化』, 中公新書, 2020.

饒佳文, 「戦後台湾における中高年の就労忌避と女性労働」 東京大学総合文化研究科 修士論文
     (未発表), 1998.

小浜正子・秋山洋子 編, 『現代中国のジェンダーポリティクス』, 勉誠出版, 2016.

落合恵美子 他編, 『アジア女性と親密性の労働』, 京都大学学術 出版会, 2012.

落合恵美子 編, 『親密圏と公共圏の再編成ーアジア近代からの問い』, 京都大学 出版会, 2013.

奥田聡, 「韓国における少子高齢化と年金問題」, 『アジア経済研究所『経済危機の韓国ー成熟期に向けての経済・社会的課題』, アジア経済研究所調査研究報告書, 2005.

店田廣文, 『アジアの少子高齢化と社会・経済発展』, 早稲田大学出版部, 2005.

영어 문헌

Ariès, Philippe, *L'Enfant et la vie familiale sous l'ancien T gime*, Seuil, 1960 = 1980.

Banks, J.A. · Olive *Feminism and Family Planning in Victorian England*, Schocken Books, 1964(河村貞枝 訳, 『ヴィクトリア時代の女性たち』, 創文社, 1980).

Beechey, Veronica, *On Patriarchy*, *Feminist Review* no.3, 1979 .

Brown, Carol, *Mothers, Fathers, and Children : From Private to Public Patriarchy*, Lydia Sargent ed., Women and Revolution, Boston : South End Press, 1981.

Buck, J.L., *Land Utilization in China*, 1932.

Bureau of Labor Statistics, *Labor Force Statistics Derived from the Current Population Survey 1948~1987*, Bulletin 2307, 1988.

Chodorow, Nancy, *The Reproduction of Mothering*, University of California Press, 1978(大塚・大内 訳, 『母親業の再生産』, 新曜社, 1981).

Delphy, Christine, *Close to Home : A Materialist Analysis of Women's Oppression*, Diana Leonard trans., The University of Massachusetts Press, 1984.

Diamond, Norma, *K'un Shen : A Taiwan Village*, Holt, Rinehart and Winston, 1969.

_____, *The Status of Women in Taiwan*, M.Young ed., Women in China Ann Arbor, Mich. : UMI Reseach Press, 1973a.

_____, *The Middle Class Family Model in Taiwan*, Asian Survey no.13, 1973b.

Durand, John D., *The Labor Force in Economic Development*, Princeton University Press, 1975.

Eisenstein, Zillah, *Capitalist Patriarchy and the Case for Socialist Feminism*, New York : Monthly Review Press, 1979.

Engels, Friedrich, *Der Ursprung der Familie, des Privateigenthums und des Staats*, 1891(戸原四郎 訳, 『家族・私有財産・国家の起源』, 岩波書店, 1965).

Fei Xiaotong(費孝通), *Chinese Village Close-up*, Beijing : New World Press, 1983(小島晋治 他訳, 『中国農村の 細密画』, 研文出版, 1985).

Firestone, Shulamith, *The Dialectic of Sex*, NY : Bantam, 1970(林弘子 訳, 『性の弁証法』, 評論社, 1972).

Fong, H.D., *Cotton Industry and Trade in China*, Tientsin : Chihli Press Frederick, 1932.

Friedan, Betty, *The Feminine Mystique*, NY : Dell, 1963(三浦富美子 訳,『新装 新しい女性の創造』, 大和書房, 1986).

Giddens, Anthony, *The Class Structure of the Advanced Societies*, Hutchinson, 1973(市川統洋 訳,『先進社会の階級構造』, みすず書房, 1977).

_____, *The Constitution of Society*, Cambridge : Polity Press, 1984.

グループ「母性」解読講座 編,『『母性』を解読する』, 有斐閣選書, 1991.

Habermas, Jürgen, *Strukturwandel der Öffentlichkeit*, Suhrkamp, 1962(細谷貞雄 訳,『公共性の構造転換』, 未来社, 1973).

Hall, Catherine, Sandra Burman ed., *The Early Formation of Victorian Domestic Ideology, Fit Work for Women*, London : Croom Helm, 1979.

Hartman, Heidi, Lydia Sargent ed., *The Unhappy Marriage of Marxism and Feminism*
_____, *Women and Revolution*, Boston : South End Press, 1981.

Hayden, Dolores, *The Grand Domestic Revolution*, MIT Press, 1981(野口美智子 他訳,『家事大革命』, 勁草書房, 1985).

ILO ed., *Work and Family Life : The role of the social infra structure in Eastern European Countries*, Geneva : ILO, 1980(柴山恵美子 訳,『東欧女性の 労働と生活』, 労働教育センター, 1981).

Johnson, E., "Women and Childbearing in Kuan Mun Hau Village", *Women in Chinese Society*, Stanford : Stanford University Press, 1975.

Kuhn, A.・Wolpe, A.M. ed., *Feminsm and Materialism*, RKP, 1978(上野千鶴子 他訳,『マルクス主義フェミニズムの挑戦』, 勁草書房, 1984).

Kung, Lydia, *Factory Women in Taiwan*, Ann Arbor, Mich. : UMI Reseach Press Kuo, 1983.

Maillassoux, Claude, *Femmes, Greniers, et Capitaux*, Paris : Fran ois Maspero, 1975(川田順造 他訳,『家族制共同体の理論』, 筑摩書房, 1977).

Matthaei J.A., *An Economic History of Women in America*, Schocken Books, 1982.

目黒依子,『主婦ブルース』, 筑摩書房, 1980.

Meskill, M.J., *A Chinese Pioneer Family : The Lins of Wu feng, Taiwan 1729~1895*, Princeton University Press, 1979.

Millett, Kate, *Sexual Politics*, NY : Doubleday・Company, 1970(藤枝澪子 他訳,『性の政治学』, 自由国民社 → 1985 ドメス出版より 再刊, 1973).

Mitchell, Juliet, *Psychoanalysis and Feminism*, Kern Associates, 1974(上田吴 訳,『精神分析と女の解放』, 合同出版, 1977).

Mitterauer, Michael, *Historish-Anthropologishe Familienforschung*, Böhlau Verlag Ges. m. b. H.・Co. KG, 1990(若尾裕司 他訳, 『歴史人類学の家族研究』, 新曜社, 1994).

Nikkel, H.M, "Women in the German Democratic Republic and in the New Federal States", *Gender Politics and Post-Communism*, Routledge, 1993.

Oakley, Ann, *Housewife*, Allen Lane, 1974(岡島芽花 訳, 『主婦の誕生』, 三省堂, 1986).

Ogden, A.S., *The Great American Housewife*, Westport : Greenwood Press, 1986.

Ortner, S.B., "Is Female to Male as Nature is to Culture?", *Woman, Culture, and Society* Stanford University Press, 1974(三神弘子 訳「女と男は自然と文化の関係か?」, 『現代思想』11巻8号, 1983).

Parsons, T.・Bales, R.F., *Family : Socialization and Interaction Process*, Free Press, 1955(橋爪貞雄 他訳, 『核家族と子供の社会化』, 黎明書房, 1970~71).

Segalen, Maritine, *Mari et Femme dans le Société*, Paysanne Flammarion, 1980(片岡幸彦 監訳, 『妻と夫の社会史』, 新評論, 1983).

Shorter, Edward, *The Making of the Modern Family*, New York : Basic Books, 1975(田中俊宏 他訳, 『近代家族の形成』, 昭和堂, 1987).

Shirley W.Y., *The Taiwan Economy in Transition*, Boulder, Colo. : Westview Press, 1983.

Smelser, NJ., *Social Change in the Industrial Revolution*, London : RKP, 1959.

Sokoloff, Natalie, *Between Money and Love*, New York : Praeger Publishers, 1980(江原由美子 他訳, 『お金と愛情の間』, 勁草書房, 1987).

Stacey, J., *Patriarchy and Socialist Revolution in China*, University of California Press, 1983(秋山洋子 訳, 『フェミニズムは中国をどう見るか』, 勁草書房, 1990).

Todd, Emmanuel, *L'Invention de Europe*, Seuil, 1990(石崎晴己 他訳, 『新・ヨーロッパ大全』I・II, 藤原書店, 1992).

Weber, Max, "Soziologie der Herrshaft", Wirtshaft und Gesellshaft 5. Auf, J.C.B.Mohr, 1972 (世良晃志郎 訳, 『支配の社会学』I, 創文社(邦訳の底本は4版), 1960).

Weiner, L.Y., *From Working Girl to Woking, Mother*, The University of North Carolina Press, 1985.

Wolf, Margery, *Women and the Family in Rural Taiwan*, Stanford University Press, 1972.

_____ , *Revolution Postponed : Women in Contemporary China*, Stanford University Press, 1985.

Wong, C.J.(黄俊傑), *The Changing Chinese Family Pattern in Taiwan*, Taipei 南天書局, 1981.

Woo, Margaret, "Chinese Women Workers : The Delicate Balance Between Protection and Equality", *Engendering China*, Harvard University Press, 1994.

Man,Susan, *Gender and Sexuality in Modern Chinese History*, Cambridge University Press, 2011.

Sechiyama, Kaku, Patriarchy in East Asia, Brill, 2013.

중국어 문헌

* 발행지는 번체자는 대만, 간체자는 중국.

本书编写组编,『妇女权益保障法律手册』, 中国民主法制出版社, 1993.

邊裕淵,「婦女勞動對經濟發展之貢獻」,『婦女在國家發展過程中的角色研討會論文集』, 台灣大學人口研究中心, 1985.

蔡青龍,「戰後台灣教育與勞動力發展之性別差異」,『婦女在國家發展過程中的角色研討會論文集』, 台灣大學人口研究中心, 1985.

蔡淑鈴,「社會地位取得－山地, 閩客及外省之比較」, 楊國樞·瞿海源 編,『變遷中的台灣社會』, 台北：中央研究院, 1987.

陳東原,『中國婦女生活史』, 商務印書館 (現在は臺灣商務印書館より), 1927.

程謫凡,『中国現代女子教育史』, 上海中華書局, 1936.

冯立天等主编,『北京婚姻, 家庭与妇女地位研究』, 北京経济学院出版社, 1995.

高淑貴,「已婚就業女性知識分子的家庭與事業觀」, 中國論壇編委会 編『女性知識分子與臺灣發展』, 台北：聯經, 1989.

李美枝,「社會變遷中中國女性角色及性格的改變」,『婦女在國家發展過程中的角色研討會論文集』, 台灣大學人口研究中心, 1985.

＿＿＿＿＿＿,「從社會權力的型態看台灣女性菁英分子的社會影響力」,『中國論壇』23卷11期 1987.

李又寧·張玉法 編,『近代中國女權運動史料』, 台北, 伝記文学社, 1975.

劉克智,「臺灣婦女勞動力與工業發展之關係」, 于宗光·劉克智 編,『台灣的工業發展』, 聯經出版事業公司, 1984.

罗 琼,『妇女问题基本知识』, 人民出版社, 1986.

马有才·刘英·盛学文·蒙晨,『妇女就业与家庭』, 社会科学文献出版社, 1992.

沙吉才主编,『当代中国妇女家庭地位研究』, 天津人民出版社, 1995.

石小敏,「走出历史的怪圈」,『中国妇女』1988.3号, 1988.

舒新城 編,『中国近代教育史料』, 北京, 新华书店, 1961.

谭深 ,「社会转型与中国妇女就业」, 天津师范大学1993年暑期研讨班,『中国妇女与发 展』, 河南人民出版社, 1993.

天津师范大学 年暑期研讨班,『中国妇女与发展』, 河南人民出版社, 1993.

王沪宁,『当代中国村落家族文化』,上海人民出版社, 1991.

文献良,「八十年代中国妇女问题三大争论评述」,『妇女研究论丛』1995年 第3号, 1995.

張果爲,『臺灣經濟發展』, 正中書局, 1967.

张 萍主 編,『仲国妇女的现状』, 红旗出版社, 1995.

鄭爲元·廖榮利,『蛻變中的台灣婦女』, 大洋出版社, 1985.

郑晓瑛主编,『中国女性人口问题与发展』, 北京大学出版社, 1995.

中华全国妇女联合会·陕西省妇女联合会研究室编,『中国妇女统计资料』, 中国统计出版社, 1991.

朱岑樓,「中國家庭組織的演變」, 朱岑樓 編,『我國社會的變遷與發展』, 東大圖書公司, 1981.

范红霞,「20世纪以来关于"妇女回家"的论争」,『山西大学报(社会科学版)』38卷6期, 2011.

韩今玉,「关与城市朝鲜族双职工家庭主妇的家庭地位的调查」,『延边大学学报 哲学社会科学版』,1995.

韩廉「社会转型期全民自觉维护政策公正的范例」,『湖南师范大学社会科学学报』2008年 6期, 2008.

江亮演,『台湾老人生活意識之研究』蘭亭書店, 1988.

李胜茄,「妇女发展现状与全面建设小康水平社会目标的冲突与协调」,『中国妇女研究论丛』2005年 1期, 2005.

刘军等,「关与"男女公务员同龄退休问题的"讨论」,『中国妇女研究论丛』2003年 6期, 2003.

陆林·兰竹红,「我国城市老年人就业意愿的影响因素分析 基于2010年中国城乡老年人口状况 追踪调查数据」,『西北人口』第36卷第4期, 2015.

钱鑫·姜向群,「中国城市老年人就业意愿影响因素分析」,『人口学刊』2006年第5期, 2006.

钱宁,「积极老龄化福利政策视角下的老年志愿服务」,『探索』2015年 第5期, 2015.

王金玲,『女性社会学的本土研究与经验』上海人民出版社, 2001.

汪姝,「积极老龄化视角下城市老年人社会参与意愿调查」,『上海工程技术大学学报』, 第31卷 第4 期, 2017.

吴贵明,『中国女性职业生涯发展研究』, 中国社会科学出版社, 2004.

谢立黎, 汪斌,「积极老龄化视野下的中国老年人社会参与模式及影响因素」, 2019.

『人口研究』, 第43卷 第4期.

张晓梅,「三八女性提案—鼓励部分女性回归家庭是中国幸福的基础保障」(http://blog.sina.com.cn/s/blog_47768d4101017xsd.html, 2017.3.14 アクセス), 2011.

한국어 문헌

京畿中·高等学校,『京畿女高五十年史』, 1958.

김익기 외,『노인 주거 및 삶의 질에 관한 연구』, 1997.

_____,『한국노인의 삶』, 미래인력연구센터, 1999.

金仁子,「韓國女性의 敎育的 人間像의 變遷過程」,『亞細亞女性研究』12, 1973.

金日成,「녀성동맹사업에 대하여」, 조선로동당출판사, 1967.

삼성경제연구소,『老後不安拡散에 관한 家計意識調査』, 2004.

손봉숙·이경숙·이온족·김애실,『북한의 여성생활』, 나남, 1991.

淑大亞細亞女性問題研究所,『女性學』, 淑明女子大學校出版部, 1984.

여성한국사회연구회,『노인과 한국사회』, 사회문화연구소 출판부, 1999.

劉永珠,「韓國女性의 就業構造에 關한 研究」,『亞細亞女性研究』21, 1982.

윤미량,『북한의 여성정책』, 한울 1973, 1991.

尹惠源,「近世韓·日女性의 社會的 處遇에 關한 比較研究」,『亞細亞女性研究』12, 1973.

李光奎,『韓國家族의 構造分析』, 一志社, 1975.

李溫竹,「韓國女性勤勞者의 婚姻觀과 職業觀」,『亞細亞女性研究』21, 1982.

_____,『북한 사회의 체제와 생활』, 法文社, 1993.

李貞玗,「韓國都市女性의 價値觀 研究」,『亞細亞女性研究』18, 1979.

이태영,『북한여성』, 실천문학사, 1988.

李効再·金周淑,『韓國女性의 地位』, 梨花女子大學校 出版部, 1976.

이철희,『한국의 고령노동』, 서울대 출판부, 2006.

李興卓,『女性社會學』, 法文社, 1986.

정경희 외,『2004년도 전국 노인생활실태 및 복지욕구조사』, 한국보건사회연구원, 2005.

鄭世華,「韓國近代女性敎育」,『韓國女性史』, 梨花女子大學校 出版部, 1972.

丁堯燮,「韓國女性의 價値觀變遷에 關한 研究」,『亞細亞女性研究』19, 1980.

朝鮮民主女性同盟,『전국어머니대회 문헌집』, 조선여성사, 1962.

____,『강반석녀사를 따라 배우자』, 조선청년사, 1967.

최경수 외,『人口構造高齡化의 経済的 影響과 対応課題』한국개발연구원, 2003.

崔在錫,『韓國家族研究』, 改訂版 一志社, 1982.

_____,『韓國家族制度史研究』, 一志社, 1983.

韓國갤럽調査研究所,『韓國의 兒童과 어머니』韓國갤럽調査研究所, 1980.

_____,『韓國人의 家庭生活과 子女敎育』, 韓國갤럽調査研究所, 1983.

_____,『韓國主婦의 生活과 意識構造』, 韓國갤럽調査研究所, 1987.

韓國女性研究所,『女性學』, 梨花女子大學校 出版部, 1986.

한국여성연구회,『여성과 사회』4, 창작과비평사, 1993.

韓国女性開發院 ,『여성의 의식과 생활실태에 관한 연구』, 한국여성개발원, 1991.

한명회, 「교육이념에 나타난 성의 구조」,『교육과 법에 대한 여성학적 접근』, 청하, 1991.

기타

https://www5.cao.go.jp/j-j/sekai_chouryuu/sh18-01/s1_18_2_4.html